本书为国家社会科学基金重点项目
"探索不同情况下村民自治的有效实现形式研究"
（项目编号：14AZZ010）的成果

智库书系
专题研究之一

中国农村村民自治有效实现形式研究

徐　勇　主编
邓大才　等著

中国社会科学出版社

图书在版编目(CIP)数据

中国农村村民自治有效实现形式研究／徐勇主编；邓大才等著.
—北京：中国社会科学出版社，2015.3
ISBN 978-7-5161-5736-7

Ⅰ.①中…　Ⅱ.①徐…②邓…　Ⅲ.①农村—群众自治—
研究—中国　Ⅳ.①D638

中国版本图书馆 CIP 数据核字(2015)第 053058 号

出 版 人	赵剑英
责任编辑	冯春凤
责任校对	张爱华
责任印制	张雪娇

出　　版	中国社会科学出版社
社　　址	北京鼓楼西大街甲 158 号
邮　　编	100720
网　　址	http：//www.csspw.cn
发 行 部	010-84083685
门 市 部	010-84029450
经　　销	新华书店及其他书店

印刷装订	北京君升印刷有限公司
版　　次	2015 年 3 月第 1 版
印　　次	2015 年 3 月第 1 次印刷

开　　本	710×1000　1/16
印　　张	27.25
插　　页	2
字　　数	445 千字
定　　价	98.00 元

凡购买中国社会科学出版社图书,如有质量问题请与本社联系调换
电话:010-84083683

《智库丛书》编辑委员会成员

《智库书系·专题研究》

总 序

学术研究是学者的天职，但学术研究的路向却有所不同。有的着重于学术内在的自洽，而无论现实如何，属于纯学理研究；有的着重于针对现实问题提出解决思路，属于对策研究。本院的学者一开始就有自己的定位，即理论与实践的结合，以现实问题为导向，在此基础上进行学术研究。因而其成果既有很强的现实性，同时也不是简单的策论，而具有相当的学术含量，为解决问题提供学术理论支持。为此，我们华中师范大学中国农村研究院每年都要举办专门的学术研讨会，并推出相应的学术成果。

2015 年，为了进一步加强智库建设，我院成为完全独立建制机构，"顶天立地"的宗旨更加明确，团队集聚发展的思路更加强化。为此，我们对原有的研究和成果形式进行了整合，形成专门的中国农村研究"智库书系"，目的是为决策者和领导者提供参考。"专题研究"是"智库书系"中的一种，其特点是专题性强，围绕一个专题，学者从不同的角度进行深入的专门研究，以产生出集聚效应。

"智库书系"编委会
2015 年 7 月 15 日

目　录

第一部分　学术论文

第二部分　调研报告

第三部分　会议研讨篇

找回自治:对村民自治有效实现形式的探索

——探索村民自治有效实现形式高端研讨会共识

2014 年 4 月 26 日,由华中师范大学中国农村研究院、农村改革发展协同创新中心主办的探索村民自治有效实现形式高端研讨会在广西河池宜州市成功举行。本次研讨会的主题是"找回自治:探索村民自治有效实现形式"。来自国内村民自治研究领域的知名专家学者、地方实践创新县市的相关领导参加了研讨,并达成以下基本共识:

1. 村民自治具有强大的内在价值

村民自治蕴含着自治的价值和力量,昭示了"找回自治"的必要性。一是,社会内在的力量。二是,低成本的社会组织和治理。三是,现代国家治理的基础。"找回自治",在于其内在的价值,从而获得其生命力。

2. 村民自治需要有效的实现形式

村民自治作为一项制度已实施 30 多年,但这一制度却没能"落地"和运转。以行政村为村民自治单位,在很大程度上是基于国家治理需要的考虑,而在实行中遭遇了极大困难和体制性障碍,如行政抑制自治、体制不利自治、外力制约自治,这使得农村治理更多的是依靠外力推动,村民自治制度处于"空转"。这给了我们两个启示:一是村民自治的合理单位有待探讨。二是村民自治需要探索有效的实现形式。

3. 地方实践:村民自治迎来了新的阶段

村民自治的过程可以分为三个波段。第一波段是以自然村为基础自生自发的村民自治,概括为"三个自我"。第二波段是以建制村为基础规范规制的村民自治，概括为"四个民主"。而如今，特别是近年来，广东、广西、湖北、福建等省份，出现了在村委会以下的多种村民自治实现形式，如广东云浮的"三级理事会"、清远市的"自治下沉"、广西河池的"屯级党群理事会"、湖北秭归的"村落自治"等，这些鲜活的地方实践，都在昭示着村民自治第三波段的到来，即在建制村之下的内生外动的村民自治新阶段！

4. 村民自治的有效实现形式与一定的条件相关

村民自治对实践的"社会土壤"要求特别高，只有合适的"社会土壤"，村民自治的实现形式才是有效的。在广东、广西、湖北、福建等地的实践创新，共同特性是在建制村以下开拓出村民自治的空间。这反映出村民自治有效实现形式的相应条件——利益相关是村民自治有效实现形式的产权基础、地域相近是村民自治有效实现形式的空间基础、文化联结是村民自治有效实现形式的社会基础等，涉及产权关系、社会联系、文化认同、自治能力等深层次领域的结构。同时，我国农村情况千差万别，城镇化背景下的农村发展千变万化，不同农村地区所处的内外环境有着广泛差异，因此村民自治还需要因地制宜，切忌"一刀切"。

5. 内生外动:实现政府治理与村民自治有效衔接

新时期，诸多村民自治的创新实践，让我们看到了两种力量。一是农村内生型的力量。运用农村内生型资源和力量，解决农村社会问题。二是政府外力的介入。地方创新，多是由政府对自治活动加以总结提升后而广泛推广的。只有通过"内生外动"相结合，才能实现政府行政管理与基层群众自治有效衔接和良性互动。

6. 前景展望:构建多层次多类型的村民自治实现形式体系

自治并不等同于民主，新型城镇化背景下的村民自治，需要从传统自治向现代自治转型。首先，村民自治产生于自然村，定型在建制村，再度活跃于自然村，其他一些地方甚至出现了村民自治超出建制村范围，因此村民自治可在多个层次上展示。其次，不同层级的村民自治，其形式可以是多类型的。如成都在建制村实行村民议事会制，广东、广西、湖北等地在自然村探索创新，因此自治的形式是多类型的。再次，现代国家体系中，自治无法孤立，必须在与他治互动中寻求空间，他治介入自治与自治参与他治是并行不悖的，为此村民自治将是一个内容丰富的体系。探索村民自治有效实现形式，构建多层次多类型的村民自治实现形式体系，是我们对村民自治的前景展望。

村民自治实施30多年，过程曲折而复杂，在村民自治的第三波段到来之际，实践和学术都呼唤着"找回自治"，这既是学术的富矿，又是我们学界义不容辞的责任！因此本次研讨会倡议：找回自治，探索村民自治有效实现形式，让村民自治"落地"！让村民自治的内在价值发挥光芒！

"探索村民自治有效实现形式高端研讨会"组委会

2014年4月26日　星期六

第一部分　学术论文

找回自治:对村民自治有效实现形式的探索

徐 勇

在我国，村民自治作为一项制度已实行了 30 多年，经历了一个复杂曲折的过程。21 世纪以来，由于以村委会为自治体的村民自治在实践中遇到很多困难和问题，处于发展的瓶颈状态，农村治理更多的是依靠外力推动，有人因此宣告"自治已死"，村民自治研究由一度的红火而淡出学界，甚至为学界所遗忘。但是，近几年，村民自治以其内在的价值和力量不断在实践中为自己开辟道路，"失落的自治"显示出新的生机和活力。在广东、广西、湖北、安徽等地先后出现了在村委会以下的多种村民自治实现形式。同时，其中的做法也引起了不同的看法和争论。2014 年中央 1 号文件提出："探索不同情况下村民自治的有效实现形式。"为何和如何探索村民自治的有效实现形式，这需要学界从理论范式上"找回自治"，对我国村民自治的内在价值、发展历程和现实走向进行深入和理论研讨。

一 自治与村民自治的内在价值

人类社会最有力量的是实践。村民自治为何由"失落"到复兴，学界为何要"找回自治"，这源于自治和村民自治的内在价值和力量。

自人类社会产生以来，就有如何治理从而获得秩序和发展的问题。从治理主体和来源看，人类社会治理又可分为两类，一类是自治，即人的自我自治，一类是他治，即自我以外的他者治理。自治总是相对他治而言的，是个人或群体对于自身事务的处理并对其行为负责的一种制度和行为。

自治至少包括以下核心要素：首先是自主性。自我治理来自于个人或群体能够自主支配自己的行为。为外力所强制和限制者，如奴隶、犯人是无所谓自治的。因此，自主性可以说是自治的前提。其次是自力，即自我的力量。人和群体之所以能够自我治理，是因为其自身所具有的治理能力，能够处理其面对的事务。这种能力尽管可能有大有小，有弱有强。再次是自律性。个人和群体都是在一定环境下进行治理活动的，为了获得自治的条件和能力，必须对自己的行为加以约束。只是这种约束来自于自治者的内心和自愿，尽管内心自愿也有外部性影响。

自治的内在要素决定了其在人类治理过程中的特殊价值。人是社会主体。人自主作出的决定，能够最大限度得到自我认可，并激发其内在的动力。不需要外部压力则可减少相应的成本。自治所产生的自我约束，有助于社会的自我调节和自我平衡。因此，自治可以形成一个社会的基础性动力和秩序。

当人类处于初始状态时主要实行的是自治。但是，自治总是有限度的。这在于自我治理是在一定范围内的活动，如最早的部落自我治理。随着人类的发展，人们的活动范围扩大，人们的需求扩大，仅仅依靠自治难以满足，人们在满足其不断扩大的需求时会产生冲突，于是出现了来自于社会并超越社会自我的外部性力量，即国家。国家是人类迈入文明的门槛，国家治理则需要专门从事治理活动的人担当。相对个人或群体自治，国家则是一种外部性治理。

即便是国家产生以后，人类治理的主体是国家治理，但自治并没有消失。相对于个人自身而言，国家是一种具有强制性的外部力量。国家治理有可能造福于人类，也有可能祸害于人类；国家治理还必须支付其成本，这种成本有可能经常超出人类社会可以承担的限度。正因为如此，马克思主义将人类的终极理想状态视之为国家消亡的"自由人联合体"，是对原始自治秩序的高层次复归。

当然，人类距离国家消亡还很遥远，无政府主义显然是一种幼稚的幻想，国家还不得不长期存在。但理想的国家与社会状态应该是社会自我调节不了也调节不好时才会寻求国家干预，社会自我发展有限时才会寻求国家推动。就当代经济领域而言，在政府与市场关系方面，市场应该具有决定性作用；就当代社会领域而言，在政府与社会关系方面，社会具有基础性作用。所以，即便是国家在人类治理活动中占据相当重要地位的当下，自治也不可或缺，甚至是相当重要的。在传统国家框架下，自治是国家治理的基础。中国长期历史上的"皇权不下县"是以乡村有自治为前提条件的。现代国家的力量空前扩大，无所不在，但并不是无所不能的，自治则发挥着对国家治理的强大补充作用，甚至是基础性作用。现代国家奉行的民主法治都需要依托自治加以有效实现。自治不一定有民主，而民主一定需要自治。法国学者托克维尔对乡镇自治在美国民主中的角色有精到的体认，他认为："在没有乡镇组织的条件下，一个国家虽然可以建立一个自由的政府，但它没有自由的精神。片刻的激情、暂时的利益或偶然的机会可以创造出独立的外表，但潜伏于社会机体内部的专制也迟早会重新冒出于表面。"① 他将自由自治的乡镇精神视之为美国民主的精髓和基石。

　　自治的力量和价值使得人类社会在寻求治理方式时不得不重视和再发现，并在特定的历史条件下寻求自治的方式。中国的村民自治是在国家高度管制的人民公社体制解体过程中产生的，是农村居民在一定地域范围进行自我治理的制度和行为。在人民公社制度废除后，我国之所以选择村民自治制度，在于这一制度内含的自治所具有的特殊价值和力量。

　　其一，社会内在的力量。

　　在中国长期历史上，农村实行家户经济和乡村自治，农村主要依靠其内部性力量进行自我治理。② 近代以来，这种内部性的自治治理遭遇严重危机，即一个个分散小的共同体无法适应强大的外部性挑战。进入 20 世纪之后，伴随现代国家建设，农村的自我治理日渐萎缩。特别是 1949 年以来，国家对农村实行社会主义改造，农村传统经济及其治理方式视为"落后"而被人民公社体制替代。人民公社体制尽管有某些农民内在要求的成分，但主要是国家主导下的一种制度性安排。这种适应国家计划经济需要的公社体制的一个突出的后果就是农民的自主性和积极性受到严重抑制，农村治理主要依靠外力推动。有过人民公社时期担任基层干部经历的国务院总理李克强在履职之时所说的"喊破嗓子不如甩开膀子"就生动地展示了当时的农村治理特性。这正是人民公社日渐式微的根本原因。随

---

① ［法］托克维尔：《论美国的民主》，商务印书馆 1996 年版，第 66 页。

② 参见徐勇《中国家户制传统与农村发展道路》，载《中国社会科学》，2013 年第 8 期。

之，包产到户崛起，其家庭经营特性与中断若干年后的传统家户经济相衔接。伴随包产到户的村民自治也因此产生，其自我治理特性与中断若干年的乡村治理相衔接。包产到户和村民自治不是简单的历史回归，但其共同的特性就是依靠社会内在的力量进行治理，因此不需要干部"喊破嗓子"。

其二，低成本的社会组织和治理。

中国农村以家户为本位。从国家的视角看，家户本位使社会处于分散状态。孙中山先生因此将中国视之为"一盘散沙"。但是，从社会内在构成看，农村社会并不是如散沙一般的个体化原子化，相反具有超强的自组织性，这就是以血缘和地缘关系为纽带的村落社会。村落社会也是社会组织，只是这种组织依靠的是自身力量而不是外部力量，且具有相当的坚固性。正因为如此，有学者认为，传统中国并不是"一盘散沙"，而是"一盘散石"。只是村落小共同体尽管如石头般坚硬，但从国家大共同体看，仍然缺乏力量。进入 20 世纪，一方面是小共同体日益解体，另一方面是现代国家大共同体的建构，将村落社会组织到国家体系中来。人民公社体制主要便是国家对分散的村落社会的整合。只是这种外部性整合需要相应的成本，因此衍生了一个干部阶层。特别是在自上而下的纵向治理下，村民之间缺失了横向联系，农村的组织化程度并没有想象的强。继人民公社而生的村民自治属于群众自治组织，其主要特性是自我组织，通过村民自治活动将村民从横向关系上联结起来，进行自我治理。由于是依靠乡村社会内部力量的自组织，其治理成本较低。

其三，现代国家治理的基础。

在传统乡村，除了乡绅以外，普通农民与国家的联系甚少。"在处于现代化之中的社会，扩大政治参与的一个关键就是将乡村群众引入国家政治"[①]，并赋予其政治主体地位和民主权利。如何让农民参与国家治理，行使民主权利，是现代化进程中国家治理的重要问题。中国共产党通过政治动员将农民动员进政治体系，但也面临着通过政治参与吸纳农民，从而建设民主国家的挑战。人民公社体制的重要缺陷之一就是农民的动员性参

---

① 亨廷顿：《变化社会中的政治秩序》，生活·读书·新知三联书店 1989 年版，第 68—69页。

与而非自主性参与。替代公社体制的村民自治的一个重要积极后果是农民
自主参与村务管理，并作为参与更大范围公共治理的基础和条件。这就是
倡导村民自治的原全国人大常委会委员长彭真所说的："十亿人民如何行
使民主权利，当家作主，这是一个很大的根本的问题。我看最基本的是两
个方面：一方面，十亿人民通过他们选出的代表组成全国人大和地方各级
人大，行使管理国家的权力……另一方面，在基层实行群众自治，群众的
事情由群众自己依法去办，由群众自己直接行使民主权利。""没有群众
自治，没有基层直接民主，村民、居民的公共事务和公益事业不由他们直
接当家作主办理，我们的社会主义民主就还缺乏一个侧面，还缺乏全面巩
固的群众基础。"① 村民自治内含着民主的要素，同时也是民主的根基。
自治是村民在日常生活中公共事务的参与并培养其能力，从而为民主创造
主体条件。没有自治的民主是不牢固的。

"找回自治"在于其内在的价值，从而获得其生命力。但内在价值只
是一种理想类型，事实状态却与理想状态不相吻合，甚至大相径庭。这在
于内在价值还必须有合适的外在形式加以实现。而形式在不同时期受到相
应的制约。

二　村民自治实现形式的三个波段及特点

治理是一个过程。从自治的角度看，中国农村村民自治的实现形式经
历了三个波段并有其特点：

第一波段：以自然村为基础自生自发的村民自治。

20 世纪 50 年代农村实行人民公社体制，而这一体制的基础并不牢
固。自人民公社产生以来，国家就力图通过外部性手段，甚至高压方式加
固体制，如不间断的社会主义思想教育和"四清运动"等。70 年代后期，
政治压力减轻，包产到户再次抬头。② 包产到户的出现从根本上动摇公社
体制，并造成治理困难。特别是公社体制的"三级所有，队为基础"的

① 彭真：《通过群众自治实行基层直接民主》，《彭真文选》，人民出版社 1991 年版，第
607—608 页。

② 参见徐勇《包产到户沉浮录》，珠海出版社 1998 年版。

生产小队层次面临的挑战更大。生产小队是直接从事生产的单位，生产小队队长主管生产。当生产经营由农户直接负责之时，生产小队队长就会成为多余的人。正如当年的农民话语所说"生产到了户，不再要干部"。但是，公社体制下的基层干部不仅负责生产，同时也管理其他社会事务。公社体制解体过程中，尽管生产有农户自我负责，而基层公共事务和秩序却陷入无人管理的"治理真空"状态。特别是农村社会治安问题日益突出，引起中央高层的高度关注。伴随公社体制解体，如何有效进行乡村治理成为重要问题。正是在这一背景下，广西宜山（现宜州）、罗城一带出现了农民自我组织管理社会秩序的形式，得到了中央高度重视。

以当下国家承认的中国村民自治第一村的广西宜州市合寨村为例，当时的村民自治萌生有如下特点：其一是以历史长期形成的自然村（当地称之为屯）为基础。合寨是由多个自然村共同构成的。这些自然村在公社时期又划分为若干个生产队。随着公社体制解体，生产队组织涣散，但作为农民居住单位的自然村仍然保留下来。合寨的村民自治首先就起源于该村的果作和果地两个自然村（屯）。其二是基于村民的内在需要。合寨位于几县交界，偷盗问题比较严重，一家一户难以防治，只能共同解决。其三是自我组织。村民自发组织起来自我解决治安等公共问题。解决问题过程中形成了自我组织，并定名为村民委员会。其四是历史传统。广西历史上长期位于国家边缘地带，合寨更处于边缘地带的边缘山村，自上而下的官治鞭长莫及，具有自治的久远传统。当公社体制解体之际，村民理所当然地自治解决"治理真空"问题。其五是具有共同体基础。自然村的居民地域相近、利益相关、文化相同、具有共同体的特点，便于自治。合寨的村民自我组织起来不仅共同解决社会治安等公共问题，而且以村规民约建立起村民的自律性。[①]

人民公社解体之际，农民通过自我组织和自我管理的方式解决了基层治理的紧迫问题，这使得国家治理者看到了自治的价值和力量，并加以充分肯定，将农民的自发行为转换为国家行为。1982 年，国家第一次在宪法里提出了村民委员会的概念，并确定为基层群众自治组织。1987 年全

---

① 参见徐勇《伟大的创造从这里起步——探访中国最早的村委会的诞生地》，载《炎黄春秋》2000 年第 9 期。

国人大常委会通过《中华人民共和国村民委员会组织法（试行）》，对村民委员会的内涵界定为村民自我管理、自我教育、自我服务的基层群众性自治组织。

无论是农民的自发行为，还是国家的法定行为，村民自治的实现形式主要是通过村民委员会加以实现。同时，《中华人民共和国村民委员会组织法（试行）》还明确规定："村民委员会根据村民居住状况，人口多少，按照便于群众自治的原则设立。""村民委员会一般设在自然村；几个自然村可以联合设立村民委员会；大的自然村可以设立几个村民委员会。"这一规定将"村"界定为"自然村"，意味着村民自治的实现形式是以"自然村"为轴心和基础展开的。

第二波段：以建制村为基础规范规制的村民自治。

中国地域辽阔，人口众多，长期历史形成的自然村范围有大有小，农民居住有集居也有散居，这给在自然村基础上设立村民委员会带来了困难。更重要的是，村民委员会是作为人民公社体制的替代品设立的。人民公社组织体制是在国家规制下设立的，其经济基础是集体经济。设立公社体制的目的之一，是建立一个差别不大、相对平均的共同体社会，鼓励其规模愈大愈好，即"一大二公"。但是，过大的规模显然不利于管理，过于平均的主张难以调动积极性，为此，20世纪60年代国家确立了"三级所有，队为基础"的体制，执政党领导人毛泽东还专门批示，"队"是指生产小队。生产小队的规模相对较小，一般在百多人左右，便于生产管理。同时，生产小队与历史上存在的自然村大致匹配。尽管人民公社属于"政社合一"的组织，但其层级的功能还是有差别的。公社的政权功能较强，生产大队具有一定的行政功能，而生产小队主要是生产功能。生产小队是基本生产单位、经济基本核算单位，也是基本的居住单位。

1984年，公社体制开始废除。由于包产到户已自动延续农村经济发展，国家在农村最为紧迫的任务是农村公共治理，其方针是实行"政社分开"，恢复乡镇政府，接替原公社所具有的政权组织功能，在乡镇以下设立村民委员会，由村民自我管理本村范围的公共事务。1987年，随着《中华人民共和国村民委员会组织法（试行）》的贯彻，全国在乡镇以下设立了村民委员会，形成"乡政村治"体制。

为了迅速替代公社体制留下的"治理真空"，全国大多数地方是在原公社基础上设立乡镇，在原生产大队基础上设立村民委员会，在原生产小队基础上设立村民小组，形成"乡镇—村民委员会—村民小组"体制。但是在广东、广西、云南三个省区，分别在乡镇和村一级设立了乡镇派出机构，形成"乡镇—管理区（村公所）—村民委员会"体制，其村民委员会大多设立在自然村。为了统一规范村民委员会制度，1998年全国人大常委会修订通过了《中华人民共和国村民委员会组织法》，其重要修订内容就是从法律上取消了"村民委员会一般设在自然村；几个自然村可以联合设立村民委员会；大的自然村可以设立几个村民委员会"的规定，而增加了"村民委员会可以根据村民居住状况、集体土地所有权关系等分设若干村民小组"。广东、广西、云南也改变了原有体制，与全国一样实行"乡镇—村民委员会—村民小组"体制。

1998年法律规定的村民委员会所在的"村"不再是"自然村"，而是建制村，即国家统一规定并基于国家统一管理需要的村组织，且是村集体经济单位。建制村是国家统一规范和规制的产物。1998年之后，中国的村民自治的实现形式就是以建制村为基础而展开的。

相对于自然村而言，建制村的规模较大，一般在2000人左右。由此需要新的方式加以组织和治理。由于村民委员会属于群众自治组织，由政府指派其领导人已不具有法定意义。而在一个村民相互不熟悉的村庄，也难以如自然村一样依靠共同习俗治理。于是，在村民委员会建设中，出现了不得已的"海选"方法，即将村民委员会组织领导人的产生完全交由村民直接选举产生。这一做法与20世纪90年代的民主潮流高度吻合，被视之为社会主义基层民主的重要内容。1998年修订通过的《中华人民共和国村民委员会组织法》在规定村民委员会性质时，除了保留原有的"三个自我"以外，就是增加了"实行民主选举、民主决策、民主管理、民主监督"的内容。如果说"三个自我"是80年代村民自治实现形式进展的主要成果的话，那么，"四个民主"则是1998年以后村民自治实现形式的重要内容。自1998年之后的中共历次代表大会报告都是将村民自治置于基层民主的框架下论述的。无论是政治体制安排，还是学界研究，民主的范式都取代了自治的范式。

然而，从自治的角度看，以建制村为基础开展村民自治遭遇了极大困难和体制性障碍。其一，行政抑制自治。建制村作为国家的基层组织单位，仅国家法律赋予其法定的行政职能就达 100 多项。正因为如此，建制村又被称之为"行政村"。大量的行政任务要通过建制村的村民委员会加以落实，由此导致村民委员会的"行政化"。村民自治事务难以通过村民委员会这一组织加以处理。其二，体制不利自治。建制村更多是基于国家统一管理的需要。尽管法律仍然保留了"根据村民居住状况、人口多少，按照便于群众自治"的原则设立，但也增加了"有利于经济发展和社会管理的原则设立"。建制村的设立更多的是从后者考虑的。从国家的经济发展和社会管理角度看，建制村规模较大，更合适一些。但是，自治属于直接参与行为，对地域和人口范围要求更高。规模过大、人口过多不便于群众自治。特别是 2006 年废除农业税，为减少财政支出，一些地方实行"合村并组"，村组规模扩大，直接参与性的自治更难。尽管法律上在直接参与方面作出了由村民代表会议代行村民会议部分职责，但事实上村民代表会议召开也困难。其三，外力制约自治。随着我国经济发展，城乡差距日益扩大。为了解决日益突出的农村问题，国家更多的是运用外部性力量。如废除农业税，建设新农村更多的是政府主导。开放的市场经济也造成传统村庄共同体日益解体，农村内生的自我治理能力减弱并被忽视。

正在于以上因素，使得建制村基础上的村民自治难以有效实现，甚至陷于制度"空转"，难以"落地"，村民自治在农村治理过程中"失落"。

第三波段：在建制村之下的内生外动的村民自治。

村民自治在农村治理中的一度"失落"，并不意味着村民自治没有价值；相反，其内在价值总会让其不断在实践中展示自己的力量。

进入 21 世纪以来，突出的"三农"问题和扩大的城乡差距，使得执政党一再将解决好"三农"问题作为全党工作的重中之重。特别是农村治理问题成为"三农"问题的重要内容之一。在这一影响下，地方政府采取了许多积极干预措施。如经济最发达的广东省加大对农村的投入，以改变急剧扩大的城乡差距。重庆市开展干部下乡"三进三同"，江西省开展"十万干部下基层，排忧解难促和谐"活动，湖北省推进"万名干部进万村入万户"，山西省"六个一五个不准"促干部下乡驻村常态化，安徽省"五级书记带头大走访"，内蒙古自治区组织"万名干部下基层"，广西壮族自治区推行"美丽乡村清洁广西"的干部下乡活动。这些活动对于改变农村无疑具有推动性。但是，农村的主体毕竟是农民。没有农村内部主体性力量的激发，农村改造和改变难以持久。正是在寻求解决农村治理之道的背景下，一些地方的村民自治再次活跃。

广东是中国经济最为活跃和发达地区，但其内部的差距，特别是城乡差距甚大。位于广东西北部的云浮市是欠发达地区，不仅农村经济相对落后，社会建设也很欠缺。2010 年以来，该市努力探索不同于珠三角地区的科学发展道路，并将农村社会建设作为重点之一。社会建设需要社会参与。在促进社会参与中，该市在乡镇、村、村民小组建立三级理事会，特别是以组（自然村）为单位的理事会，开发农村内在的资源，在兴办农村公益事业中发挥了重要作用。时任省委书记的汪洋数次去云浮考察农村社会建设和社会参与成果。

清远市位于广东北部，是中原文化与岭南文化的交汇处，保留了完整的农村自然村形态。这些自然村大多有家族传统，内聚力和自治性较强。近些年，该市一些地方运用自然村的自治力量兴办公益事业，解决了不少问题。清远市为此推进体制改革，将村委会下沉到自然村，在乡镇与村委会之间建立党政服务站，回归了 1998 年之前的乡村治理体制。

广西在新农村建设中，将"美丽乡村 清洁广西"作为重要内容，并下派大量干部到农村清洁乡村，整治环境。但外部力量总是有限的，在一些非干部负责的典型村地方，只能开发和利用当地的力量，其方式就是在建制村以下的屯建立理事会，组织农民参与清洁乡村活动。比较典型的是村民自治发源地的河池。之后，当地的领导人认为此办法可行，将党的基层组织与村民自治结合起来，创造"党领民办，群众自治"机制，并将自治内容扩展到更为广泛的范围。广西贵港市也有类似的做法。

为加强社会管理，湖北省宜昌市推行网格化管理，成为全国的典型。后来，网格化管理在全省农村推行。但在分散的农村实行网格化管理显然困难较大，农村大量公共事务和公益事业还得依靠农村社会内部力量办理。宜昌秭归县是大山区，早在本世纪初就注意划小治理单位，提出农村社区建设。近年在建设"幸福村落"活动中，以利益相关和地域相近为标准，将行政村以下的村落作为自治单位，发挥村民内在的主动力量，实现自我发展。

以上案例具有以下共同特点：其一，运用农村内部力量参与解决农村社会问题。问题和解决问题的力量是内生的。其二，在解决问题过程中，运用的组织资源是在建制村以下，特别是利用自然村或者地域相近的村落建立起相应的自治组织。这些自治组织不具有行政功能，属于完全自治。其三，建制村以下的理事会组织不完全是农民自发建立的，而是地方领导发现了农民的内在力量，对村民自治活动加以总结提升后广泛推行的。如河池将党在农村的基层组织建设与村民自治组织建设联动起来，突出党组织的作用。其四，以上案例不约而同地将长期历史上的自然村（屯）作为自治单位，划小自治单元，反映了村民自治所需要和支撑的经济、社会、文化、地域、传统等相关因素。这些因素决定了要实现村民自治的价值，必须寻找其合适的实现形式。

地方出现的新的村民自治形式，在破解农村治理中长期存在而又十分紧迫的难题方面发挥了积极作用。一是有助于破解建立党领导下充满活力的村民自治机制的难题；二是有助于破解税费改革后农村公益事业办理中的"一事一议"的难题；三是有助于破解村民自治形式单一，建制村难以让村民自治"落地"的难题；四是有助于破解农村治理中被动维稳无法从源头根治的难题；五是有助于破解新农村建设中内力不够，持续性不强的难题。正是在此背景下，2014 年中共中央 1 号文件提出了"探索不同情况下村民自治的有效实现形式，农村社区建设试点单位和集体土地所有权在村民小组的地方，可开展以社区、村民小组为基本单元的村民自治试点"。

三　建构多层次多类型的村民自治实现形式体系

2014 年中共中央 1 号文件不仅肯定地方村民自治的探索，而且提出了探索村民自治有效实现形式的命题，并对探索的方向提出了试点意见。1 号文件显然是考虑多方面因素的结果，同时也反映了对村民自治实现形式的不同意见和看法。

《乡镇论坛》是由主管村民自治事务的中华人民共和国民政部主管的杂志，该刊 2014 年第 3 期发表了署名"郑铨史"的文章《自然村设置村委会切莫一哄而上》。文章指出："有的人认为，村民自治的有效实现形式划在自然村或村民小组建立村委会。这种意见认为，在自然村层面选举产生村委会比建制村海选更有优势，更能适应村庄治理的需要。笔者认为，自然村和村民小组建村委会探索要慎之又慎，万万不可盲目跟风，把农村基层组织架构搞乱。"①

有关村民自治实现形式的探索及不同意见，反映了村民自治实践对理论研究和制度设计提出了新的要求，也开拓了村民自治的理论与实践空间。

首先，村民自治具有强大的内在价值。我国正处于现代化进程中。现代化在国家治理方面的要求是建构一个强大的现代国家，国家为主体的治理愈来愈深入地渗透到社会各个层面。相对于传统农业社会而言，现代国家的力量将大大压缩自治的空间，农民与国家的联系会愈来愈紧密。国家凭借工业财政所获得的巨大资源，也愈来愈依靠国家力量治理社会。一些地方动用成千上万干部帮助农民打扫卫生、修建水塘等，就反映了这一趋势。但也正是在这一过程中，充分暴露出国家力量的有限性。村民自治的第三波崛起，便是补充国家力量之不足的产物，并显示出村民自治的内在价值及其强大的生命力。

其次，村民自治需要有效的实现形式。村民自治作为一种制度已实施30多年，但为什么这一制度未能完全"落地"和运转，为什么村民自治第三波实践都不约而同地在建制村之下开拓自己的空间，并取得相应成效，促使村民自治能够"落地"运转？其答案就是村民自治的内在价值一定要有有效的形式加以实现。没有有效的实现形式，村民自治的内在价值再大也无从反映，只能被"悬空"。

最后，村民自治的有效实现形式与一定条件相关。村民自治是一项植根于群众实践中的制度和活动，对实践的"社会土壤"要求特别高。只有合适的"社会土壤"，村民自治的实现形式才是有效的。村民自治第三波的共同特性就是在建制村以下开拓出村民自治的空间。这其中，就反映出村民自治内在的要求其相应的条件。这些条件包括利益相关、地域相近、文化相同、群众自愿、便于自治等，涉及产权关系、社会联系、文化认同、自治能力等深层领域的结构。正因为如此，1号文件提出的是"探索不同情况下村民自治的有效实现形式"，"不同情况"就是一个界定，

---

① 郑铨史：《自然村设置村委会切莫一哄而上》，载《乡镇论坛》2014年第3期。

要求村民自治形式不能"一刀切"。正是基于这一考虑，1号文件提出："农村社区建设试点单位和农村集体土地所有权在村民小组的地方，可开展以社区、村民小组为基本单元的村民自治试点。"

试点是一种社会试验，它的最大好处是为人们提供了认识和想象空间。1号文件提出"探索不同情况下村民自治的有效实现形式"，不仅仅在于将自治单元建立在什么层次，而在于提出了探索村民自治有效实现的命题，以供人们深度思考。

村民自治是来自于村民的自我治理活动，同时又是一项国家治理制度安排。因此，应该将其放在国家与社会的总体框架下考察。作为村民的自我治理活动，要求其多样性灵活性；作为一项国家制度安排，又要求其统一性规范性，并与国家治理相衔接。自治与他治总是相互联系，不可分离的。

当下，围绕村民自治有效实现形式的争论主要集中于村委会是保留在建制村，还是下沉到自然村或村民小组。从村民自治实现形式看，村委会下沉到自然村或者村民小组，可能更适宜于自治。但是，我们也要注意到，自治单位愈小，其自治范围和内容愈有限。从我国村民自治第三波看，大量村民自治事务都限于社会事务。而当下，村民的公共利益远远不止于自然村或村民小组，特别是大多数地方的集体土地所有权和国家公共管理权在建制村一级，村民的利益关联甚至已远远超出建制村，涉及地方政府，如国家大量农村资金的下放由政府经手，直接涉及农民利益。涉及农民切身利益的事务也需要农民直接参与才能更好解决。当初彭真将村民自治与农民直接参与的基层民主相联结，并未将村民自治体现的基层民主局限于村务管理的范围。他具有战略眼光地指出："他们把一个村的事情管好了，逐渐就会管一个乡的事情，把一个乡的事情管好了，逐渐就会管一个县的事情，逐步锻炼，提高议政能力。"[1] 从一般意义看，自治和参与领域是逐步扩大的。当下，将村委会下沉到自然村或者村民小组，有助于激活村民自治，但从长远看，它又会限制自治和参与领域的扩展。

---

[1]　彭真：《通过群众自治实行基层直接民主》，《彭真文选》，人民出版社1991年版，第608页。

更重要的是，当下的争论尚局限于单一的"自治体"。应该说，自治单位或者"自治体"是村民自治的主要载体，但并不是唯一的载体。从村民自治的有效实现形式看，村委会并不是唯一载体，还可以并且需要有更多载体来体现。这就是本文所要主张的建构多层次多类型的村民自治实现形式体系。

相对于村民自治组织，即"自治体"而言，村民自治实现形式体系更为丰富。

1. 多层次。我国的村民自治自发产生于自然村，定型在建制村，再度活跃于自然村。与此同时，还有一些地方的村民自治形式超出建制村范围。这说明，村民自治的实现形式可以在多个层次上展示。将村委会设立在建制村或者自然村，不是核心问题，关键是如何有助于实现村民自治。从当下的自治条件看，自然村或者村民小组是基础，但建制村也不可替代。多个层次的自治方式可以不一样。

2. 多类型。我国村民自治定型于建制村，并以村民直接选举的"海选"为标志，形式较单一。而不同层级的村民自治，其形式可以而且应该是多类型的。特别是在自然村或者村民小组，更多的是沟通与协商。这在于自然村或者村民小组由于其地域、利益、文化等相关因素，其自主、自力、自律等自治元素更丰富一些，沟通与协商并达成一致更容易。"海选"反而可能会破坏自治体的"有机团结"。

3. 自治与他治的互动。在现代国家体系中，自治不是孤立的，必须在与他治的互动中寻求其空间。我国国家治理事实上会向两种逻辑发展：一是政府治理愈来愈深地介入和渗透农村社会，自上而下的治理是不可规避的，甚至内生于农民需要，如农村福利体系的国家建构。二是村民自治愈来愈多地扩展到国家治理领域，自下而上的参与也是不可避免的。当下存在的"村官大贪"和不少农村群体性事件事实上是国家管控不力和社会参与不足的共同产物。他治介入自治与自治参与他治是并行不悖的。中共十七大报告提出实现政府行政管理与基层群众自治有效衔接和良性互动。这要求村民自治是一个内容丰富的体系与其相适应。

为了建构多层次多类型的村民自治实现形式体系，一是要求具有战略远见的制度设计，以为村民自治的有效实现提供广阔的制度平台。平台愈宽广，活动的内容就愈丰富。二是要求深入研究村民自治实现形式的内在机理。如果说在建制村基础上村民自治阶段，理论研究主要是基于国家制度安排，是制度主义视角，那么，在探索不同情况下村民自治有效实现形式的过程中，理论研究更需要基于村民自治内在机理，从行为主义视角把握村民自治中的人，人的活动及其活动支配机制。

利益相关:村民自治有效实现
形式的产权基础*

邓大才

2014 年中央"1 号文件"提出了要"积极探索在不同条件下村民自治有效实现形式"。这就说明当前村民自治的有效实现存在一些问题,需要进一步改进和完善。① 要改进和完善村民自治有效实现形式首先要厘清两个问题:一是什么因素决定自治? 二是在什么条件下村民自治能够有效实现? 人类社会产生以来,自治就是基层社会的重要治理方式,曾经产生过家庭自治、民族自治、部落自治、城邦自治等形式,不管哪类自治形式都基于利益,基于相关利益,在相关利益中又以产权相关最为重要。中国农村村民自治的产生、形成和发展,与利益,特别是与以产权为基础的利益相关性密不可分。利益及以产权为基础的利益相关性决定村民自治的形式、范围和效果,并因此奠定村民自治的基础。

一 利益相关是村民自治的经济基础

利益是人类一切行动的起点,也是一切行动的归宿。著名史学家司马迁早在两千多年前就曾说,"天下熙熙,皆为利来,天下攘攘,皆为利往。"马克思也认为,"人们奋斗所争取的一切,都同他们的利益有关"②。很多政治现象、政治行为都可以从利益这个最根本、最基础、

* 本文的写作得到了徐勇教授的精心指导和无私帮助,在此表示感谢。

① 村民自治有效实现面临三个主要问题:无吸引力、无动力、无意愿。"三无"的实质问题就是自治事项没有利益相关性、自治主体之间没有共同的利益联结。

② 马克思:《马克思恩格斯全集》第 2 卷,人民出版社 1957 年版,第 103 页。

最核心的因素中找到根源。正如马克思从商品着手研究资本主义一样，研究中国农村村民自治也必须从利益着手，寻找自治的利益根源和产权基础。

（一）利益与治理方式紧密相关

利益的核心是经济利益，它是一种人与人之间的经济关系，是经济关系的集中体现。经济关系是生产关系的重要组成部分，决定着国家的法律乃至整个上层建筑。马克思认为，生产关系的总和构成社会的经济结构，这些经济结构决定着法律的和政治的上层建筑。[①] "每种生产形式都产生出它所特有的法权关系、统治形式等。"[②] 马克思从物质利益、经济利益出发，根据生产关系的核心——所有制形式将人类社会分为五种社会形态，五种社会形态是由不同的所有制所决定的。[③] 即所有制决定了利益关系，而利益关系决定了政治制度和治理方式。

马克思主义从利益这个唯物论的观点出发，研究利益关系与社会形态、政治体制之间的因果关联。非马克思主义同样从利益出发进行分析。史学家理查德·派普斯认为，财富在谁手里，主权迟早会到谁手里。"财富孕育着统治权"，而统治者与民众之间的财富分配决定了政府的构成。[④] 派氏的观点是，利益关系决定谁统治，决定政体、政府的性质。哈林顿在《大洋国》中将财产看作是政府的基础，"产权的均势或地产的比例是怎样的，国家性质也就是怎样的"，[⑤] 认为国家权力是"财产的自然产物"，国家性质和政府的形式是由"产权均势"决定的。[⑥] 我国学者唐贤兴也认为，土地这一最主要的财产分配决定政府的形式。[⑦] 以上观点说明，一个

[①]　马克思：《政治经济学批判》序言，载《马克思恩格斯选集》第2卷，人民出版社1972年版，第82页。

[②]　马克思：《政治经济学批判》，载《马克思恩格斯选集》第2卷，人民出版社1972年版，第91页。

[③]　马克思在《政治经济学批判》序言中将人类社会形态分为亚细亚的、古代的、封建的和现代资产阶段的生产方式，后来进行了调整。

[④]　理查德·派普斯：《财产论》，经济科学出版社2003年版，第40页。

[⑤]　詹姆士·哈林顿：《大洋国》，商务印书馆1996年版，第10页。

[⑥]　唐贤兴：《产权、国家与民主》，复旦大学出版社2001年版，第145页。

[⑦]　同上书，第92页。

社会的利益关系、利益格局，特别是以土地产权为核心的所有制关系决定社会的形态、国家体制和治理方式。

（二）利益相关是自治的基础

利益、利益关系及经济关系与政体、治理方式紧密相关。利益及经济关系的核心是所有制①，所有制结构的核心产权结构。以所有制结构、产权结构为核心的利益相关性不仅仅影响国家政体、地区治理结构，② 而且直接决定自治结构，即利益的相关性与自治的形式有着直接的因果关联。恩格斯认为，部落产权的共有制决定了部落的共产制和共同经营制，"家庭经济都是由若干个家庭按照共产制共同经营的，土地乃是全部的财产，仅有小小的园圃归家庭经济暂时使用"。③ 金雁研究认为，"事实上自从15—17 世纪土地公有型村社占统治地位之后，俄国农村便在很大程度上成了'公社世界'"。④ 两个例子均说明，如果实施共有财产制度，必定要求以自治的方式共同管理部落或者村社，实施部落自治或村社自治。也就是说，产权共有或者说土地共有制对实施自治治理有着强烈的内生需求。

"耕地仍然是部落的财产，最初是交给氏族使用，后来交给家庭公社使用，最后便交给个人使用，他们对耕地或许有一定的占有权，但是更多的权利是没有的。"⑤ "耕地最初是暂时地，后来便永久地分配给各个家庭使用，它向完全的私有财产的过渡"，这种过渡炸毁了"旧的共产制家庭公社"，也炸毁了"共同耕作制"。氏族的自治管理机构就从"人民意志的工具转变为旨在反对自己人民的一个独立的统治和压迫机关了"。⑥ 恩

---

① 按照制度经济学的说法，所有制关系是产权关系的一种，是产权关系中的核心关系，在传统农耕社会在产权关系中土地是最重要的因素，有时土地关系等同于所有制关系，所有制关系等同产权关系。

② 治理分为他治和自治，利益、利益关系决定治理体制，以所有制结构、产权结构为核心的利益关系对自治有着直接的要求。

③ 恩格斯：《家庭、私有制和国家的起源》，载《马克思恩格斯全集》第 4 卷，人民出版社 1974 年版，第 92 页。

④ 金雁、秦晖：《农村公社、改革与革命》，东方出版社 2013 年版，第 69 页。

⑤ 恩格斯：《家庭、私有制和国家的起源》，载《马克思恩格斯全集》第 4 卷，人民出版社 1974 年版，第 157 页。

⑥ 同上书，第 160—161 页。

格斯认为，土地共有决定了氏族或家庭或亲属团体的自治，一旦土地私有化，则自治就瓦解，城邦或者国家的公共权力就会取代自治权力。

从上可知，共有的产权或共有土地使公社成员具有很强的利益相关性。这种由利益相关性而形成的紧密型利益共同体——公社，必然要求实施成员自我管理的自治制度，一旦财产共有的土地私有化，相关利益便被"炸毁"，实施自治的条件也就不存在了，势必让位于其他治理制度。可见，共有产权、共有土地是自治的基础。

（三）利益相关程度决定自治程度

利益决定自治，但是不同的利益相关度决定不同的共同体，不同的共同体决定不同的自治程度。人类学家沃尔夫从三个维度分析利益相关度与共同体的关系，利益多少（分为多线和单线联系）、结合人数（二元和多元结合）、社会地位（水平和垂直结合），他得出了中国的亲属制度共同体比较持久，地中海式的村落法人制度不太持久，而印度兼具两种特性，共同体也比较持久。[①] 滕尼斯将地区共同体分为父权制共同体、农业地区共同体、城市共同体，其中比较紧密的是存在着对土地共同占有的父权制共同体。[②] 两位学者都很好地探讨了利益与共同体的关系，但是没有探讨共同体与自治之间的关系。恩格斯则从历史角度探讨共同体的紧密程度与自治的关系，他认为，家庭共同体、家族氏族共同体、国家共同体因为所有制的变化，即共同利益的减少而依次更替，治理方式也从家长制到自治制，再到国家制。[③]

从恩格斯的研究可发现，利益相关程度决定治理方式或自治程度，但是他并没有比较不同的利益相关度与共同体的关系，也没有比较不同利益相关度的共同体与自治程度的关系。其实，我们可以将共同体分为共同生活、共有产权、共同生产、共同消费，以共同体拥有四者的程度来划分利益相关程度（见表1），我们可以发现，家庭因为拥有四种活动而利益关联度最大；家族和氏族拥有三类活动，利益相关程度较高；村落拥有两类

---

① 沃尔夫：《乡民社会》，巨流图书公司1983年版，第106—126页。

② 滕尼斯：《共同体与社会》，北京大学出版社2010年版，第240页。

③ 恩格斯：《家庭、私有制和国家的起源》，载《马克思恩格斯全集》第4卷，人民出版社1974年版，第170—175页。

活动，利益相关度次之；城邦或者地区则只有共同生活，利益相关度较低。家庭共同生产、生活、消费，共同拥有财产，成员之间利益相关度最高，因此自治水平最高。沃尔夫认为传统社会的农民"极端倾向于家庭的自治自足"。[①] 利益相关度较高的氏族公社（包括氏族、胞族和部落），自治程度也比较高。[②] 村落可以是血缘结合的，也可以是地缘结合的，因为无法共同生产，但是有部分共有产权和村落共生活，其自治程度虽然没有氏族公共高。城邦或地区只有共同生活的，因此需要更多强制性的公权力治理，自治程度大为降低。

可见，利益相关度决定利益共同体的紧密程度，而以利益相关度为核心的利益共同体决定成员的自治程度。其实在现代社会共同消费、共同生产已经极少，但是地区的共同生活和共有产权依然存在，特别是共有产权对自治决定性作用越来越重要，越来越突出。

表 1　　　　　　利益相关程度、利益共同体与自治程度

	家庭	家族或氏族	村落	城邦或地区
共同消费	有	否	否	否
共同生产	有	有	否	否
共有产权	有	有	有	否
共同生活	有	有	有	有
利益相关程度	高	较高	较高	一般
自治程度	高	较高	较高	一般

（四）基于利益相关的产权结构决定村民自治

上文是从实践得出的结论，事实上基于利益相关性的产权结构对自治的决定作用，不仅限于古代的氏族、家庭公社、亲属团体，还适合于俄罗斯的传统村社和实施生产资料集体所有的中国农村。自 20 世纪 80 年代以来，国家对农村进行经济体制改革，土地为集体所有，农户承包经营，俗

---

①　沃尔夫：《乡民社会》，巨流图书公司 1983 年版，第 106—126 页。
②　恩格斯：《家庭、私有制和国家的起源》，载《马克思恩格斯全集》第 4 卷，人民出版社 1974 年版，第 92—93 页。

称统分结合的双层经营体制。农村这种统分结合的双层体制也要求在村庄实施村民自我管理、自我服务、自我教育的村民自治制度。

基于利益相关的产权结构为村民自治奠定了经济基础。中国农村生产资料（这里主要指土地）为集体所有。集体可以是村庄集体，也可以是自然村集体，还可以是村民小组集体，在此基础上按照不同的所有制单位——行政村或自然村、小组将土地按照人口平均分配给农民，由农户承包经营。土地集体所有使集体成员有了利益联结，结成统一的利益共同体。这个利益共同体不像家庭自治，无法实施由血缘关系所确定的家长制；也不像城邦自治或者区域自治，无法建立凌驾于具有平等权利、平等义务的村民之上的公共权力实施强制统治，而只能根据农民自己的意愿，按照自愿、平等、权利义务对等的原则，实施村民自治。因此，中国独特的集体所有制为中国农村村民自治的实施提供了产权基础。

基于利益相关的产权结构为村民自治提供了内在需求。承包农户分散生产、自主经营可以有效应对市场，解决生产经营的积极性，但仍有许多问题农户无力单独解决，需要在公共层面统一解决。在生产所需要的公共服务方面，水利设施、公路建设的生产需求使集体组织成员形成了服务共同体，以群众自治的方式解决公共服务问题。在生活服务方面，农民之间纠纷调解、邻里互助、防火防盗、环境卫生，及有些地区宗族仪式、地方习俗等共同活动的生活需求使集体组织成员形成了生活共同体，以群众自治的方式解决集中难题。所以，中国独特的集体所有制及统分结合的双层经营体制要求农民既要以家庭为单位自主经营，又要以集体为单位统一经营，两者都需要集体成员结成共同体，按照自愿、平等、民主的原则实施群众自治。

基于利益相关的产权结构为村民自治提供了持久动力。家庭承包责任制确认了农民的个人利益，集体所有制则促使集体成员以产权为纽带构成了利益共同体。为了维护和实现个人利益，农民要求更多的参与公共事务。[①] 为了保障自己在共同体中的权利，维护在共同体中的利益，农民要求通过村民自治拥有更多的知情权、参与权、决策权、监督权。按照徐勇教授的话说，在承包责任制的早期，村民自治只是为了满足和实现农民个

---

① 徐勇：《中国农村村民自治》，华中师范大学出版社1997年版，第34页。

人利益，在中期是为了维护和保障个人利益，在当前则更多的是为了创造、发展新的利益。① 可见，只要实施集体所有制，有共同的所有权，或者说利益高度相关，以产权为核心的利益相关性就能够为村民自治提供持久的动力。

生产资料的集体所有制与农户承包经营制并存的这一特殊国情决定了中国农村实施村民自治制度。日本农村町村范围内的"集落"、"自治会"、"町内会"等是建立在私有制之上的一种生活共同体，这种生活共同体无法解决以产权为基础的利益共同体所面临的问题。② 中国农村也不能采用印度农村的"潘彻亚特制"，因为这种制度既是自治组织，又是一级政府，有强大的行政功能。③ "潘彻亚特制"是一种行政服务共同体，无法解决共有产权和共同利益占有、分配问题，因此也不适合生产资料集体所有制的中国农村。中国农村村民自治必须要具有多种功能，既能够解决生活共同体的问题，也能够解决服务共同体的问题，还能够解决产权共同体的问题。可以说，中国农村的村民自治是一种具有中国特色、适应农村共有产权结构的"超级自治体"（见表2）。

表2　　　　　　中国农村村民自治与日本、印度自治的对比

	中国农村村民自治	日本町内会、自治会	印度潘彻亚特
服务共同体	有	部分	有
生活共同体	有	有	有
产权共同体	有	无	无
结论	三类共同体	一类共同体	两类共同体

二　村民自治源于利益相关的产权演变

中国农村村民自治不仅是以产权为基础和核心的经济利益关系发展的必要结果，还具有悠久的历史渊源，是对强制的、外生的农村人民公社制

---

① 徐勇：《中国农村村民自治》，华中师范大学出版社 1997 年版，第 34 页。
② 同上书，第 46 页。
③ 同上书，第 48 页。

的一种反思性纠偏和自治回归。总体而言，当今中国农村村民自治源于利益相关的产权关系演变，是产权结构演变的必然结果。

（一）传统家庭私有制下的自治

从战国末期开始，中国传统的井田制就开始衰落，土地私有制逐渐建立。在 1949 年以前，大部分土地是私有的，一家一户分散经营，但是在一个村庄或者一个家族、宗族内，还存在祠田、族田、庙田、学田等乡族共有的土地，这些共有的土地为自治提供了经济基础。

土地私有条件下的自给自足。在传统中国实施土地私有制，对于大部分农民来说，要么是拥有小块土地的自耕农，要么是租赁土地的小佃农。不管是自耕农还是佃农，都属于自给自足的小农户。刘创楚、杨庆堃认为，"小农经济基本上自给自足，商业活动限于地区市场，农民大多独自耕种，这种孤立而乏竞争的状态，造成了相对安定的局面"。[①] 费正清在《美国与中国》中曾经说道："中国家庭是自成一体的小天地，是个微型的邦国。社会单位是家庭而不是个人，家庭才是当地政治生活中负责的成分。"[②] 可见，在私有制下，分散小规模经营是传统社会的主要特点，这个特点决定了家庭、农户的自给自足性质。

村庄治理相对独立于国家。农户是自给自足的，农户赖以生存、生活的村庄或者村落也相对独立的。人们常说，"皇权不下县"，即从国家层面来看，只要能够完成国家的税费任务，不给国家添乱，村庄就是独立的、自立的。韦伯认为，"事实上，正式的皇权统辖只施行于都市地区和次都市地区。……出了城墙之外，统辖权威的有效性便大大地减弱，乃至消失"。[③] 村落"是一个散沙似的街坊、分层化了的社团和闭塞的共同体"。[④] "由乡土束缚，很容易就发展出家族中心的特性……家族便成社会组织的骨干，人与人之间就靠血缘的关系，同姓互相维护。"马克斯·韦伯将中国形容为"家族结构式的国家"，魏特夫将中国南方的村落形容为

---

① 刘创楚、杨庆堃：《中国社会：从不变到巨变》，香港中文大学出版社 1989 年版，第 90 页。

② ［美］费正清：《美国与中国》，世界知识出版社 2003 年版，第 22 页。

③ ［德］马克斯·韦伯：《儒教与道教》，江苏人民出版社 1993 年版，第 110 页。

④ ［美］黄宗智：《华北的小农经济与社会变迁》，中华书局 2000 年版，第 27、229 页。

"氏族家庭主义"。由此可见中国乡村宗族对农民和村庄的影响。宗族组织是传统中国乡村唯一的组织和小农的依靠。"农业将人束缚于土地，家族便成为社会组织的骨干，人与人的关系也就靠血缘的关系，同姓互相维护，将社会分成无数个自我团体。"① 可见，农村是以宗族、家族为主导的村落、村庄共同体。这种共同体能够联结起来除了血缘因素外，还有祠田、族田、庙田、学田等乡族共有土地的因素，即血缘与共有财产构成了维系宗族、家族共同体的纽带。这种共同体相对于国家来说是独立的、自治的。

　　精英主导下的威权自治。农民是自给自足的，村落是以宗族、家族为主导形成的共同体，这些共同体为有知识、有地位、有财富的士绅、长老所控制。"在过去1000年，士绅越来越多地主宰了中国人的生活，以致一些社会学家称中国为士绅之国。"② "士绅可摆布社会的命运，最终可以摆布农民的命运"。杨懋春曾经感叹，"普通村民或农户从未主动提出、研究或制订计划。大体而言，民众在公事上，皆属无知、驯顺、怯懦之辈"，③ 萧公权也有同感"许多人过着朝不保夕的糊口日子，遑论有财力或闲暇关心公事"。所以，传统农村村庄相对于国家来说是独立的、自治的，但是相对于农民来说，则是权威的、强势的，并不是建立在权利和义务平等基础上的成员自治，而是一种精英强势主导下的威权自治。④

　　在传统中国，小私有制下的农民实施家庭自治；祠田、族田、庙田、学田等乡族共有的土地在一定程度上促进了宗族、家族共同体的产生，在北方某些地方还因水利建设而形成水利共同体、因市场交易而形成市场共同体。这些共同体相对独立于国家，具有自治的性质，并且具有自治的传统。但是在这些自治的共同体中，垄断着知识、拥有大地产、掌握大财富的精英、长老起主导作用，是一种典型的威权自治。可见，中国农村村庄

---

　　① 刘创楚、杨庆堃：《中国社会：从不变到巨变》，香港中文大学出版社1989年版，第82页。

　　② ［美］费正清：《美国与中国》，世界知识出版社2003年版，第32页。

　　③ 杨懋春：《一个中国村庄：山东台头》，江苏人民出版社2001年版。

　　④ 所谓威权自治是对于共同体的精英来说，具有协商、民主的因素，具有一定的自治性质；从与国家的关系来看，也是村庄自我管理，也具有一定的自治性质，只是这种自治是一种有限度的自治；普通的农民并没有自治的权利，而是一种精英自治。

或者村落自治有一定的传统，这个传统由个人私有制和家族共有制共同决定。

（二）共有体制下农村人民公社体制

中华人民共和国成立以后，农村实行了土地改革，将地主的土地分配给无地、少地的农民，建立了农村土地个人所有制，农民的生产积极性大为提高。1953 年国家开始实施互助社，随后建立初级合作社、高级合作社。在初级合作社时期，农民与自己土地、其他生产资料有着实物的联系，而在高级合作社阶段，农民与土地只有股份的联系，按股份分红。农村土地制度的大变革导致以土地制度为基础的传统乡村治理制度失效，出现了治理真空，需要建立适应新的经济体制的治理制度。

执政党利用政权的优势直接进入农村的最基层，将政权建立在行政村，行政村有完整的党政组织系统，设立了村人民代表会议和村人民政府，从而形成村级政权。在高级合作社时期，合作社承接了行政村的职能，经济与行政合二为一，村庄开始实施"村社合一"的管理体制。村级政权的强势导致乡村社会与国家政权的高度一致性。[①] 这段时间比较短，但是制度变革尤其剧烈。[②] 这种急剧的变革基本上是由政府强制推动的，产权制度或者利益关系对乡村治理制度的影响无法表现出来。在这一特定的历史阶段，在理论上，村庄还存在自治的法律基础（高级合作社是农民自己的组织），有一定的利益需求，但是国家政权直接下到行政村，打破了"皇权不下县"的传统，国家对乡村社会的渗透和控制前所未有，乡村社会的自治空间大大被压缩了。

1957 年开始了"大跃进"和实施农村人民公社制度。在所有制上，实施"三级所有，队为基础"，即包括土地在内的农村生产资料由人民公社、生产大队、生产队三级所有，经济核算以生产队为基础，生产队直接组织生产和收益分配。与所有制相对应建立"政社合一"、"队社合一"

---

① 陈锡文、赵阳、陈剑波、罗丹：《中国农村制度变迁 60 年》，人民出版社 2009 年版，第 333 页。

② 村级政权的时间不长，1954 年 9 月，《中华人民共和国宪法》和《地方各级人民代表大会和地方各级人民委员会组织法》规定，取消行政村建设。行政村的职能由高级合作社所承接，依然具有很强的行政性。

的管理制度，在生产大队建立大队管理委员会，由社员代表选举产生；在生产队设队委大会，实施民主办队，队委成员由社员选举产生。但是这些制度只停留在文本上，现实中生产大队和生产队的干部均由上级任命，群众根本没有发言权和选举权。

因为"政社合一"的管理体制使国家对农民的控制从最终端的收益控制转向全领域的生产控制，农村各种经济行为均纳入国家直接控制的范围之内。① 国家的全面渗透再度压缩乡村社会的空间，集体所有制又使农民的自治空间进一步压缩，行政完全取代自治。不管是生产大队还是生产队在性质上均属于一种"不是政权的政权机构"。农村的经济体制和治理体制都发生了翻天覆地的变化，农民个人所有制变成了农村集体所有制，乡村治理制度从合作社变成了"政社合一"、"队社合一"的命令型管理制度。经济体制和治理制度的转变与本文提出的"产权制度决定治理制度"的假设一致。

从理论上讲，农村人民公社可以控制公社的所有资源，在全公社范围内统一生产、统一分配，但是在历史上形成的以村庄、自然村为产权所有单元和经济单元的利益格局并没有因行政制度的改变而改变。"一大二公"的人民公社从一开始就受到以村庄、自然村为单元的利益格局的巨大挑战，出现了"社队密藏、瞒产私分"等现象。最后国家不得不让步，既承认社员的家庭利益，也承认社队的利益，"承认管理区和生产队在资金、物质、农具、林木、牲畜等方面的利益边界"。② 这一观点也为不少西方学者的研究所证实，施坚雅认为，"现在的正统做法是把集体化单位和自然系统明确地联系起来"，"小队和公社的系统已被嫁接在农村生活的古老根基之上"。③ 斯特朗认为，生产和分配的责任集中于农村最古老、最稳定的单位，即生产小队上面。也就是说将自然与村生产小队结合。④ 这说明了强大的行政力量或者说以国家力量为支撑的农村人民公社制度，也无法改变历史上形成的以村落、自然村为单元的产权结构，无法改变以村落、自然村为单元的既定利益格局。基层的治理方式、社会管理体制必须适应历史上自然形成

---

① 陈锡文、赵阳、陈剑波、罗丹：《中国农村制度变迁 60 年》，人民出版社 2009 年版，第 336 页。

② 同上书，第 339 页。

③ 施坚雅：《中国农村的市场和社会结构》，中国社会科学出版社 1998 年版，第 172 页。

④ 同上书，第 185 页。

的产权单元、利益格局，否则会损害经济和社会发展的基础。

国家政策对理想主义制度、对农民的反抗做出的调整及施坚雅和斯特朗等的研究都说明，基层治理要适应产权单元、相关利益格局，这个单元可能是村庄，也可能是自然村或者村落。当然不同的地域、不同的文化传统，治理单元会有差异。尽管农村人民公社时期实施集体所有制，但这个集体大多是以自然村为核心的生产队，超越这个单位建立的生产、分配共同体都会失败。这说明治理单元要与自然经济体系一致。它是由共同的利益相关性所决定的：一是共同的集体产权；二是共同的生活习惯；三是共同的生产服务需求，产权单元、利益单元决定治理单元。虽然以自然村为核心的生产队成为基层的治理单元，但是"政社合一"的管理体制排斥了农民实施自治的可能性。按照法律规定，农民有选举权、参与权，但民主只沦落为完成行政任务的工具，自治没有实施的任何可能。

（三）农村双层经营体制的自治

农村人民公社的后期，治理单元逐渐与产权单元、利益单元一致，从公社下放到生产大队，再从生产大队下沉到生产队，但是农民依然没有生产、经营、分配的自主权利，家庭和个人的积极性依然无法调动起来，农村经济几乎面临崩溃的边缘。这说明权力过分集中的农村人民公社的生产、经营、分配和治理体制不适合生产力的发展，需要进行重大的调整。20 世纪 80 年代初期，在农民自发突破和国家自觉领导的双重推动下，农村兴起了以家庭联产承包责任制为主要内容的经济体制改革，这一改革为村民自治提供了契机。

农村土地依然为集体所有，[①] 但是土地等生产资料由集体承包给农户，以农户为单位进行生产经营和分配。承包制的核心是将生产经营权下放给农民，使农民成为生产经营的主体。[②] 集体作为所有者进行统一经营，一方面，经营集体所有的生产资料，如土地、企业；另一方面，集体为分散经营的农户提供统一的公共服务。这种经营体制又称为统分结合的双层经营体制。

---

① 这个集体可以是村集体，也可以是自然村集体、村落集体。

② 徐勇：《中国农村村民自治》，华中师范大学出版社 1997 年版，第 25 页。

　　家庭联产承包责任制取代人民公社时期的生产经营方式，使人民公社时期的管理体制已失去了经济支撑，需要形成与新经济体制相匹配的治理模式。[1] 在广西的罗山、宜县两县的农村，出于社会治安管理的迫切需要，农民自发地组建了一种全新的基础性权力共同体——村民委员会，以取代正在迅速瓦解之中的生产大队、生产队组织，后来这一组织逐渐发育为对农村基层的经济、政治、社会、文化生活中的诸多事务进行自我管理的机构，村民委员会的性质也逐步向群众性自治组织演变。[2] 全国其他地方也出现了类似的管理共同体。1982年国家新宪法确认了村民委员会的法律地位，将其定位于农村基层群众性的自治组织。1987年《中华人民共和国村民委员会组织法（试行）》明确规定村民委员会实行村民自治，由村民群众依法办理自己的事情，由此在农村建立了与家庭联产承包责任制相适应的农村治理制度。

　　在这一阶段，利益关系依然决定着治理制度。首先，村民自治制度的产生就是农村经济体制变革的结果，没有家庭联产承包责任制就不会有村民委员会及其治理制度的产生；其次，农村双层经营体制要求农民群众实施自治。集体拥有所有权，农民拥有承包经营权，前者要求群众平等协商解决问题，后者要求集体成员结成服务共同体。

　　若土地完全实施共有共营，在国家力量不强大的情况下，可能会形成原始氏族或公社自治制度；国家力量强大则会形成农村人民公社制度或者苏联的集体农场管理制度。如果土地完全私有，只会围绕着生产、生活需要产生一定程度上的自治，形成如日本、中国台湾地区一样的"浅度自治"形式（见表3）。[3]

　　如果大部分土地私有，部分土地共有，在国家力量不强大的情况下，则会形成类似于中国传统农村乡村社会的精英自治或者士绅自治。这种自治既具有日本、中国台湾地区农村社会所具有生产服务、经营服务、生活服务需求特征，也具有围绕宗族产权关联形成精英自治的特点。这属于一种"中度自治"形式。

---

　　① 徐勇：《中国农村村民自治》，华中师范大学出版社1997年版，第26页。

　　② 白钢、赵寿星：《选举与治理》，中国社会科学出版社2001年版，第35页。

　　③ 本文在此用的一组概念：浅度、中度、深度自治，是指由利益相关度和自治内容数量决定的自治的程度。这一组概念与自治水平的高低、自治程度的高低有一定的区别。

如果土地为部落成员共同占有，部落成员共同生产、共享成果，甚至还实施共同消费，如原始社会的氏族公社。从历史上来看，这种高度的共占、共有、共享制度在无国家社会实行比较典型的自治。恩格斯称之为"原始共产主义社会"，[①] 本文称之为"特殊自治"。这种高度的共占、共有、共享制度在有国家社会则演变为1958年的"刮共产风"的农村人民公社，则是一种与自治背道而驰的"命令治理"。

1978年以后中国农村实施家庭联产承包责任制，土地集体所有。这个集体可以是乡镇集体，也可以是村集体，还可以是自然村或组集体。生产资料的集体所有使集体成员有了高度的利益相关性，高利益相关性要求"深度自治"，这就涉及生产资料的配置、处置及集体成果的分配。当今中国农村的村民自治，不同于纯粹以私有制为基础的日本、中国台湾地区乡村社会的"浅度"自治，也不同于以私有制为主体并有部分共有产权的宗族、家族精英的"中度自治"，更不同于共占、共有、共享的氏族公社"特殊自治"（见表3），而是一种基于以产权为利益纽带的"深度自治"。

表3　　　　　　农村村民自治的需求、利益相关度对比表

利益相关内容		日本、中国台湾地区农村自治	中国传统村庄自治	中国农村村民自治	氏族公社自治
共同生产服务需求		有	有	有	有
共同经营服务需求		有	有	有	有
共同生活服务需求		有	有	有	有
共同消费需求		无	无	无	有
利益关联	产权关联	无（私有制）	只对族田等共有生产资料	有（集体所有）	有（成员集体所有）
	资源配置	无	本族精英决定	有（土地分配）	集体经营
	集体收益分配	无	有些福利	有（集体福利）	集体分配
	产权处置	无	本族精英决定	有（土地买卖）	不准买卖
自治类型		浅度自治	中度自治	深度自治	特殊自治

① 恩格斯：《共产党宣言》，载《马克思恩格斯全集》第1卷，人民出版社1974年版，第251页。

综上所述，农村的治理与经济体制紧密相关，农村村民自治是由利益相关性决定的。利益相关程度一般，则形成"浅度"村民自治，如日本、中国台湾地区的农村自治；如果利益关联较强，如传统中国农村有宗族、家族共有的族产、族田，则属于"中度"利益关联，在国家不强势的情况下会形成"中度"村庄自治；如果利益关联很强，农民拥有共同的生产资料，如当前农村生产资料集体所有，农民利益高度关联，结成紧密型的利益共同体，则会形成"深度"自治（见图1）。可见，农村村民自治的发生、发展是以产权关系为基础的利益关联程度演变的结果。

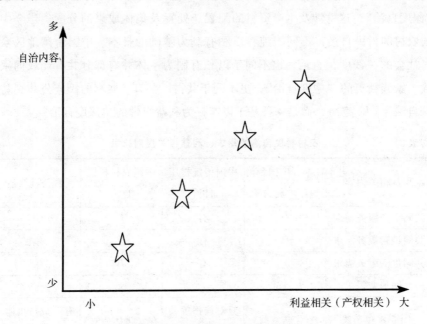

图 1　利益相关与自治的关系

三　以利益相关为核心探索自治的有效实现形式

农村经济体制改革后，国家以法律的形式决定在农村实施村民自治，以原有的生产大队为基础组建村民委员会，生产队改为村民小组，以村庄为单位实施农村村民自治。这一改革是适应农村经济体制改革和产权制度变化的需要而出现的，它有利于农民自己管理自己，有利于农民当家作主。但是因为生产资料的集体所有制各不相同，有的地方是村集体所有，有的是小组所有，有的是自然村所有，在实践中以村庄为单位的村民自治出现了一些问题。在生产资料集体所有的村庄，产权结构与自治范围相适应。而在南方很多地区生产资料是村民小组所有或者村落所有，自治范围与产权结构的范围不一致。这样就导致农民参与意愿不强、吸引力不大、积极性不高，村民自治"空转"、"形式化"、"难落地"。为此，2014年中央"1号文件"也提出，"探索不同情况下村民自治的有效实现形式，农村社区建设试点单位和集体土地所有权在村民小组的地方，可开展以社区、村民小组为基本单元的村民自治试点"。这说明以行政村为单位的自治还需要根据产权结构、利益相关性进行调整，以使产权结构与自治结构、利益相关范围与自治范围基本相适应。从各地实践来看，可以从以下三种类利益关联来探索村民自治的有效实现形式。

以产权为基础的利益关联探索村民自治有效实现形式。产权结构决定治理结构、产权范围决定自治范围。有效的村民自治单元的选择可根据产权结构、产权范围进行。在南方不少村庄，土地属于自然村、村落或者村民小组所有，村庄以自然村、村落或者村民小组为单位分配承包土地、林地，农民以家庭为单位自主经营。村民因为共同拥有集体的土地产权而结成紧密型利益共同体。这些地区可以采取以自然村、村落或者村民小组为单元的自治形式，以增强村庄共同体对农民的吸引力、关注度、认可度和增强农民参与村务管理、决策、监督的积极性。而北方地区村庄人口比较多，以村庄为自治单元则自治规模比较大，故可根据产权与各个村民小组的紧密度考虑缩小自治单元，真正实施直接自治、直接民主。

以产业为核心的利益关联探索村民自治有效实现形式。以产权为基础探索村民自治有效实现形式对于大部分的村庄、村落或自然村都比较适宜。但是在产权变动不大，基于产权的利益变化不多或者变动不明显的地区，自治同样会陷入"无吸引、无动力、无意愿"的"三无"状态，这就需要寻找其他的利益关系。如有些地区虽然以小组或者村落为单位共有生产资料，但是单位内部相距比较远，自治成本高、代价大，因此这些地区可以在产权的基础上再根据产业的相近、利益相连来选择自治单元，相近产业可以追求规模效应，相关产业可以追求上下游产业利益关联，由此，利益相关、产权相连能够形成利益共同体。另外也有少数村庄，其产业发展规模超越了村庄范围，多个村庄都因产业相互关联，产业又因规模而具有一定的知名度或品牌优势，从而形成一定的无形产权使农民结成利益共同体，其自治单元可以超越村庄范围，以联村的方式进行自治。

以治理为载体的利益关联探索村民自治有效实现形式。有些村庄既无很强的产权利益关联，也无很强的产业关联，则可以以治理要件为载体，探索村民自治的有效实现形式。在实践中，通过探索和创新，农民发现了多种自治新方式：以道路建设和维修为利益关联载体来组织自治；有的地方以河流治理和建设为利益载体来组织自治；还有的地方以生产、生活用水的解决和营运为利益关联来组织自治；还有的地方以宗族活动、祭祀活动为内容进行自治等。通过这些探索和创新，农民发现了多种形成新的共有产权或者共有财产、公共空间，村民自治围绕着这些共有产权、共有财产、公共空间的管理、维护而展开。因此，治理载体也是选择有效自治单元的重要依据。

自治因产权而需要，因利益而设置。由于产权、利益因地区不同、时期不同而产生差异，因此在实践中应因地制宜，遵循以产权为基础的利益相关、利益相连的原则，寻找有效实现村民自治的最适合单元。

地域相近:村民自治有效实现
形式的空间基础

胡平江

村民自治的有效实现形式需要以一定的地域空间为基础。近年来，在
广东、广西、湖北以及江西等一些地方纷纷出现了以地域较小的自然村为
基本单元开展村民自治的新探索。2014 年中央 1 号文件也明确指出，探
索不同情况下村民自治的有效实现形式，可开展以村民小组为基本单元的
村民自治试点。当前在村民自治过程中，不同地方不约而同地以地域更小
的自然村为单位开展村民自治，引起了人们的广泛关注。对此我们要问，
村民自治有效实现形式的地理空间基础是什么？是否更小的地域单元更有
利于村民自治？

一　地域相近与自治的有效性

村民自治不是空中楼阁，而是在一定的地域范围内的社会治理形式。
地域范围的大小对村民自治的成效产生着重要的影响。

（一）地域相近是村民自治的重要基础

自治是指某个人或集体管理其自治事务，并且单独对其行为和命运负
责的一种状态。① 由此，自治既包括个人自治，也包括集体自治。而作为
集体单位的自治，都是在一定的地域范围内开展的。如民族区域自治，就

_____

① ［英］戴维·米勒、韦农·波格丹诺编：《布莱克维尔政治学百科全书》，邓正来译，中
国政法大学出版社 1992 年版，第 693 页。

是在各少数民族聚居的地方实行区域自治，其地域范围就是少数民族聚居的地方。

长期以来，一些学者对自治的合理地域也进行了探讨，并为有效开展自治不断寻求一个合适的地域范围。如柏拉图认为国家共同体应建立在一定的领土范围内，并从财产分配的角度将最适宜的城邦公民人口数量确定为5040人。① 亚里士多德将地域与人口作为一个国家发展的两个重要的因素，主张以"城邦"为单位开展自治，并指出国境不可大小也不求太大，也当以观察所能周遍又足保证公民们宽裕而不失节制的闲暇生活为度。② 科恩在论述民主的基础条件时指出，民主要求一定的地理条件。一方面是自然条件，如地形、气候等；另一方面是人力可以控制的地理环境，如交通等。③

良好的自治需要地域规模的适度。自治的规模过大，可能意味着民主的效能降低。如亚里士多德认为，城邦的大小各有它适中的限度，规模过大则难以制定秩序。④ 卢梭指出，社会的纽带愈伸张，就愈松弛。良好的国家体制在幅员上应该有一个界限，小国在比例上要比大国更坚强得多。⑤ 在自治的实践中，被托克维尔所推崇的美国民主其民情基础在乡镇自治，其自治的基本单元是两三千人左右的"乡镇"，其面积并未达到，使其居民无法实现其共同利益。⑥

从村民自治的形成来看，村民自治很大程度上就是村落借助自治这一形式来解决个人解决不了的公共事务问题。虽然家族团体能够满足正常的货物和劳动需求，但在一些特别的事务、紧急和危险情况时很重要的一部分需要靠邻里的帮助。⑦ 如马克斯·韦伯曾从安全的角度阐述乡村自治的产生，认为村落在中国的基础是对安全的需要，乡村与城市的区别在于，

---

① [古希腊] 柏拉图：《法律篇》，何勤华、张智仁译，上海人民出版社2001年版，第148页。

② [古希腊] 亚里士多德：《政治学》，吴寿彭译，商务印书馆2003年版，第500页。

③ [美] 科恩：《论民主》，聂崇信、朱秀贤译，商务印书馆2004年版，第108页。

④ [古希腊] 亚里士多德：《政治学》，吴寿彭译，商务印书馆2003年版，第354页。

⑤ [法] 卢梭：《社会契约论》，何兆武译，商务印书馆1980年版，第63页。

⑥ [法] 托克维尔：《论美国的民主》，董果良译，商务印书馆1988年版，第67、68页。

⑦ [德] 马克斯·韦伯：《儒教与道教》，王容芬译，广西师范大学出版社2008年版，第137页。

乡村自己履行这些职能，并自己有这样的机构。① 而在实践过程中，在村民自治第一村的广西壮族自治区合寨村，其村民自治缘起的重要原因之一就在于解决人民公社制度失效后的村庄治安等公共问题。因此，村民自治是一种集体自治而非个人自治。

因此，村民自治作为农村居民对村庄内公共事务的一种治理方式，也建立在一定的地域基础之上。《中华人民共和国村民委员会组织法》第三条明确指出，村民委员会要根据村民居住状况、人口多少等原则来设立。村民自治作为一种直接民主形式，地域范围的大小对村民自治的成效产生着重要的影响。在村民集体行动中，集团越大，增进集团利益的人获得的集团总利益的份额就越小，有利于集团行动得到的报酬就越少，集体行动越难开展。② 因此，过大的地域，可能不利于村民的参与与村民自治的开展，不利于集体行动的达成。

（二）村落类型与地域相近的多样性

村庄由一群紧挨在一起居住的家族共同体组成，是典型的邻里团体，意味着患难之时的相互依托，是典型的救济者。③ "远亲不如近邻"，地域相近，有利于村民自治的开展。那么，怎样才是合理有效的地域范围？地域相近需要近到何种程度呢？对此，笔者认为村民自治的合理地域是地理条件与人的活动双重作用的结果。地理条件与人的活动的契合度是"地域相近"的重要衡量标准。从村域形成过程来看，地理条件与人的活动两种因素组合的多样性能塑造出多样化的地域类型，并导致村民自治单元中形成不同类型的"地域相近"。

1. 自然型村落与传统型自治。在中国农村，家族血缘往往成为塑造村落地域的重要力量。在农村社会，土地是农民的"命根子"，是农业生产的基础。农民以农为业，形成了对土地的特殊需求与极度依赖。农民依

---

① ［德］马克斯·韦伯：《经济与社会》（上卷），林荣远译，商务印书馆 2006 年版，第403 页。

② ［美］曼瑟·奥尔森：《集体行动的逻辑》，陈郁等译，上海人民出版社 2011 年版，第40 页。

③ ［德］马克斯·韦伯：《经济与社会》（上卷），林荣远译，商务印书馆 2006 年版，第404 页。

附于土地,土地的固定性则使农民固定在特定的地域上。在历史发展过程中,某一户或几户农民开始择一处土地生存下来,随着世代繁衍,生存在此处土地上的人口越来越多,并在地域上不断向外扩展,从而形成一个血缘与地缘重构的自然村落。由于传统中国在分家析产中长期坚持均分制而非西方的长子继承制,导致村落中人口外流的情况极为少数。因此,刚开始几户农民的子子孙孙也往往依附在祖先选定的土地之上,从而使村落里村民之间的血缘关系长期延续,一个村落因而往往是一个家族的延伸,如"刘家村""祝家庄""李家段"等。① 在这种血缘与地缘重构的自然村落中,自治的形成往往是基于血缘关系而形成的天然信任与集体协作,长老权威、宗族力量等传统因素成为村落治理的主要依靠,其自治"地域相近"的合理地域范围决定于村民关系亲疏程度,村民认同的边界往往构成"地域相近"的边界。

2. 选择型村落与服务型自治。相对于城市更注重交往的便利而言,地理条件对农村聚落的影响相对更大。如亚里士多德就农村与城市的选址时提出,择地建置应当注意山川形势,利于防御;城市的位置,在经济和军事上,都适合于成为四乡的聚散中心。② 地形、地表的结构、水资源等自然条件有时对农村聚落的形成起着决定性的作用。③ 在一些山区,由于受山区地理条件的影响,一座山的山脚、山腰、山顶往往形成多个自然村落。在这些村落中,村域的范围受到地理条件的极大影响,往往一个聚落就是村民选择一块平地、一块高地或一处水源而聚集形成。人们依靠自然超过依靠他们自己的主动性。④ 同时,在面对不利的自然环境以及在化解自然条件带来的风险过程中,形成了村落居民共同的利益和诉求,如共同应对滑坡、应对干旱等。在农村村落中,我们看到一些村落往往以"井""湾""坝""塘""桥"等命名,其体现的就是村落形成过程中对特定环境的依赖。因此,自然条件塑造了村域的范围,自然风险则促进了村落自治的形成。在选择型村落,村民开展自治所需的"地域相近"范围取决

① 费孝通:《乡土中国》,上海人民出版社 2007 年版,第 43 页。
② [古希腊]亚里士多德:《政治学》,吴寿彭译,商务印书馆 2003 年版,第 500 页。
③ [法]阿·德芒戎:《人文地理学问题》,葛以德译,中国社会科学出版社 1998 年版,第 40 页。
④ [美]费正清:《美国与中国》,张理京译,世界知识出版社 2000 年版,第 13 页。

于对某一自然地理条件的依赖程度，或者说某一地理条件的辐射范围往往构成"地域相近"的边界。

3. 组合型村落与建构型自治。在某些时候，村落的形成更多地源于人们经济社会活动的塑造，是人们因某种经济社会利益组合聚居而成。如因一些矿业资源的开发而形成的村落，矿产资源的利用成为连接村落村民的"纽带"。一些村庄，可能由市场交易而形成。对此，施坚雅曾认为，在某些时候，农村的实际社会边界并不是由农民所居住的村庄地理范围所决定，而是由它的基层市场区域的边界所决定。[①] 在这些村落中，村落由来源各异、职业殊同的村民组合而成。其村民之间的纽带并不是依靠血缘的紧密联系或应对自然风险的集体需要。因此，在组合型村落，村民自治的形成可能是基于经济利益的协调或国家外部的建构。相较于自然型村庄强烈的血缘认同和地缘认同，组合型村庄自治所需的"地域相近"范围往往更富有弹性，更容易建构和变化。其地域的边界往往是人们经济社会活动的边界，如以"巷"、"路"为边界，而新加入到这一"路"或"巷"的居民也可以比较容易地融入村落。在自治过程中，由于缺乏传统因素的制约与协调，因此，需要更多借助外部的机制来规范，如民主选举、民主决策等民主机制。

二 社会变迁过程中的"地域相近"

在长期历史上，地域相近是乡村自治开展的重要基础。这既为村民自治的发展提供了一种路径，也为当前自然村一级自治的开展提供了空间基础。

（一）传统乡土自发秩序下的地域单元

传统中国，"皇权不下县"、县以下乡村自治。国家权力在人民实际生活中作用是松弛和微弱的，是无为的。[②] 在乡土自治过程中，人们通过

---

① ［美］施坚雅：《中国农村市场和社会结构》，史建云、徐秀丽译，商务印书馆 1993 年版，第 40 页。

② 费孝通：《乡土中国》，上海人民出版社 2007 年版，第 39 页。

长期彼此互动，在特定的地理条件下塑造了村落"地域相近"的边界。这一自发秩序下形成的村落范围往往就是地理条件和农民活动契合下所能达到的有效范围，具有以下特点：

其一，村落地域边界源于农民自身行为的塑造而非行政的划分。在乡村自治中，村落作为一个自然形成的居住聚集地，并不具有明确的地理边界。村落的范围来源于农民日常交往过程中的心理认同边界而非国家的建构，是一个为人们所公认的事实上的社会单位，是一种"事实体制"。① 历史上，这些自然村落村庄作为一个自治单位，几乎不承担来自国家的收税、治安等公共事务。② 与此相对，传统国家为实现对基层的控制和对公共事务的管理，在村落之外建立起另外一套行政系统。如清朝开始建立的保甲制度就规定，10 户为一牌、10 牌为一甲、10 甲为一保，这种国家力量塑造出来的行政单元，是一种"法定体制"。

其二，村落自治源于农民生产生活的自发秩序而非国家的建构。一是人们从事着同样的农业生产，遵循着同样的规律，农民"日出而作，日落而息"，彼此行为可以相互预知。二是人们居住相近，生活圈集中于村落，"远亲不如近邻"，村民互有所需、相互熟悉。由于在"地域相近"的自然村落中人们从事着差别不大的产业、处在大体一致的生活环境中，因此，身处其中的农民遵循着同样的生产与生活规律，相互间"知根知底"。村、家庭和个人按季节的庄稼收获规律，按出生、结婚、死亡的规律开展活动。③ 在这样一个村落社会中不需要过多的外力就能够实现自我平衡与自我运转，其自身内部能够形成一种自发的社会秩序，是一种没有品官的自治区。④

其三，乡土自治单元具有多样性与不稳定性而非单一尺度。传统乡村自治中，村庄并不是一个行政单元，因此其边界并未得到国家的确定。同时，作为一个地理单元，其界线遇事不稳定。一是自治单元中的土地具有不确定性。在传统社会，土地私有，土地的买卖频繁，土地的所有者面临着变动与调整。由于农民对土地的依附，因此，土地的调整往往也导致在

---

① 费孝通：《江村经济——中国农民的生活》，商务印书馆 2001 年版，第 25 页。
② ［美］吉尔伯特·罗兹曼主编：《中国的现代化》，江苏人民出版社 2010 年版，第 77 页。
③ ［德］马克斯·韦伯：《儒教与道教》，王容芬译，商务印书馆 1999 年版，第 145 页。
④ ［美］费正清：《美国与中国》，张理京译，世界知识出版社 2000 年版，第 46 页。

土地上生产与生活的人的变动。二是基于"村民认同"的自治边界随着时间的推移，导致人们亲疏远近关系的变化，村庄边界也会因此扩大或者村落自身可能裂变成不同的小村落。

（二）国家建构下行政化的地域单元

人民公社时期，在国家建构的作用下，作为国家的行政单元生产大队是由若干传统"自然村落"组合而成，是国家强制作用下的产物。在地域单元上，生产大队成为一级行政化的、扩大的地域单元。

在人民公社体制下，公社内部形成了生产小组、生产大队和公社三个不同层级的地域单元。生产大队一级是国家行政和社会治理的一个基本单元，是一级政社合一的单位。此时，国家政权下乡下到的是生产大队一级。如在生产大队设立"党支部"，设立"民兵连"，以生产大队为基础设立"小学"。生产大队工农兵学商俱全，不仅在农业生产计划的制订和落实上发挥重要作用，而且在公共行政管理上发挥着重要作用。① 当然，作为一级国家建构起来的行政单元，其面临的突出问题就是天然社会纽带的不足，这一单元的维持需要依靠国家的强制力和巨大的行政成本。②

在公社体制下，生产小队发挥着不可忽视的作用。生产大队是多个生产小队的组合。相对于国家建构起来的生产大队，生产小队就其地理地域而言，往往是传统自然村落转变而来，具有地域相近的属性。在"三级所有"的体制下，国家尤为注重"队为基础"的重要性。毛泽东认为，"三级所有"重点在生产队所有，"有人斯有土，有土斯有财"，所有人、土、财都在生产队。③ 对于生产队是生产大队还是生产小队的争论，毛泽东还特别指出，"所谓'队位基础'，指的是生产队，而不是生产大队"。④ 可见，在集体化过程中，人民公社系统不得不接受既定的传统结构，并通过强化生产小队的作用，使人民公社嫁接在农村生活的古老根基

---

① 沈延生：《村政的兴衰与重建》，载《战略与管理》1998 年第 6 期。
② 林毅夫：《制度、技术与中国农业发展》，上海人民出版社 1992 年版，第 68 页。
③ 罗平汉：《农村人民公社史》，福建人民出版社 2006 年版，第 129 页。
④ 中共中央文献研究室编：《建国以来毛泽东文稿》第八册，中央文献出版社 1993 年版，第 112 页。

之上。①

（三）村民自治中扩大的地域单元

包产到户后，农村自治向"地域相近"回归。如广西宜州合寨村的"中国第一个村委会"就是建立在自然村一级。1987年通过的《中华人民共和国村民委员会组织法（试行）》第七条也规定，村民委员会一般设在自然村。但是作为一种制度来推广，为什么村民自治主要是以"行政村"为单位来进行推广的呢？

1987年，民政部发出《关于贯彻执行〈中华人民共和国村民委员会组织法（试行）〉的通知》，将村民自治制度在全国各省全面推广实施。此时的村民自治，在两个进路上予以推进。一个是国家推广进路上，国家基于行政管理需要将村民委员会设立在人民公社制度下的生产大队一级，生产大队转化为"行政村"。另一个是部分地方的进路。如广西壮族自治区，其做法是将村委会设在生产队一级，在村委会与乡镇之间设立一级乡镇的派出机构"村公所"。1993年起，广西壮族自治区在国家减少管理层级、统一行政机构设置的要求下开始将村公所改为村委会。

统一建制的行政村是一个"地域扩大"的社会，这为村民自治的开展带来诸多困难。一是随着地域的扩大，村民相互之间社会交往相对不便，行政村内村民日常联系的紧密度降低。特别是2000年后为降低行政成本而进行的大规模合村并组改革，极大地扩大了行政村的村域范围，不利于村民之间的相互交往。二是在国家行政需求下，行政村自治让位于国家行政，难以构建起有效的自治秩序。行政村村委会虽然性质上属于自治，但功能属于行政，承担了大量的法定行政工作，自治功能难以有效发挥。因此，从集体行动的角度而言，在地域扩大的行政村往往难以有效开展其集体行动，村民自治往往变为"村委会自治"。

而之所以以"行政村"而非"自然村"为单位开展村民自治，一方面国家行政管理的需要。因为在人民公社制度下，生产大队是一级相对完善的行政组织，因而在生产大队直接设立村委会，能够顺利实现国家行政

---

① ［美］施坚雅：《中国农村市场和社会结构》，史建云、徐秀丽译，商务印书馆1993年版，第172页。

管理的衔接。另一方面自然村落具有多样性，作为一项政策制度在全国推广上难以具有操作性。首先，作为一种自发秩序形成的村落单元，其在地理上的边界不具有确定性。其次，村落的形式多样，从居住形式来看，并非所有自然村落都是"小聚居"。一些自然村落可能是单家独户，一些自然村落也可能是人口和面积庞大的村落。因此，从自治角度而言，地域相近的自然村落具有先天的优势，但就行政管理而言，地域相近的自然村落不便于统一的行政管理工作开展。

（四）实践中合理地域单元的探索

农民的社会生活主要集中在自然村而非行政村，自然村依然是一个地域相近的地域单元。因此，近年来一些地方在改革探索中纷纷在"地域相近"的自然村落开展自然村自治，以此解决行政村的"地域过大"难题。

当前，自然村依然是一级有效的"地域相近"单元。一是地域相近的自然村仍然是农民日常交往的最主要区域。如自然村中村民办理红白喜事，作为同一自然村的村民往往需要作为"邻里"参加，而其他自然村的村民一般不必参加。二是地域相近的自然村仍然是农民公共服务的有效组织单位。人民公社体制下农村经济社会制度虽然经历了深刻变革，农民的宗族血缘关系虽然被冲淡，但村民的社会治安、社会福利、公共设施维护等生产生活的公共性服务需要这些自然村小共同体来共同决定、共同提供。[1]

同时，在村民自治的实践中，村民自治事实上在地域相近的自然村得到延续。由于行政村自治单位过大，行政村往往会难开、事难议。在此情况下，一些地方将"视野向下"，在村民自治过程中通过召开组民大会而非村民大会的形式来解决这一问题，自然村成为了村民真正议事论事的自治单元。在日常管理者，一些地方也往往将地域较大的行政村划分成地域较小的若干片区或村民小组，实行分片治理。由此来看，当前以地域相近的自然村为基本单元的村民自治探索并非无源之水。

---

[1] 徐勇：《中国农村村民自治》，华中师范大学出版社1997年版，第25页。

三　结论与进一步的讨论

村民自治的有效实现形式需要考虑地域的因素。当前一些地方以自然村为单位开展村民自治，其实质是寻求一种合理的地域单元。从当前的村民自治实践探索来看，"地域相近"仍然是村民自治有效实现的重要空间基础。

一是以"地域相近"具有开展村民自治的传统。"起点决定路径，原型规制转型。"① 村民自治起源于乡土社会，传统乡土社会的自治是以自然形成的自然村为单位开展的。村民自治诞生之初，其起源也在自然村一级。而在地域扩大的行政村这一单元，村落与村落之间交往较少，村民之间"十里不同音"，形成了相互隔绝的状态，难以进行有效的社会交往。也正因此，中国农村村民自治在地域相近的自然村落社会中能更有效的实现。

二是"地域相近"具有开展村民自治的有利条件。在地域扩大的行政村，缺乏传统的社会纽带，同时也缺乏共同的利益诉求，并没有形成所谓的"有机团结"，不利于集体行动和自治活动的开展。② 在地域相近的村落自治中，虽然现代社会纽带同样也未能建立起来，但作为一种自发形成的村落形态，其或者有着共同的利益诉求，或者有着血缘等社会纽带来构成其自治的基础。

由于村落类型具有多样性，因此，"地域相近"在地理上也不是单一的。从村落的形成过程来看，其形成的因素既包括人的社会活动，也包括共同的公共服务需求，甚至仅仅是血缘关系的扩展。因此，"地域相近"的地域范围也不是统一的，甚至不是确定的。如在自然型的村落，村落的范围可能取决于农民在行为过程中的亲密疏远程度，是差序格局在地理上的投射。③ 而在选择型村庄，其地域范围源于人们对某一公共物品或服务

① 徐勇：《东方自由主义传统的发掘——兼评西方话语体系中的"东方专制主义"》，载《学术月刊》，2012 年第 4 期。

② ［法］埃米尔·涂尔干：《社会分工论》，渠东译，生活·读书·新知三联书店 2000 年版，第 183 页。

③ 费孝通：《乡土中国》，上海人民出版社 2007 年版，第 18 页。

的需求依赖程度。

当前的理论界与地方实践者对"地域相近"形成了不同的认识，也产生了一些不同的实践做法。一些人认为，以地域相近的自然村为单位开展村民自治，是村民自治的一种倒退，村民自治应该往上走而非往下走。因为中国的自治发展路线是"由村到乡、由乡到县，逐步提升"。① 而一些地方在实践过程中将村民自治单位彻底缩小到自然村，并撤销行政村一级自治，也引起了一定的争论。对此，我们认为应坚持"两个不能否认"。

一是不能否认"地域相近"开展自治的价值。当前村民自治面临的一个突出问题就是"社会基础"不足的问题。行政村村民自治作为国家建构的产物，其自治规则是国家通过民主选举、民主管理、民主决策和民主监督这"四个民主"建构起来的。国家在乡土社会外部输入进来的村民自治制度看似很完美，但缺乏运行基础。其一是地域扩大后居民参与不便。其二是地域扩大的行政村其地域边界是国家建构出来的，村民之间缺乏传统的社会纽带或共同的利益诉求。而在村落社会中，居民居住相近能够为村民自治的运行提供利益纽带或社会关联。以"地域相近"开展村民自治，能够丰富村民自治形式，锻炼村民参与技能，充实村民自治内容。

二是不能因"地域相近"而否定行政村自治。当前，虽然行政村村民自治面临一些问题，但以此完全缩小自治单位，甚至是撤销行政村自治是不可行的。其一，行政村村民自治有其可行性。地域是多层次的，"地域相近"只是地域单位的一层级，不同的层级可以有不同的自治形式。"地域相近"可以借助其内生的经济社会纽带开展村落自治，而"地域扩大"的行政村则可以借助现代民主机制开展行政村自治。其二，行政村村民自治有其必要性。一方面，行政村自治能够解决自然村自治解决不了的问题，特别是面对跨自然村的公共事务时。如修建不同自然村之间的公路，单个的自然村往往难以协调，需要行政村来协调。另一方面，行政村的公共事务需要以自治形式来实现。如当前国家加强惠农力度，大量经济资源投入农村，这些资源就需要通过自治方式来管理，否则就容易变为村

① 彭真：《彭真文选（1941—1990 年）》，人民出版社 1991 年版，第 608 页。

干部的个人资源。

不同的地域大小需要不同的自治形式。地域条件的多样性，也意味着自治形式的多样性。马克思在对巴黎公社分析时指出，"公社或部落成员对部落土地的关系这种种的不同的形式，部分地取决于部落是在怎样的条件下实际以所有者的资格对待土地，而这一点本身又取决于气候、土壤的物理性质"。[①] 密尔从民主规模与民主形式上进行了分析，认为在民主规模过大而所有人参与公共事务变为不可能时，代议制民主就成为了理想的选择。[②] 在村民自治过程中，我们认为，可以利用地域相近的自然村作为一级村民自治单元，开展自然村村民自治，以此优化和充实村民自治。自然村村民自治可以定位为自然村村民的直接民主实现形式，管理自然村内部的公共事务。行政村村民自治定位为行政村村民的直接民主或间接民主的实现形式，协调村落之间的公共事务。通过自然村村民自治与行政村村民自治，构建中国农村"两级自治"的新格局。

---

① ［德］马克思、恩格斯著，中共中央马克思、恩格斯、列宁、斯大林著作编译局编译，《马克思恩格斯全集》（上册），第46卷，1980年第6版，第484页。

② ［英］J. S. 密尔：《代议制政府》，汪瑄译，商务印书馆1997年版，第31页。

文化联结:村民自治有效实现形式的新探索

任 路

一 自治文化:村民自治中不容忽视的研究路径

文化是一个复杂概念。汉语中的"文化"一词最早见于《周易·贲卦》,象曰:"贲……观乎天文,以察时变;观乎人文,以化成天下。"《现代汉语词典》将"文化"定义为物质财富和精神财富的总和。另一简单的解释是"人文教化",人群精神活动的共同规范产生、传承、传播及得到认同的过程。在学术界比较有影响的是爱德华·泰勒的界定,他认为:"文化是一个复杂的综合体,其中包括知识、信仰、艺术、道德、法律、风俗以及人作为社会成员之一所获得的各种能力和习惯。"由此可见,文化无处不在,它渗透到包括政治生活在内的人类社会生活的各个领域。本文不打算广泛地使用"文化"概念,而是在某种程度上从政治文化的角度出发来思考村民自治的文化基础。政治文化是一个民族在特定时期流行的一套政治态度、信仰和感情。这种政治文化是由本民族的历史和现在社会、经济、政治活动进程中形成的。然而,相比于国家政治而言,村民自治更多地带有基层社会的特质,与社会文化有着天然的联系,所以更多的是将政治文化和社会文化的分析结合起来。

文化内嵌于村民自治之中。文化对于村民自治的价值必须从对村民自治的定义出发,在《辞海》中,"自治就是自己治理自己",属于广泛意义上的自治。与之相比,政治学意义上的自治主要是地方自治,一如《布莱克维尔政治学百科全书》将自治界定为"实行自我管理的国家,或国家内部享有很大程度的独立和主动性机构;在政治思想领域,这一术语现在常常用来指个人自由的一个方面"。戴维·赫尔德的定义进一步扩展了自治的内涵，"自治意味着人类自觉思考、自我反省和自我决定的能力。它包括在私人和公共生活中思考、判断、选择和根据不同可能的行动路线行动的能力"。正是从赫尔德对自治精神的强调，赵秀玲将村民能否拥有自觉、自尊、自爱、自由和自决权，作为认识和评价村民自治发展程度的一个重要标尺。戴玉琴在具体论述村民自治的政治文化基础时，认为自治不仅是一种行为，更是一种理念和精神。与原先认为村民自治是以村民委员会为载体，村民通过民主选举、民主决策、民主管理和民主监督的管理和参与公共事务的制度相比，需要从文化角度重新认识村民自治的内涵，并为村民自治寻找文化的根基。

文化论证自治的合理性。村民自治是草根民主的创新实践，是否能够在乡村社会扎根则取决于文化。这是因为"没有哪个新创造的制度能够通行，无论它多么合乎逻辑，除非它累积了类似程度的习惯和感情"。这些习惯和感情是新制度得以运行的文化基础，对于村民自治来说，只有村民从观念和态度上理解和接受自治的理念，认可和赞同自治的行为，才能够为自治提供合理性资源。"一个稳定的、有效的民主政府的发展，不仅仅依赖于政府和政治的结构：它依赖于人们对政治秩序的取向——依赖于政治文化。除非政治文化能够支撑一个民主的系统，不然，这个系统成功的机会是很渺茫的。"尤其是在农村治理转型时期，从人民公社体制向"乡政村治"模式转变的过程中，如何顺利地实现由"他治"到"自治"的过渡关系着整个治理体系的成败。"一种富有成效的改革必须尽可能避免整合危机所引起的社会振荡，这就必须在新旧规则之间寻求一种过渡的延续性。"显然，文化在其中起到了黏合的作用，传统文化资源中的自治因素被再一次唤醒，加入到新的制度设计中，从而保证新旧制度之间的衔接。

文化塑造农民的自治人格。人是文化的载体，不同区域的文化氛围造就了不同特征的人格和社会心理趋向。一切自治都离不开作为主体的人，文化对于自治的影响更直接地体现在对人格的塑造上。"如果一个国家的人民缺乏一种能赋予这些制度以真正生命力的广泛的现代心理基础，如果执行和运行着这些现代制度的人，自身还没有从心理、思想、态度和行为方式上都经历一个向现代化的转变，失败和畸形发展的悲剧结局是不可避免的。"在以往有关村民自治的讨论中，有一种声音认为村民自治乃至基层民主对于人口素质相对较低的农民而言是"奢侈品"。虽然农民用事实证明村民自治已经成为日常生活的"必需品"，但是自治素养对村民自治的制约是显而易见的。为了有效地推进村民自治，农民必须具备与之相应的自治素养，包括知识、技能与态度等，让农民能够积极地行使自治权力，合理地表达利益诉求，负责任地参与自治活动，同时在权利受损时能够采取权利救济，成为一个合格的自治主体。这些因素的获取都离不开自治文化的形成。一方面是伴随村民自治制度贯彻执行中国家主导的政策文化宣传，这种制度文化为农民设定了与其角色相符的基本的行为规范；另一方面是农民在具体参与村民自治时，结合以往的经验性认识和传统性习惯，对于村民自治知识、权利、义务、责任的认识和体会，形成属于农民的"地方性知识"。由上述两方面的文化塑造着农民的自治人格。

文化凝聚社会自治的共识。受制于传统文化的农民在面对国家制度文化的过程中，不可避免地存在着观念的抵牾，功能合理性为特征的现代文化与农民的习惯和风俗并不一致，这就造成了村民自治中一些制度设计不能够得到农民的遵守，更有可能以传统惯例来抵消制度的效用。另外，随着经济社会的发展，农民日益原子化、多样化的利益诉求，多元化的行为选择等，增加了在个人权利基础上达成自治共识的难度。村民自治不仅没有解决共同的问题，而且加剧社会分歧，带来村民之间的派系斗争和内部分裂。村民自治面对着双面压力，传统文化的历史积淀和现代文化的多元冲突。文化既有冲突的一面，也有包容的另一面。在实际的村民自治中，农民以各种方式和手段化解现实的难题，以实用主义为标准，打破传统文化与现代文化之间的藩篱，将传统文化资源纳入到现代制度体系中，形成一种新的文化。在多元利益时代，农民通过回归传统文化和借用传统资源，以文化特有的韧性为自治提供新的渠道，尽力消弭分歧，达成共识。

二　绵延之维：寻找村民自治文化的历史渊源

人们创造自己的历史，但是他们并不是随心所欲地创造，并不是在他们自己选定的条件下创造，而是直接碰到的、既定的，从过去承继来的条件下创造。如果将20世纪的发端的村民自治向前追溯的话，那么会发现今天的村民自治多少有着历史的印记，也为如今村民自治的发展准备了丰富的文化资源。

家族文化与乡绅治村。在传统中国，王权止于县政，官方行政控制一直没有以组织化的方式直接进入农村社会，它除了关注农村的赋税和治安外，农村其他的事务则基本由非官方的控制系统来承担。非官方的控制系统就是以家庭为核心的家族系统。中国的家庭是自成一体的小天地，是微型邦国。社会单元是家庭而不是个人，家庭才是当地政治生活中负责任的成分，村子里的中国人直到最近主要还是按照家族制度组织起来。在整体的官僚帝国之外，依托于家族共同体而形成的乡村自治是血缘关系为基础，亲疏有别的差序格局。以己为中心，像石头一般投入水中，和别人所联系成的社会关系，不是像团体中的分子一般立在一个平面上的，而是像水的波纹一般，一圈圈推出去，愈推愈远，愈推愈薄。

基于血缘的传统自治，以礼治为纽带，以纲常伦理为网络，维护着乡村社会的公共秩序和公共事务，与国家系统相比，在乡土社会的民间的控制系统更为有效和更具活力，在一定程度上奠定了中国农村社会超长稳定的基础。不过，家族文化在强化内在约束力的同时，也充满着外向的排斥力。中国人最崇拜的是家族主义和宗族主义，没有国族主义……中国人对于家族和宗族的团结力非常大，往往因为保护宗族起见，宁肯牺牲身家性命……至于说到国家，从没有一次具有极大牺牲精神去做的。所以中国人的团结力，只能及于宗族而止，还没有扩展到国族。此时的乡村自治也不是全体乡民的自治，而是乡绅自治，绅士既是国家在乡村的代表，又为乡民利益的代言。许多乡里组织领袖就是从乡里百姓中选举出来的，因为在百姓中没有威望是很难管理乡里社会的。这就为传统乡村自治留下了一些民意空间。

集体文化与国家权力。进入近代中国后，随着民族国家建设的进程，国家权力日益深入和渗透到乡村社会，由于乡绅存在的经济社会土壤的改变，乡绅自治逐步被保甲制度所取代，然而改变乡村社会的目的并没有完全实现，反而出现了赢利型经纪人所带来的政权内卷化。直到新中国成立，土地改革、合作化和人民公社等政治运动才使得国家权力一竿子插到底。解放后的政权比明清时代的国家权力更垂直地深入社会基层。不管是通过党支部书记还是生产队队长，每个农民都直接感受到了国家的权力。

在基层政权建设中，传统的文化信仰和习俗，宗族组织和礼治被当作封建社会的遗毒遭到清算，并通过经济上的集体化与思想上的社会主义教育，树立集体主义的新文化。特别是经过人民公社化，实行集体统一经营，缺乏相对独立的个人利益，集体主义成为支撑集体统一经营的支柱，同时也成为农村人口普遍的价值观念。集体文化所倡导的集体本位和国家本位取代家庭和家族主义，一种强调个人奉献和集体责任的文化上升为当时的主流文化，将集体利益置于个人利益至上，在公私关系上以公为先等。这些集体文化深深烙印在生活其中的农民心中。当"一大二公"的人民公社调整为"三级所有，队为基础"后，生产队承担着农民生产活动的组织，获得相对的独立性。在许多地方，生产队就是以前的自然村落。换言之，人民公社体制无形中强化了村落单元，成功接续了原本脆弱的村落共同体。这就是为什么在人民公社解体后，一些地区的农民仍然以队为单位组织公共事务和劳动互助，并自称为某队的村民。

在农村管理中，以阶级出身和政治表现为遴选标准的党员干部取代了传统乡绅的领袖地位，在激烈的政治斗争和运动后，党员干部也逐渐回归村庄社区本位。村庄社区领袖的政治意念逐步减少，而其所要求的道德和功能性经济型的要素越来越多。与传统乡绅对声望的重视一样，公社化时代的党员干部认识到自己并不能离开村庄，而转向保护型角色。虽然国家权力下乡摧毁了乡绅自治的社会环境，将社会自治压缩到最小范围，甚至把农民私人生活公共化，但是自治文化并没有彻底消失，而是渗入集体主义的意识形态中，成为农村文化知识库的文化资源和新传统，并继续在村庄社会生活中发挥着重要作用。

多元文化与村民自治。以家庭联产承包责任制为起点的农村经济体制改革为自治创造了新的条件，如同集体化对传统自治的改造一般，农民以家庭为单位重新获得生产经营的自主权，经济上的自主为社会上的自治打下了牢固的基础。在相对独立的个人利益刺激下，农民积极参与村庄公共事务。与前一时期因政治动员而参与公共政治生活相比，这一阶段农民的参与是从个人利益出发，带有更多的理性自觉。维护和实现个人利益成为村民自治的动力。

对于村庄领袖而言，社会生活变成以"经济建设为中心"以后，改善和提高农民生活水平，发展生产就成为村庄里人们所最为紧迫和关注的目标，能够以个人的能力或魅力为村庄中成员带来利益的人，便自然成为人们敬仰和遵从的核心。当然，村庄领袖的权威不仅来自于村民对个人能力的推崇，而且建立在对村庄共同利益的建构和维护上。在农民个人利益之外，还存在着广泛的共同利益，依存于村庄不同层次的集体经济。在统分结合的双层经营体制中，家庭获得承包经营权，而土地的所有权归属于原生产大队和生产队演变而来的行政村和自然村（村民小组），相比于行政村单位制控制手段的削弱，自然村的土地集体所有夯实了村落共同体，既有熟人社会的社会舆论监督和传统道德评判，又有共同利益的内在诱导。随着市场经济的发展，以个人利益为导向的文化激发了个人主义的倾向，改变了公社时期的集体主义文化取向，行政村范围内的集体行动面临困境，农民逐步向自然村落回归，从中寻找认同和归属。

不可忽视的是市场化并不是一味地消解传统文化，用个人主义冲淡共同利益基础上的村民自治。与此同时，在市场化比较充分的地区又出现了新的开端，如王颖在研究广东地区乡村社会再组织中提出的"新集体主义"，尊重个人利益和权利基础上将农民组织起来。各地兴起的农民专业合作社、土地股份合作社等所体现农民自愿前提下的合作文化，都是集体文化的升华，尝试着平衡个人与公共利益，为村民自治拓展了文化根基。

三　文化联结：村民自治有效实现形式的地方经验

村民自治是农民的创造，脱胎于乡村社会，在上升为国家政策之后，成为比较统一的制度形态，村民委员会的设立、产生、运行等都有明确的规定，有助于将村民自治迅速地推广到全国，填补人民公社解体后基层治理真空，凭借农民的自我管理、自我服务和自我教育实现基层的有效治理。然而，在村民自治的发展中也涌现出诸多的问题，统一的村民自治制度框架并不能有效回应丰富的乡村社会现实，时常出现国家制度与农村惯例的打架现象，更有甚者产生村民自治制度的空转，使自治运转起来比当初建章立制和规范运行来得艰难，村民自治进入"成长的烦恼"。与村民自治的诞生相似，在困境面前，村民自治以其顽强的生命力和创造力在实践中为自己开拓了新的道路。村民自治的探索以过往的历史为基础，在历史中蕴藏着多种多样的文化资源。制度的创新或变革依赖成熟的社会自治政治文化，而社会自治政治文化的确立则必以中国传统政治文化为依据，融现代公民文化于一体。开发传统文化资源并不意味着恢复传统的乡绅自治或者公社制度，而是将传统文化资源嵌入到现代治理体系，或者将现代治理要素嵌入传统文化，实现文化的联结，让村民自治拥有灵活多样的有效实现形式。

传统组织与现代组织的结合。任何自治都需要一定的组织载体。在目前的村民自治中，正式组织有村民会议、村民代表会议、村民委员会和村民小组，以设置在行政村的村民委员会为主要的自治平台，下设若干专门委员会，包括人民调解委员会、治安保卫委员会、计划生育委员会等，承担着行政管理事务和公共管理责任，得到乡镇政府的有力支持。村民小组并没有正式的组织机构，仅有村民代表和村民小组组长，在人员经费和制度保障方面明显弱于村民委员会，呈现"村实组虚"的组织格局。正因为村民委员会的行政化，越来越多的自治事务萎缩，自治功能退化，自治制度空转。与之相对，一系列与农民利益息息相关的公共需求得不到满足，转而求助于传统的组织，比如：祭祖理事会、宗族理事会等。在这样的背景下，广东省云安县在行政村下面的自然村或村民小组成立村民理事会，利用同宗同姓的特点，把传统的组织转变为群众自治组织，规定组织的公益宗旨、选举程序、监督方式等关键内容，引导农民参与到村落的公益事业和公共建设中，进而充实自然村或村民小组一级的自治力量。除了正式组织以外，农村有大量的非正式组织，比如：老人会、退管会以及"趣缘组织"等，它们均可以成为村民自治的载体。在反映群众需求和维护群众利益的同时，培育农民参与能力，孵化自治文化。

功德观念与集体精神的结合。村民自治是最广泛的直接民主形式，村民有管理公共事务的权力，但并不说每个村民具体管理公共事务，主要依靠村干部来承担日常自治事务，而日渐增多的行政管理事务分散了村干部的时间与精力，对于村庄内部事务往往无暇兼顾。此外，合村并组之后村庄规模的扩大也让本已捉襟见肘的村组干部无力承担自治事务。为了增强自治的力量，广东省云浮市发挥农村社会力量的作用，把外出乡贤组织起来成立乡民理事会，重拾古已有之的功德观念。有钱做功德，无钱捡荆棘，这是传统乡绅自治和家族文化的遗产。现在已经没有乡绅治村一说，可是功德观念仍影响着一大批乡贤参与村庄治理。他们有着深厚的家乡情结，在回报乡亲和造福乡里中找到归属感和精神寄托，一些村庄还把功德观念物化，每当兴建一起公益事业，便把捐款出力的乡贤和村民名字刻碑纪念，称之为"功德碑"。与乡贤的功德相比，老干部的集体精神则是在集体化时期有意识地培养的文化模式。在县、公社、大队三级领导干部中，占主导地位的是那些经历了土地改革、互助组、合作社和人民公社的老干部，他们的青春，他们的生命，他们的事业，他们的观念与土地、生产和分配的集体化过程紧密地联系在一起的。由于集体主义文化的存在，农村有一大批乐于奉献、负有责任感、办事公正、群众信任和经验丰富的老年群体，希望在村庄中发挥余热。为此，广东省蕉岭县在推动村民自治时，以老干部、老党员和老先进等"三老"为主体建立村务监督委员会，开展民主监督，把过去闲置的社会力量动员到村庄管理和服务中。

礼治秩序与法治秩序的结合。自治是有规则的，约束自治主体的行为。村民自治的发展过程就是制度化和规范化并进的过程，从村一级的村规民约、村民自治章程，到省市县的条例规定，再到国家层面的法律文件为村民自治提供一套正式的制度规范，体系现代法治秩序的要求。然而，在乡土社会却有着法治秩序难比拟的礼治秩序，依赖于血缘关系而形成亲疏的差序格局，礼俗对私人关系和人际交往进行约束。这种传统习俗在当代中国农村，仍具有相当大的影响力，并不可避免地渗透于村民自治运转之中。村民自治属于公共政治生活，可是，在农村社会公共生活私人化，农民参与村民自治时常受到私人生活的影响，更为关键的是对于农民来说，生活即政治，一切村民自治始终绕不开农民的日常生活。因此，湖北秭归县按照群众自治组织的规章制度，在自然村落成立理事会，设立"一长八员"，形成比较完整的村民理事会章程和公共事务议决建管办法等，不过，传统农村的礼俗也嵌入到村落自治，比如，"八员"中的调解员、张罗员就具有传统文化特点，调解员由村落里的有威信的长辈担当，把说法、说理和说情结合起来，把一些邻里纠纷化解在村落。村落理事长兼任张罗员，帮村民张罗红白喜事当中，不断地进行人情再生产，协商处理村落自治事务，与每家每户进行沟通，拉近彼此之间的距离，调节村民之间的关系。

个人文化和共同文化的结合。村民自治是人的自治，与家族文化、集体文化背景下的农民不同，现代市场经济的力量正在瓦解农村的传统文化，原来以血缘、地缘为主的社会关系网络正向业缘转移，农民不仅有独立的利益，更发展为个体化。传统的人情、面子、互助等共同文化正在消解，在个人文化的冲击下，一些地方的村民自治陷入集体行动的困境。然而，从长远的发展来看，个人文化对个人权利和利益的尊重是现代政治生活的原动力。因而，村民自治还需要在顺应个人文化基础上，建设新的共同文化。在广东省东莞市一些集体经济发达的村庄，普遍建立了村组两级土地股份合作社，村与组两个层面都有村民的积极参与，因为村民关心集体经济的收益分配和个人的股份分红，村组干部也承受着巨大的民意压力，对于村内事务不敢懈怠，各种规范和约束公共事务的制度相继出台并能贯彻落实，充分考虑村民利益的公益事业也能够达成一致，村民成为村庄负责任的一分子，理性行使自己的权利，自觉履行自己的义务。由此可见，建立在个人文化基础上的共同文化是未来村民自治的文化基础。

四　延伸的讨论与思考

一种制度的运作离不开相应文化的支持，文化的培育比制度的出台更具有长期性和艰巨性。为此，在相对统一的制度框架内，全国各地结合自身实际情况，进行村民自治的探索和创新。在地方性经验的基础上，2014年中央1号文件在改善乡村治理机制中，明确提出："探索不同情况下村民自治的有效实现形式，农村社区建设试点单位和集体土地所有权在村民小组的地方，可开展以社区、村民小组为基本单元的村民自治试点。"从各地的实践来看，不约而同地重视传统文化的作用，将其创造性地嵌入到现代治理体系中，并逐步朝着现代公共文化的方向发展。总的来说，社会自治政治文化不是一种现代文化，而是一种处于现代化过程中的传统文化，或者说，社会自治文化既带有传统文化的特征，又带有现代文化的特征。进一步说，这种文化是一种建立在传统与信仰基础上的多元文化，是一种一致而又多样性的文化；是一种允许变革而又节制变革的文化。

传统文化对于村民自治的积极意义。中国有着绵长和深厚的传统文化，在官僚帝国时期，乡村社会的统治得益于传统文化对秩序的建构和内心世界的涵化。纵使王权不下县，也能够借助于文化脐带源源不断地向乡村输送价值与规范，大体上维持乡村的稳定。然而，在新中国成立后，国家权力推动下的农村经济社会文化的改造对传统文化带来冲击，传统文化赖以存在的物质基础发生变化，一种革命文化取代传统文化成为农村基层管制的心理基础，高度集中的计划经济体制和社会主义集体文化直接影响着每一个农民，国家权力与经济管制是农村社会秩序的硬约束。告别集体的狂想，农村开启新的经济体制之路，以家庭为基础的生产经营体制以及农民的自主意识在基层社会引起"一场静悄悄的革命"，这次变革中渗透着传统文化的影响，最早的村民委员会产生于相熟相知的村落社会，彼此间有着共同的文化，以血缘和亲缘为纽带的社会规范对村民来说是一种无形的约束，传统的惯例是村民之间心照不宣的默契，凡此种种决定了村民自治诞生的社会文化基础。另外，持续数十年的人民公社也保留着体制的余温。为了与公社体制对接，村民委员会一般设在原生产大队一级，并承担了大量的行政管理事务。在新近的村民自治有效实现形式的探索中，传统文化资源的重新利用是其共同特点，以有用性为标准的农民理性把残存的文化资源输入村民自治，诸如祭祖理事会、议事会、老人会等组织资源；功德、地域信任、面子等观念资源，以及惯例、礼俗、舆论等规则资源等。

现代化进程中传统文化嵌入现代治理架构。关于是否需要传统文化资源不会有太多的质疑，可是如何有效地利用传统文化资源则没有明确的答案。幸运的是各地村民自治的实践给出了部分回答，那就是将传统文化嵌入现代治理架构，而不是复制传统文化。其实，在村民自治的制度框架内，原则性的设定多于具体的机制设计，这就为探索提供了有利条件。在组织资源方面，宗族性质的理事会是家族共同体的象征，主要的工作是定期的祭祖活动，相对其他组织更有效率和活力，有鉴于此，一些村落将其延伸为公益事业的发起者和组织者，以理事会的方式来进行公益事业的建设与管理，并制定具体章程和组织体系，定期进行人员推选、协商议事和财务公开等。在秩序资源方面，传统的惯例和礼俗对于村民的内心有着隐约束，许多地方把这些约束外化为具体的村规民约，通过向村民公示，广泛征询村民意见，再经过村民会议逐条审核。这种惯例与民意结合的行为规范对村民更有效力。在观念资源方面，受功德和报恩等观念影响的外出乡贤和集体观念浓厚的老干部等都是开展村民自治的助力，人情面子等日常生活的观念更深入人心。

现代公共文化是村民自治文化发展的未来。对于传统文化资源的发掘不是回归传统，其未来面向是确定的，那就是现代公共文化。传统文化之所以有效是与其经济社会背景相适应的，从未来农村社会发展的大趋势来看，农业现代化、农村城镇化和农民市民化是不以人的意志为转移的客观过程，与之相伴随的是农村文化的变化，村落文化随着村落的消失而式微，血缘为主的"差序格局"向业缘为主的"团体格局"转变，礼俗的约束渐次为法律的秩序所代替。基于个人文化基础上的现代公共文化将占据主导地位，这与村民自治本身所蕴含的现代政治相适应，现代政治生活从个体的权利和利益出发，遵守基本的政治规则、理性地参与和负责任的行动，让每个人成为权利和义务的统一体，从而推动村民自治高质量运转。当然，村民自治也是中国政治现代化的重要环节，有助于培育农民的公共精神和参与意识，村民自治将成为公共文化的"训练班"，在一次次村民自治实践活动中，农民从选举、管理、决策和监督中学习和培养现代公共文化，造就自信、自主、自立的自治人格。

问卷调查反映的当前村民自治情况

史卫民

民政部基层政权和社区建设司、中国社会科学院政治学研究所、中国社会科学院调查与数据信息中心于 2013 年联合进行的全国性"中国社区建设与基层群众自治问卷调查",包括"农村社区建设与村民自治问卷调查"。这一调查涉及 17 个省、自治区、直辖市的 181 个村民委员会,有效问卷共计 2073 份。调查反映的当前村民自治的基本情况,可简述于下。

一 农村居民的村民自治和农村社区建设客观参与状况

为能全面反映农村居民参与村民自治和农村社区建设的情况,"农村社区建设与村民自治问卷调查"项目组设计了农村居民自治参与客观状况评估指标体系,采用 5 个一级指标和 16 个二级指标,按照总分 10 分的标准测量被试的自治参与客观状况,指标构成情况见表 1。

表 1 　　　　　　　村民自治参与客观状况评估指标体系

一级指标		二级指标	
指标名称	分值	指标名称	分值
村民自治重要性认知	1.0	(1) 村民自治与本人关系	0.50
		(2) 关注村民自治的程度	0.50
权利与途径认知	1.0	(3) 参与自治权利认知	0.50
		(4) 参与自治途径认知	0.50

续表

一级指标		二级指标	
指标名称	分值	指标名称	分值
村民自治内容认知	2.5	（5）村民委员会产生方式	0.50
		（6）乡镇政府与村委会关系	0.50
		（7）村党支部与村委会关系	0.50
		（8）了解村务公开情况	0.50
		（9）了解监督机构工作	0.50
村民自治程序认知	1.5	（10）村务公开时间	0.50
		（11）代表会议召集者和时间	0.50
		（12）监督机构向谁负责	0.50
村民自治参与	4.0	（13）参加农村社区建设	1.00
		（14）参加村民会议或代表会	1.00
		（15）听取和评议村务报告	1.00
		（16）参加民主评议	1.00
合计	10.0		10.00

调查结果显示，全体被试的村民自治参与客观状况总体得分在0—9.50分之间，均值为4.32，标准差为2.03（见表2）。这样的调查结果显示，中国农村居民的村民自治参与客观状况的总体得分偏低。

表2　　　　　　　**村民自治参与客观状况总体描述统计**

项　目	N	极小值	极大值	均值	标准差
自治参与客观状况总分	1996	0.00	9.50	4.3201	2.02595
村民自治重要性认知	2064	0.00	1.00	0.4731	0.34794
权利与途径认知	2049	0.00	1.00	0.3612	0.33964
村民自治内容认知	2056	0.00	2.50	1.3210	0.59156
村民自治程序认知	2051	0.00	1.50	0.5098	0.41279
村民自治参与	2059	0.00	4.00	1.6362	1.51515
有效的N（列表状态）	1996				

　　具体分析5个一级指标之下各二级指标的得分情况（见表3），可以看出村民在认知和参与层面的不同表现。

表3　　　　　　　　　村民自治参与客观状况二级指标的描述统计

项　目	N	极小值	极大值	均值	标准差
（1）村民自治与本人关系	2071	0.00	0.50	0.2320	0.24941
（2）关注村民自治的程度	2066	0.00	0.50	0.2406	0.24988
（3）参与自治权利认知	2067	0.00	0.50	0.2448	0.25001
（4）参与自治途径认知	2055	0.00	0.50	0.1161	0.21114
（5）村民委员会产生方式	2071	0.00	0.50	0.2897	0.24688
（6）乡镇政府与村委会关系	2068	0.00	0.50	0.3356	0.23495
（7）村党支部与村委会关系	2066	0.00	0.50	0.3180	0.24063
（8）了解村务公开情况	2067	0.00	0.50	0.2293	0.24920
（9）了解监督机构工作	2071	0.00	0.50	0.1468	0.22776
（10）村务公开时间	2071	0.00	0.50	0.2004	0.24509
（11）代表会议召集者和时间	2057	0.00	0.50	0.1565	0.23193
（12）监督机构向谁负责	2064	0.00	0.50	0.1538	0.23082
（13）参加农村社区建设	2069	0.00	1.00	0.3504	0.47721
（14）参加村民会议或代表会	2072	0.00	1.00	0.4305	0.49527
（15）听取和评议村务报告	2070	0.00	1.00	0.4705	0.49925
（16）参加民主评议	2065	0.00	1.00	0.3821	0.48601
有效的N（列表状态）	1996				

　　"村民自治重要性认知"下的2个二级指标（每个指标的分值均为0.50分），"关注村民自治的程度"（得分在0—0.50分之间，均值为0.24，标准差为0.25）的得分略高于"村民自治与本人关系"的得分（得分在0—0.50分之间，均值为0.23，标准差为0.25），两个指标的得分率均低于50%，总体显示村民对村民自治不够重视。

　　"权利与途径认知"下的2个二级指标（每个指标的分值均为0.50分），"参与自治权利认知"（得分在0—0.50分之间，均值为0.25，标准差为0.25）的得分大大高于"参与自治途径认知"（得分在0—0.50分之间，均值为 0.12，标准差为 0.21），显示出尽管村民对自治权利的认知水平还有待提高，但是更需要提高的是对保障自治权利的各种参与途径的正确认识。

"村民自治内容认知"下的 5 个二级指标（每个指标的分值均为 0.50 分），得分最高的是"乡镇政府与村委会关系"（得分在 0—0.50 分之间，均值为 0.34，标准差为 0.23）；第二是"村党支部与村委会关系"（得分在 0—0.50 分之间，均值为 0.32，标准差为 0.24）；第三是"村民委员会产生方式"（得分在 0—0.50 分之间，均值为 0.29，标准差为 0.25），第四是"了解村务公开情况"（得分在 0—0.50 分之间，均值为 0.23，标准差为 0.25），得分最低的是"了解监督机构工作"（得分在 0—0.50 分之间，均值为 0.15，标准差为 0.23）。这样的得分情况显示，村民对村民自治制度的认知程度高于对自治情况的了解程度，与自治制度有关的三项指标（村民委员会产生方式、乡镇政府与村委会关系、村党支部与村委会关系）的得分率均在 60% 上下，与了解自治情况有关的两项指标（了解村务公开情况、了解监督机构工作）的得分率均在 50% 以下，并且凸显的是对村务监督机构的工作缺乏了解。

"村民自治程序认知"下的 3 个二级指标（每个指标的分值均为 0.50 分），"村务公开时间"（得分在 0—0.50 分之间，均值为 0.20，标准差为 0.25）的得分略高于"代表会议召集者和时间"（得分在 0—0.50 分之间，均值为 0.16，标准差为 0.23）和"监督机构向谁负责"（得分在 0—0.50 分之间，均值为 0.15，标准差为 0.23），但三项指标的得分率均在 40% 以下，显示村民对村民自治的具体程序了解得不够充分。

"村民自治参与"下的 4 个二级指标（每个指标的分值均为 1.00 分），得分最高的是"听取和评议村务报告"（得分在 0—1.00 分之间，均值为 0.47，标准差为 0.50）；第二是"参加村民会议或代表会"（得分在 0—1.00 分之间，均值为 0.43，标准差为 0.50）；第三是"参加民主评议"（得分在 0—1.00 分之间，均值为 0.38，标准差为 0.49），得分最低的是"参加农村社区建设"（得分在 0—1.00 分之间，均值为 0.35，标准差为 0.48）。尽管四种参与行为的水平都有待提高（四项指标的得分率均在 50% 以下），但是更应该注意的是在这四种参与行为中村民"参加农村社区建设"的水平最低。

二　农村居民的村民自治和农村
社区建设主观参与状况

为了解被试个体对村民自治参与行为的心理状态，"农村社区建设与村民自治问卷调查"项目组设计了主观评估体系，采用三个评估指标并设计了 10 个题目：（1）村民自治参与满意度（4 个题目，反向计分题目 2 个）；（2）村民自治参与意愿（3 个题目，反向计分题目 1 个）；（3）村民自治参与效能（3 个题目，反向计分题目 1 个）。每个评估指标的分值均为 5 分。

调查结果显示，全体被试的"村民自治参与满意度"的得分在 1.00—4.75 分之间，均值为 2.96，标准差为 0.43；"村民自治参与意愿"的得分在 1.00—5.00 分之间，均值为 3.46，标准差为 0.59；"村民自治参与效能"的得分在 1.00—5.00 分之间，均值为 3.30，标准差为 0.58（见表 4）。

表 4　　　　　　　　村民自治参与主观状况总体描述统计

项　　目	N	极小值	极大值	均值	标准差
村民自治参与满意度	2046	1.00	4.75	2.9570	0.43218
村民自治参与意愿	2042	1.00	5.00	3.4590	0.59356
村民自治参与效能	2060	1.00	5.00	3.2953	0.58187
有效的 N（列表状态）	2018				

三　村民对村民自治和农村社区建设的基本评价

问卷调查列出了村民委员会的 8 项主要工作，请被调查者为每项工作的满意度打分并以此为基础形成满意度的综合打分（满分均为 5 分）。调查结果显示，村民委员会工作满意度的综合得分在 1.00—5.00 分之间，均值为 3.73，标准差为 0.84（见表 5）。在村民委员会的 8 项具体工作中，满意度得分最高的是"落实各种惠农政策"（得分在 1.00—5.00 分之间，均值为 3.86，标准差为 0.99），满意度得分最低的是"发展经济"

（得分在 1.00—5.00 分之间，均值为 3.49，标准差为 1.05）。

表5　　　　　　　　村民对村民委员会工作满意度的打分情况

项　目	N	极小值	极大值	均值	标准差
综合得分	2047	1.00	5.00	3.7282	0.83908
土地管理	2069	1.00	5.00	3.6075	1.07399
发展经济	2068	1.00	5.00	3.4932	1.05231
村务公开和民主管理	2064	1.00	5.00	3.7069	1.03306
认真听取村民意见建议	2060	1.00	5.00	3.7092	1.03434
落实各种惠农政策	2066	1.00	5.00	3.8645	0.99394
开展新农村建设	2067	1.00	5.00	3.7750	1.02637
协助维护社会治安	2066	1.00	5.00	3.8437	0.97883
为村民提供服务	2070	1.00	5.00	3.8029	1.03107
有效的 N（列表状态）	2047				

　　问卷调查列出了村级党组织的 5 项主要工作，请被调查者为每项工作的满意度打分并以此为基础形成满意度的综合打分（满分均为 5 分）。调查结果显示，村级党组织工作满意度的综合得分在 1.00—5.00 分之间，均值为 3.74，标准差为 0.88（见表6）。在村级党组织的 5 项具体工作中，满意度得分最高的是"完成上级党组织和上级政府的各项任务"（得分在 1.00—5.00 分之间，均值 3.85，标准差为 0.98），满意度得分最低的是"党员发展和党组织建设"（得分在 1.00—5.00 分之间，均值为 3.67，标准差为 1.04）。

表6　　　　　　　　村民对村级党组织工作满意度的打分情况

项　目	N	极小值	极大值	均值	标准差
综合得分	2060	1.00	5.00	3.7415	0.88027
党员发展和党组织建设	2069	1.00	5.00	3.6680	1.04189
做村民的思想政治工作	2069	1.00	5.00	3.6931	0.98541
领导和支持村委会行使职权	2065	1.00	5.00	3.7433	0.98190

项目	N	极小值	极大值	均值	标准差
完成上级党组织和上级政府的各项任务	2070	1.00	5.00	3.8517	0.97714
认真听取村民意见和建议	2071	1.00	5.00	3.7455	1.05476
有效的 N（列表状态）	2060				

　　对于中共中央提出的经济建设、社会建设、政治建设、文化建设、生态建设和党的建设，农村居民最重视哪一种建设，调查问卷提供了 6 个选项，请受访人选择 1 项：（1）发展基层民主（政治建设）；（2）加快农村经济发展（经济建设）；（3）为农村居民提供基本社会保障（社会建设）；（4）推动农村科技、文化发展（文化建设）；（5）加强农村环境保护（生态建设）；（6）基层党组织建设（党的建设）。调查结果显示，在做出有效选择的 2071 名被试中，139 人选择"发展基层民主"，占6.71%；1102 人选择"加快农村经济发展"，占 53.21%；442 人选择"为农村居民提供基本社会保障"，占 21.34%；158 人选择"推动农村科技、文化发展"，占 7.63%；152 人选择"加强农村环境保护"，占7.34%；78 人选择"基层党组织建设"，占 3.77%（见表 7）。按照这样的选择，全体被试对农村"六大建设"关注点由高到低的排序应是经济建设、社会建设、文化建设、生态建设、政治建设、党的建设。

表 7　　　　　　　　村民对"六大建设"关注点的选择　　　　　　单位：（%）

项目	选　项	频率	百分比	有效百分比	累积百分比
有效	发展基层民主	139	6.71	6.71	6.71
	加快农村经济发展	1102	53.16	53.21	59.92
	为农村居民提供基本社会保障	442	21.32	21.34	81.27
	推动农村科技、文化发展	158	7.62	7.63	88.89
	加强农村环境保护	152	7.33	7.34	96.23
	基层党组织建设	78	3.76	3.77	100.00
	合计	2071	99.90	100.00	
缺失	系统	2	0.10		
总计		2073	100.00		

调查结果显示，全体被试"六大建设"满意度的综合得分（满分为5分）在1.00—5.00分之间，均值为3.63，标准差为0.81（见表8）。在六种建设中，满意度得分并列最高的是代表社会建设的"为农村居民提供基本社会保障"（得分在1.00—5.00分之间，均值为3.71，标准差为1.00）和代表党的建设的"基层党组织建设"（得分在1.00—5.00分之间，均值为3.71，标准差为0.96），满意度得分最低的是代表经济建设的"加快农村经济发展"（得分在1.00—5.00分之间，均值为3.57，标准差为0.98）。

表8   村民对"六大建设"满意度的打分情况

项　目	N	极小值	极大值	均值	标准差
综合得分	2056	1.00	5.00	3.6326	0.80637
发展基层民主	2071	1.00	5.00	3.5785	0.96834
加快农村经济发展	2070	1.00	5.00	3.5734	0.98376
为农村居民提供基本社会保障	2070	1.00	5.00	3.7068	0.95652
推动农村科技、文化发展	2068	1.00	5.00	3.6001	0.96586
加强农村环境保护	2066	1.00	5.00	3.6394	0.99401
基层党组织建设	2071	1.00	5.00	3.7064	1.00229
有效的 N（列表状态）	2056				

村民自治和农村社区建设能否为农村居民提供必要的权利保障，调查问卷对此进行了测试，请被试为五种权利的保障水平打分并以此为基础形成权利保障的综合打分（满分均为5分）：（1）生存权（属于法律权利范畴）；（2）参政权（属于政治权利范畴）；（3）自由迁徙权（属于社会权利范畴）；（4）财产权（属于经济权利范畴）；（5）文化发展权（属于文化权利范畴）。调查结果显示，权利保障的综合得分在1.00—5.00分之间，均值为3.69，标准差为0.76（见表9）。在五种权利中，得分最高的是属于经济权利范畴的"财产权"（得分在1.00—5.00分之间，均值为3.78，标准差为0.93）；第二是属于法律权利范畴的"生存权"（得分在1.00—5.00分之间，均值为3.77，标准差为0.92）；第三是属于文化权利范畴的"文化发展权"（得分在1.00—5.00分之间，均值为3.69，标

准差为 0.96）；第四是属于社会权利范畴的"自由迁徙权"（得分在 1.00—5.00 分之间，均值为 3.63，标准差为 0.91），得分最低的是属于政治权利范畴的"参政权"（得分在 1.00—5.00 分之间，均值为 3.58，标准差为 0.95）。

表9　　　　　　　　　村民对权利保障水平的打分情况

项　目	N	极小值	极大值	均值	标准差
综合得分	2061	1.00	5.00	3.6885	0.76270
生存权（法律权利）	2069	1.00	5.00	3.7704	0.92094
参政权（政治权利）	2066	1.00	5.00	3.5760	0.94615
自由迁徙权（社会权利）	2067	1.00	5.00	3.6289	0.91306
财产权（经济权利）	2067	1.00	5.00	3.7775	0.92550
文化发展权（文化权利）	2068	1.00	5.00	3.6910	0.95611
有效的 N（列表状态）	2061				

村民自治章程和村规民约的执行情况如何，调查结果显示，在做出有效选择的 2064 名被试中，65 人选择"非常不好"，占 3.15%；101 人选择"不太好"，占 4.89%；809 人选择"一般"，占 39.20%；807 人选择"比较好"，占 39.10%；282 人选择"非常好"，占 13.66%（见表10）。这样的调查结果显示农村居民对村民自治章程和村规民约的执行情况持的是比较积极的态度，因为有 52.76% 的被试认为村民自治章程和村规民约执行得比较好或非常好。

表10　　　村民对村民自治章程和村规民约执行情况的选择　　单位：（%）

项目	选　项	频率	百分比	有效百分比	累积百分比
有效	非常不好	65	3.14	3.15	3.15
	不太好	101	4.87	4.89	8.04
	一般	809	39.03	39.20	47.24
	比较好	807	38.93	39.10	86.34
	非常好	282	13.60	13.66	100.00
	合计	2064	99.57	100.00	

项目	选　　项	频率	百分比	有效百分比	累积百分比
缺失	系统	9	0.43		
总计		2073	100.00		

村民委员会下属的治保委员会、调解委员会等委员会是否发挥作用，调查结果显示，在做出有效选择的2067名被试中，67人选择"没任何作用"，占3.24%；185人选择"作用不大"，占8.95%；728人选择"一般"，占35.22%；716人选择"比较大"，占34.64%；371人选择"非常大"，占17.95%（见表11）。由此显示大多数农村居民对村民委员会下属委员会的作用持较积极的评价（52.59%的被试认为村民委员会的下属委员会作用比较大或非常大）。

表11　　　　　　　　村民对村民委员会下属委员会作用的看法　　单位：（%）

项目	选　　项	频率	百分比	有效百分比	累积百分比
有效	没任何作用	67	3.23	3.24	3.24
	作用不大	185	8.92	8.95	12.19
	一般	728	35.12	35.22	47.41
	比较大	716	34.54	34.64	82.05
	非常大	371	17.90	17.95	100.00
	合计	2067	99.71	100.00	
缺失	系统	6	0.29		
总计		2073	100.00		

村里最有群众威信的是哪些人，从全体被调查者的总提及频率（各因素在3个选项中的选择频率）看，在列出的9个选项中，总提及频率最高的是"村党支部书记"（27.83%）；第二是"村民委员会主任"（22.42%）；第三是"老干部、老党员"（21.18%，见表12）。

表 12　　　　　　村民对村里哪些人最有群众威信的选择　　　　单位：（%）

选项	第一选择		第二选择		第三选择		总提及	
	频率	百分比	频率	百分比	频率	百分比	频率	百分比
村党支部书记	1332	64.56	253	12.37	120	5.95	1705	27.83
村民委员会主任	230	11.15	893	43.67	250	12.39	1373	22.42
家族里的长者	138	6.69	197	9.63	214	10.61	549	8.96
老干部、老党员	183	8.87	347	16.97	767	38.02	1297	21.18
富裕大户、企业主	54	2.62	101	4.94	149	7.39	304	4.96
医生	27	1.31	63	3.08	105	5.21	195	3.18
教师	48	2.33	117	5.72	176	8.73	341	5.57
大学生村官	32	1.55	36	1.76	189	9.37	257	4.20
宗教人士	19	0.92	38	1.86	47	2.33	104	1.70
合计	2063	100.00	2045	100.00	2017	100.00	6125	100.00

四　村民自治和农村社区建设的运作情况

村民委员会是否按规定每年向村民会议或村民代表会议报告工作，调查结果显示，在做出有效选择的 2072 名被试中，973 人选择"每年都报告"，占 46.96%；233 人选择"有的年份报告，有的年份不报告"，占 11.25%；148 人选择"从来就不报告"，占 7.14%；718 人选择"不清楚"，占 34.65%（见表 13）。

表 13　　　　村民对"村民委员会是否报告工作"的选择　　　　单位：（%）

项目	选项	频率	百分比	有效百分比	累积百分比
有效	每年都报告	973	46.94	46.96	46.96
	有的年份报告，有的年份不报告	233	11.24	11.25	58.21
	从来就不报告	148	7.14	7.14	65.35
	不清楚	718	34.64	34.65	100.00
	合计	2072	99.96	100.00	

项目	选 项	频率	百分比	有效百分比	累积百分比
缺失	系统	1	0.04		
总计		2073	100.00		

村民委员会在最近一次换届选举前是否进行了离任经济责任审计，调查结果显示，在做出有效选择的 2070 名被试中，647 人选择"是"，占31.26%；328 人选择"否"，占 15.84%；1095 人选择"不清楚"，占52.90%（见表 14）。

表 14　　村民对"村民委员会在换届选举前是否进行了离任审计"的选择

（单位:%）

项目	选 项	频率	百分比	有效百分比	累积百分比
有效	（1）是	647	31.21	31.26	31.26
	（2）否	328	15.82	15.84	47.10
	（3）不清楚	1095	52.82	52.90	100.00
	合计	2070	99.85	100.00	
缺失	系统	3	0.15		
总计		2073	100.00		

各村是否每年对党支部成员、村民委员会成员等进行民主评议，调查结果显示，在做出有效选择的 2072 名被试中，907 人选择"每年都评议"，占 43.77%；222 人选择"有的年份评议，有的年份不评议"，占 10.72%；171 人选择"从来就未评议过"，占 8.25%；772 人选择"不清楚"，占37.26%（见表 15）。

表 15　　　村民对"村党支部、村民委员会民主评议"的选择　（单位:%）

项目	选 项	频率	百分比	有效百分比	累积百分比
有效	每年都评议	907	43.75	43.77	43.77
	有的年份评议，有的年份不评议	222	10.71	10.72	54.49
	从来就未评议过	171	8.25	8.25	62.74
	不清楚	772	37.24	37.26	100.00
	合计	2072	99.95	100.00	

项目	选　项	频率	百分比	有效百分比	累积百分比
缺失	系统	1	0.05		
总计		2073	100.00		

农村是否开展了社区建设，调查结果显示，在做出有效选择的 2072 名被试中，1030 人选择"是"，占 49.71%；571 人选择"否"，占 27.56%；471 人选择"不清楚"，占 22.73%（见表 16）。

表 16　　　　　全体被试对"是否开展农村社区建设"的选择　　　（单位:%）

项目	选　项	频率	百分比	有效百分比	累积百分比
有效	（1）是	1030	49.69	49.71	49.71
	（2）否	571	27.54	27.56	77.27
	（3）不清楚	471	22.72	22.73	100.00
	合计	2072	99.95	100.00	
缺失	系统	1	0.05		
总计		2073	100.00		

为了解村里的重大事项主要采用什么方式决定，调查问卷列出了《村民委员会组织法》规定的需要民主决策的 10 个事项：（1）本村享受误工补贴的人员及补贴标准；（2）从村集体经济所得收益的使用；（3）本村公益事业的兴办和筹资筹劳方案及建设承包方案；（4）土地承包经营方案；（5）村集体经济项目的立项、承包方案；（6）宅基地的使用方案；（7）征地补偿费的使用、分配方案；（8）以借贷、租赁或者其他方式处分村集体财产；（9）国家计划生育政策的落实方案；（10）政府拨付和接受社会捐赠的救灾资金、物资使用情况。这些事项以什么样的方式决定，调查问卷设置了 5 个选项，请受访人选择 1 项：（1）村民会议决定；（2）户代表会议决定；（3）村民代表会决定；（4）村民小组会议决定；（5）村干部自己决定。

从全体被调查者的选择情况看（见表 17），在村重大事项的五种决定方式中，使用比例最高的应是"村民代表会决定"（选择比例在 30%—36%之间）；第二是"村干部自己决定"（选择比例在 17%—26%之间）；

第三是"村民会议决定"（选择比例在 18%—23% 之间）；第四是"村民小组会议决定"（选择比例在 16%—19% 之间），使用比例最低的应是"户代表会议决定"（选择比例在 5%—11% 之间）。

表 17　　　　　　　　村里决定重大事项的方式　　　　　（单位:%）

项　目		村民会议决定	户代表会决定	村民代表会决定	村民小组会决定	村干部决定	合计
（1）本村享受误工补贴的人员及补贴标准	频率	457	107	643	365	473	2045
	百分比	22.35	5.23	31.44	17.85	23.13	100.00
（2）从村集体经济所得收益的使用	频率	412	171	727	355	385	2050
	百分比	20.10	8.34	35.46	17.32	18.38	100.00
（3）本村公益事业兴办和筹资筹劳方案及建设承包方案	频率	372	190	717	365	392	2036
	百分比	18.27	9.33	35.22	17.93	19.25	100.00
（4）土地承包经营方案	频率	442	223	657	367	363	2052
	百分比	21.54	10.87	32.02	17.88	17.69	100.00
（5）村集体经济项目的立项、承包方案	频率	396	187	697	341	428	2049
	百分比	19.33	9.12	34.02	16.64	20.89	100.00
（6）宅基地的使用方案	频率	433	212	652	344	404	2045
	百分比	21.17	10.37	31.88	16.82	19.76	100.00
（7）征地补偿费的使用、分配方案	频率	408	189	656	368	421	2042
	百分比	19.98	9.25	32.13	18.02	20.62	100.00
（8）以借贷、租赁或其他方式处分村集体财产	频率	389	189	678	374	412	2042
	百分比	19.05	9.26	33.20	18.31	20.18	100.00
（9）国家计划生育政策的落实方案	频率	378	168	644	326	518	2034
	百分比	18.58	8.26	31.66	16.03	25.47	100.00
（10）政府拨付和接受社会捐赠的救灾资金、物资使用情况	频率	371	127	676	360	510	2044
	百分比	18.15	6.21	33.08	17.61	24.95	100.00

村民委员会是否以"一事一议"的方式决定重大事项，调查结果显示，在做出有效选择的 2072 名被试中，998 人选择"是"，占 48.17%；384 人选择"否"，占 18.53%；690 人选择"不清楚"，占 33.30%

（见表18）。

表18　　村民对"是否以一事一议决定重大事项"的选择　　（单位:%）

项目	选　项	频率	百分比	有效百分比	累积百分比
有效	（1）是	998	48.14	48.17	48.17
	（2）否	384	18.52	18.53	66.70
	（3）不清楚	690	33.29	33.30	100.00
	合计	2072	99.95	100.00	
缺失	系统	1	0.05		
总计		2073	100.00		

　　"一事一议"主要采用的是哪种表决方式，调查结果显示，在做出有效选择的853名被试中（本题是跳答题），171人选择"召开会议举手或鼓掌表决"，占20.05%；155人选择"户代表投票表决"占18.17%；263人选择"村民代表或村民小组组长投票表决"，占30.83%；264人选择"全体村民投票表决"，占30.95%（见表19）。

表19　　村民对"一事一议采用哪种表决方式"的选择　　（单位:%）

项目	选项	频率	百分比	有效百分比	累积百分比
有效	召开会议举手或鼓掌表决	171	8.25	20.05	20.05
	户代表投票表决	155	7.48	18.17	38.22
	村民代表或村民小组组长投票表决	263	12.69	30.83	69.05
	全体村民投票表决	264	12.73	30.95	100.00
	合计	853	41.15	100.00	
缺失	系统	1220	58.85		
总计		2073	100.00		

　　村民委员会提议的事项是否被村民会议或村民代表会议否决过，调查结果显示，在做出有效选择的2070名被试中，445人选择"是"，占21.50%；861人选择"否"，占41.59%；764人选择"不清楚"，占36.91%（见表20）。

表 20　　　　村民对"村民委员会提议事项是否被否决过"的选择　　（单位:%）

项目	选　项	频率	百分比	有效百分比	累积百分比
有效	（1）是	445	21.47	21.50	21.50
	（2）否	861	41.53	41.59	63.09
	（3）不清楚	764	36.85	36.91	100.00
	合计	2070	99.85	100.00	
缺失	系统	3	0.15		
总计		2073	100.00		

村务公开对于农村治理是否重要，调查结果显示，在做出有效选择的 2072 名被试中，96 人选择"非常不重要"，占 4.63%；81 人选择"不太重要"，占 3.91%；347 人选择"一般"，占 16.75%；606 人选择"比较重要"，占 29.25%；942 人选择"非常重要"，占 45.46%（见表 21）。这样的调查结果显示，农村居民大多认可村务公开的重要性（74.71% 的被试认为村务公开比较重要或非常重要）。

表 21　　　　　　村民对村务公开重要性的选择　　　　（单位:%）

项目	选　项	频率	百分比	有效百分比	累积百分比
有效	非常不重要	96	4.63	4.63	4.63
	不太重要	81	3.91	3.91	8.54
	一般	347	16.74	16.75	25.29
	比较重要	606	29.23	29.25	54.54
	非常重要	942	45.44	45.46	100.00
	合计	2072	99.95	100.00	
缺失	系统	1	0.05		
总计		2073	100.00		

村民委员会能够及时公布的是哪些事项，从全体被调查者的总提及频率（各因素在 3 个选项中的选择频率）看，在列出的 13 个选项中，总提及频率最高的是"村财务收支情况"（12.48%）；第二是"本村享受误工补贴的人员及补贴标准"（10.20%）；第三是"征地补偿费的使用、分配

方案"（9.97%，见表22）。

表 22　　　　村民对村民委员会能够及时公布哪些事项的选择　　（单位:%）

选　项	第一选择		第二选择		第三选择		总提及	
	频率	百分比	频率	百分比	频率	百分比	频率	百分比
补贴人员及标准	447	21.78	75	3.69	101	5.01	623	10.20
集体收益使用	253	12.32	196	9.63	152	7.54	601	9.84
公益事业方案	186	9.06	144	7.07	121	6.00	451	7.39
土地承包方案	183	8.91	206	10.12	148	7.34	537	8.80
集体项目立项	114	5.55	144	7.07	90	4.46	348	5.70
宅基地使用方案	75	3.65	143	7.02	113	5.60	331	5.42
征地补偿方案	197	9.60	268	13.16	144	7.14	609	9.97
处分资产方案	11	0.54	51	2.50	44	2.18	106	1.74
计划生育方案	160	7.79	209	10.27	169	8.38	538	8.81
救灾方案	119	5.80	192	9.43	233	11.55	544	8.91
完成政府任务	54	2.63	73	3.59	93	4.61	220	3.60
年度工作报告	52	2.53	143	7.02	241	11.95	436	7.14
村财务收支情况	202	9.84	192	9.43	368	18.24	762	12.48
合计	2053	100.00	2036	100.00	2017	100.00	6106	100.00

村务公开主要采用什么方式，从全体被调查者的总提及频率（各因素在3个选项中的选择频率）看，在列出的6个选项中，总提及频率最高的是"村务公开栏公布"（27.55%）；第二是"召开村民大会"（23.79%）；第三是"召开村民代表大会"（23.65%，见表23）。

表 23　　　　村民对村民委员会能够及时公布哪些事项的选择　　（单位:%）

选　项	第一选择		第二选择		第三选择		总提及	
	频率	百分比	频率	百分比	频率	百分比	频率	百分比
召开村民大会	971	46.98	252	12.38	227	11.40	1450	23.79
召开村民代表大会	394	19.06	658	32.32	389	19.54	1441	23.65
村务公开栏公布	419	20.27	757	37.18	503	25.26	1679	27.55

选　项	第一选择		第二选择		第三选择		总提及	
	频率	百分比	频率	百分比	频率	百分比	频率	百分比
大喇叭广播	220	10.64	258	12.67	484	24.31	962	15.79
互联网公布	21	1.02	39	1.91	40	2.01	100	1.64
明白纸公布	42	2.03	72	3.54	348	17.48	462	7.58
合　计	2067	100.00	2036	100.00	1991	100.00	6094	100.00

　　村务公开的事项是否真实，调查结果显示，在做出有效选择的2071名被试中，106人选择"很不真实"，占5.12%；94人选择"不太真实"，占4.54%；716人选择"一般"，占34.57%；686人选择"比较真实"，占33.12%；469人选择"很真实"，占22.65%（见表24）。这样的调查结果显示，农村居民对村务公开的真实性给予了基本肯定（55.77%的被试认为村务公开比较真实或很真实）。

表24　　　　　　　　村民对村务公开真实性的选择　　　　　（单位:%）

项目	选　项	频率	百分比	有效百分比	累积百分比
有效	很不真实	106	5.11	5.12	5.12
	不太真实	94	4.53	4.54	9.66
	一般	716	34.54	34.57	44.23
	比较真实	686	33.09	33.12	77.35
	很真实	469	22.62	22.65	100.00
	合计	2071	99.90	100.00	
缺失	系统	2	0.10		
总计		2073	100.00		

　　目前的村务公开能否起到监督村民委员会的作用，调查结果显示，在做出有效选择的2072名被试中，1406人选择"能"，占67.86%；239人选择"不能"，占11.53%；427人选择"不清楚"，占20.61%（见表25）。

表 25　　　村民对村务公开能否起到监督村民委员会的作用的选择　　（单位:%）

项目	选项	频率	百分比	有效百分比	累积百分比
有效	（1）能	1406	67.82	67.86	67.86
	（2）不能	239	11.53	11.53	79.39
	（3）不清楚	427	20.60	20.61	100.00
	合计	2072	99.95	100.00	
缺失	系统	1	0.05		
总计		2073	100.00		

五　农村居民对村民自治和农村社区建设一些基本问题的看法

在当前农村的整体发展形势下，农村居民关心的主要问题是什么，从全体被调查者的总提及频率（各因素在 3 个选项中的选择频率）看，在列出的 11 个选项中，总提及频率最高的是"医疗、养老、低保等社会保障"（23.71%）；第二是"发展生产，增加收入"（17.71%）；第三是"道路、环境卫生等农村基本设施建设"（12.38%，见表 26）。

表 26　　　　　　村民关心农村主要问题的选择　　　　　　（单位:%）

选项	第一选择		第二选择		第三选择		总提及	
	频率	百分比	频率	百分比	频率	百分比	频率	百分比
土地承包问题	484	23.37	122	5.95	94	4.61	700	11.36
宅基地问题	91	4.40	151	7.36	83	4.07	325	5.27
集体资产问题	108	5.21	104	5.07	83	4.07	295	4.79
科技服务问题	90	4.35	115	5.61	120	5.88	325	5.27
增加收入问题	493	23.80	381	18.58	217	10.64	1091	17.71
社会保障问题	466	22.50	586	28.57	409	20.05	1461	23.71
基础设施问题	177	8.55	282	13.75	304	14.90	763	12.38
农村教育问题	74	3.57	118	5.76	253	12.40	445	7.22
外出打工问题	41	1.98	93	4.53	153	7.50	287	4.66

选项	第一选择		第二选择		第三选择		总提及	
	频率	百分比	频率	百分比	频率	百分比	频率	百分比
社会治安问题	32	1.55	70	3.41	264	12.94	366	5.94
计划生育问题	15	0.72	29	1.41	60	2.94	104	1.69
合计	2071	100.00	2051	100.00	2040	100.00	6162	100.00

　　发展村民自治与农村社区建设应该重点解决哪些问题，从全体被调查者的总提及频率（各因素在3个选项中的选择频率）看，在列出的10个选项中，总提及频率最高的是"村民对村民自治关心不够"（14.50%）；第二是"开展村民自治和社区建设经费不足"（14.46%）；第三是"农村社区建设目标不明确"（11.76%）；第四是"村民大会和村民代表会议难以发挥作用"（11.26%，见表27）。

表27　　　　村民对发展村民自治应重点解决问题的选择　　　　（单位:%）

选项	第一选择		第二选择		第三选择		总提及	
	频率	百分比	频率	百分比	频率	百分比	频率	百分比
两委关系不清	382	18.57	92	4.59	107	5.44	581	9.64
乡、村关系不顺	109	5.30	171	8.53	121	6.15	401	6.65
代表会议难作为	315	15.32	195	9.73	169	8.59	679	11.26
干部作风与腐败	226	10.99	210	10.47	143	7.27	579	9.60
村务公开不真实	242	11.76	234	11.67	114	5.80	590	9.79
监督机构作用不强	122	5.93	239	11.92	208	10.57	569	9.44
社区建设目标不明	210	10.21	293	14.61	206	10.47	709	11.76
工作经费不足	293	14.24	309	15.41	270	13.73	872	14.46
黑恶势力干扰	40	1.94	69	3.44	66	3.36	175	2.90
村民关心不够	118	5.74	193	9.63	563	28.62	874	14.50
合计	2057	100.00	2005	100.00	1967	100.00	6029	100.00

六　村民参与的权利基础和沟通渠道

在村民自治中，村民认为哪种参与权利最重要，调查结果显示，在做出有效选择的 2071 名被试中，1000 人选择"选举权"，占 48.29%；289人选择"决策权"，占 13.95%；279 人选择"管理权"，占 13.47%；503人选择"监督权"，占 24.29%（见表 28）。这样的调查结果显示，村民在与自治有关的参与中，重视选举权的程度，高于对监督权、决策权和管理权的重视程度。

表 28　　　　　　　村民对自治参与最重要权利的选择　　　　　　（单位:%）

项目	选　项	频率	百分比	有效百分比	累积百分比
有效	选举权	1000	48.24	48.29	48.29
	决策权	289	13.94	13.95	62.24
	管理权	279	13.46	13.47	75.71
	监督权	503	24.26	24.29	100.00
	合计	2071	99.90	100.00	
缺失	系统	2	0.10		
总计		2073	100.00		

村民如果对村民委员会成员有意见，可能采用什么方式表达自己的意见，从全体被调查者的总提及频率（各因素在 3 个选项中的选择频率）看，在列出的 10 个选项中，总提及频率最高的是"找村干部谈话"（23.96%）；第二是"村里开会时发言提意见"（18.60%）；第三是"向政府有关部门（包括信访部门）反映"（16.16%）；第四是"找熟人或相互议论"（12.98%，见表 29）。

表 29　　　　　　　村民对表达意见方式的选择　　　　　　（单位:%）

选　项	第一选择		第二选择		第三选择		总提及	
	频率	百分比	频率	百分比	频率	百分比	频率	百分比
向代表、委员反映	455	22.01	89	4.40	175	8.86	719	11.85
找熟人相互议论	275	13.31	291	14.38	221	11.19	787	12.98

选　项	第一选择		第二选择		第三选择		总提及	
	频率	百分比	频率	百分比	频率	百分比	频率	百分比
向政府反映	313	15.14	336	16.61	331	16.76	980	16.16
向媒体反映	26	1.26	71	3.51	91	4.61	188	3.10
找村干部谈话	669	32.37	533	26.35	251	12.71	1453	23.96
村里开会时提意见	211	10.21	456	22.54	461	23.34	1128	18.60
在互联网发表意见	35	1.69	49	2.42	42	2.13	126	2.08
选举时不选他们	71	3.43	165	8.16	318	16.10	554	9.13
联合村民罢免他们	11	0.53	28	1.38	54	2.73	93	1.53
组织集会、游行等	1	0.05	5	0.25	31	1.57	37	0.61
合计	2067	100.00	2023	100.00	1975	100.00	6065	100.00

如果村民委员会或者村民委员会成员侵害了村民合法权益，向什么机构申诉最有效，调查结果显示，在做出有效选择的2071名被试中，600人选择"村党支部"，占28.97%；547人选择"乡镇政府或街道办事处"，占26.41%；311人选择"县、市政府"，占15.02%；410人选择"人民法院"，占19.80%；203人选择"县、乡人民代表大会"，占9.80%（见表30）。

表30　　　　村民对侵权申诉机构的选择　　　　（单位:%）

项目	选　项	频率	百分比	有效百分比	累积百分比
有效	村党支部	600	28.94	28.97	28.97
	乡镇政府或街道办事处	547	26.39	26.41	55.38
	县、市政府	311	15.00	15.02	70.40
	人民法院	410	19.78	19.80	90.20
	县、乡人民代表大会	203	9.79	9.80	100.00
	合计	2071	99.90	100.00	
缺失	系统	2	0.10		
总计		2073	100.00		

村民及其家人是否向村干部提过建议和意见，调查结果显示，在做出有效选择的 2069 名被试中，779 人选择"是"，占 37.65%；1290 人选择"否"，占 62.35%（见表 31）。

表 31　　　　村民对"是否向村干部提过建议和意见"的选择　　　（单位:%）

项目	选　项	频率	百分比	有效百分比	累积百分比
有效	(1) 是	779	37.58	37.65	37.65
	(2) 否	1290	62.23	62.35	100.00
	合计	2069	99.81	100.00	
缺失	系统	4	0.19		
总计		2073	100.00		

村民及其家人是否对村务公开内容表示过质疑，调查结果显示，在做出有效选择的 2071 名被试中，556 人选择"是"，占 26.85%；1515 人选择"否"，占 73.15%（见表 32）。

表 32　　　　村民对"是否对村务公开内容表示过质疑"的选择

项目	选　项	频率	百分比	有效百分比	累积百分比
有效	(1) 是	556	26.82	26.85	26.85
	(2) 否	1515	73.08	73.15	100.00
	合计	2071	99.90	100.00	
缺失	系统	2	0.10		
总计		2073	100.00		

村民是否参加过本村的"一事一议"，调查结果显示，在做出有效选择的 2068 名被试中，797 人选择"是"，占 38.54%；1271 人选择"否"，占 61.46%（见表 33）。

表 33　　　　村民对"是否参加过本村的一事一议"的选择　　　（单位:%）

项目	选　项	频率	百分比	有效百分比	累积百分比
有效	(1) 是	797	38.45	38.54	38.54
	(2) 否	1271	61.31	61.46	100.00
	合计	2068	99.76	100.00	

项目	选 项	频率	百分比	有效百分比	累积百分比
缺失	系统	5	0.24		
总计		2073	100.00		

村民是否主动向乡镇及以上政府反映本村村民自治存在的问题，调查结果显示，在做出有效选择的 2069 名被试中，474 人选择"是"，占 22.91%；1595 人选择"否"，占 77.09%（见表 34）。

表 34　村民对"是否主动向政府反映村民自治问题"的选择　　（单位：%）

项目	选 项	频率	百分比	有效百分比	累积百分比
有效	（1）是	474	22.87	22.91	22.91
	（2）否	1595	76.94	77.09	100.00
	合计	2069	99.81	100.00	
缺失	系统	4	0.19		
总计		2073	100.00		

七　问卷调查反映的基本情况

通过此次问卷调查，大致反映出的当前村民自治和农村社区建设基本情况，可归纳如下。

第一，在基层群众自治的客观参与方面，被调查者呈现的是中等偏下水平的参与。按照问卷调查设计的客观参与指标体系评估，以 10 分的分值为标准，农村居民的村民自治和农村社区建设参与客观状况的总体得分仅为 4.32 分。

第二，在基层群众自治的主观参与方面，被调查者呈现的是参与意愿较高、参与效能感较强、参与满意度略低的基本特征。按照问卷调查设计的主观参与指标评估，以 5 分的分值为标准，农村居民的"村民自治参与意愿"总体得分为 3.46 分，"村民自治参与效能"总体得分为 3.30 分，"村民自治参与满意度"总体得分为 2.96 分。

第三，基层群众的参与行为带有一定的选择性。在问卷调查列出的四种主要参与行为中，农村居民在不包括选举的四种主要参与行为中，听取和评议村务报告的人最多，其次是参加村民会议或村民代表会议，再次是参加民主评议，参加农村社区建设的人最少。在问卷调查列出的几种非主要参与行为中，农村居民参加本村的"一事一议"的人最多，其次是向村干部提建议和意见，再次是质疑村务公开内容，主动向乡镇及以上政府反映本村村民自治存在问题的人最少。

第四，基层群众对基层组织工作的满意度较高。以 5 分的分值为标准，农村居民对村民委员会工作满意度的综合打分为 3.73 分，对村级党组织工作满意度的综合打分为 3.74 分。对基层的服务和基层组织的干部，被调查者也给予了较积极的评价。52.76% 的村民认为村民自治章程和村规民约执行得比较好或非常好；52.59% 的村民认为村民委员会的下属委员会作用比较大或非常大；74.71% 的村民认为村务公开比较重要或非常重要；55.77% 的村民认为村务公开比较真实或很真实；67.86% 的村民认为目前的村务公开能够起到监督村民委员会的作用。村民对村里最有群众威信的人的选择，总提及频率排在前三位的是"村党支部书记"、"村民委员会主任"、"老干部、老党员"。

第五，基层群众对城乡社区层面的权利保障和"六大建设"给予了较高的评价。以 5 分的分值为标准，农村居民的权利保障综合打分为 3.69 分，"六大建设"满意度的综合打分为 3.63 分。

第六，部分群众不了解村民自治和农村社区建设的具体运作情况。在接受调查的农村居民中，有 22.73% 的人不清楚农村是否开展了社区建设；33.30% 的人不清楚村民委员会是否以"一事一议"的方式决定重大事项；34.65% 的人不清楚村民委员会是否每年向村民会议或村民代表会议报告工作；36.91% 的人不清楚村民委员会提议的事项是否被村民会议或村民代表会议否决过；37.26% 的人不清楚是否每年对党支部成员、村民委员会成员等进行民主评议；52.90% 的人不清楚村民委员会在最近一次换届选举前是否进行了离任经济责任审计。

第七，基层群众对村民自治和农村社区建设，有一些值得注意的看法。农村居民关心的农村主要问题，总提及频率排在前三位的是"医疗、养老、低保等社会保障"、"发展生产，增加收入"、"道路、环境卫生等农村基本设施建设"；发展村民自治与农村社区建设应该重点解决哪些问题，总提及频率排在前三位的是"村民对村民自治关心不够"、"开展村民自治和社区建设经费不足"、"农村社区建设目标不明确"。

第八，基层群众对自治参与的权利基础和沟通渠道有较明确的看法。在选举权、决策权、管理权、监督权四种权利中，农村居民认为选举权最重要的人最多（48.29%），其次是监督权（24.29%），再次是决策权（13.95%），认为管理权最重要的人最少（13.47%）。农村村务公开采用的主要方式，总提及频率排在前三位的是"村务公开栏公布"、"召开村民大会公布"、"召开村民代表大会公布"。农村居民表达自己意见的主要途径，总提及频率排在前三位的是"找村干部谈话"、"村里开会时发言提意见"、"向政府有关部门（包括信访部门）反映"；如果村民委员会或者村民委员会成员侵害了村民合法权益，村民向什么机构申诉最有效，选择"村党支部"的人最多，其次是"乡镇政府或街道办事处"，再次是"人民法院"，最后是"县、市政府"，选择"县、乡人民代表大会"的人最少。

第九，基层群众对中国现有选举的关注度有所不同。农村居民最关注的选举，总提及频率排在前三位的是"居民委员会（村民委员会）选举"、"中国共产党各级组织的选举"、"乡镇人大代表选举"。

问卷调查反映的这些情况，对于未来规划、发展村民自治和农村建设，希望有一定的参考价值。

新型城镇化下村民自治的未来走向

陆益龙

中国社会正在快速转型、城镇化在快速推进，然而未来一段时期内仍将有近一半的人会生活在乡村，乡村社会依然是重要的社会空间。因此更好地治理乡村社会，将这一社会空间建设得更加和谐、美丽，是实现乡村居民追求美好生活梦想的重要途径。目前，村民自治是乡村治理的基本模式，在组织和管理村级经济、发展和管理乡村公共空间、维护乡村社会秩序等方面发挥了重要作用。在城镇化的大背景下，村民自治也需与时俱进，为推进新形势下农村发展提供制度保障。

城乡一体化管理成为必然趋势

城镇化是现代社会发展的一个基本走向，也是一种必然趋势。然而，对城镇化的理解，则需要超越传统城镇化的范畴。传统城镇化模式主要是人口向城镇的聚集，伴随着城镇的发展，农村走向了衰落和终结。当前中国所推进城镇化战略，显然不是传统意义的城镇化，而应该是新型的城镇化。

在新型城镇化的大背景下，城镇和农村都需要得到发展，而且城镇的发展和农村的发展还需要统一起来、协调起来。因此，新型城镇化战略的关键目标就是实现城乡一体化发展，而不是仅仅依靠大城市或小城镇的发展。当城市和乡村相互协调、融为一体了，实质上也就达到了城镇化的目标。从发达国家后期的城镇化经验来看，城市化的升华其实就是城乡一体化发展的结果，在城市与农村、工商业与农业一体化发展与管理之下，广阔的乡村居住和生活环境发生了质的变迁，渐渐也就演化为城镇。

实现城乡一体化发展目标，需要解决的关键问题就是城乡差别、工农差别和城乡分治的格局。而导致这些问题产生的主要根源在制度安排，所以新型城镇化的主要途径是要通过制度创新，逐步消除城乡一体化发展的体制机制障碍。

目前乡村社会治理的基本制度为村民自治，这一制度是在 1982 年《村民委员会组织法》颁布实施后逐步在全国农村推进，并得以不断完善。某种意义上说，村民自治制度是继人民公社制解体后乡村治理模式的一次重大改革创新。村民自治制度发展至今日，无论在广度还是深度上都已经取得了巨大进步，因而也成为当前政府农村工作的一项基本政策，也是农村的一项基本社会管理体制。

村民自治在扩大农村基层民主、在组织乡村社会建设等方面，发挥了积极的作用。但是不容忽视的事实是，现有的村民自治制度是在城乡分治的二元体制框架下设计的。从该制度的法理内容来看，村民自治主要是为了达到村民的"自我管理、自我教育和自我服务"。而从制度实施的现实来看，村民自治实际上在执行着管理乡村基层社会经济的职能。一方面，村委会在村级集体经济和集体产权管理中发挥着领导功能；另一方面，又承担着村级公共事务管理的职能。然而，由于村并没有独立的财政来源，所以无法实现真正的村自治。也就是说，大多数村级经济较不发达的行政村，没有财力支撑起乡村公共管理的职能和任务；那些村级经济发达的村又会因为集体产权的收益分配与管理，形成村的隔离及内部矛盾等问题，如目前出现的"村籍制度"、"超级村庄"等现象，以及集体土地征用和产权收益矛盾引发的集体性事件等，都在一定程度上表明如果把村民自治提升到村庄自治，将可能导致贫穷村庄的公共服务和管理出现诸多"真空"状态，而可能使富裕的村庄出现与外界人为分离的问题。

要让城镇化的推进与农村发展协调统一起来，就需要在城乡一体化的框架下进一步改革和完善村民自治制度，也就是将村民自治纳入到城乡一体化的公共管理和社会管理体系之中。

首先，目前村民自治组织所承担的基层公共管理的功能需要纳入统一的公共管理体制之中。在地市一级的行政辖区内，按照城乡一体化和基本民生公共服务均等化的原则，统一配置交通、文化教育、医疗卫生、水利、环境等公共基础设施及公共服务，并实施统一管理。打破城市与农村分离的财政体系，将农村公共领域里各项投入，编入到城乡一体的公共财政预算体系之中。对于偏远贫困地区农村，基础设施建设、公共服务及公共管理的支出，可由地方政府申报中央财政资金的扶持。

其次，改革农村土地制度和集体产权制度，让村民自治组织逐步退出管理村集体土地和村级经济。为了深化村民经济活动的独立自主性，避免因集体产权模糊而引发和激化的农村社会矛盾，乡村在经济管理方面必须推进集体产权的确权改革，也就是对农村集体土地或其他集体产权加以细化，将具体权责范围明晰到农民个体之上。并通过制度创新建立起集体产权交易机制，使农民个体的产权收益更加明确。

此外，按照城乡一体化方式，建设和完善乡村基层社会生活领域里的村民自治。农村的村民自治组织建设可以参照城市居委会建设模式，由村民直接选举，组织的运行经费纳入到统一的财政支出之中，以确保村民自治得以普遍地、统一地、正常地运行。与此同时，村民委员会主要致力于服务村民生活。

将村民自治作为城乡一体化社会管理体制的组成部分去加以发展和完善，是新型城镇化的必然要求，也可以说是新形势下农村发展的必然趋势。如果乡村得不到良好建设，城市与乡村之间依然会存在显著差别和隔离，那么城市化进程中城市发展得再快，实际上仍未真正达到城镇化的目标，因为乡村发展的滞后或衰落将影响城镇化的质量和内涵。

作为一项制度改革与创新，城乡一体化社会管理体制将为城乡均衡、和谐发展提供制度保障。当前农村与城市之间最突出的差别问题就是农村基础设施、公共服务及其他社会生活条件的落后，而要彻底改变这种局面，仅仅靠农民自我建设和中央支农资金支持，其效率很有限。将农村公共建设与管理纳入城乡一体化的管理体系之中，通过利用和发挥城市公共财政及各级地方政府的资源，为农村建设和发展注入更多新鲜的力量和资源。

作为生活方式的村民自治

新型城镇化也是社会生活方式现代化的过程，在这一过程中，社会生活领域的重要变迁集中体现在社会生活的民主化。所谓社会生活的民主化，实际上也就是村民自治制度的核心内容——"四个民主"，即民主选举、民主决策、民主管理和民主监督。

自治是社会生活的基本属性和特征之一，自治并不等同于民主。传统的乡村社会也有自治，传统乡村自治通常是在乡村精英如族长和宗教权威的主导下运行的，此种自治虽保证了村庄的相对独立性，但其实并未达到村民的自主性，而且也因过于强调村庄内部自治导致村庄封闭性的增强。

新型城镇化背景下的村民自治，自然需要从传统自治向现代自治的转型，与现代乡村社会生活方式保持一致。乡村是人类居住和生活的重要场域，伴随着社会变迁发展与城市化，一部分乡村人口迁移至城镇居住和生活。从迁移理论来看，人们从乡村向城镇的迁移行为，主要受两种力量的作用，一是乡村的推力作用；二是城镇的拉力作用。推力作用机制就是乡村中影响人们社会生活的不利条件或因素，拉力作用机制主要是城市优越于乡村的社会条件及因素。不过，从人类社会城镇化的整个过程来看，城镇化并不只是乡村人口向城镇的迁移和聚集。城镇化同样还包括乡村的城镇化，而乡村城镇化实际上就是乡村社会生活方式的城市化与现代化，或者说乡村社会生活逐渐趋同于城镇生活方式。

所以，中国在推进新型城镇化的过程中，尤其要重视乡村社会生活方式城镇化的重要意义。伴随着城镇化的推进，乡村的宜居属性并不会发生改变，广阔乡村依然会适宜人类的居住和生活，而且只要乡村的社会生活环境和条件得到改善或城镇化，乡村同样会吸引人们在那里工作、居住和生活。目前一些先发展起来的村庄，他们实质上已经城镇化了，因而也已成为广大居民安居乐业的社会空间。

乡村社会生活方式的城镇化，既需要有乡村生活物质环境和条件的改善，同时也需要现代的人文环境，即农村居民社会生活的民主化。民主化是社会生活领域的本质特征和要求，因为在生活中，具有自主性的个体完全能够支配而且应该由个人来支配其自身的生活性事务，所以自主选择、自我管理、民主决策、民主监督在乡村基层社会生活中，不仅是可能的，而且非常重要。

作为乡村民主化的社会生活方式，村民自治就是要不断推进和完善基层社会生活领域的民主。首先，通过民主选举选择出多数村民所信任的村委会成员，由村民直接选举出来的基层组织，主要职能就是组织协调乡村基层社会生活及社会秩序，即为不断改善乡村社会生活环境而服务的。

推进乡村基层民主选举，其重要意义还在于在基层社会形成民主生活的社会风尚，为社会主义民主政治建设奠定社会基础。民主政治虽是一种上层建筑，但如果缺乏坚实的社会基础，这一上层建筑也是不可靠的。让广大村民参与到与其生活相关的基层选举之中，可以培养人们的民主精神、民主意识和民主作风，从而在乡村社会生活领域形成民主化的风尚和环境。

其次，村民自治中的民主决策也将主要在社会生活领域得以体现，即乡村居民可以自主地选择自己的生活方式、对自己生活中的事务能够自主决策、能参与村庄内部生活中的共同事务的决策。

从理论上看，村民自治的实质是作为社会主体的个体能够独立自主支配自己的生活，能够独立自主地支配自己的合法权益。所以，村民自治组织的形成应该是为实现这些目标而提供制度和组织保障，而不是让村委会代理来实现自治。因而民主决策不能局限在村民自治组织之中，而需要拓展为一项基本原则和制度，这一原则和制度就是要促进村民个人能独立自主地支配自己的合法权益和独立自主作出自己的合法行为选择。如果自治组织拥有过多的支配村民核心利益的权限，那实质上就已经背离了村民自治原则。

未来村民自治的民主决策必须回归到社会生活领域之中，成为村民个体独立自主生活的基本原则和基本方式。当村庄成为人们自主生活的社会空间时，一方面，广大村民的个体能动性、创造性和积极性会被调动起来、激发起来，为乡村发展提供动力来源。正如农村改革开放一样，改革之所以能让农村面貌焕然一新，就在于新体制让农村劳动力从集体中独立出来，可以自主选择、自主经营。另一方面，村民在社会生活中民主决策范围的不断拓展，也将促进乡村社会的进一步开放。只有当村民能独立自主支配其生产要素或资源配置时，农村的要素市场才能发育、发展；只有农村市场发展起来了，农村才会进一步开放；农村只有走向开放，才会有新鲜的"血液"进入农村，农村才会获得新的发展机遇。

再次，未来村民自治中的民主管理将主要是乡村基层社会管理的民主化。由于村庄主要是社会生活的空间而不是政治单位或行政单位，因而村民自治的民主管理应该走向社会管理领域，即乡村民主管理的范围主要在社会性事务或生活性事务之内。

目前村民自治的一个突出问题就在于政社不分、公共管理与社会管理不分。制度设计赋予村民自治过多且模糊的功能，致使乡村基层政权建设与社会建设、公共管理与社会管理混同在一起，由此影响到村民自治的社会效益。如果让村民自治回归到民主管理乡村基层社会的生活性事务，其职能也就走向专门化、单一化，村民自治组织的权责会更加对称、更加明晰，有利于其在基层社会生活民主化建设过程中发挥更加有效、更为积极的功能。

最后，作为一种生活方式的村民自治，民主监督的内容将主要成为村民在平常生活中的自我教育、自我监督，而且民主监督主要是在村庄及村民内部对共同生活的事务和社会行为的相互监督。

由于当前的村民自治组织承担着管理集体土地和集体产权收益的职能，以及组织和管理村级经济的功能，所以村民自治的民主监督主要是针对村委会的，即村民对自治组织的监督。村民之所以要对村委会实行监督，村委会之所以要公开村务接受监督，在一定意义上表明村级自治组织拥有了较大权力，成为一种类似权力机关的组织，而与法律所界定的群众性自治组织不相一致。所以，当村民自治组织逐步去权力化，村民就不需要花费大量的精力去监督村委会，村委会也就可以真正代表村民履行社会监督的职责，在构建基层良好社会风尚、解决基层社会矛盾、维护基层社会秩序中发挥更为积极的功能。

作为一种现代生活方式，村民自治需要通过相互监督和行为自律来达到生活的理性化，并由此协调个人与社会的关系。村民自治使个体的自主性和能动性大大提高，与此同时也就需要提高个体的社会性，以使社会关系得以协调。个体社会性的提高必须通过法律及规范来规制个体的行为选择，并通过社会监督机制促进个人遵循法律和规范。村民自治组织由于是广大村民直接民主选举产生的群众性组织，能很好地反映和代表村民意见，因而充分发挥其对基层违法违规行为的监督和教育功能，将有助于构建和谐的基层社会。

走 向 社 区 建 设

在新型城镇化及城乡一体化发展过程中，乡村将依然是居民居住和生活的重要社会空间，乡村的变迁与发展将主要体现为村庄的社会生活环境越来越接近于、越来越类似于城镇社区生活环境。要达到这一目标，乡村在社会管理上就需要朝着社区建设与管理的方向发展。也就是说，作为乡村治理的基本制度——村民自治要走向社区建设，与社区管理统一起来。

在社会学意义上，传统的村落尽管也属于一种社区，严格地说是一种社会生活共同体（community），这一共同体主要是基于血缘和地缘而形成的，即具有一定亲属关系的和长期居住生活在共同场域的居民而构成的社会共同体。传统乡村社区的存在和维续主要依靠熟悉的社会关系纽带、礼俗规范以及认同边界，因而容易在村庄内部形成自治格局，但同时也容易使社区封闭起来。现代意义的乡村社区建设则是在开放的社会推进社会生活共同体的建设，即在不同社会关系的个体及群体之间建构社会共识、规范和秩序。

从发展的角度看，更好地治理乡村社会生活空间，关键是要解决制约乡村发展的三个问题：一是村庄的封闭性；二是乡村人口的单向外流；三是乡村发展的可持续性。就目前的村民自治状况而言，都难以解决这三个基本问题，甚至有些自治策略和措施，虽对扩大乡村基层民主有促进作用，但对乡村发展问题还可能具有强化和固化的作用。因此，村民自治制度必须与时俱进，不断地根据乡村发展所奠定条件而深化改革和创新。

首先，村庄的封闭性使得乡村发展只能按照自然循环的方式发展，即通过村庄内部人口一代一代地自然更替，维持着乡村的存续。由于封闭的乡村难以让新生力量进入，因而乡村发展最多不过是村庄内部面貌的更新，而难以与社会转型保持协调。

要打破村庄的封闭性，使乡村社会走向开放、走向现代化，未来的村民自治就需要改变乡村治理策略和治理模式。具体而言，就是村民自治必须超越传统村庄自治理念，走向现代社区建设。通过乡村社区建设，一方面，可以发挥基层社会力量更好建设和管理乡村社会；另一方面，在新的生活共同体构建过程中促进乡村与外部世界的联系，让更为广泛的社会力量参与到乡村建设和发展之中，从而可以把乡村建设成与城市社区相类似的社会生活空间。

其次，乡村人口的单向外流，导致乡村建设与发展的基础越来越受动摇、发展的后劲越来越乏力，由此也可能导致乡村社会逐步走向衰落，乃至有大量的村庄因此而走向终结。尽管在城镇化的大背景下，乡村人口的外流是一种趋势，流动也是农民的自主选择，但这并不意味着有些村庄的衰落和终结是理所当然的结局。

乡村人口向外净流出的格局是在二元体制和二元社会经济下发生的，由于城镇生产和生活方式已走向现代化，而乡村的生产与生活方式依然维持在传统落后的状态，农民自然会不断地走出乡村、流向城市。如果城乡差别较大、城乡二元体制存在，这种乡村人口净外流的问题就难以得到真正解决。因此，要缓解和改善目前乡村单向外流局面，必须要满足两个基本条件：一是乡村社区得以更好的建设与发展，乡村社区生活方式同样达到现代化水平；二是乡村社会是充分开放的，即乡村市场必须得以充分发展。要让村落社区不仅发展成为"本村人"共同生活的社会空间，而且也是市场共同体的组成部分。

再次，无论是新农村建设还是城镇化，其共同目标就是促进发展，其中自然也包括乡村的发展。如果只有城市扩张和发展，而乡村不断走向衰落和终结，那么这一发展过程很难说是协调的和良性的发展。所以，在推进新型城镇化的过程中，仍需要保证乡村可持续发展，而且要在维持乡村发展的基础上促进城镇化。

加强农村社区建设将是解决乡村发展的可持续性问题的重要途径之一，也是村民自治的大趋势。农村社会的可持续发展必须有相应的社会管理体制作保障，在现代化和城镇化的大背景下，就必须改革现行的农村社会管理体制，即把村民自治的乡村社会管理转向新型农村社区建设。推进新型农村社区建设，主要就是按照城乡一体化的原则来建设和管理乡村社会，即参照现代城市的社会管理体系和模式来管理和发展乡村社会。目前城市社会的基层管理体制也已基本从居委会管理体制转向社区管理，社区建设与管理体制实现了基层社会管理的专门化和社会化，大大提高了社区社会服务和社会管理的效率，对促进社区生活环境的改善起到积极作用。

同样，在农村推进村民自治向农村社区建设与管理的转变，也将会提高农村社会管理的效率，对不断改善农村社会生活环境将发挥重要推动作用。伴随着新型农村社区建设的推进，乡村作为一种新的社会生活共同体也就会得以持续地发展。

新型农村社区建设是城镇化背景下乡村自治的理想选择，通过农村社区建设，可以更好地改变人们固有的城乡差别观念，形成城乡融合与一体化的新理念，树立建设新农村的信心，重新构建乡村社会认同的体系。此外，新型农村社区建设的重点在于建立起新型的基层社会管理体系，通过新的社区管理模式，使乡村得以更好地建设与发展。由此打破传统村落边界的封闭以及旧体制的束缚，把乡村建设成为一个更加开放、更有活力的新型社会生活共同体。

实施和推进村民自治制度，最根本的目的就是要让乡村社会得到更好的治理、使乡村社会得到更好的发展。因而未来村民自治制度的改革和完善，必须始终围绕这一目标。针对当前村民自治是在城乡二元体制框架下而进行的制度设计，未来村民自治的一项重要改革方向就是摆脱和消除二元体制的束缚和影响，在制度设计上把村民自治纳入到城乡一体化发展战略和社会管理体制之中。

针对当前村民自治中经济管理、公共管理与社会管理职能的混同问题，改革和完善这一制度就需要让村民自治转向专门化的乡村基层社会管理制度，充分发挥这一制度在乡村社区建设和构建基层社会和谐秩序方面更为专门化和更加有效的治理功能。

农村基层社会治理的权力调控模式创新[*]

——写在后陈村村务监督委员会诞生十周年之际

戴冰洁　卢福营

2004 年 6 月 18 日，浙江省武义县后陈村经过村民代表选举成立了全国首个村务监督委员会，创立了村务监督委员会制度。十年来，村务监督委员会制度从一村推广到一县，再到一市一省，直到 2010 年被写入新修订的《中华人民共和国村民委员会组织法》推向全国，被有关部门誉为党的十六大以来的重大政治体制改革事件之一[①]。那么，村务监督委员会制度的核心是什么？其创新之处主要表现在哪里？本文拟从权力调控模式的角度对后陈的创新经验做些初步分析。

一　后陈村村务监督委员会制度的由来

从一定意义上说，后陈村首创的村务监督委员会制度是回应农村经济社会发展需求的结果，是一项"需求—回应"型创新[②]。自从 20 世纪 80 年代全国实行村民自治制度以来，农村基层社会治理的民主性不断扩大，并取得了卓越绩效。但在村民自治实践中始终存在着"后选举时代"的

　　* 早在 2005 年 4 月，笔者曾带队到武义县后陈村调查，并率先从学术上研究村务监督委员会制度创新，后来又数次到武义调查，陆续发表了一些相关成果。为纪念后陈村村务监督委员会诞生 10 周年，笔者专门率队再赴后陈调查，依据调查所获资料撰成拙文，并作为 2009 年度教育部人文社会科学规划项目"村民自治发展中的地方创新机制研究——基于浙江经验的分析"（09YJA810024）的研究成果之一。

　　① 参阅《人民日报》2012 年 5 月 14 日，第五版。

　　② 卢福营、应小丽：《村民自治发展中的地方创新——基于浙江经验的分析》，中国社会科学出版社 2012 年版，第 37 页。

民主滞后问题，造成了农村基层社会治理运行不畅。特别是一些农村干部违法乱纪、以权谋私，引发村民群众的强烈不满，构成为影响农村社会和谐与发展的重要隐患，急切要求创新和完善农村基层社会治理的权力调控模式，加强对农村干部权力的制约和村务管理的监督。

后陈村无疑是因缺乏权力制约和村务监督，导致干部以权谋私，干部谋利型治理引发村民强烈不满的典型村庄。根据调查，在建立村务监督委员会制度前的几年中，因村务管理失序，特别是财务不公开、管理混乱，该村村民曾连续4次集体上访。2001年，村民甚至掀翻了到村调处干群矛盾的乡镇干部的车子。2002年，因为高速公路铺设施工过程中账目不清，工程承包不公开，村支书在换届选举时落选；2003年，由于私自挪用村集体资金上保险收回扣，接任的村支书又被免职。后陈村村干部的接连违纪和民众的一再抗争表明，缺乏制约的权力运行和缺少监督的村务管理已经难以为继，农村基层社会治理急切需要权力调控模式的创新。

2003年11月，原籍后陈的武义县白洋街道工办副主任胡文法被指派到后陈村兼任村支书，处理后陈村的治理危机。根据当初国家的宏观政策和后陈村的治理环境，在胡文法倡议下，后陈村曾尝试性地建立了村民财务监督小组，人员除分管纪检的支部委员和出纳外，由全体村民从非村两委直系亲属的村民中选举党员代表1名、村民代表2名，共计5人组成。监督小组成员每月对村两委的财务支出进行审核后在村公开栏公示。这一组织的创设，一定程度地改变了后陈村村级财务管理的混乱局面，无疑为后陈村村务监督委员会制度的创新奠定了基础。但是，"财务监督小组的成立并没有从根本上改变村级财务运作状况。其中一个很重要的原因就是财务监督小组由村两委授权，缺少独立性，监督效能低。而且在实际运作过程中，其功能常常被村两委取代"。[①]

鉴于农村社会治理中遭遇的现实问题和民众需求，2004年2月，武义县委指示县纪委牵头成立专题调研组，尝试村务监督的改革，并确定后陈村为试点单位。调研组深入农户，运用多种方式进行了广泛调查，在此基础上拟定了《后陈村村务管理制度》和《后陈村村务监督制度》两个

---

① 卢福营、孙琼欢：《村务监督的制度创新及其绩效——浙江省武义县村务监督委员会制度调查》，载《社会科学》2006年第2期，第99页。

讨论稿，分发至户，并多次召开村两委、党员、村民代表座谈会，充分听取民众意见进行补充完善。为使村务监督落到实处，在制度设计中，创造性地设置了村级监督机构——村务监督委员会，作为一个村党支委和村委会之外的常设性村级组织，负责村务监督工作。

2004年6月18日，后陈村召开村民代表会议，通过了《后陈村村务管理制度》、《后陈村村务监督制度》及建立村务监督委员会的决议。在此基础上，民主选举了首届后陈村村务监督委员会。从此，后陈村村务监督员会依据特定的村级规章制度开始运作，作为一个新变量对农村基层社会治理发挥效用，标志着村务监督委员会制度的诞生。

从村务监督委员会制度的创新过程看，这项制度创新显然是为了回应当代中国农村社会发展中的现实问题，旨在解决农村基层社会治理中的权力失控、失范及其导致的治理危机，促进农村社会和谐发展与基层治理的民主化、有序化，具有明确的目的性和针对性。

二　村务监督委员会制度的核心内容

在后陈村村务监督委员会制度创立之初，人们曾根据其主要做法将"后陈经验"描述为"一个机构、两项制度"[①]，即后陈村村务监督委员会和《后陈村村务管理制度》、《后陈村村务监督制度》。随着实践的发展，武义县的相关部门不断完善村务监督委员会制度，先后推行了"四定二评一创"工作法、《村务监督委员会履职细则》、村监会"两推一选"选举办法等一系列再创新。2013年年底，武义县委专门下发了《关于进一步加强村务监督委员会建设的若干意见》，提出4个方面13条具体举措，进一步完善了村务监督委员会制度。那么，武义县后陈村创新的村务监督委员会制度，或者说"后陈经验"的核心内容是什么？

根据上述制度文本及其在后陈村和武义县的实践，我们认为，村务监督委员会制度或"后陈经验"的核心在于以下主要方面：

1. 分权制约，突出以权力制约权力。制约是一种重要的权力调控机

---

① 邱荣根、丁巧丽：《"一个机构、两项制度"：村务管理新机制——兼谈浙江武义县后陈村的实践》，载《农村工作通讯》2005年第7期，第39—40页。

制。主要是指权力系统内部各种力量之间的相互牵制、制动和约束。① 一个时期以来，农村基层社会治理中由于缺乏必要的权力制衡，导致一些村干部大权独揽，以权谋私，损害集体和群众的利益，引发村民不满，甚至造成村庄治理的危机。村务监督委员会制度的最突出贡献和首要内容无疑是在村级公共权力组织结构中创造性地增设了村务监督委员会，赋予其代表村民群众实施民主监督的权力，形成了新型村级权力制约关系和分权治理的控权模式。"按照制度设计，后陈村的村务监督委员会由村民代表会议选举产生，经村民代表会议授权实施监督，对村民代表会议负责，村务管理与村务监督分离。"② 如此，村务监督委员会成为了农村基层社会治理中除村支委、村委会之外的又一个常设性权力机构，主要执掌村务监督权，行使民主监督的职能，在村级公共权力体系中建构了一种独特的权力制衡机制。从组织的产生和权力来源看，村务监督委员会由村民代表会议产生并对村民代表会议负责，不是村委会或村支委的下设机构，在组织层次上与村委会、村支委基本处于同一层级。从职能设置看，实行领导、决策、管理与监督分开，彼此相对独立，互不从属。在农村基层社会治理的实践中，村民会议和村民代表会议行使重大村务决策权，村支委和村委会事实行使着村务领导和决策管理的权力，村务监督委员会只有监督权及对村级事务的建议权。村务监督委员会的最主要职能是界定是否违反制度、是否符合村情民意。

2. 过程监督，实施事前、事中、事后的全程监控。监督是权力调控的又一种基本方式。主要是权力主体的外部力量对权力主体的监察、监控和督促。③ 通常的做法是将掌管某一种类型或具体事项的公共权力交给某个特定机关、部门或者个人独立去行使，再设定一个专门机关或者建立一些必要的机制，让这一专门机关、媒体和普通百姓来观察其是否按照授权的既定目的、精神和具体规定合法、合规、合理地履行其职责。④ 村务监督主要是为了防止个别利益危害整体利益，维护村庄正常治理秩序，实现

---

① 高山：《国家权力的制约监督》，河北人民出版社2005年版，第24页。

② 刘斌靖：《第三种权力：村务监委会》，载《观察与思考》2004年第16期，第38页。

③ 高山：《国家权力的制约监督》，河北人民出版社2005年版，第24页。

④ 魏礼群主编：《转变政府职能推进行政管理体制创新——国家行政学院国家课题研究成果选编》，国家行政学院出版社2009年版，第400页。

有效的村务管理而对村庄公共权力实施的一种必不可少的调整和控制措施。[①] 后陈村的村务监督委员会制度对农村基层社会治理的权力监督机制做出了特殊安排。它不仅仅让村务监督委员会成为常设性的专门机构，促使民主监督由兼职变为专职。特别值得一提的是，在村务监督委员会制度中，村务特别是财务监督不再仅仅限于事后，而是全程性的监督。事前实施超前监督，即参与村务决策过程，对不合制度规定或不合民意的决策及时提出异议，甚至可以提请村民代表会议就有关问题进行协商、表决。事中实施跟踪监督，即参与村务决策执行的全过程，抵制不符合制度和民意的村务管理行为。事后进行检查监督，即做好事后的财务审查、结果公开、干部考核、过失问责等工作。全程性的监督有效地避免了事后监督的滞后性，较好地保障农村基层权力的正常运行。

3. 制度规范，强调以制度约束权力。制度规范和约束是权力调控的根本性手段。只有把权力关进制度的笼子里，才能有效保证权力运行的规范化、有序化。村务监督委员会制度创新的一个重要内容就是在坚持村民自治制度基本原则的基础上，进一步地完善了农村基层社会治理的制度体系。在村务监督委员会制度创新与发展过程中，创新领导者认为，一个有效运作的制度往往是一系列具有有机联系的制度元素通过一定机制和机构联贯起来运作的闭合系统。一些民主制度仅有一些制度元素，没有形成制度体系，因而无法自主地发挥作用，因此在制度设计中充分注意了制度的完整性和体系化。经过十年的探索和完善，初步形成一个较为系统的农村基层社会治理权力调控制度体系。

第一，健全了村务管理的组织制度。对村两委作为村务特别是财务管理组织，村务监督委员会作为村务特别是财务监督组织的性质、产生及职能等做出了明确规定，建构了新型的村级公共权力制衡机制。

第二，完善了村务管理的运行机制。村务管理制度不仅是村级组织实施村务决策管理的保障，同时又是村务监督委员会赖以实施监督的重要依据。通过《后陈村村务管理制度》等村级规章，后陈村对村务管理的内容、规则、方式、程序等做出了较全面的安排和具体的规定，明确了村务管理机构该做什么、不该做什么、怎么做等，形成了规范村务管理行为的

[①]　卢福营：《农民分化过程中的村治》，南方出版社 2000 年版，第 178 页。

实体性制度。随着经济社会的发展，后陈村先后对村务管理制度进行了多次修订与完善。

第三，建立了专门的村务监督制度。村务监督需要有制度支撑，村务监督委员会的行为同样应当纳入制度化轨道。从村务监督委员会制度创立之初，制度设计者就充分关注到了村务监督委员会的制度化运行问题，专门制定了《后陈村村务监督制度》，对村务监督委员会和村民代表会议的性质、地位、职责、权利、义务，以及监督的内容、方式、程序等做出了较为具体而明确的规定。同时，后陈村的村务监督制度还创造性地设置了相关的救济机制。根据相关规定，在村务监督委员会的监督功能无法正常实施时，有权向街道或乡镇有关部门申请救济。比如：当村务监督委员会要求村委会召集村民代表会议，村委会拒不召集时，可提请街道或乡镇有关部门责成召集村民代表会议。

第四，创设了村务监督委员会建设制度。随着村务监督委员会制度的推广和发展，后陈村所在的武义县专门出台了《村务监督委员会履职细则》和《关于进一步加强村务监督委员会建设的若干意见》等，对村务监督委员会的监督工作和自身建设做出了较全面的制度安排。强调村务监督委员会的依制监督和制度规范，以制度约束村务监督委员会的自身行为，将村务监督委员会的村务监督纳入制度化轨道。

如此，通过村务监督委员会制度的创新与发展，促使各项制度联结成一个闭合的制度体系，通过功能互补，保证了整个制度的良好运作和村级公共权力的正常运行。不仅村干部的村务决策管理依据相关制度，而且民主监督机构也按照制度实施监督。

4. 信息沟通，促进农村基层社会的协同共治。信息沟通是权力调控的重要手段。所谓信息沟通，就是"人与人之间借助于某种媒介，通过一定的途径传达思想和交流情报、信息的过程"。[①] 从一定意义上说，沟通是农村基层社会治理系统赖以存在、得以运行的基本前提和不可缺少的要素，只有借助沟通，才能有效实现系统的治理功能。村务监督委员会制度的一个重要创新，就在于从农村社会的特殊性出发，在强调权力制衡和权力监督的同时，突出了信息沟通对于农村基层社会治理的权力调控作

---

① 孔德元、孟军、韩升、高家林：《政治社会学》，高等教育出版社 2011 年版，第 122 页。

用，创造性地赋予村务监督委员会以信息沟通的权力，借此促进农村基层社会的协同共治。

从一定意义上说，制衡与监督的功能主要在于保障权力不违反制度规定和民众意愿，守住权力底线。信息沟通的功能则主要地表现在促进权力主体的协同和治理绩效的最大化。根据村务监督委员会制度的规定及其实践运作，村务监督委员会在村务决策管理、干群关系协调等方面发挥着特殊的信息沟通功能。集中表现在：

第一，民意传递，实施"合意性"沟通。所谓"合意性"沟通，就是指通过民情传递和信息沟通，有效地表达村民的意愿和诉求，推动村务决策管理合符多数民众的意愿。村务监督的一个重要功能就是保障村庄公共权力的运作符合村情民意，村务监督委员会作为代表广大民众监督村务决策管理过程的专门性机构，具有沟通民情的权力和责任。根据后陈村的村务监督制度安排，村务监督委员会有权根据多数村民或村民代表意见，提出罢免不称职村委会成员的意见，并提请相关部门启动罢免程序；有权根据多数村民或村民代表意见，书面建议村委会进行听证。同时，村务监督委员会也有义务联系村民，广泛听取村民意见，及时向村党支部和村委会反映村民对村务和决策管理的意见和建议。村务监督委员会全程参与村务决策管理过程，也为民情的及时传递创造了便利的条件。从实践观察，后陈村的村务监督委员会确实在民情沟通方面做出了重大贡献，通过及时的民众意愿表达和有力的违意行为纠错，保障了村务决策管理活动较高的"合意性"，得到了广大干部、群众的认同和赞誉。

第二，村情交流，实施"知情性"沟通。所谓"知情性"沟通，主要是指通过信息传递和村务公开等，有效地传达村务管理的真相和村庄治理的实情，保障村民的村务管理知情权，促进农村基层社会治理的公开、透明。在村民自治制度背景下，知情权无疑是村民群众的重要权力。让广大村民群众知晓农村基层社会治理制度、知晓村务运行情况、知晓村情实际和村务管理真相，是保障村务管理在阳光下正常运作的重要手段，也是推动各自治权力主体协同参与，共同治理农村基层社会的重要路径。后陈村村务监督委员会制度极为关注村民群众知情权问题，在制度创设过程中，要求村务监督委员会发挥干群之间沟通的桥梁作用，承担"知情性"沟通职责。不仅要求村务监督委员会做好财务审核、干部考核和村务公开等工作，而且明确规定村务监督委员会要"支持村两委正常工作，及时消除村民对村两委工作的误解"。"知情性"沟通既可以让老百姓明白，又能够还村干部清白。有效地调动了村干部的干事积极性和村民群众参与村务的主动性，促进了农村基层社会治理的协同共治。

第三，提议呈报，实施"建议性"沟通。所谓"建议性沟通"，是指在村务运行过程中，向决策管理者提出合理化的建议和意见，影响村务决策管理过程，促进农村基层社会治理的优化。建议是村务监督委员会的重要权力和义务。在《后陈村村务监督制度》中，就已经赋予了村务监督委员会一系列建议权。根据相关制度和实践，村务监督委员会的建议权最为主要地有：根据村民群众意愿和客观实际提出村务决策管理建议、建议村委会召集村民代表会议、建议废止不合规定的村务决策、提请罢免不称职村干部，等等。实践表明，正是一系列切实有效的"建议性"沟通，既保障了农村基层社会治理的正常运行，又促进了村务决策管理的优化，进而推动了村庄社会的和谐与发展。

三　农村基层社会治理的新型权力调控模式

根据对后陈村创建的村务监督委员会制度及其十年实践的考察，我们认为，村务监督委员会制度建构了一种农村基层社会治理的新型权力调控模式。

1. 形成了以控制为主、协调为辅的混合型权力结构

实践中的权力结构往往是多种权力关系的总和。从一定意义上说，村务监督委员会制度建构了一种以控制为主、协调为辅，内部制约与外部监督相结合、控制关系与协调关系相统一的混合型权力结构。

首先，建构了"制约—监督"均衡的控权关系。制约和监督是权力主体之间的两种控权关系。从特定角度看，制约关系是双向性的，是权力主体之间的相互牵制关系，主要基于权力的过程性分权，把事权分解为多个环节，并分别交由不同的权力主体行使，互相独立、彼此制约；监督则是非对称性的，是监督者与被监督者之间的单向性控权关系，主要基于权力的功能性分权，按专业化的职能分工，将某种权力赋予一个对应的权力

主体，并通过专门机关或者由权力授予者本身对其实施监察、督促。制约和监督两种权力关系是构成权力结构的重要因素，其实现方式在特定的权力结构中被固化，形成为特定的控权制度。

实行村民自治以来，农村基层社会治理实践中形成的权力结构缺乏强有力的制约与监督，正是由于控权制度的失灵，导致了部分地区农村基层社会治理的危机。后陈村的村务监督委员会制度创新正是这一社会问题和社会需求的应对与回应，故而将控权关系的重构视为创新的立足点和核心。一方面，基于当代中国农村基层社会治理的复杂化，对农村基层社会治理权力进行专业化分工，在村级权力配置中将权力分解成决策、管理、监督等多种权能，分别交给村民会议或村民代表会议、村党支委、村民委员会、村务监督委员会等不同的组织去行使，形成一种相互牵制的链条和平衡的机制，建构了独特的权力制约关系，以防止权力过度集中所带来的专断；另一方面，在原有的村民群众民主监督和村民会议、村民代表会议监督的基础上，专门设置一个监督机关——村务监督委员会，形成一种独立于村务决策管理过程之外的第三种权力，对村务决策管理活动实施监督，建构了一种特殊的权力监督关系，以保障村务决策管理权力的合法、合规、合理行使。由此建立了"制约—监督"均衡的控权模式，有效地强化了农村基层社会治理的权力控制。

其次，形成了权力控制与权力协调相结合的权力关系。如前所述，村务监督委员会制度创新旨在加强权力控制，但不仅仅局限于权力控制。制度设计者从农村基层社会治理的实际出发，在重点突出控权的同时，充分考虑到了权力协调的意义。因此，在赋予村务监督委员会监督、制约权能的基础上，同时要求其承担特定的信息沟通的权能，发挥权力协调功能。村务监督委员会既是村务决策管理权力的制约者、监督者，又是权力的协调者，扮演着多重权力主体的角色，在农村基层社会治理的权力结构中成为一种极其特殊的结构性要素。如此，建构了一种权力的控制与协调相结合，以权力控制为主、权力协调为辅的新型权力格局。

2. 建构了制约、监督、沟通三位一体的权力运行机制

总体而言，村务监督委员会制度建构的权力运行机制首先是制度化机制。制度创新者一开始就将权力的制度化运行视为首要内容，并先后出台

了《后陈村村务管理制度》、《后陈村村务监督制度》等一系列针对性制度，形成了一个完整的闭合性制度体系，成为农村基层社会治理的重要依据，推进了乡村治理的制度化进程。正是在这套制度体系中，建构了以下三种权力运行的重要机制：

第一，分权制约机制。科学的权力运行机制势必构筑于权力的防控基础之上，权力制约因此成为了权力运行中的重要一环。权力制约在某种意义上是一种权力的内部控制，即权力内部的分权独立并彼此牵制、约束。村务监督委员会制度通过制度化的程序和规则划分了村民会议或村民代表会议、村支委、村委会、村务监督委员会等权力主体之间的权力分工和职责分配，对权力运行设置了边界，要求各权力主权遵循制度规定和程序，在权力内部实现权力主体之间的相互牵制约束。比如，村务监督委员会有权对不合规、不合理的决策提出废止建议，根据民众意愿对不称职干部提出罢免诉求，拒绝在不合规定或不合理的财务账单上审核签字等，由此对村务决策管理权的运行形成制约机制。相应地，作为村务决策管理权力的重要主体，村两委对于村务监督委员会的违规监督和不合理监督行为可以提请村民代表会议或乡镇（街道）政府裁决，村务监督委员会必须及时向村两委通报监督工作，由此对村务监督权力的运行形成了特殊的制约机制。这种内部的分权制约机制具有双向性、持续性、客观性和即时性等特点，能够将权力控制环节前置，防患于未然。

第二，权力监督机制。村务监督委员会制度无疑是要强化和完善农村基层社会治理的权力监督。在村民自治发展中，事实上已经尝试和建立了村务公开、民主评议村干部、村干部罢免等一系列民主监督机制，但实践表明这些民主监督机制还不足以控制农村基层社会治理权力的滥用。村务监督委员会制度在原有民主监督制度的基础上，进一步地建构了一种新型的权力监督机制。即在村级组织中设置一个专门的监督机关——村务监督委员会，从外部对村务决策管理权力的运行过程实施全程性监控和督查，进而对村务决策管理主体滥用职权的行为进行判别和追究。为掌握村务决策管理权力运行过程中的内部信息，村务监督委员会全程参与村务决策管理活动，又独立于村务决策管理权之外对村务决策管理行为实施监察和督促。

需要特别强调的是：村务监督委员会制度所建构的监督机制具有自身

的特殊性和创新点，它基于农村基层社会治理实际，有别于一般的权力监督机制。在一般的监督制度下，监督者外在于受监督者，不直接参与和干涉正常的权力运行过程，监督权力的运作处于蛰伏状态。其控权机制强调对权力违规行为和违规者的惩处，原则上只有当违规行为或不利后果发生后才会启动追责程序，重在对权力违规行为的纠正与惩罚。村务监督委员会制度则不同，它强调过程监督，不再停留于事后监督，而是要求事前、事中、事后监督的统一。村务监督委员会全程参与村务决策管理过程，及时纠正村务决策管理过程中出现的不合规、不合意行为，监察和督促村务决策管理活动既合制度规定，又合村情民意。这种制度性控权与合意性控权有机结合的全程性监督机制，具有典型的草根性和创新性。

第三，信息沟通机制。村务监督委员会制度重在控权，但不限于控权。于是，在创新农村基层社会治理的制约和监督机制的基础上，建构了一套富有特色的信息沟通机制，借此推动农村基层社会治理的权力协调和良性运行。其中，最为重要的信息沟通机制有：

一是村级权力组织之间的互动性信息交流机制。根据村务监督委员会制度安排，农村基层社会治理的权力被分解为若干个职权分别由村支委、村委会、村务监督委员会等组织执掌，为保障权力的正常运行，明确规定各村级权力组织之间进行多种形式的互动性信息交流。诸如：村务监督委员会定期、不定期地向村支委、村民代表会议报告村务监督工作情况；村务监督委员会全程参与村务决策管理过程，及时提出自己的看法和建议等。农村是一个特殊的"熟人社会"，各权力组织的内部成员以及不同权力组织的成员之间彼此相知相识，经常会选择适当的机会就村务决策管理展开正式或非正式的、公开或非公开的信息交流。

二是民情传递机制。为保障农村基层社会治理的权力运行符合村情民意，要求村务决策管理活动能够反映广大民众的意愿和诉求，需要通过一定的信息沟通方式广泛收集来自民众的意见、建议、要求和呼声。为此，村务监督委员会制度设计了专门的民情传递机制，明确规定村务监督委员会具有反映村情民意的义务。一方面，要广泛听取村民意见，并及时地向村两委传达村民群众的意愿和需求，借此保证村务决策管理活动体现民众之需求，获得民众之认同；另一方面，要及时地反馈村民群众对村务决策管理行为及其村干部的评价信息，特别是对于违规村务决策管理和不称职干部，根据多数村民群众的意见提出废止、罢免的建议。

三是村务信息公开与舆论引导机制。在村民自治体制下，不仅村民群众拥有法定的村务决策管理知情权，而且只有在信息公开和村民群众了解真实情况的背景下，村务决策管理活动才能得到村民群众的广泛认同。基于此，村务监督委员会制度设计了独特的村务信息公开机制和舆论引导机制。根据相关制度规定，重要的村务决策管理事项应当定期向村民公开，特别是村级财务公开授权村务监督委员会负责，每月进行财务账目审核，并向全体村民公开。

实践表明，在村务管理的信息沟通中，由村务决策管理主体传播的一些信息时常不能对广大民众产生直接影响，而是需要通过一些中间环节才能引起民众反应，产生沟通效果。在村务监督委员会制度及其实践中，村务监督委员会成员在村务决策管理信息沟通中事实扮演着传播中介和舆论引导者的角色。由于村务监督委员会是接受村民代表会议的授权，代表村民群众监督村务决策管理者的权力行为，在村民群众看来，村务监督委员会成员与自己同属于一个集团，而且直接参与村务决策管理过程，他们的观点和判断因此容易得到村民群众的信任。为此，村务监督委员会被赋予了传播真实管理信息、引导正确舆论的职责，特别规定村务监督委员会要支持村两委的工作，及时消除要志对村两委工作的误解。村务监督委员会成员事实扮演了"舆论领袖"的角色。

总之，村务监督委员会制度建构了一种以权力控制为主、权力协调为辅，权力控制与协调相结合，制约、监督、沟通三位一体的新型权力调控模式，有力地推动了农村基层社会治理的分工合作、协同共治，保障了村庄权力的有效、有序运行，促进了农村经济社会的发展。

成都市构建新型村级治理
机制的经验与价值

任中平

自从 2007 年 6 月被国务院批准为统筹城乡综合配套改革试验区以后，成都市委根据统筹城乡改革发展的现实需要，在谋划农村产权制度改革时，提出了完善农村基层治理机制的总体要求。2008 年年初，市委组织部牵头成立联席会议，分别从村级组织构架、农村社会管理和公共服务体制、集体经济组织运行机制等方面进行研究，接着开始在各区、县、市的农村开展试点工作。在这一制度创新实践中，他们以设立"村民议事会"为突破点，构建以村党组织为领导核心、村民会议为村级自治事务最高决策机构，村民议事会为常设决策机构，村委会为执行机构的新的村级治理机制，走出了一条新农村建设进程中村级治理的新路子。

一　背景及动因

从总体上讲，成都市之所以提出构建新型村级治理机制，既是当前农村经济社会发展的历史必然，又是完善现有村民自治制度的客观要求，也是统筹城乡发展、实施城乡一体化战略的现实需要。

（一）构建新型村级治理机制是当前农村经济社会发展的历史必然

改革开放 30 年来，我国农村正在发生由传统到现代、由计划经济到社会主义市场经济的历史性转变，使村级治理面临一系列新情况、新问题。一是农民与村级组织的利益联系趋弱。实行土地联产承包，以及近年来各地取消农业税后，农民与村级组织利益联系日益松散，对村级组织的依赖有所下降，客观上要求构建更有利于服务农村发展、发挥农民群众主体作用的新的农村治理机制。二是农村社会结构和利益格局多元化。当前，随着农村经济体制的深刻变革，农村社会结构的深刻变动，农村利益格局的深刻调整，各类新社会组织和新经济组织大量出现，传统农业在国民经济中所占比重越来越小，农村利益容易被忽视等，势必要求搭建更能反映各方利益表达的多元治理机制。三是农民思想观念发生重大变化。近年来，随着基层民主的深入推进，农民群众权利意识、民主意识、法律意识普遍提高，农民群众不仅关注自己个体的利益，而且也会关注群体利益，不仅关注眼前利益、经济利益，而且关注长远利益、社会利益等等。这表明我国农村社会正处于深刻的转型过程，农民群众的思想观念变化也迫切要求构建一种新型的充满活力的村级治理机制。

（二）构建新型村级治理机制是完善现有村民自治制度的客观要求

我国农村推行村民自治制度已经历了近 30 年的历史过程。过去传统的村党组织、村委会和集体经济组织构成的"三位一体"的村级治理格局，存在以下四方面的缺陷：一是"行政化"倾向比较严重。《村民委员会组织法》规定，村民委员会是村民自我管理、自我教育、自我服务的基层群众性自治组织。乡镇政府与村民委员会是指导关系。但按照《农村基层组织工作条例》的规定，农村党组织处于农村各种组织的领导核心地位。乡镇党委与村党组织是领导关系，村党组织与村委会也是领导关系。这样乡镇党委、政府就可以一体运作，以乡镇党委名义对村"两委"下达指标、布置工作，以党组织之间的领导关系代替乡镇政府与村委会之间的指导关系，以致村委会在实际运作中具有浓厚的"行政化"倾向，自治职能被弱化。二是授权关系不太清晰。《村民委员会组织法》规定，村民（代表）会议由村民委员会召集。而村民（代表）会议作为村级自治事务最高决策机构，村民委员会作为执行机构，从授权关系看，由村民委员会召集村民（代表）会议。但在实际运行中，由于村民委员会或怕麻烦不想召集，或担心遭到反对而不愿召集，使许多本应由村民（代表）会议决策的事项而实际上最终由村"两委"说了算，导致村民（代表）会议形同虚设。三是村级组织机构的职能不分。在传统治理机制框架下，村"两委"特别是村党组织对公共资源进行直接调控，对社会管理大包大揽，致使村民自治缺乏运行空间，实践中存在着党组织和自治组织职能不分、自治职能和经济职能不分、自治职能和社会管理与公共服务职能不分以及议事、决策、监督职能不分等制度缺陷。比如，传统的村集体经济依赖于村"两委"经营和管理，"亏损了"由老百姓承担，"赢利了"老百姓却难以享受。因此，许多群众表示，他们不愿村上有任何集体经济，即使有也想"分完了事"，免得"夜长梦多"。四是村民会议的制度安排难以落实。法律虽然也有村民会议的制度安排，但同时规定需要提交村民会议讨论的主要是村务管理中"大事"，而在实践中，村子里的真正的所谓"大事"并不多，加之由于召集村民会议的困难和成本的考量，致使许多情况下村民会议难以召开，许多决策通常是由村两委干部完成，于是致使一些农村的村民自治逐渐演变为"村干部自治"。

（三）构建农村新型治理机制是统筹城乡发展、实施城乡一体化战略的迫切需要

首先，构建农村新型治理机制是农村产权制度改革的现实要求。产权制度改革，是自农村联产经营承包制实施之后农村生产关系的一次重要变革。这一产权制度改革，触及了"三农"问题最敏感的神经，因而在实践中遇到了前所未有的困难。例如，邛崃市油榨乡马岩村就是成都市产权改革最早的试点之一。试点的内容，就是确权。确权之意，是将法律上本来属于农民所有的权利即村集体土地承包经营权、宅基地使用权、房屋所有权以及林地所有权，以权证的形式确定下来，以方便流转，在成都市城乡一体化的总体构想中，农村的土地流转是最为核心的一环。可是要确权，先要摸底，看到底有多少土地权属不清。结果是不查不要紧，一查吓一跳：马岩村共有406户人家，而潜在的边界纠纷竟然有几百个。同时，还有一些其他的障碍，有些地界存在冲突的时间，可能比村干部的年龄还要长，解决这些问题，村干部确实也勉为其难。另外，在确权过程中遇到的棘手问题还有：实行土地联产承包责任制以来，发生了许许多多的生老病死、婚丧嫁娶，那么现有的土地应该怎样平衡？而且过去还出现了各种非正式的土地流转，从而导致承包关系混乱，应当如何理顺这些错综复杂的关系？过去对于肥瘦地的分配，当时仅仅考虑土地的产量，而现在有了耕地保护基金，肥瘦的标准是否要相应改变？再者，村两委干部加起来也

不过七八个人，与这项确权工作所需的大量工作量相比，实在是不堪重负。面对上述诸多难题，无论对于乡镇领导还是村两委干部而言，普遍的感觉是"无论怎样都摆不平"。而就在这时，民间智慧再次迸发出来。为了解决上述难题，邛崃市羊安镇仁和社区党委书记雍长清把几位德高望重的村民找来，希望这些"民间高手"能够在这一过程中发挥影响力，在这个关键时刻帮一把。令人意想不到的是，这一举措的效果惊人：村干部费了九牛二虎之力也没完成的工作，竟然被这些"民间高手"轻松搞定。当这一经验汇报上去之后，正因确权一事焦头烂额的邛崃市组织部如获至宝。几天后，一个要求成立新村议事会的文件发至各乡镇，从而有力地推动了农村产权制度改革的顺利进行。从这个过程来看，村民议事会可以说是被逼出来的民主形式。要保证农村产权制度改革的顺利进行，必须尊重农民意愿，保障农民利益。而最好的尊重和保护莫过于把权利交给农民，让农民通过民主的方式来解决自己在改革实践中遇到的种种难题。

其次，构建农村新型治理机制也是农村公共服务改革的现实要求。2008 年 2 月，随着城乡统筹建设实践的需要，成都市委、市政府开始推行新型村级治理机制，从而为顺利推进城乡一体化建设提供坚实的组织基础。在统筹城乡综合配套改革试验区建设中，政府除了要将更多的资源配置给农村，更重要的是激发农民的主动性和积极性，引导农民建立民主参与、民主管理的决策机制，全面增强农业和农村发展的活力，解决关系农民切身利益的急迫问题。在这一过程中，如果政府只是为了追求一时"政绩"，实行包办代替，很难真正满足农民的实际需要，甚至还会违背农民意愿，给农民带来新的负担，从而使统筹城乡建设偏离正确的方向；如果政府大包大揽，群众只在一边观看，必然会滋长农民的"等、靠、要"思想，也会使统筹城乡建设缺乏可持续发展的动力。因为只有农民自己才最知道自身的实际需求，才能够以足够热情和持久的动力创造自己幸福美好的生活。因此，在统筹城乡建设的实践中，只有充分调动政府和农民两个方面的积极性，相互促进，共同建设，才能很好地完成统筹城乡综合配套改革试验区建设任务。只有通过新型村级治理机制，采用"草根民主"的形式，真正把这笔资金的支配权交给农民，才能保证"好事办好"，才能有效地调动群众的参与热情，实现农村公共服务改革的工作目标。

最后，构建农村新型治理机制适应了当时农村灾后重建工作的紧迫需要。2008 年"5·12"汶川大地震发生后，随着灾后重建的繁重工作开展，迫切需要改善原有的乡村治理机制，构建一种全新的村级治理机制，从根本上改变以往村级治理中凡事由干部"替民作主"的做法，真正实行"由民作主"，切实发挥广大群众在灾后重建中的主体地位和决定作用。在这一过程中，邛崃市、彭州市、都江堰市等灾区的农民群众为了解决灾后重建工作中的各种困难和问题，不约而同地创建了村民议事会这样一种崭新的村民自治形式，并在灾后重建工作中发挥了重要的积极作用。

总之，在成都市统筹城乡发展背景下出现的村民议事会这一来自农民群众实践中的发明创造，成为构建新型村级治理机制的突破点，很快便得到了成都市委领导的高度肯定和及时推广。就在这一新生事物刚刚出现不久的当年 11 月，成都市委就出台了 36 号文件，提出了构建新型村级治理机制的基本框架。于是，在市委的统一部署下，各区（市）县特别是几个重灾区开始了构建新型村级治理机制的试点探索。紧接着又在 12 月，由市委组织部印发了《关于构建新型村级治理机制的指导意见》，明确肯定了村民议事会制度，并在此基础上提出进一步探索和理顺现有的村级机构包括村党支部、村民议事会、村民理财小组、村民委员会、村合作社之间的关系，构建一套在村党组织领导下，以政府管理为基础、村民自治为核心、社会组织广泛参与的新型村级治理机制。到 2009 年，村民议事会组建工作便开始在全市普遍推开，到年底，成都市所有农村和涉农社区都普遍成立了"村民议事会"，开始构建一套由村党组织领导、议事会决策、村委会执行、其他经济社会组织参与的新型村级治理机制。不久之后，根据村民议事会制度进一步发展的需要，2010 年 3 月又相继出台了有关村民议事会的一系列配套制度，包括：《村民议事会组成规则（试行）》、《加强村党组织对议事会的领导试行办法（试行）》、《村民委员会工作导则（试行）》、《村民议事会导则（试行）》等，对村级组织的职能分工、运行机制和议事程序等逐步进行了统一规范。到 2010 年 9 月，市纪委、市委组织部等部门又联合出台了《关于建立村务监督委员会的指导意见》。至此，标志着成都市广大农村新型村级治理机制的制度体系已经基本形成。

二　做法与经验

成都市在构建新型村级治理机制的过程中，主要着眼于坚持加强党的领导，巩固党农村的执政基础，以保障群众主体地位为重点，以建立村民议事会制度为突破，积极推行村级公共事务的决策权与执行权分离、社会职能与经济职能分离、政府职能与村民自治职能分离，完善农村服务和社会管理体系、集体资产经营管理机制，拓宽民主参与渠道，强化权力监督约束，着力构建"村党组织领导、村民（代表）会议或村民议事会决策和监督、村委会执行"的村级治理新模式。具体说来，成都市新型村级治理机制主要有以下内容：

（1）主要目标：构建党组织领导下、村民议事会决策、村委会执行、其他经济社会组织广泛参与的，充满生机和活力的村级治理机制。

（2）基本思路："三分离、二完善、一加强。"即村级事务决策权与执行权分离、社会职能与经济职能分离、政府职能与自治职能分离；完善农村公共服务体系、完善集体经济组织运行机制；加强和改进党组织领导。

（3）主要内容：

一是推行村民议事会制度。为了适应目前成都农村的实际状况，议事会制度分为村、组两个层面，兼顾代表性与会议效率之间的平衡。为了保证议事会具有广泛的民意基础，村民小组议事会成员由村民直接选举产生，村民议事会成员从村民小组议事会成员中选举产生。为了保证议事会成员的广泛性，要求村民议事会一般不少于21人，村民小组议事会一般不少于5人。为了保证村民议事会成员的代表性，村民议事会成员实行结构席位制，每个村民小组有2名以上村议事会成员。特别是为避免议事会成为"干部会"，提高议事会的公信力，村、组干部不得超过议事会成员的50%。同时，为了加强议事会成员与广大群众之间的联系，每个议事会成员都有大约10户左右的固定联系户。为了落实监督权，从村民议事会成员中选举5—7人组成村务监督委员会，主任由具有党员身份的议事会成员担任。村民议事会作为一种常设的决策机构，受村民（代表）会议委托，在授权范围内行使村级事务的议事权、决策权、监督权。村民议事会这一制度，较好地解决了长期以来村民大会由于受到人口规模、地域环境、外出打工等情况的限制，除换届选举外一般难以召开，村民代表大会规模相对较大、代表流动性较强、缺乏退出增补机制以及代表身份的开放性不够、职能虚化等问题。

二是调整村级组织职能定位。调整村委会原有的村级事务决策者和集体经济经营管理者的职能，成为村民（代表）会议和村民议事会的执行者和政府下移公共服务和社会管理职能的承接者。村集体经济组织与村委会逐步分离，成为自主经营的独立市场主体，按照市场经济规律运行。

三是优化村级组织运行机制。其一，完善民主决策机制，明确村民会议和村民议事会职责范围，健全议事决策规则。其二，完善村务监督机制，健全村级事务监督体系，强化全程监督，突出决策执行监督，健全过程纠错规则。其三，完善集体经济组织经营管理机制，健全法人治理结构，保障集体经济组织依法独立开展经营活动。其四，完善村级公共服务机制，健全城乡一体的公共服务和社会管理体系，形成覆盖农村基层的服务网络。其五，创新村党组织的领导方式。加强和改进党的领导，重在改进村党组织的领导方式和工作方式，实现由全能型向核心型、管理型向服务型、包办型向引导型的转变，由原来的决策者、执行者变成了领导者、监督者，从事无巨细管理转变为管方向、定规则、强监督。

经过一年多的试点探索和全面推行，到 2009 年年底，成都市 2 048 个村和 701 个涉农社区，均按照公开公正、结构均衡的原则，普遍组建了村民议事会和村民小组议事会，共推选村民议事会成员 8.6 万人、村民小组议事会成员 17.2 万余人。从几年来的运行情况看，这种新型村级治理机制愈来愈显示出勃勃生机，受到广大农村党员群众的普遍认可，其主要经验包括以下几个方面：

第一，将村民议事会作为村级事务的常设决策机构，而村委会则履行执行机构的职能，实现了村级公共事务的决策权和执行权的分离。

通过成立村民议事会，作为常设议事决策机构，受村民（代表）会议委托，在授权范围内行使村级事务的决策权和监督权。同时，调整和规范了村委会的职能，使村委会不再具有决策的权力，而是作为村民议事会的执行机构，主要履行执行机构的职能。在新型村级治理机制中，村委会的职责得到规范和限制：一是对村民（代表）会议和村民议事会负责并报告工作，执行村民（代表）会议和村民议事会的决定；二是承接政府委托和购买的社会管理和公共服务；三是办理本村公益事业、调解纠纷、协助维护社会治安等村级自治事务。

这样一来，作为一个新型的农村日常事务决策机构，村民（小组）议事会在村民会议授权范围内行使决策权，由村民议事会做出的决定，交由村委会执行。村民小组议事会成员，由村民以户为单位直接选举产生；村民议事会成员，由村民从小组议事会成员中推选产生。村民议事会的建立，改变了过去由于村民流动性大、村级组织与村民直接利益联系不紧密等原因造成的村民大会不容易召集，民主决策和管理难以实现的局面，解决了农村许多关系老百姓切身利益的事情。更为重要的是，实现了决策权和执行权的分离，有助于实现决策的科学化和民主化，也有利于对决策过程进行监督，从而真正实现了由村干部"替民做主"到广大村民"自己做主"的深刻转变。

第二，构建以村党组织为领导核心的新的村级治理模式，真正理顺了村党组织、村民议事会和村委会之间的关系，有效地化解了村民自治实践中长期存在的两委矛盾。

这种新型村级治理机制通过对村党组织、村民议事会和村委会的职责权限重新加以界定和配置之后，真正理顺了它们之间的关系：村党组织是村级治理结构中的政治领导核心，主要职责在于把方向、管政策、抓大事；村民议事会作为村级治理结构中的常设议事决策机构，在授权范围内行使村级事务的决策权和监督权；而村委会作为村民议事会的执行机构，主要负责依法组织实施和具体管理。通过这一制度创新，合理划分了村党组织、村民议事会和村委会的权力边界，明确各自的职责范围，从而较好地协调了村两委的关系。这样一来，既充分发挥了村党支部的领导核心作用，从制度上要求村党组织由过去的包揽一切而转到把方向、管政策、抓大事上来，避免了党组织工作的行政化倾向；同时，也很好发挥了村民议事会和村委会的作用，在党支部领导下由村民议事会进行议事决策，行使村级事务的决策权和监督权，使村民自治真正落到实处；再由村委会具体办理本村的公共事务和公益事业及其他一切具体事务，从而也避免了村委会过度自治化的倾向。

第三，优化了村级公共产品的供给系统，切实体现了广大农民群众在农村公共服务中的主体地位和村民议事会在村级公共服务事项中的决定作用。

随着城乡一体化进程的推进，成都市开始启动了农村公共服务体制的改革进程，以农村社会管理和公共服务为主要内容的公共产品，由原来主要依托村两委提供转变为政府主导、多方参与的分类供给，由原来的城乡分离转变为城乡一体统筹安排。对于应由村级自治组织承担的公共服务和社会管理项目，实行财政"定额补贴"；对于应由政府提供的，政府依托村级自治组织或其他经济社会组织实行以事定费、以质定酬的核算和考核；同时提倡和鼓励民间力量参与提供村级公共产品，由政府给予政策和资金上的支持和补助。从 2008 年开始，由市、区（市）县两级财政刚性保证，为每个村（社区）每年提供不少于 20 万的社会管理与公共服务专项资金。这 20 万专项经费，"干什么、怎么干、干到什么程度，都由群众说了算"；由村民"一户一票"提出具体项目，由村民议事会民主决定实施项目；由村委会或其他经济社会组织负责实施，由村民议事会进行监督。这就大大优化了原有的村级公共产品供给系统，切实体现了广大农民群众在农村公共服务中的主体地位和村民议事会在村级公共服务事项中的决定作用。

第四，完善了集体经济组织的经营管理体制，有利于村委会集中精力搞好村级公共管理和服务，有效地防止了村干部的权力寻租与贪腐行为。

长期以来，在我国农村集体经济中，村委会扮演着十分重要的角色。村委会在行使其经济职能的过程中与农村集体经济组织一直存在职能上的重合现象。这种政经混合的管理体制使得村委会既是运动员又是裁判员，缺乏有效的监督，因而与村民之间也缺乏信任机制，不利于农村稳定与发展。同时，也弱化了村委会作为农村自治组织的公共服务职能。如果村委会同时担负着农村集体资产经营与农村公共服务等多方面的职能，便难以专注于农村的公共服务，而且由于利益的驱动，还有可能滋生一系列的权力寻租和腐败行为。因而，在村民委员会行使对集体土地和财产经营管理的经济职能时，如何建立起有效的监督和防范机制，是对当前我国农村集体经济体制的一个非常严峻的考验。所以，成都市在构建新型村级治理机制过程中，十分关注理顺村委会与村集体经济组织之间的关系。他们在改革实践中首先将集体经济组织从村委会中剥离，成为独立的市场主体；然后，各地根据实际情况因地制宜地设立了资产管理委员会、农业经合组织或股份合作社、股份有限公司等集体经济组织形式，使其独立地面对市场，开展经营服务活动，从而为推进农业适度规模经营、提高农业综合效益创造了有利条件，同时有利于村委会集中精力搞好村级公共管理和服务，有效地防止了村干部的权力寻租与贪腐行为。

三　成效与问题

成都市构建新型村级治理机制的实践探索，尤其是创建村民议事会的制度创新，为新形势下既保障村民的主体地位和民主权利，又加强和巩固基层党组织的领导核心和执政基础，提供了成功的实践经验和制度范本。从几年来的实践效果来看，这一新型村级治理机制充分调动了广大农民的积极性和创造性，找到了一种适合当前农村情况的村民自治有效实现形式，进一步深化和完善了农村基层民主制度，同时，也有力地推动了统筹城乡发展、实现城乡一体化的历史进程，越来越显示出蓬勃生机与活力，取得了显著的实际成效。

一是村民自治得到有效实现，充分调动了广大村民参与村级公共事务的热情。建立新型村级治理机制后，村组议事会成员既是议事决策的主体，又是农村各项事务的具体参与者，有着广泛的代表性和较强的公信力。由他们组成的议事会议事决策，改变了村级事务由村"两委"几个人说了算的状况，也提高了决策的执行效率。近三年以来，蒲江县各村（社区）共召开村民议事会 2881 次，提交涉及公共服务和社会管理改革、产改、土地流转、土坯房建设、低保审批、经济发展等方面议题 4162 个，议定事项 3311 件；各村（社区）党组织共承诺事项 18156 件，完成率达到 95% 以上；为群众代理办结事项 192336 件，代理处置信访件 1536 件，全县信访量年均下降 52.615%。通过第三方测评数据显示，该县新型村级治理机制群众知晓率和满意度分别达到 99% 以上和 98% 以上。更为重要的是，村民议事会调动了村民参与村级公共事务的热情，形成了"大家的事我关心，集体的事我参与"的良好氛围，为培养农民的"公民意识"，推进基层民主向纵深发展起到了明显的促进作用。彭州市濛阳镇天王村通过议事会讨论决定，广大村民积极参与，仅用不到3个月时间，就将一条长2.7公里、宽4.5米的水泥公路修建完成，老百姓多年夙愿得以实现。

二是密切了农村的干群关系，有效化解了基层社会的复杂矛盾。村民通过对村级事务决策的直接参与，知晓了政策规定、掌握了决策背景、消除了猜忌和误解。村民议事会成员固定联系群众，畅通了村民利益诉求表达和实现渠道，群众的负面情绪得到宣泄，农村矛盾隐患得以及时排解。自从实行议事会制度以来，村里公共事务的透明度大大增加，减少了群众与干部之间的猜忌和矛盾，为不少干部松了绑、减了负，密切了党群干群关系。近年来成都市的产权改革、灾后重建等重大工作能够顺利推进，就充分说明了这一点。在实施统筹城乡改革发展中，很多从政策层面、以指令方式难以解决的问题、难以化解的矛盾，甚至许多长期困扰的遗留问题和镇村干部难断的"家务事"，都在议事会这一新的制度性平台上，通过民主协商、民主决策，想出了很多"金点子"和大家公认的"土办法"，使过去许多解决不了、处理不好的问题和矛盾得到解决，确保了"小事不出组、大事不出村"。例如，都江堰市向峨乡棋盘村董家新院子是"5·12"大地震的极重灾区之一，在首批永久安置房竣工之后，对于如何分配这一超级难题，村民们通过议事会商量，决定采取"两次抓阄方式"（即先抓阄确定分房序号，再按分房序号抓阄确定房号），前后仅用5天时间，就顺利完成了244户住房分配任务。村民们高兴地说，"这次分房公正透明，多亏有了议事会！"

三是加强了村级事务监管，充分调动了群众参与村务管理的积极性。经过村民推选的村民议事会代表村民行使村级事务的决策权和监督权，从制度上保证了监督权的落实，切实维护了广大村民的民主权利，充分调动了群众参与村务管理的积极性。村民议事会的有效运行提高了村务决策的民主性和透明度，增强了村务监督的广泛性、实效性。村民议事会建立以来，成都市的一些村通过对村集体资产"清资核产、台账管理、盘活闲产、追查历欠"等措施，加强了村级集体资产监管，管出了效益。双流县三星镇双堰村议事会在清理村组集体资产时发现，村上46亩集体土地"不知去向"。经查找，原来这46亩土地因无人看管而被有的农户"捡"走耕种。经议事会讨论决定，"失踪"6年的46亩集体土地终于"找"

了回来，每年为村集体增收 5320 元。2003 年以来，成都市为推进统筹城乡发展，推行了一系列大胆的改革，按一般规律，应处于矛盾凸显、冲突集中的阶段。然而这期间，成都市各类上访等群体性事件不升反降，城乡居民幸福指数持续提升，城乡社会更加和谐稳定。

四是保障了村民在农村公共服务中的主体地位，有效推动了农村公共服务项目的实施。为推进城乡公共服务同质化、均衡化，成都市从 2009 年开始，市、县两级财政每年给每个村配套 20 万元公共服务专项经费，明确要求"干什么、怎么干、干到什么程度，由群众说了算"。为保证这些经费用在群众最急、最盼上，所有项目必须"一户一票"征集意见，村民议事会讨论确定。村民们感慨地说："这次搞公共服务，真正是自己当家、自己拍板！"反之，如果没有一套很好的民主程序和治理机制作保障，这件惠民利民之事就可能办得事与愿违。

五是理顺了各种村级组织的职能关系，巩固了村党组织的领导核心地位。通过理顺村两委关系，促进了村党组织领导方式和工作方式的转变，使村党组织的公信度、凝聚力显著增强，核心领导作用愈发突出。一方面，使村党组织从过去事无巨细的直接管理中彻底解脱出来，将大量的时间和精力真正用在想大事、定方向、管规则、重引导、强监督和抓好党的自身建设上；另一方面，能够更好地促使村党组织充分发挥联系群众、组织群众、凝聚群众的优势，经常深入群众听取民意、集中民智，切实加强党同群众的血肉联系，村党组织在广大农村党员群众中更具威信。村党组织通过处理与农村各种治理主体的关系，引导这些组织通过民主协商，达成共赢的局面，实现了由事必躬亲向各司其职、事无巨细向抓大放小、"代民作主"向民主协商、"管理型"向"服务型"转变，从而把主要精力用于谋划全村经济社会发展大局上，村党组织的影响力、凝聚力显著增强。对此，龙泉驿区蒲草村党支部书记邹光蓉深有感触："议事会真是帮了大忙，让我能够从事无巨细中解脱出来，将主要精力放在想大事、谋发展和党的自身建设上，村党组织的凝聚力明显增强了，在群众中更有威信了。"双流县三星镇双堰村支部书记毛国文也深有感触非常感慨："过去我们支部一天到晚都在忙，到头来不晓得都干了些啥：有时还费力不讨好。现在有了议事会，党支部意图和群众意愿有机结合，这样不仅让我真正从事无巨细中解脱出来，而且村上的决策执行起来也更加顺当了，老百姓对村支部也更加信任了!"据统计,近年来,全市 2200 多个村党组织民主测评,党员群众的满意度达 95% 以上。

当然,作为一个诞生不久的新生事物,成都市新型村级治理机制尤其是村民议事会在实践探索中也还存在一些问题,需要进一步研究和解决。这些问题主要是:

(1)村民议事会制度的规范和完善问题。主要表现为:选举形式不规范。议事会成员构成要求不统一。议事过程不规范。议题审查不规范。针对上述问题,蒲江县采取了有效措施大力推进村民议事会的规范运行,其中有两条很值得各地借鉴:第一,抓好典型示范,提高村民议事会规范水平。去年 7 月份,全县村民议事会规范运行综合示范点建设现场会在朝阳湖镇百家村召开后,又先后打造了朝阳湖镇百家村、大兴镇米锅村、寿安镇插旗山村、西来镇两河村等 4 个县级村民议事会示范点。各示范点按照《成都市新型村级治理机制 4 个配套制度》的要求,把村民议事会的规范化运行作为切入点,严格执行村民议事"六步工作法",做实议题收集、征求意见、议题审核、召开会议、议决事项公示、监督执行等环节,为全县各村(社区)村民议事会的规范运行提供了借鉴。各村(社区)在乡镇党委的指导下,相互观摩学习,解决了征求意见难、议题议决难等一系列问题,推进了村民议事会规范合理运行。第二,加强督查整改,提高基层干部抓基层治理机制的积极性。由县委组织部牵头,会同县统筹办、县国土局、县农发局等部门,随机抽样,对全县 30 个村(社区)进行入户调查,共走访农户 600 余户。同时,还委托县统计局对基层治理机制知晓率、议事会运行情况等内容进行第三方调查。这次抽样涉及全县126 个村(涉农社区)的 42 个村、80 个社、800 户,然后根据调查数据,分析存在的问题,研究改进措施,限期进行整改,确保基层治理机制规范运行。

(2)村民议事会制度持续运行的动力问题。从议事会初期开展工作的情况来看,村民事会成员的积极性都很高,愿意无偿地参与村上事务的协商讨论。例如彭州市有一名议事会成员,也是一家商铺的小老板,他经常为了参加议事会的活动而关商铺。他说到,为大家做事很有成就感,看到村干部工作忙也理解了,而且自己还写了入党申请书。但从议事会成立几年后的工作情况来看,反映议事会成员报酬问题的意见也在逐渐增多。

针对上述问题，金堂县采取一些具体措施，强化经费保障，确保村级治理持续性。他们的做法有：一是镇财政在资金相当紧缺的情况拨付专项资金，按照议事会作用发挥的不同程度，每年给予每个村（社区）2000元左右的工作经费补助，保障议事会的日常运行。二是开展群众满意议事会成员评选表彰活动，每年按照15%的比例评选表彰优秀村组议事会成员，并给予一定的奖励。三是鼓励和引导议事会成员参与村级事务，对参与征地拆迁等重点工作的议事会成员，从项目工作经费中给予必要的误工（餐）补助。

（3）村民议事会成员的议事能力问题。调查发现，一些地方村民议事会成员的综合素质较低。蒲江县组织部调查掌握的情况是：村民议事会成员总数4326人，年龄普遍偏大，平均年龄48.2岁；文化素质较低，高中及以上文化程度834人，占19.28%，初中及以下文化程度3482人，占80.72%。一些议事会成员议事积极性不高，议事讲补助，履职讲待遇，突出体现为三种现象：一是"代而不表"。讨论问题不发表意见，怕得罪人。二是"表而不代"。涉及利益问题时，对自己有利就议，不能代表大多数村民的利益，有的小组议事会成员思想较狭隘，提出的议题只考虑本组利益，损害周边组的合法利益。三是"会后乱表"。会上不说，会后乱说，人为制造矛盾，影响议事会与村两委的关系。针对上述问题，蒲江县通过创新培训方式，提高村民议事会成员的议事能力。他们采取分类培训、针对性培训、互动培训、小范围培训等创新培训方式对全县村民议事会成员进行轮训，有效提高村民议事会成员的议事能力。并在收集大量实例的基础上，制作了符合当地实际而且极具针对性的《蒲江县基层治理机制培训课件》，组织开展村社干部和议事会成员的培训工作。目前，蒲江县各乡镇普遍完成了对村社干部和村民议事会成员的满覆盖培训，培训人次达12000余人。

四　意义与价值

综上所述，近几年来，成都市在实践中探索和建立的这种以议事会为特色的新型村级治理模式，适应了市场化、民主化为主要特征的统筹城乡经济社会发展的客观需要，解决了城乡一体化进程中广大农村发生的各种新情况和新问题，也找到了一种在新形势下村民自治的有效实现形式，从而不仅夯实了深化改革的重要的组织基础，而且在村庄的产业发展、基础设施建设、产权制度改革等方面发挥了重要的作用，同时也进一步深化和发展了我国的基层群众自治制度。成都市的这一制度创新实践，至少具有以下几个方面的意义和价值：

第一，这一实践探索是在村民会议或村民代表会议不能实际履行职权的状况下，创造了当前新形势下村民自治的有效形式。新型村级治理机制的推行，特别是村民议事会的创设，理顺了农民群众诉求表达通道，极大地提升了农民群众维权能力，用民主的力量解决了一大批该解决、想解决，但用传统办法解决不了的复杂问题。这一机制在农村产权制度改革和灾后重建中发挥了无比巨大的作用。如今，新型基层治理机制保障了农村产权制度改革和村级公共服务改革的顺利推进，农村产权制度改革和村级公共服务改革又为新型基层治理机制提供了密切联系群众现实利益的实践舞台。它们共同作用，调动了基层群众参与民主决策和民主管理的积极性，有效推动了改革发展，强化了基层政权，有利于广大农村社会的和谐与稳定。

第二，这一实践探索实际上意味着广大村民收回了原来赋予村委会的决策权，从而真正确立起村民在村庄公共事务中的主体地位。村民议事会打破了原来村两委"包揽一切"的局面。村级治理新机制在灾区住房重建中广泛推行，群众的问题和利益由群众民主协商解决，真正做到了还权于民。成都市实践的"村民议事会"制度，实际是把授权范围内的村级自治事务的议事权、决策权、监督权，统一赋予村民议事会行使，这是在村民会议和村民代表会议实际上难于发挥作用的情况下，把村民议事会制度嵌入到原有的村民自治权力体系之中，从而真正确立和具体体现了村民在村庄公共事务中的主体地位。

第三，这一实践探索创造了"村民议事会"这一村民自治的有效实现形式，因而是对村民自治运行机制的健全和完善。村民议事会的形成和发展，标志着成都市的村民自治实践已经从村委会选举这一重点环节逐步向"四个民主"制度体系的深入发展和全面推进。通过这一实践探索，进一步明确了村民议事会在村级自治事务中的主体地位，丰富了村级治理的组织资源，密切了村自治组织与村民之间的良性互动。成都的实践探索证明，村民议事会作为多元治理主体之一，已经成为村级组织与农民经常性沟通的重要制度平台，实现了集中群众智慧、反映群众诉求、实现利益博弈的初衷，优化了农村社会的多元治理结构。

（作者工作单位：西华师范大学政治学研究所）

集体林权制度改革与农村村民
自治实现形式研究[*]

贺东航

改革开放以来几次重大的农村体制改革都对我国村级治理有着深远的影响，从耕地的家庭联产承包责任制、农业税取消和当前的集体林权制度改革（以下简称"林改"）。我国林区面积占国土面积的69%，拥有90%以上的森林资源，林区人口占全国总人口的56%，在全国2000多个行政县（市）中，有1500多个是山（林）区县，[①] 我国的很多农村同时又是"林村"，林地管理是村庄民主管理的一个重要部分。因此，林改这一农村经济建设领域的重大变化对农村村民自治带来了新的挑战和问题。

一 林改后农村村民自治的变化

集体林权制度改革后，村庄社会经济发生了一些变化，在村民参与、村委会选举、民主监督，干群关系和村级财政状况都有了进一步改善，一批林业能人也迅速成长起来。

1. 村民参与度扩大

中国相当部分的农村地区在实行家庭联产承包责任制之以后，农民几乎是孤立和分散的，他们对于村级事务缺乏热情，村庄事务中村民参与度

* 本文为国家社科基金重大项目"健全农村民主管理制度对策研究"（批准号：08&ZD029）和"中国集体林权制度改革研究"（批准号：09&ZD045）的阶段性成果。
① 贾治邦：《推进林权改革 全面解放农村生产力》，载《新华文摘》，2006年第17期。

较低的原因以及如何扩大村民参与度一直是农村政治研究中一个重要问题。有论者认为：经济利益驱动是民主政治发展最本源的动力。如果村民认为参与村级事务没有利益可图，自然也对村级事务持不闻不问的态度。① 当前我国正在实施的新集体林权制度改革是一场利益的再分配与再调整，由于林改过程经过勘界、确权等往往要持续半年之久，这场以经济利益的改革分配为导向的公共事务很快就转向以政治性为主导的村民群体性活动，村民参与村庄公共事务的活跃程度增加。

　　在林改进程中，村民在多个层面参与了这项公共事务的活动。一是村民参与林改的宣传活动；二是参与林改方案的制订，这里包括一起了解现有集体山林的状况，由各户主讨论，村民与村组干部一起核实山林权属、面积、四至界限；三是一推选林改理事会，发放林权证及股权证。通过林改这一重要平台，村民与基层干部一起投身林改，亲身经历了一场重大公共活动的实践，不仅在村的所有人关注此事，即使是那些在外打工经商的也专门回到家来参与。在这段时间内，每个村村民谈论最多的就是林改，他们不仅对林改过程保持高度关注，展开广泛的评论，而且由此构建起一种久违的村庄群体性公共活动氛围，整个村庄因林改的过程推进呈现出新的气象。② 广大村民为了维护自己的林权权益，就会自发地了解《村民委员会组织法》的相关内容，村民代表也会出于履行代表职责及维护个人权益的需要，同样也会去学习《村民委员会组织法》的内容，无疑给村民们上了一堂生动的民主教育课。至于包括村书记、村主任在内的村干部，他们也真切地意识到自己手中的权力是会受到约束的。总体上看，林改对有效地杜绝村干部"暗箱操作"乱卖山林乱花钱行为起到了明显的制约作用。林改后，各地涉林腐败案件明显减少。③

2. 村民代表选举出现竞争

　　林改之后，在村庄的政治生态中出现了一个值得注意的现象，也就是村民代表的职责和地位受到了前所未有的重视。2008 年中央林改文件明

---

① 胡荣：《经济发展与竞争性的村民委员会选举》，载《社会》，2005 年第 3 期。

② 贺东航、朱冬亮：《新集体林权制度改革对村级民主发展的影响——兼论新集体林改中的群体决策失误的村民》，载《当代世界与社会主义》，2008 年第 6 期。

③ 同上。

确规定，林改属于村庄重大公共议题，应按照《村民委员会组织法》和《农村土地承包法》等法律条文来严格推行农村林权制度改革，林改方案必须提请村民会议或者村民代表大会讨论决定通过，方可实施。[1] 林改的程序、方案、内容、结果都必须向全体村民公开，名为"四公开"。和以往的农村改革不同，各省都明确规定把是否经过 2/3 村民代表讨论通过作为村级林改实施方案是否有法律效力的一个评判标准，凡是没有经过 2/3 村民代表讨论同意的林权转让行为，都是属于"非规范"行为。[2]

由于林改条文中明确提到"村民代表集体决策制"，村民代表的职责和地位因此得到了提高。村干部如果要办什么事情，必须首先征求村民代表的意见，这样，村民代表不仅会产生一种被尊重感，而且会充分利用自己的身份地位，对村集体各项事务发挥自己的影响，从一个以前不受重视的职位变得实体化。村民代表的选举一般由各村民小组推举产生，在一个拥有 500—600 户的村庄，村民代表数基本上在 25—30 人之间（约 20 户产生一个村民代表）。虽然村民代表没有工资和其他补贴，但不少地方的村民代表也出现激烈的差额选举。[3] 村民代表在村庄选举和村庄公共事务生活中的地位变化，在很大程度上是和集体林改的实施有关。

3. 民主管理逐渐程序化

任何的制度一旦建立起来，就会循着特定的路径依赖原则而发挥自己的作用。林改试点的核心区福建省三明市的一些村庄经过多年探索，形成以"六步工作法"规范村级议事程序（征求意见、议事决策、项目分解、公开承诺、组织实施、考评奖惩），并付诸实践。"六步工作法"表明村庄的民主管理进入程序化，这是林改后在某些省份村民自治机制探索的最新成果，它从机制上增强了决策的合法性、合理性和可操作性，又保障了村民的知情权、参与权、表达权和监督权，融决策、管理、监督和落实为一体，已成为村级民主自治机制的有效实践形式之一。

---

① 《"中共中央国务院关于全面推进集体林权制度改革的意见"辅导读本》，中国林业出版社 2008 年 7 月版，第 21—22 页。

② 同上。

③ 课题组于 2009 年 8 月在福建省三明市的访谈。（"中国林改百村跟踪观察项目"2009 年暑期调研材料汇报。）

4. 村级财政状况有了改善

有"财"方有"政"，"财"是"政"的基础。任何公共权力的运作，都离不开一定的经济基础。从基层社会来看，村民自治权体现的是一种公共权力，也离不开一定的财政支持。财政问题是村民自治的一个基础性问题，也在一定程度上影响和制约着村民自治的实践绩效。

在林改之初，有关部门曾担忧集体山林在分山户后会出现村级财政困难，但调查显示，大都村庄村财不减反增，主要是这些村集体积极寻求新的村财政收入途径，这些途径包括：征收林地使用费、现有林承包经营分成、通过集体林权转让或拍卖。[①] 不少村集体一次性或分批获得了可观的村财政收入，有一些村集体将这些收入通过投资店面、房地产等项目，实现以财生财。[②] 当然，如何更好地管理林改后的村级财政，加强村民特别是村民代表对村财政的监督，使得村级财政管理更加民主、透明、公平，这对各个林改村和基层政府来说是一个新的挑战和课题。

5. 林业能人迅速成长

此次集体林权制度改革也带来了农村社区结构出现了分化与重组，主要表现在出现了林业经营和普通林农两个阶层。林业精英是通过林改"确权"和"明晰产权"后，迅速成长起来的林业大户或者林场主，多是村庄社区内"能人"、"内行人"，这些人的来源包括：现任或以前的村干部和林业部门职工；林业技术员；长期从事木材经营的木材销售人员；林业大户或者林场主。他们在政策扶持下，走上了发家致富之路，成为林改中"先富起来"的一批人，并在林改中发挥着独特的社会作用。林业精英们对社区公共事务的决策具有较强的影响力。一方面，他们对在社区林改方案的确定、社区公共资源的支配等方面，有着较大的话语权；另一方面，他们

---

① 朱东亮、肖佳：《集体林权制度改革：制度实施与成效反思——以福建为例》，载《中国农业大学学报》，2007年第5期。

② 如福建省三明市林地使用费平均每年每亩10—17元，最高标准达到近50元/亩/年。2008年全市各村共收取林地使用费2046万元，年均每个村可达9.1万元。该市西洋镇湖山村在林改后，经过林权拍卖转让，湖山村的村财政收入增加了498万元，"林改第一村"洪田村2008年全村集体财政收入100万元。

能够凭借自己在社区内的威望和影响力，发动和领导一些群众，吸引他们加入林场或者与其他形式的合作，使社区普通林农也加入到林改行列。①

6. 村民自治组织体系多样化

林改后许多分到林地的农户纷纷加入各种形式的林业合作组织。② 大多数村庄林改前的利益相关方有：林业部门、林业站、村两委、村外承包者、林农；林改以后又增加了一个新的利益主体——林业协会，它是林农组成的民间组织，以发展本村林业、加强林农合作、提高林农收入为目标。林业协会在村庄的组织地位已经不可小视，③ 它和村民的联系甚至超过了村两委。由于林场的工作事项都是和植树造林、买卖山场有关，农民的参与程度也比较高，农民经常是关于林业的事情直接找场长，绕开了两委。这样，村两委就感觉大权旁落，因此想办法积极寻求提高两委权威和地位的途径。

二　林改后农村村民自治面临的新问题

各地在进行林改的过程中出现了一些较为普遍的问题，包括外来资本进入与普通林农的矛盾、林权纠纷影响村庄稳定、村民参与度下降以及群体性决策失误等。这些问题给林改后的农村民主管理提出了新的挑战。

1. 外来资本进入与普通林农矛盾

林改前，林业基本上属于资本的"荒漠"，林业投入的主体主要来自于国家，但是2003年后，随着资本的推进，越来越多的资本进入到林业中。目前来看，根据投入到林业中的资本来源大致可以分为三类。第一类是林业系统内行资本。林业是个特殊性较大的产业，受政策影响比较大，且对生产经营能力要求比较高。由于林业系统相关人群的本质工作就是林业生产经营管理，

---

① 蔡为茂：《农村改革与农村治理结构重构——永安农村建设的探索》，载《探索与争鸣》，2006年第1期。

② 孔祥智、何安华、史冰清、池成春：《关于集体林权制度改革和林业合作经济组织建设——基于三明市、南平市、丽水市的调研》，载《林业经济》，2009年第05期。

③ 如福建省光泽县寨富村森林面积4万多亩，一些农户目前在村庄内自发组织有8个林业股份合作林场，这些林场都有组织结构，有领导者，有成员。

他们具有相对职业性的优势。① 除了林业工作者对林业的投资外，村庄社区内部从事林木经营的村民或者与林业站交往比较密切的村干部也有投资，这部分资本虽然具有技术及"土生土长"的优势，但是在其他商业资本面前却毫无优势可言，更无法在价值最为集中的林木市场上与大资本抗衡。第二类是行业外资本。林改所带来的巨大的经济潜力，吸引着行业外拥有雄厚资本的人，这一部分资本的市场投机性更强，它们进入村庄后，把林地、林木当商品一样倒卖。第三类是普通林农的资本投入。由于普通林农资金劣势，他们更多的是对自己分到的或者以前承包的林地进行投入。

由于农村地区的普通个体农民家庭所持有的原始现金资本是非常有限的，和外来的非农村商业资本相比，他们的资本不仅量小，而且非常分散。这就导致农民在山场的招投标竞争中根本难以在同一平台上和外来资本进行竞争。虽然林改政策规定不得人为提高山场竞标的门槛，但是各乡（镇）、村出于降低招投标成本甚至为一己私利的考虑，大都采取捆绑集中的方式，把本村拟定招投标的山场统一"公开"招投标，面对动辄数万甚至数十万的投标抵押金或者定金，普通个体村民甚至连参与竞标的资格都不容易得到，更不要谈参与正式的山场竞标了。即使农民通过集体联营的方式参与竞标，也难以和外来巨额的商业资本相抗衡。②

2. 村民参与度呈倒"U"形起伏

调查中我们发现随着林改初步工作的结束，村庄公共事务的聚合度有些下降，林农民主参与的热情也随着减缓。村民的民主参与并不是一个持续的过程，而是具有阶段性与间歇性。林改前，普通的村民一般对村庄事务并不积极关注，没有将参与转化成一种自觉行为。林权制度改革在农村的实施，广大村民采取多种形式参与到村庄政治生活中，特别是村民代表深度介入参与村庄治理，打破了少数人对村庄权力的控制和分享，成为农

① 在福建林改试点期，曾在三明市鼓励干部群众参与林业投资，2004 年，三明市全市共有 30 多位林业科技人员独自或者合资参与桉树造林，种植面积达 4169.7 亩，共投资资金 50 余万。

② 例如，福建省南平市武夷山黎新村村民曾经试图联合起来参加竞标，但竞标最终资本有限而未能如愿中标。而福建省三明市将乐县安仁乡泽坊村在决定要拍卖本村的 2556 亩集体山林时，有当地村民曾经也想参与招投标竞争。最近几年，由于山场价值持续攀升，普通农民只能望山"兴叹"。

村村民自治中新动向，林改不仅成为村民茶余饭后的公共话题，也使每个村民都有进入村庄政治中心的可能性，民主参与的效能感使他们真正感受到了自身参与的必要性，产生了对村庄的归属感和对村干部权威的认同感。

随着以明晰产权为主体改革的第一步林改告一段落，及林权证发放工作的结束，村民们渐渐失去了提升参与能力的平台，参与意识下降，参与态度趋向平静。因此，林改前后基层民主参与趋势呈现倒"U"形即"波峰形"或"金字塔形"，即林改启动时，村民们的政治参与热情不断高涨，在发放林权证时达到顶峰，随即又呈下降趋势，出现参与冷漠。①

3. 村代表素质与群体性决策失误

如前所述，林改后村民代表的地位上升，获得了知情权、发言权、参与权和决策权，但客观地说，由于林改是一个政策性很强的制度变革，以村民代表的阅历和知识积累，他们不可能在短时期内知晓国家林改政策的具体内容，甚至不可能完全理解和把握国家实施林改的真正意图。再加上很多村民代表未经民主训练，没有"参政议政"经历，参与村级公共事务能力过低。他们并不能完全理解和履行自身的职责，缺乏职责意识，他们参与村级事务的决策能力偏弱。即使有少部分村民代表认真参与并履行了自己的代表职责，但是由于他们掌握的信息不对称加上专业性知识欠缺，不能够很好做出符合村民群体利益的理性选择。很多村民代表在参与村级事务中很难区分个人利益与集体利益、也辨不清当前利益与长远利益，缺乏全局和长远意识。这种客观局限性决定了他们很可能会犯群体性错误，出现群体性决策失误，从而给村集体带来损失。②

---

① 课题组在安徽潜山县河西村调研时，该村村主任指着办公室说："林改那会儿这里是满屋子的人，有办事的，有了解情况的，都大老远骑着摩托车跑来，现在林改搞完了全都不来了。"（王方：《林改过程中的基层民主参与——安徽省潜山县天柱山镇河西村调查》，"中国林改百村跟踪观察项目"2009 年暑期调研材料汇报）

② 课题组曾在福建省三明将乐县朱坊村观察到在林改实施过程中出现群体性决策失误事件。该村村民代表经过集体研究，决定把本村 2556 亩山场通过公开招投标的形式转让（每亩 411元、总价为 98 万元），按照村民代表的经验判断，买方开出的林地林木价格很不错，但事实上这些山场留到 2008 年，每亩平均价至少可以达到 1500—2000 元，总价将升值到 357 万—477 万元。这种短视行为的最终结果造成村民未能分享到林地林木增值的收益。（见贺东航、朱冬亮：《新集体林权制度改革对村级民主发展的影响——兼论新集体林改中的群体决策失误的村民》，《当代世界与社会主义》，2008 年第 6 期）

三　完善林改后农村村民自治

集体林权制度改革是近年来农村的重大改革和重要议题，它是一个复杂的系统工程，涉及村庄的经济、政治、社会等多个方面的影响，必然会对农村村民自治产生深刻的影响。在林改的过程中，各地农村实践和总结出一些富有绩效的村民自治新机制。这包括"六步工作法"决策与执行机制、政府提供智力资源援助的纠错机制以及构建相互信任和多重自治组织体系的合作机制等。

1. 决策与实施机制："六步工作法"

依据《村民委员会组织法》，村民委员会是村民基层群众性自治组织，实行民主选举、民主决策、民主管理、民主监督。凡是村庄的重大公共议题，村民要有参与权和知情权，进行讨论表决。如前所述，福建一些地方在林改中形成的"六步工作法"，其前半部分为基层决策机制提供了一个好的范本。基层决策机制是指村委会在意见综合基础上形成的决策，在内容上通常以决定为表现形式。它有两个要件，一是征求意见。在有关村庄重大事项决策（如土地变更、分配和处置）前，通过多种渠道征求村民意见，对征求收集到的意见建议，要进行梳理归类，研究制订工作计划和措施。二是方式上采取先党内后党外。具体为村党组织书记与村委会主任进行沟通，提出初步方案；再召开村党组织、村委会联席会议进行讨论；所讨论事项，原则上先召开党员大会讨论，再召开村务决策听证会征求村民意见，然后由村委会召集村民会议、村民代表会议或户代表会议讨论决定。

好的决策机制只是一项好的村民自治制度的一半，在决策之后还必须保证该制度得到有效的执行，而这正是"六步工作法"后半部分的主旨所在，它通过项目分解，将工作任务立项分解到相关人员和村组，采取签订责任状、目标管理责任书等方式，明确主要任务、具体项目、完成时限、责任人和带动对象，防止了执行不力、互相推诿、拈轻怕重等问题的出现。

在村庄公共政策的实施过程中，实施的程序和过程很重要，需要内部制度化的各要素之间彼此依存和结合。基层的实施机制有三要件：一是公开承诺。采取在党员大会和村民代表大会上宣读、在村务公开栏张贴、入户公开等多种方式，从完成时间、质量、效果等方面向村党组织、村委会及全体村民做出公开承诺。二是实行事前、事中、事后全程公开，使村民在实施前能了解、实施中能参与、实施后能监督。三是考评奖惩。建立并实行村级工作考评奖惩制度，按照优秀、称职、基本称职、不称职四个档次进行评议。

2. 外部协助机制：政府援助相应的智力资源

我国农村地区的治理需要不同力量的协同参与和配合。早在20世纪90年代初，就有学者提出："村级治理在许多方面仍需要以乡镇的公共权威为后盾。"[①] 这一洞见直到今天依然适用。而"从一般的政治原理来看，一个比较成熟的国家治理，都会努力寻求国家治理的社会基础"[②]。从村民代表出现的群体性决策失误来看，在村民自治要面对两个问题；一是村民民主管理；一是村民民主管理可能的限度。如果只关注前者而不关注限度，那么村民自治就不会真正向前发展。在许多国家和地区的投票法中规定，某些专业性太强的领域不能公投（如预算类和投资类等议题），必须把它从投票中独立出来，不允许人们通过一人一票来进行的，这个部分须交给专业人士或精英进行审议民主讨论。事实上，一个集体山林资产评估涉及树种组成、林型、平均胸径、小班蓄积、平均树高、亩蓄积、小班资产评估值等专业很强的知识结构，而且还要对林木市场走势有精确的专业判断。在涉及村集体重大资产变动时，其评估应交给专业机构来事先规划。可以考虑的是，未来若要对《村民自治组织法》修改，可以补充"重大集体资产变动"方案应采取"三分之二村民代表或村民会议通过、并结合政府相应的智力资源协助"。

如前所述，村民代表的自治水平有高有低，政府需要通过必要的监管与服务来提升其决策能力。针对村民代表素质和能力弱的因素，可以利用县、乡（镇）两级党校、远程教育中心（站）对村民代表进行培训，加

---

① 王沪宁：《当代中国村落家族文化》，上海人民出版社1991年版，第156页。

② 林尚立：《社区民主与治理：案例研究》，社会科学文献出版社2003年版，第315页。

强政策、法律、法规教育，增强村民代表参政议政能力；每个乡镇要树立
1—2 个村民代表队伍建设比较好的样板村，然后组织其他村干部和村民
代表参观学习，接受面对面的实地培训。对村民居住分散、不宜集中培训
的村，利用电化教育手段进行培训，组织村民代表和群众收看相关林业改
革方面的知识。① 基层政府要以有效的行政资源为后盾，提供村民正确的
资讯，援助相应的智力资源。

3. 合作机制:相互信任和多重自治组织体系

从已经进行某种有效治理的村庄案例来看，成功的自治不仅需要合适
的产权安排，而且还需要优质的社群合作。林改分山到户后，由于分散经
营、规模效益不均匀以及单家独户的管护成本较高，地方政府应积极引导
农民组建新型经济合作组织。当前一些林区针对分山到户后的"碎片化
经营"，纷纷组建了各类家庭林场、股份合作林场。而林业部门也下放采
伐管理权力，试点将采伐审批制度改为引导林农开展森林经营方案编制工
作。这样，根据编制方案进行林木采伐管理成为村庄内部的事务，加上由
于市场经济的发展，林农"碎片化经营"将面临的一个挑战，村庄共同
合作的要求反而更高。

因此，合作机制至少需要四个要件。首先，农民之间有一种相互的信
任和依赖，也即"善意的互动"。其次，要有一两个有威望、有能力的精
英，他们能够带头做出牺牲。这些精英构成一种乡村领导力，它在某种程
度上可以克服村民之间信任不足的挑战。② 再次，合作机制的需要依靠一个
平台，或者说沟通与讨论的场所。最后，扩大和丰富村民自治的组织体系，
吸纳其他社会自治组织进入村民自治的组织体系，并在村民自治的制度性
平台上开展活动。这就需要明确新生组织的角色定位，规范它们与村民委
员会的关系，可以将这些新的农村社会组织纳入村民自治的组织体系。

---

① 贺东航、张婷:《集体林权制度改革后对农村社区和基层组织发展的影响及建议——基
于福建省永安市的调查》，"中国林改百村跟踪观察项目"2009 年暑期调研材料汇报。

② 以"林改的小岗村"福建省三明市洪田村为例，洪田村在进行联产均山的改革时，村里精
英很好地扮演了这种角色，在面对严重的乱砍滥伐现象时，村书记认为必须要进行产权改革，在解
决过去的承包权问题时，他们提出村干部们要无条件地退还所承包的山林。没有这样的精英，就没
有洪田村的那次改革。

　　综上所述，在林改背景下来进一步完善有中国特色的村民自治新机制对村民自治理论的丰富和改进有着重要的启示意义。通过关于治理对象、结构、过程和效果的综合分析，形成更系统化，也更具应用性的村民自治理论。当然，村民自治是有限度的，需要外部的帮助，尤其是政府的开明指导，将党的领导和基层自治有机结合起来，它有利于我们实现林改的三大目标"农民增收、林区和谐、生态良好"（见图示）。

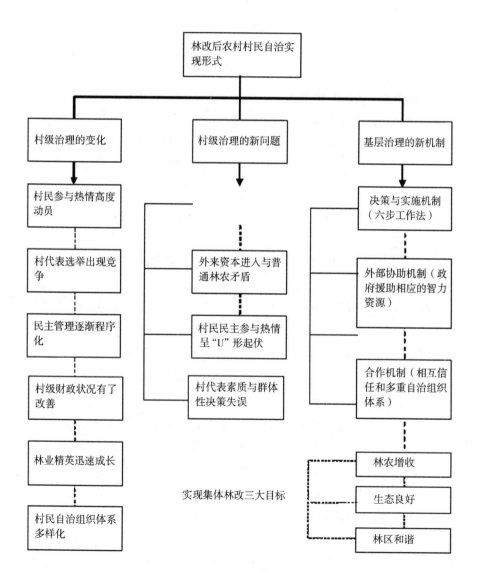

农民工的社会融合与社区治理转型

——基于中山市社区建设的实证研究

孔凡义

长期以来，各地群体性事件在我国不断发生，严重影响到社会和政治稳定。在这些群体性事件中，我们经常可以看到农民工的身影。广东中山事件、增城事件和古巷事件等都是由农民工引发起来的。让人感到惊奇的是，这些群体性事件无论是何种原因导致了这些群体事件的发生，其主要的表现为本地人与外地人之间的冲突。这充分说明农民工的社会融合是解决社会冲突的重要方面。

一　农民工的社会融合研究：治理话语

国内对农民工社会融合的研究已经历经十几年的时间，他们大多从社会学的角度来探讨农民工社会融合问题。其中，从农民工的社会关系网络来分析他们的社会融合所做的工作最突出。

李培林比较早地对农民工进行了大规模的调查研究，很早就发现农民工社会融合存在困难。他指出，由于流动民工进城就业后难于真正融于城市社会，无法建立起与城里人交往的生活圈子，因而他们在城市中尽管有的已工作生活多年，但仍然是城市生活的"陌生人"。城市社会对于民工自身来说，依旧是"外在的"和"他们的"，而不是"我们的"。他们城市中的生活经常地交织着收入提高带来的欣喜和感情孤独带来的忧伤。悦中山等考察了社会网络对农民工的影响。他将农民工的社会网络分为市民亲属关系、市民非亲属关系和非市民关系，将农民工的社会融合辨析为文化融合、社会经济融合和心理融合等三个维度。他们研究发现，市民非亲属关系对农民工的文化融合和心理融合均有显著的、不可替代的正向影响，但对社会经济融合的影响有限。农民工—市民网络对社会融合各维度的不均衡作用有可能导致农民工长期陷入城市社会底层。杨绪松等的研究也间接地支持了这一结论。在另外一篇论文中，李树茁等又把社会融合分为行为融合和情感融合两个方面，然后分析社会支持网络与二者之间的关系。他们发现，社会支持网络分别与行为融合和情感融合显示出"弱关系"和"强关系"。应该说，社会学对农民工社会融合做出了开拓性的研究，他们尤其比较关注农民工的社会资本与社会融合的关系。

但是，当前我国农民工的社会融合绝不仅仅是他们的社会资本问题。对于农民工的社会融合，社会资本只是冰山一角。对此，悦中山等人也关注到了这一点。他们开始对政府、市场和社会与农民工社会融合之间的关系进行了研究。他们把农民工的社会融合分为文化融合、社会经济融合和心理融合等三个维度。他们发现政府、市场和社会对农民工社会融合三个维度的影响存在差异。政府和市场均对文化融合没有影响，仅社会对文化融合有显著影响。农民工与当地市民的社会互动和在迁入地的居住时间有利于他们习得城市社会文化。政府、市场和社会对农民工的社会经济融合和心理融合均有显著影响，政府还通过市场和社会对社会融合有间接影响。他们还发现社会互动和社会参与有力地促进了农民工的社会融合。悦中山等人虽然已经开始关注到社会融合的治理话语，但是他们还是把治理看做了社会融合的外在影响因素，而不是社会融合本身。袁方成等认为国家整合和社会融合是基层善治的未来趋势和发展要求。但是，他也认为社会融合是治理的外在影响因素，没有把社会融合看作治理本身的一种方式。

从社会方面研究我国农民工的社会融合显然有照搬西方社会融合理论的嫌疑。西方的社会融合研究大体包括两个方向：一是社会转型导致的社会分化所引发的社会融合问题；二是社会流动导致的族群差异引起的社会融合问题。西方社会融合理论肇始于法国社会学家迪尔凯姆的研究。他主要在讨论了 19 世纪西方发达国家在从前工业社会向工业社会的转型过程中所遭遇的各种危机。这些危机导致了西方社会普遍的失范，社会分化严重社会冲突不断。为了解决这些危机，迪尔凯姆提出社会团结的概念，这被称为是社会融合理论的发端。可以看出，迪尔凯姆的社会融合理论主要针对是在西方社会转型过程中因为社会分化所带来的社会排斥和社会冲突问题。西方对社会融合的研究还有另外一个线索，他们讨论的是不同社会族群的社会融合问题。克雷夫科尔、帕克、卡伦等人考察了不同移民、族群如何实现文化一体化或多元共存。他们考察的是因为物理空间的位移从而引发的不同文化、种族或族群的社会融合问题。我国学者在研究农民工的社会融合问题时，大体上照搬了西方社会融合的理论和概念而忽略了我国农民工社会融合的特殊国情。

我国农民工的社会融合基本上是个治理问题。在传统治理模式中，城市和乡村之间是分割性的二元治理模式，它把农民和市民分割成两个相对独立的族群。在乡村，人民公社和村委会、村支部对本公社或本村的农民进行"守株待兔"式的静态治理。在城市，单位对本单位的市民进行全面的管理。虽然农民和市民是相对独立且差异很大，但是因为城市和乡村之间的社会流动很弱，所以社会融合问题显得无足轻重。但是，随着流动社会的形成，农民大量地涌入城市，他们在城市工作和生活，农民工和市民之间差异很容易引发诸多社会矛盾和冲突，社会融合自然成为亟待解决的问题。因此，我国农民工的社会融合是由传统二元治理模式所导致的，更为重要的是传统二元治理模式并没有随着农民工大量进城而完全改变，他们对农民工和市民的治理仍然沿袭原来的模式，这自然容易引发农民工的群体性事件，农民工与本地市民的社会融合因为治理转型滞后而无法实现。诸多农民工群体性事件的发生表面上看似乎是文化融合或族群融合不力，实际上则是分割治理或二元治理带来的。所以，我国农民工的社会融合其解决之道在于治理的转型，建立融合治理的治理模式。只有治理融合解决了，社会融合才会实现。

二　公共服务融合：社区治理功能转型

对农民工群体，无论是中央政府还是地方政府都经历着从排斥、警惕到默认、接纳的态度转变。中央政府和地方政府对农民工的政策也反反复复出现过多次矛盾性的变化。直到 21 世纪初，中央和地方政府才开始解决农民工的公共服务融合问题。

2003 年《城市生活无着的流浪乞讨人员救助管理办法》发布，终结了收容遣送的历史。新办法提出了全新的自愿救助的原则，取消了强制手段。国务院办公厅印发了《关于切实解决建设领域拖欠工程款问题的通知》，严打拖欠农民工工资行为。2004 年中央［一号文件］下发，第一次从理论上提出"进城就业的农民工已经成为产业工人的重要组成部分"，首次将进城务工人员列为产业工人。2006 年，中央发布《国务院关于解决农民工问题的若干意见》，标志着中央政府开始通过公共服务融合来解决城市农民工的治理混乱问题。

在 21 世纪初，大量农民工涌入了广东中山市。为了对他们进行管理和服务，中山市各镇区流动人员管理办公室，负责本辖区流动人员租赁房屋的监督检查和协调指导工作。流动人员较多或租赁房屋较多的社区（村）应设立流动人员管理服务站，协助开展流动人员租赁房屋的管理服务工作。为了对他们进行计划生育的管理和服务，中山市建立流动人口育龄妇女卡册制度、查环查孕制度、信息化管理制度、流入信息反馈制度等，使市、镇（区）、村（社区居）三级流动人口计划生育工作人员有章可循，严格按规定开展流动人口计划生育管理与服务工作。各镇政府、区办事处统筹安排，将符合条件的进城务工就业农民子女纳入当地义务教育范围，积极为其接受义务教育创造条件。进城务工就业农民子女满足一定条件，且其父母或其他法定监护人在中山市暂住 5 年以上的，其入学与常住人口同等待遇。为了给农民工提供公共服务，社区治理的功能大大拓展了。中山市各社区不仅要为本地人提供公共服务，而且把农民工也囊括进来，为他们提供计划生育、就业、子女入学等方面的公共服务。

公共服务融合的产生根本原因还在于传统管制的失灵。首先农民工的流动突破了原来以户籍为核心的社会管理体系。农民工户籍在农村但是人在城市，人与籍的分离使得他们完全游离于城乡社会管理之外。其次是农民工群体由农民向工人的转变导致其权利意识发生变化。因为生产方式、知识水平、信息获取等方式的变化，农民工获得了农民无法比拟的权利意识。权利意识的增长使得传统的管制模式遭到前所未有的抵抗。最后，"一市两策"引发治理难题。传统管制把农民工排除在公共服务之外，造成本地人与外地人的严重对立，为社会稳定带来威胁。

公共服务融合的要义在于以服务促社会融合。地方政府通过对农民工提供公共服务把农民工吸引到社会治理体系中来，从而解决农民工游离化带来的治理难题。在传统管制下，农民工是政府的管控对象，农民工则试图摆脱政府的管控，从而形成了所谓的"猫鼠关系"。通过公共服务融合，农民工为了享受公共服务，自愿自觉地与地方政府建立联系，为地方政府的治理触角嵌入农民工提供了通道，从而把农民工纳入到地方政府治理体系之中，扫除治理盲区。公共服务融合与传统管制型治理不同之处还在于，它改变了以往"依籍治理"的模式，形成了"依人治理"的模式。传统管制型治理把"户籍"作为治理的核心依据和凭借，也把它作为提供公共服务的条件。在公共服务融合下，无论是维护秩序和公共服务，"户籍"的核心依据地位逐渐淡化，"实居人口"成为地方政府治理考量的主要因素。

公共服务融合解决了农民工游离化问题，但是它仍然是地方政府治理的附属品。这意味着，为农民工提供公共服务只是地方政府或基层社区的附带职能，他们主要的服务对象还是本地居民。更重要的是农民工的政治权利得不到保障。虽然农民工的户籍在农村，但是其工作和生活都在城市，与其直接利益相关的公共利益和公共权力既存在于户籍所在地又存在于工作所在地。但是，根据我国相关法律制度的规定，农民工的选举权和被选举权是与户籍绑定的，因此农民工是不能在工作所在地享有选举权和被选举权的。根据《中华人民共和国村民委员会组织法》规定，选民登记根据户籍来进行，那些户籍不在本地但在本地长期居住的村民需要经过本村村民会议或村民代表会议的同意方可进行选民登记。也就是说，只有那些具有本村户籍的村民才享有本村村委会的选举权。农民工要想参加村民委员会的选举必须经过本村村民会议或村民代表会议的同意，而这两种会议在现实生活中很少召开，并且召开这两个会议来批准外地人的选举权和被选举权，在现实操作中基本上不可能。《中华人民共和国村民委员会组织法》还规定，已在户籍所在村或者居住村登记参加选举的村民，不得再参加其他地方村民委员会的选举。通过《中华人民共和国村民委员会组织法》我们可以看出，农民工的选举权和被选举权被锁定在户籍所在地。他们想参加工作所在地的选举必须征得当地村民会议或村民代表会议的同意，这显然有着相当大的难度，在现实操作中几乎不可能实现。

三　公共参与融合：社区治理结构的转型

2012年中山市城镇化率达88%，居广东省前列。但与国内众多先发地区一样，随着城镇化快速推进，大量异地务工人员的流入改变了农村人口结构，传统村级管理体系亟待转型。根据第六次全国人口普查，中山市常住人口312万，其中外来人口占53%，超过70%的行政村外来人口与本地村民出现倒挂。一方面，无论是本地村民还是异地务工人员，对城市化的社区服务需求日益增加，而传统农村服务管理未能覆盖外来人口。另一方面，流动人员在农村发展中的"话语权"不多，加之工作压力较大、居住流动性增加，社区归属感不强，"候鸟心态"明显。为了促进本地人和外地人的融合，建立由本地人和外地人协同治理的治理结构，中山市创制了社区建设协调委员会制度和村（居）委会特别委员制度，以破解本地人与外地人的社会冲突难题。

社区建设协调委员会，是一个能让新老居民代表参与社区建设的平台，遵循协商民主机制，让社区企事业单位、异地务工人员代表等最大限度地参与社区决策、管理、监督、服务。一是增强协调委员会的代表性。农村社区建设协调委员会由村（居）民代表选举产生，每届任期三年，主任一般由社区党组织书记兼任。成员包括村居"两委"成员、党代表、人大代表、政协委员、辖区企事业单位、本地村（居）民、优秀异地务工人员等代表，尽量吸纳不同阶层、不同群体的代表参加。二是切实发挥协商民主职能。农村社区建设协调委员会是村级的"政协组织"，主要职能有三方面：决策参谋职能——就社区建设的重大问题向村（居）委会和村民代表大会提出意见建议；民主协商职能——就群众关心的问题汇集民意；社会发动职能——动员辖区企事业单位和居民参与社区建设。协调委员会作为民治民享的主体，在发动新老居民社区参与中起到积极作用。三是规范协商流程。社区建设协调委员会按照制定的章程规范运作，一般由主任召集并主持，每季度至少召开一次会议。协调委员会作出的决策，村居"两委"必须在三个月内讨论研究，并及时跟踪反馈落实情况。

为拓宽异地务工人员社区参与渠道，中山市自2012年起在外来人口集中的地区，试点聘任优秀异地务工人员为村（居）委会特别委员，每村 2—3 名。特别委员由村（居）代表或辖区异地务工人员推荐，经村（居）民代表大会选举产生。候选对象必须在本村（居）住满三年，热心社区事务，在本职行业或社会公益事业中表现突出。目前全市已有 32% 的村居聘任特别委员，总数达 252 人，并逐步探索出"驻、访、议、督"四位一体工作法。

"驻"，即驻室接见。根据工作需要，各村居为特别委员提供工作室，委员每月安排一个晚上接待来访群众，接受电话咨询和情况反映。"访"，即走访调查。特别委员定期深入异地务工人员集中的企业、居住区，倾听民声，将异地务工群体最关心、最迫切的利益诉求向村居"两委"反映，对发现的矛盾纠纷主动参与调处化解。"议"，即参与议事。村（居）委会讨论异地务工人员相关议题时，必须邀请特别委员参加，特别委员可将收集的热点问题提交村（居）委会讨论。"督"，即督查落实。特别委员对村（居）民代表大会、村（居）委会有关异地务工人员服务管理事项，有权进行跟踪督查，并就落实情况听取群众的意见建议。

中山市创制社区建设协调委员会制度和村（居）委会特别委员会制度突破了原有的公共服务融合模式，他们通过吸纳农民工进入社区治理结构，通过农民工的社区参与，走向了融合治理。

从公共服务融合走向公共参与融合保障了农民工的政治权利。在公共服务融合中，农民工拥有了公共服务的享有权，但是他们没有公共服务的决策权。因为没有决策权，那么农民工只有权利享受公共服务，但是没有权力决定他们享受什么样的公共服务，没有权力决定公共服务是否公平的分配，更没有权力来协调本地人与外地人之间的社会冲突。简而言之，公共服务融合只解决了农民工的权利分享问题而没有解决权力分享问题。那么，没有权力作为支撑的权利是无法得到保障的。而公共参与融合那农民工吸纳到社区治理结构之中，为本地人提供协商委员会和特别委员会两个政治权力的平台，保障了他们基本的政治权利。

从公共服务融合走向公共参与融合改变了本地人与外地人之间的关系。在公共服务融合下，农民工是社区的服务对象，更是社区治理的对象。更重要的是，在公共服务融合下，社区为本地人和外地人提供不同的公共服务，对他们往往采取分而治之的策略。但是在公共参与融合下，外地人不仅是被服务的对象，而且成为社区决策的主体，在涉及农民工或外来人口的事务上他们拥有了发言权。原来的社区治理是由本地人来治理本地人和外地人，现在是由本地人和外地人协同治理本社区的公共事务。农民工不再是所在地社区治理的旁观者，而成为与本地人相同（或相近的）治理权。从公共服务融合走向公共参与融合为本地人与外地人的融合提供了一个交流的平台。通过公共参与融合，外地人拥有了与本地人协商的平台。通过协商，本人也有了更多的交流和信任，从而有利于本地人与外地人的融合。

从公共服务融合走向公共参与融合改变了原有的社区治理结构。公共服务融合改变了原有社区的治理职能，把农民工吸纳到社区服务中来，扩展了社区服务的范围。为拓宽农民工社区参与渠道，在农民工聚集的社区试点聘任优秀农民工为社区居民委员会流动委员。流动委员的任期、职权和产生办法可以根据各社区的特点制定不同的操作细则。因为流动委员流动性强，他们的任期要短于居民委员会成员的任期；流动委员不享有居民委员会成员的决策权但是可以享有质询权、协商权；流动委员的产生可以不采用直接选举制但是可以采取选聘制、招聘制或委任制。通过把农民工纳入社区治理体系，可以提高社区解决本地人与外地人冲突的公信力，把矛盾降低到最低限度，也有利于促进农民工与本地人的融合。

四　结语和启示

在我国，农民工的社会融合本质上是个治理问题。农民工与本地人之间的冲突根本上是以往分割治理的恶果。解决农民工社会融合问题的正道在于建立融合型治理模式。

原有的分割治理所提供的二元公共服务，在农民工和本地人之间挖出了一道鸿沟，是农民工社会融合的主要障碍。二元公共服务所引发的一系列社会歧视和矛盾使农民工与本地人难以和平共处。公共服务融合似乎解决了这一问题。它通过公共服务的范围拓展把农民工纳入社区公共服务体系。但是因为社区治理结构没有发生变化，社区向农民工和本地人提供的公共服务很难会是公平的。根本上说，社区治理功能的变化需要社区治理结构的保驾护航，公共参与融合应运而生。公共参与融合改变了原有的社区治理结构，形成了本地人和农民工的协同治理，使社区提供公平的公共服务成为可能。更重要的是，公共参与融合建立了协调农民工与本地人矛盾的协调平台，使消弭他们之间的冲突具有了可操作性。

无论是公共服务融合还是公共参与融合，这些社区治理的转型都在试图建立一种新型的社区治理模式：融合型治理。融合型治理不仅仅意味着社区对农民工的吸纳，而且意味着社区治理把农民工看作是平等的治理主体和对象，从社区选举、决策和公共服务，农民工都能参与其中，享有与本地人同等的权利。

农村基层民主自治制度创新的探索与思考

——以广西宜州市安马乡"党领民办、群众自治"模式为例

韦少雄　银建军

党的十八大报告提出:"要健全基层党组织领导的充满活力的基层群众自治机制,以扩大有序参与、推进信息公开、加强议事协商、强化权力监督为重点,拓宽范围和途径,丰富内容和形式,保障人民享有更多更切实的民主权利。"[1]党的十八届三中全会通过的《中共中央关于全面深化改革若干重大问题的决定》强调:"畅通民主渠道,开展形式多样的基层民主协商,推进基层协商制度化,促进群众在城乡社区治理、基层公共事务和公益事业中依法自我管理、自我服务、自我教育、自我监督。"[2]党的十八大和十八届三中全会,都十分重视基层群众自治制度的发展和农村基层民主的建设,将基层群众自治制度作为加强农村基层民主建设的基础性工作来对待,为新形势下的农村基层群众自治指明了方向。如何落实好党的十八大和十八届三中全会提出的目标,促进农村基层民主管理,是社会主义民主建设的重大课题。村民自治作为农村基层群众自治制度的主要形式,已成为农村基层民主建设的核心内容,对于加强农村基层民主、发挥农民主体性、调动农民积极性,解放农村生产力发挥了重要作用。然而,在村民自治进程中同时伴生农民群众对党组织的依赖程度降低、基层党组织聚拢群众的有效手段弱化、传统压力型社会管理体制越来越不适应形势发展要求的问题。广西宜州市安马乡"党领民办、群众自治"的模式,注重发挥基层党组织的引领示范同激发群众的积极性、主动性、创造性相结合,促进了党的领导和村民自治的深度融合,对于创新农村基层管理,完善村民自治,巩固党在农村的执政基础具有首创价值。

一 "党领民办、群众自治"的背景和缘由

随着农村经济社会改革的深化，党和政府在农村传统的社会管理模式，无法调动农民群众积极参与新农村建设的热情，群众的主体作用发挥不出来，农村社会治理出现"上管不着、下管不了"的问题。主要表现为：一是党员发挥作用难。农村外出人员多，党员年龄老化、思想僵化、能力弱化，部分屯党员偏少，甚至没有党员，没有成立党组织，党员作用难以发挥，农村基层党组织动力不足。二是政府主导与群众主体脱节。政府、社会、群众的力量无法有效粘合，民意表达和群众参与的渠道不畅通，一些事情群众想干但没有人挑头，没有组织引导，新农村建设的主体缺位。三是村"两委"履职困难。农村居住分散，交通不便，再加上日益增多的公共事务，村"两委"干部难以做到经常深入农户，了解群众的诉求。四是屯级事务决策难、执行难。屯级没有自治组织机构，单靠村民小组长很难作出有效决策和落实重大问题，"会难开、事难决、决难行"现象突出，村民自治难以在自然屯落实。为了破解这些困局，宜州市安马乡从健全基层群众自治机制入手，以开展"美丽广西·清洁乡村"活动为契机，把加强党的组织建设作为关键和前提，把唤醒农民群众的主体意识、回归群众的主体地位、发挥群众的主体作用作为重点和难点，充分发挥村民自治发源地的自治文化资源优势，探索实践了"党领民办、群众自治"的农村社会治理新模式，形成了党领导下的基层民主协商自治机制，点燃了群众参与农村公共事务和公益事业的激情，实现由"要我做"向"我要做"观念的根本性转变。

"党领民办、群众自治"的成功探索，首先是马克思主义唯物史观的基本原理在农村的运用。马克思历史唯物主义认为，人民群众是历史的创造者和推动者，只有人民，才是创造世界历史的动力。因此，尊重农民群众的首创精神，是创新农村民主管理模式的原动力。实践已经证明，农村每一项重大政策的出台，都是建立在农民群众实践创新的基础上的，如包产到户、乡镇企业、村民自治、海选、一事一议等，这些都是农民群众的首创，是农村民主管理模式的创新。"党领民办、群众自治"体现了党领导下相信群众、发动群众、依靠群众，进而实现群众自我规划、自我筹

资、自我修建、自我使用、自我管理的自治要求，同样是农民群众首创精神的又一集中体现，这充分说明了农民群众中蕴藏着极大的创造精神和创新意识。像清洁乡村这样与农民息息相关的活动，究竟应该如何办，农民群众心中最有数、最有发言权，只要加以正确引导，就会取得好的成效。[3]

"党领民办、群众自治"是践行党的群众路线的迫切要求。群众路线是共产党一切工作的根本路线，"从群众中来，到群众中去"是我们党做群众工作的方法。改革开放 30 多年来，农村经济快速增长，农民生活显著改善，各项民主权利得到有效保障，党得到了广大农民的真心拥护。现在从中央到地方在交通、水利、扶贫等方面都有大量的惠农资金支持村屯道路硬化、田间地头水利建设、农户危房改造等，另外还有医疗、低保等救助机制，但一些村屯农民得了实惠却不太"买账"，甚至因为惠农资金发放不到位引起干群关系紧张，农民"仇官"的社会心理呈蔓延之势。其中重要原因就是一些农村基层党组织和干部不为民着想，不主动倾听群众声音，对群众开展思想引导和感恩教育不到位。"党领民办、群众自治"通过构建党群理事会的模式，建立党组织、党员直接联系群众的"绿色通道"，促进党组织、党员和群众工作的有机结合，密切党群干群关系，是践行"从群众中来，到群众中去"群众路线的迫切要求。它要求党员干部要与群众交朋友、拉家常、建感情，对群众正当的利益诉求给予支持，对群众不合理的诉求加以引导，以服务基层的"拳拳真心"换来群众跟党走的"炽热恒心"。

"党领民办、群众自治"是对村民自治一般发展规律的正确把握。村民自治是实现农村基层民主的有效形式，它的发展规律至少有三条，一是党的领导；二是民主；三是自治。随着农民生活水平的提高，农民通过政治参与表达利益诉求的愿望越来越强烈，但由于利益诉求的渠道不畅通，他们普遍缺乏参与农村社会事务管理的热情，基层民主治理活力不足。这就要求对过去以村"两委"为主的农村治理方式进行完善和补充。"党领民办、群众自治"本质是民主自治，核心是党的领导，基础是民办，关键是群众参与，即通过强化党的领导，突出群众的主体作用，形成一套党的领导同群众自治有机融合的协商民主机制，这种机制下移了党的工作中心，在屯一级成立党群理事会，解决村"两委"履职困难的问题。"党领民办、群众自治"的治理模式尽管首先是在"清洁乡村"活动中推行，但这种治理模式所产生的效果，已不仅仅是实现家园清洁、水源清洁和田园清洁，而是全面推动了农村经济、政治、社会、文化、生态的协同发展，因此，应站在农村社会治理创新的高度去把握这种模式深厚背景，它已不是一般的工作方法，而是在遵循自治发展规律基础上对村民自治制度空间的拓展，是农村民主机制的再次创新。

二　安马乡"党领民办、群众自治" 模式的创新与运行绩效

"党领民办、群众自治"具有深刻的理论和现实背景，是宜州市安马乡在农村基层治理活动中实践探索的结果。其总体思路就是通过下移基层党组织的工作重心，在屯一级建立党群理事会，发挥党群理事会作为群众自治组织的议事、理事作用，把农村社会治理的主体责任、自主权和受益权回归群众，引导群众在村屯公益事业和公共事务上进行自我管理、自我教育和自我服务。它的具体做法是通过"引、放、议、评"四个步骤组织实施。

一是"引"，强化党的引领作用。着眼构建党组织和党外群众最便捷、最畅通的桥梁和纽带，创建了"屯级党群理事会"这一最基层的自治组织，以屯为单位，按照党支部（小组）推荐、村民推荐、村民代表选举的"两推一选"办法，选出2—3名党员代表和4—5名群众代表共同组成党群理事会。对无党员的自然屯，则采取由村支部委员担任党建指导员，参与组建党群理事会。屯级理事会作为党组织领导下的群众议事、理事组织，不是"另搞一套"，而是通过健全党组织领导下的村民自治机制，更好贯彻党和国家在农村的各项政策，落实村"两委"的决议事项。目前，安马乡共有157个自然屯，已全部成立了屯级党群理事会。

二是"放"，强化群众的主体地位。安马乡注重激发村民的自治意识，发挥村民自我管理、自我发展的作用。实践中，坚持群众的"事"群众办，把农村公共事务管理的主体责任下放给村民群众，让责任回归真正的主人；坚持群众的"权"群众使，把依法决策权放给群众、把资金使用权放给群众、把农村事务管理权放给群众，乡党政干部只作政策宣

传、只提目标要求，不直接干涉村委事务。通过放手给群众做事，尊重群众的主体地位，激发村民参加农村公共事业的热情。

三是"议"，强化群众民主议事决策。注重发挥村民集体决策在村级社会事务管理中的重要作用，把多数群众的意愿以制度形式固定下来。"议"的形式有三种，第一种是屯联合党小组提议，由屯联合党小组就屯级基础设施建设、产业开发、公共资金使用等公益事业和其他重大事项，向屯党群理事会提出；第二种是屯党群理事会议定，由党群理事会就屯级事务进行议定，使屯级事务由原来村民小组长一人说了算变为理事会全体成员说了算，多种协商使考虑问题更全面，作出决策更准确；第三种是屯户主会商定，对群众投资投劳建设公益事业、处置公共资金资源等涉及各户切身利益的重大问题，如解决垃圾焚烧炉、村屯道路、人畜饮水资金和劳力问题，通过召开户代表会议，商定出资额度、筹资投劳方式解决。

四是"评"，强化群众自我监督。实行群众自评、村屯互评、乡党委考评和利益扣除法、声誉减损法、优胜受益法的"三评三法"监督考评机制，突出上下左右的连评连动，增强群众监督和组织考评的权威性和实效性。屯理事会定期检查各户对议定事项落实情况，对违反公共卫生规定、筹资投劳规定以及损害公益设施的村民，从其个人在集体资金或公益资金中份额扣除相应金额。在村与村、屯与屯、户与户、人与人之间开展互查评议活动，将评议结果公布，褒优示劣，营造强大社会舆论氛围。还通过政府设立乡村建设与发展"专项基金"方式，对先进村实行公益项目优先安排、公益资金优先落实、绩效奖励优先发放的倾斜办法，调动村"两委"和群众的积极性，促进村的经济建设和社会治理。

在马克思主义看来，民主就是人民当家作主。民主治理的核心就是人民群众参与的过程。当前，村民参与民主治理的平台主要是村民会议和村民代表会议，但这不是农村基层民主的唯一形式，农村基层民主还需要不断构筑村民民主参与的新平台。"引、放、议、评"四步法，经过一段时间的推广和完善，筑牢了安马乡农村民主治理的"网底"，为安马乡村民群众参与民主构筑了一个新平台，有效地调动了村民参与民主治理的积极性和主动性，维护了村民的民主权利，产生了丰富的实践成果。

首先，进一步发扬了党内民主。基层党组织的决策不再是依靠权力命令指挥，而是在征集民意、反映民愿的基础上，体现了党组织和群众双方的意愿，不仅不影响党组织在重大事务中的主导权，而且使党组织的议事程序和决议事项更加科学合理，体现群众的共同愿望。"打铁还需自身硬"，"党领民办、群众自治"模式为党组织加强自身建设提供了平台和空间，成为党组织规范党内事务，健全民主机制，以党内事务的民主规范引领村民民主自治的新渠道。安马乡通过构建"联合党小组、党群理事会、户主协商会"三大党群共治机构，开通了党组织"零距离"服务群众的通道，"引、放、议、评"四步法，探索了一条基层党内协商民主的机制。

其次，激发了村民参与民主自治的热情。"党领民办、群众自治"新模式，拓宽了村民民主选举、民主决策、民主管理、民主监督渠道，保障了村民的知情权、参与权、表达权、监督权，呈现出一种充满活力的村级民主自治机制。通过差额选举办法和无记名投票方式选举党群理事会，保障了村民的民主选举权；设立党群理事会作为常设机构，解决了村内会议召集难、召开难，村内事务决策难、执行难的问题；按照"乡引导、村管理、屯实施、户参与、人行动"的做法，下放"事权"、"财权"，让群众的"事"群众自己商议、决定、处理，群众的"利"群众享，激发了村民的自主、自治、自立和自强的民主管理意识；"三评三法"暗合了"分权制衡"原理，是一种最朴素的民主监督载体，下移了村民监督阵线，促进了对上负责到对下负责、纵向监督到横向监督、结果公开到过程公开的转变，确保了村民自治权利义务分配的公平和公正。

再次，推动农村社会管理的话语体系从"管理"到"治理"转变。从社会管理到社会治理，虽一字之差，却代表了理念上的极大转变。传统观点认为，党和政府在农村的管理职能就是通过制定政策、下达行政命令，对社会公共事务直接管理。实践中，许多基层党组织和政府不停强调农村社会管理创新，但其真实意愿和趋向性理解，依然停留在"管控"层面。[4]事实上，这种"管控"的社会管理模式，并不能真正解决问题，相反还会滋生更多的矛盾。安马乡"党领民办、群众自治"模式通过"党群理事会"这一村内协商民主机制，从转变农村社会管理的话语体系着手，对事关村民利益的事项均由村民自己协商决定，不断培育和提高村民自我管理、自我服务、自我教育、自我监督等自治能力，逐步实现由社会管理向社会治理的转变，是在基层群众自治中推行协商民主机制的有益探索。

三 健全"党领民办、群众自治"制度，推进农村基层民主建设

"党领民办、群众自治"作为群众实践的新事物，没有现成经验可供借鉴，尽管经过不断的探索实践取得了较好的成效，但这种模式毕竟是外生性的制度嵌入，基层对制度的认识和操作还存在一些差异，使得制度的实施还存在一些困难和问题。第一，来自非制度化因素的影响。我国农村是"熟人社会"，一方面，村民群众朝夕相处，彼此相互了解，各自的为人处世都熟悉，有利于村民获得充分信息进行理性判断；另一方面，村屯特有的宗派观念、人情因素和固有的重人治、轻法治思维使制度发挥受到制约，甚至会发生异变。第二，来自既得利益者的阻力。理论和实践已经证明"党领民办、群众自治"模式大大增强了村民的政治参与，取得了群众看得见的政治收益。但在制度推行时，一些乡镇领导和村干部容易从自身成本效益考虑，担心党群理事会架空了自己在村庄内的权力，使自己的政治意图无法在村屯中贯彻，因而往往暗中抵制。第三，来自党群理事会的挑战。目前国家法律和政策尚无涉及党群理事会成员的报酬问题，而且村级也没有财力支付相应报酬，党群理事会成员的工作是义务性的，从理性经济人的角度来看，这势必会影响他们在工作中的积极性。同时，党群理事会在现行的村民自治法律法规上是空白，难以保证它依法运作和得到法律的合法保护。如果这些问题得不到有效解决，"党领民办、群众自治"模式会被泛化、虚化、异化。因此，要健全"党领民办、群众自治"机制建设，为群众依法进行民主选举、民主决策、民主管理、民主监督提供日益完善的制度保障。

（一）加快村民自治文化资源开发，营造民主自治的文化氛围

"党领民办、群众自治"主要是通过政府机构、研究机构以及媒体等外力强制嵌入的，其根本目的是通过完善群众自治机制，培养群众民主参与意识，最终使制度自然地运行和完善。在制度嵌入后如何使其依靠内生

力量走得更远，是不得不考虑的问题。村民自治文化是农村重要的内生文化，是农村民主政治发展过程中形成的新型文化，反映了农村民主建设成就，蕴含着重要的民主价值：一是蕴含着权利观念，即村民自己当家作主，不受乡镇行政意志支配和干预，可以按照自己的意志选举，自主决定和处理公共事务和公益事业；二是蕴含着政治参与意识，即村民能够作为一个独立主体参与到社会政治生活中，参加民主选举、民主决策、民主管理、民主监督，是农村社会治理的主体，而不是一味被要求服从的个体。"党领民办、群众自治"新模式的嵌入，需要村民自治文化因素的支撑，如果没有文化因素的支撑就会出现难以为继的困境。在当前"熟人社会"文化浓厚、村民民主文化意识较低的环境下，必须尽可能地开发村民自治文化资源，宣传村民自治文化，营造民主氛围，为农村民主实践中的制度嵌入提供动力支持，使村民群众能够自觉突破传统的家庭伦理规范和乡土规范的狭隘藩篱，对村民自治制度安排的认同高于对家庭和地缘派系的认同，以避免农村因"熟人社会"带来的人际圈和权力场的消极影响。

（二）促进基层政府与群众自治有效衔接，减少来自现有利益者的阻力

"党领民办、群众自治"作为一项底层萌生的基层民主治理模式，它的推行和发展依赖于外部行政力量的提升和推进，正是行政外部嵌入的特质，使得基层政府在对待村民民主自治上呈现相互矛盾的状态，[5]一方面，迫于压力支持村庄民主；另一方面，为了现有利益极力控制自治。面对相对强大的基层政权，如果不以制度来解决基层政府与村民自治的权力边界问题，"党领民办、群众自治"的限度可想而知。行政权力具有天然扩张性，在缺乏强有力的制度约束下，必然会越过界限，侵犯村民的民主自治权。符合现代民主理念的政府应当是有限政府、责任政府。在农村社会治理实践中，许多基层政府已经意识到要下放权力，还权于民，但更多是停留在口号上，即使下放了，一有机会就立即收回，政府在基层治理中依然起着绝对主导作用，导致这种状况的主要原因是作为现有利益者的政府为维护其利益的需要。因此，如何减少来自现有利益者的阻力，发挥这个制度的作用，是制度设计时应该考虑的重点问题。但必须要澄清一种误解，就是认为村民自治就是彻底远离政府，完全由村民说了算。这种想法

显然不够理性。村民自治并不是完全不要政府，而实际上是需要政府来推动和保证实施的，无边界的政府固然可怕，但完全剔除政府同样不安全。村民自治的发展需要纠偏基层政府和社会的边界。目前基层政府的管理尚无相应的法律制约，《村民委员会组织法》也只是原则性规定了基层政府"指导村民自治工作"，也没有具体的约束、限制基层政府的管理，而法律的制定需要一个较长的过程。因此，目前还不还能过于依赖法律来规制基层政府。但是，从政治制度安排来看，乡镇一级政府都建立了人民代表大会制度，人大便是"法意"和"民意"的体现者。[6]基层人大代表活动不仅仅在基层政府，还可以达到村庄层面，而且部分基层人大代表就来自村民代表，这有利于村庄民意进入到政府管理过程中。因此，发挥基层人大的功能，有助于促进基层政府与群众自治的衔接，有助于推动"党领民办、群众自治"模式开展。

（三）完善"党群理事会"运作机制，寻求获得法理上的支持

"党群理事会"是在党的领导下、村委会指导下履行村委会在屯级的自治功能，是"党领民办、群众自治"模式的主线，要健全村民自治体系，关键问题之一在于完善"党群理事会"制度的运作机制。首先，要建立工作激励机制。市场经济是一种利益主导的经济，随着农村市场经济的发展，人们的利益观念发生了变化，依靠传统不讲报酬的朴素荣誉观将难以继续维持村民担任党群理事会成员的兴趣。遵从市场规律，建立荣誉认同与经济效益相结合的待遇机制是"党群理事会"良性运作的关键。"党群理事会"成员工资待遇一方面可以通过村民筹资方式获得，但采用这种方式只是权宜之计，实践中存在部分村民不愿筹资的情况，村民筹资较为困难。另一方面是通过整合集体资产，发展以土地资源为基础的集体经济，通过从集体经济收益中提留部分资金作为理事会成员待遇收入，这是目前比较符合农村实际的做法，既有助于解决理事会成员工资待遇问题，又有助于促进集体经济的发展。其次，要寻求其存在的合理性基础，以获取法理上的支持。在村民自治中，合法的自治组织是村民委员会，"党群理事会"不具有国家法律层面上规定的自治组织地位。但其作为农民群众实践中产生并得以推行的新机制，有着自身存在的合理性，这种合理性是基于农村的熟人社会基础和实现村民自治事务的有效运作。而要延

续这种合理性，进而寻求获得法理上的支持，就要处理好与党组织和村委会的关系，坚持"党领导、村委会负责、党群理事会具体实施"的分工协作机制，做到既避免屯级自治权被挤压而失去存在价值，又避免因屯级自治权扩大化而导致村民自治权分化与冲突，在党、村、屯民主协商中解决不同层级的"同质化"问题，实现屯级公共事务的有效治理。

四　结语

安马乡的实践已证明，"党领民办、群众自治"这一民主治村新创举，最大的贡献是从社会最小的单元入手，以屯作为切入口，找到了一条既能保证党的领导，又能保证村民自主权利的基层群众自治新模式。较为有效地解决了村民自治中的瓶颈问题，切实推进了基层政治民主化进程，为进一步巩固党在农村的执政根基，加快新农村建设步伐提供了坚强保证。然而，这一模式是在政府主导下通过外力作用强制嵌入的，如果没有政府力量的推动，这一治理模式如何依靠村庄内生力量走得更远，这是发展村民自治制度，探索基层民主建设新路径不得不思索的问题。

参考文献：

[1] 胡锦涛：《在中国共产党第十八次全国代表大会上的报告》（2012 – 11 – 17）[2014 – 01 – 18]，http：//news. xinhuanet. com/18cpcnc/2012 – 11/17/c_ 113711665. htm.

[2] 习近平：《中共中央关于全面深化改革若干重大问题的决定》（2013 – 11 – 15）[2014 – 01 – 18]，http：//www. gov. cn/jrzg/2013 – 11/15/content_2528179. htm.

[3] 蒙增隆：《贯彻群众路线的好样板》，载《河池日报》2013 – 10 – 10（1）.

[4] 陈朋：《政社合作中的基层社会管理创新》，载《中共中央党校学报》2012年第6期，第78—79页.

[5] 张恩韶、陈朋：《我国基层民主建设：回顾、反思与前瞻——以村民自治为分析视角》，载《湖北社会科学》2009年第6期，第29—30页.

[6] 徐勇、王元成：《政府管理与群众自治的衔接机制研究——从强化基层人大代表的功能着力》，载《河南大学学报》（社会科学版）2011年第5期，第102—106页.

派系竞争与村级治理的协商民主

——浙江省 X 村的调查

孙琼欢

一 村庄社会中的派系竞争

随着村庄自主性和村民利益意识的增强，以及农村社会的分化，村庄社会成员之间的关系日益复杂化。为保护和扩大自身利益，不同村民以利益为纽带，并借助各种社会关联结成了各种各样的派系，在农村政治生活中展开博弈。本文考察的 X 村，在对村庄利益角逐中形成了三股比较明显的派系势力，并围绕着一些村庄事件展开了竞争。

X 村是浙江省 C 市下辖的一个行政村。就村庄目前的非正式权力结构而言，主要存在着相互制衡的三大派系，即以村党总支书记 YWB 为核心的 A 派、以村委会主任 YJC 为核心的 B 派及以非治理精英 YDF 为核心的 C 派。村党总支书记 YWB，1953 年出生；1979 年当选村党支部的支部委员；1983 年政社分开后，当选为党群副书记，至此进入村政舞台已有 20 年。多年的村政经验、民主的工作作风以及谨慎的言行，为其在村庄治理中树立了一定的权威。

在 2008 年第七届村民委员会的换届选举中，以 YWB 为核心的 A 派与以 YJC 为核心的 B 派就村民委员会主任一职展开了角逐。最终以 YWB 以 20 票之差落选而告终。作为 B 派的核心 YJC，即现任的村委会主任，有着与 YWB 完全不同的个人经历和人格魅力。YJC 出生于 1962 年，在此次村委会选举之前，没有任何入主村政的经历。20 世纪 90 年代以后，借着市场经济的东风，又凭借 X 村盛产各种蔬菜的产业优势，做起了蔬菜收购批发生意。YJC 所显现的经商才能，再加上其为人仗义豪爽，也在村民中积累一定的权威。而长期的经商经历也使他积累了一定的人际关系网络，生意上的合作伙伴在此次村委会主任的竞争中发挥了很大的作用。

要了解整个村庄社区权力结构，还不得不提另一个非治理精英 YDF，1954 年出生，既没有人主村政的经历，也没有经商的经验，一直以务农为生。但该非治理精英之所以能在村庄积累一定的权威，主要还在于高中毕业的文化程度、对涉农法律、法规及政策的关注，以及敢说敢言、爱打抱不平的性格。当然，在 C 市政府机关任职的一对子女也为其赢得了不少权威。借助这一对子女，YDF 为村里不少人家办过事，解决过困难，也曾为村里争取过一些政策性资源。YDF 一度成为 YWB 与 YJC 都需要争取的中间人物，但 YDF 凭借其社会威望游离于两派之间，以中立者和批评者的姿态评点村政，成为村庄治理中一股不可忽视的力量。

这三股派系成为村庄权力结构中不可忽视的一级，主导着村庄事件的运作。基于笔者对于村庄事件的考察，发现多元派系的村庄权力格局更有助于村级治理民主协商理念的导入，协商机制的展开，以及对公益的寻求。在本文我们将讨论以下几个问题：即协商民主机制是如何展开的；派系力量的介入会导致民主协商呈现出何种不同；民主协商机制的运作对于乡村治理的影响如何。我们将以发生在 X 村的村庄故事作为文本，来透视村庄治理中的民主协商和协商民主。

二　派系竞争中的民主协商机制

X 村的派系之争，并没有带来村庄治理的断裂，而相反如其所在镇的镇党委书记介绍的那样，"X 村在 YWB 书记的带领下总体上还是平稳的，镇布置的几项工作，如道路硬化工作、庭院整治工作、平安村庄建设等工作都走在前列，2006 年还被评为小康示范村"。派系纷争所引发的弊端，何以在这个村庄没有明显显现，它是通过何种机制化解的？派系竞争与该机制的产生与运作有何逻辑上的关联？通过对 X 村的调查，我们发现：

1. 派系间的博弈过程有助于协商理念的确立。

协商理念的功效在于，当涉及某个政策争论中，把不同立场支持者从其通常对立的、战略的对抗中拉扯开来，使他们进入一种能够相互协商而不是为了获胜而互战的状态。在 X 村，我们不能否认在某一具体的村庄事件中，派系间的激烈纷争确实也存在着引发村庄治理断裂的可能，但是我们看到的更多是多元派系间斗争与协商，竞争与妥协交织在一起的纷繁的博弈局面。

在 X 村，协商理念开始在各派系对相互争斗的无谓耗散的反省中逐渐确立起来。正如 X 村支持 YWB 的一名精英所言："与其这样明枪暗箭的，还不如做下来好好谈一谈，平心静气总能找到解决问题的办法。"在对因派系内耗而造成的村庄治理瘫痪经历的反思之中，精英们已经萌生出从互相对立的甚至是你死我活的状态中拉扯开来，而进入一种能够相互协商而不是为了获胜而互战的状态的念头。

与此同时，协商也是各派精英人士基于群体压力之下的一种选择。尤其是在 X 村这种存在多元派系的村庄。派系的存在，面对村庄事件，精英们有两种选择，一是通过协商来解决村级治理中存在的各种问题；二是采取硬权力控制的方式。但这种控制方式在多元派系主导村庄权力格局下，因其会造成风险，而不再是一个可供选择的最优方式了。反之，协商的重要性开始凸显出来，从 X 村精英的话语中，我们也可以意识到这种转变。"以前我当村干部时，村里有什么事，只要定下来，理解的要执行，不理解的也要执行。现在来硬的已经不行了，有些时候要软硬兼施。但现在是来软的一套的时候居多，遇事要好好商量。""很多时候，我们是靠人情和面子做工作。"从"强硬"——"软硬兼施"——"以软为主"，这种治理手段的变化，也无疑折射出协商理念在精英心目中的萌芽和成长。

2. 派系博弈引发村级治理协商制度的创新。

多元派系在对村庄权力的角逐过程中，产生了村级治理创新的需求，需要在现有的体制框架下，构建更有利于均衡分配权力和互相监督的制度体系。与此同时，地方政府为了消解派系竞争引发村庄治理断裂的可能性，也积极认可和推进各项颇具效能的制度创新。相应地，这些新型制度的构建也为各派系提供各种制度化的权力博弈平台。比如说 X 村的"村级分权治理模式"创新就是很好的一例。

制度起源：以村党支部书记 YWB 为核心的 A 派与以 YJC 为核心的 B 派，自第七届村民委员会换届选举以后就围绕着村治权展开了角逐。这种角逐是全方位的，包括人权、事权以及财权。而现行的法律、法规虽然对村级组织的职能予以原则上的规定，但总归没有明确村党组织的领导权与村委会对村庄事务管理权之间的边界。正是因为制度的缺失，使得 A、B 两派之争显得更为激烈了。在现有体制下通过村级治理模式的创新，明确双方职责，构建协商机制和更为均衡的权力分配格局，提升民意在村治中的作用，就成为村庄治理的现实需要了。

制度构架：所谓村级分权治理模式，简言之，就是在遵从现有的村民自治框架下，在原有的村级三套班子的基础上，按照"议、监、行分立"和"权力制衡"的原则，增设一套包括村务决策委员会、村务执行委员会及村务监察委员会在内的村级组织，并按照相应的制度设定进行运作的制度模式。

组织的成员构成：村务决策委员会成员主要脱胎于村三套班子成员，即村党组织，村民委员会和村经济合作社，在此基础上，为了拓展村务决策委员会的民意基础，按 5%—10% 的比例从村民代表中产生代表充实到该组织中去，也把农村工作指导员纳入到该委员会中，按专职干部进行管理。而村党总支书记是当然的村务决策委员会主任，副主任一职也由一名村党组织副书记担当，按专职干部进行管理；村务监察委员会则脱胎于原来的村务监督小组；村党总支书记是当然的村务监察委员会主任；村务执行委员会成员在初始阶段，为了保持村庄权力关系的稳定，基本上脱胎于经选举产生的村三套班子，村委会主任是当然的村务执行委员会主任。

组织的权力配置：如果对村庄权力进行抽象分类的话，人权、财权、事权无疑构成了村庄权力的主要内容。（1）人权　在该项制度设定中，由村党总支书记兼任村务决策委员会的主任以及村务监察委员会的主任，负责两个委员会日常工作的开展，村党总支书记对村务执行委员会成员选聘有很大的决定权。以村党总支书记为核心的村务决策委员会对人事权的掌控，无疑构建了村务执行委员会执行决策的压力机制。而村务监察委员会也因村党总支书记的领导，而加强了对村务执行的监督。（2）财权　在财权的分配上，改变了以往村级治理中财务审批"书记一支笔"的状况，通过权力的合理配置来达到制衡的目的。（3）事权　除了承认村民代表会议和村民大会对村庄事务的最终决定权之外，村庄日常事务基本由村务决策委员会决策，而具体执行则由村务执行委员会承担。

制度绩效：村级分权治理模式与以往制度设计不同的是，一则构建村务决策委员会这一制度协商的平台。在村务决策委员会这个决策平台上，A、B两派以及村民代表就村庄事务以平等的方式进行协商。双方派系就村级事务之间的分歧无疑提升了该组织中村民代表的力量。虽然有些考察这一村级治理组织制度创新的专家，也会产生村民代表"派系化"的疑虑，即在该模式的运作中，村民代表也会形成与原有派系的利益结盟。但村民代表的一年一推制度，在一程度上阻碍了其与某个派系的稳固联盟。二则各村级组织明确的职能定位，相互制衡的权力设置，规范了各派间的竞争。以往因为缺少具体的制度规范，各派系对权力的角逐是无制可循的，对某一村庄事务的处理，经常会因意见的分歧而出现各自为政的现象。而现有的制度设计，不仅提供了其相互博弈协商的平台，而且也明确了各自的权力边界，各派势力也从原来的无序博弈转变为按制博弈。

3. 多元派系间的博弈和协商,有利于利益的均衡分配。

利益的追求是协商民主的价值目标。存在多元派系的村庄治理中，尤其是当这些多元派系势均力敌时，能在某种程度上整合、表达日益分化村民多元化的利益。多元派系势力的存在，尤其是均衡型派系的存在，确实使协商成为一种大家在理性支配之下的最优方式的选择。这种协商的方式本身比其他任何一种方式更容易达成利益的妥协。我们以 X 村的市场改造过程事件为例。

2006 年 5 月，X 村决定投资 100 万元对市场进行改造，包括小商品市场的建设、市场顶棚的改造、摊位及下水管的改造、道路的拓宽等。但在道路拓宽过程中，却涉及一部分村民的利益。在老市场的通道中，有一部分集体所有的空地一直被市场周边的居民占用着，用来堆放杂物，甚至有村民搭建了违章建筑。在此次市场改造中，该村的村书记 YWB 决定动员村干部拆除这些违章建筑，来拓宽市场当中的通道。这一做法引起了市场周边群众的不满，认为要尊重这么多年已经造就的一个既定事实。2006 年 4 月底，村干部在 YWB 书记的带领下强行拆除市场周边的违章建筑，受到了一些村民的抵制，当时整个场面非常混乱。

村民在 2006 年 5 月 12 日到向市规划局上访，而此次上访的组织者就是 X 村的非治理精英 YDF。在 YDF 的指点之下，村民们恍然大悟，纷纷试图向比乡镇更高一级的政府去申请政策援助。2006 年 5 月 12 日，大约 20 名左右的村民找到了 C 市的规划局。市规划局的相关领导对于上访村民的违章搭建行为进行了认定。同时向村民解释，依据市规划局的相关权限规定，此次改造只是在旧的市场基础上进行相应的翻整，因此不需要市规划部门的审批。

乡镇分管党群工作的书记7月2日来到村办公室，召开现场办公会议，其中有以 YDF 为首的上访群众的5名代表。首先，王书记明确了村两委组织的此次市场改造的合法性、合理性，是一件造福全村村民利益的好事，而拆除违章建筑也是符合法律政策规定的。但是，书记话锋一转："从维护村庄稳定的大局出发，考虑到村民们在市场周边堆放杂物是多年来遗留下来的问题，乡镇干部认为还是大家一块儿坐下来，通过协商来寻求一种解决的方式为好。"于是，双方就如何解决村民们堆放杂物的问题进行了讨价还价式的讨论，会议整整持续了一天。最后，还是由书记最终表了态，要求村两委与村民们各退一步，村两委在进行道路规划时，把原来预定的市场内通道的宽度缩减一米，让村民们来堆放杂物，村民们也应配合村两委积极做好市场改造的工作。

从整个村庄事件发展的逻辑和镇政府就此事的最终处理结果来看，我们可以发现，在现有的村庄政治生态环境中，政治协商已经成为基层政府寻求问题解决的一种途径了。这或许是乡镇迫于压力的一种无奈选择，正如书记而言："你来硬的，他就天天和你闹，他们有这个精力，镇里干部没有精力天天和他们纠缠，所以还是来软的，有事大家坐下来好好谈。在没有违反原则的前提下，各退一步海阔天空了。"无疑村民群体性力量是促动乡镇做这一选择的重要因素。

三　多元派系协商民主与村庄治理的相关思考

（一）理想类型的构建

如果忽略各方面因素，我们可以构建出多元派系、协商民主与乡村治理关系的理想类型。在这个理想类型中，有研究者主观建构的因素，在现实中无法找到与之完全一致的模型。但这种理想类型就某种程度而言，是对现实存在的反映，揭示了多元派系、协商民主与村庄治理的内在逻辑关联。

1. 通过协商达到村级事务的公共理性。

协商民主理论认为，公共协商的主要目标不是狭隘地追求个人利益，而是利用公共理性寻求最大限度地满足所有公民愿望的政策。（1）这种协商中所需要的公共理性，或者说各方对于某一决策的共同认识，我们不能完全肯定地说一定能够达到。这对于一个已经呈现出较强的异质性，分化比较明显的农村社区而言，是不太现实的。因为正如罗尔斯所言，即使每个个人或团体都将其公共立场解释为其关心问题和利益的适当抽象，也会存在着各种公正标准或个人化的公正问题。（2）但是在我们在对故事文本的描述中，确实也发现村级治理的民主协商，确实能够在一定程度上缓解村级治理的断裂，有助于达到村庄事务的公共理性。

2. 派系协商加强决策的合法性、公开性。

协商过程的政治合法性不仅仅出于多数的意愿，而且还基于集体的理性反思结果。这种反思是通过在政治上平等参与尊重所有公民道德和实践关怀的政策制定活动而完成的。既然同意是民主决策的核心，那么经过民主协商产生的最终决策结果是更具有合法性的。而参与协商的各主体就更应该遵守经这种协商而产生的最终协商结果。这一观点也同样适用于存在多元派系的村庄。

公开性体现在其任何村务决策的产生，都是在各方关注之下进行。这种关注来源于政府，各派系以及普通民众。也正是因为这种公开性，我们在协商的场景中就可以看到各派系成员能对各方支持某一决策的理由进行讨论和评判。也正是在这种场景中，我们可以看到，各种幕后的或者说秘密的协定，如何被弄得无形可循。这种无形可循，逼迫竞争双方寻求其自身理由的正当性。这一方面意味着协商制定的决策结果在理论上不会对哪一派系有太多的倾斜；另一方面也意味着在这种公共协商过程中，各派系学会了从大局出发，理性地看待决策的最终结果。派系间协商的功能，不仅仅是一个讨价还价的过程，而是各持分歧的对手对于对方所持立场产生正当性理解的过程。这种理解一旦产生不仅会使双方更加理性，而且也更容易达成共识。

3. 派系协商加强村务决策执行的责任性。

如果村庄治理的结果是各方协商的产物，那么各派系执行决策就具有了更大的责任。这种责任性也就是由决策的合法性带来的。特别是那些对现有决策持不同意见的人，也会因为其参与了决策的过程，而变得更富责任心。这种对于共同目标的责任心，是建立在协商所构建的一种公认的普遍原则之上的，或者是大家一致认为这种协商是建立在对于共同目标的努力推进之基础上的。在村级治理过程，派系协商过程中的这种说服性，加强了各派系执行协商结果的责任性。

（二）现状及启示

当然以上所述的是对多元派系、协商民主和村庄治理的理想类型的分析。在这个理想模式中，多元派系的存在有利于村庄治理中协商民主的产生和运作，而协商民主的村治效能也是积极的、有意义的。但现有的村级治理中，协商民主的发育却存在着一系列的瓶颈和困难。

1. 村庄派系并不是完全意义上的协商民主的平等主体。协商民主要求在理想的协商中，参与各方在形式还是实质上都是平等的。每个参与协商的主体在协商过程的每个阶段都有相对平等的身份。但就现实而言，派系在现阶段的农村基层政治生活中的出现，本身就意味着村民在政治、经济地位和社会地位的分化。虽然多元的派系势力可以成为政治协商的可能主体，但是我们无法在整个村庄内部达到主体上的完全平等，无法实现协商民主对于主体公平的价值信仰。而我们在此提到派系竞争与协商民主的本意，也在于尽可能使各派系成为村级治理中平等的协商主体，尽管这种平等只是相对的。

2. 派系主体的理性、宽容的精神有待于进一步形成。协商民主需要协商主体能够更为理性得审视自己，更为宽容地对待对方的意见，从而达成对某一问题的一致。这种达成一致需要主体能够超越自身的观点而理解别人的观点、需求和利益。但这种理性、宽容的精神似乎并不是每个派系主体都具备的。对于现阶段的派系主体，我们不得不用审慎、质疑的眼光去看待。协商民主最终达成的各方利益的妥协，是基于各方对于其他方的需求和道德利益的尊重，而我们现实中更多的是，各派系博弈中的妥协，是出现某种均衡时基于被迫的妥协。协商民主所需要的宽容、理性精神的形成，需要民主政治建设的长期有效的过程。

3. 村庄公共利益的产生和认同将是一个艰难的进程。协商民主要求的是对公益的审视，也就是说各派系必须在协商中，无论从言语上还是观念上达成对于公益的寻求。但是村庄中的各派系主体，即使在公益已经成为一种表达正当性的符号象征的情况下，能达成对于公益的认识吗？派系本身就是村民利益多元化的产物，构建一种多种利益群体均为认同的公共利益，或者让多元主体认识到隐藏在社会政治生活背后的公共利益，是相对困难的。

4. 派系竞争的目标并不在于实现理性驱动的共识。协商民主要求协商的目标是实现理性驱动的共识，即发现对所有承诺根据平等公民做出的自由、理性选择判断结果而行动的公民需具有说服力的理由。在派系竞争中，这种共识也就是起先不同意见的派系之间能够同意某项被推荐的行动内容。但在村庄这个日益复杂的村庄中，这种由理性驱动的共识很难达成。在派系竞争中产生的协商机制的目标并不在于达成某种共识，而是形成一种符合现存的派系权力格局的决策结果。这个决策的结果是双方都愿意接受的，但并不是说是由理性驱动的共识在发生作用，而是各个派系经过博弈之后所达到的某种均衡。从严格意义上来讲，派系协商的目标并不是关于公共利益的判断，而是相互都能接受的建议。

总之，现阶段村治中出现的协商理念和机制与协商民主之于村庄治理的理想模型，是有差距的。协商民主理论对我们现阶段村治的启示在于，在培养具备协商民主所需要的主体美德时，应该同时注重协商的组织和制度平台及各种运作机制的建设。

村民眼中的村民自治运行质量[*]

——对访谈材料的初步整理

刘伟[①]

一　村民自治运行质量:值得反思的话题

村民自治作为改革以来我国乡村治理体制调整和民主创新的重大举措,对中央政府而言,它是基层群众自治的重要组成部分,而基层群众自治制度构成了当代中国的基本政治制度。党和政府一直强调促进村民自治,规范村民选举,优化乡村治理。在学术界,自 20 世纪 90 年代中期以来,亦有不少学者对其作过专门的调查研究,并作了较高的评价和期许。[②] 但是,晚近的村民自治研究对其运行质量的讨论,却显示出相关问题的复杂性,这种复杂性值得我们反思。

李连江就曾探究投票行为是否影响村民的外部政治效能感。他们在村民投票前后各发放了一波问卷,问卷中的问题操作化了外部政治效能感。他们发现,投票前后各条目的百分比不一样了,而这种变化没有其

　＊　基金项目:教育部人文社会科学研究青年项目"乡村治理转型中的农民政治心理嬗变"(编号:10YJC810028)、国家社会科学基金青年项目"农民政治支持与乡村社会管理的路径选择研究"(编号:12CZZ048)
　①　作者简介:刘伟(1978—　　),复旦大学政治学博士,华中师范大学政治学研究院博士后、武汉大学政治与公共管理学院副教授,主要从事基层政治与当代中国政治等方面的教学研究,著有《难以产出的村落政治——对村民群体性活动的中观透视》(中国社会科学出版社 2009 年版)及相关论文,译有《多元社会中的民主:一项比较研究》(上海人民出版社 2013 年版)。
　②　这方面的代表性著作,即徐勇:《中国农村村民自治》,华中师范大学出版社 1997 年版。

他因素的干扰，肯定就是投票这个事实造成的。于是作者得出结论，投票能够加强村民的外部政治效能感。李连江的研究是针对江西省 20 个村 400 位村民的问卷调查，调查时间是全国推进村民自治比较积极的 1999 年。[①] 这显然是一个比较积极的结论，即村民自治能够提高村民的政治效能感。问题是，中国农村在进入新世纪之后发生了剧烈变化，不仅是国家的涉农政策发生了重大变化（特别是取消农业税和反哺农村的诸多举措），更重要的是，乡村社会自身在城市化和市场化的洪流中也发生着巨大的变化。其中突出的一点，就是短时间内大量村落消亡和解体的事实。[②] 这些情况显然会作为治理背景和社会基础，深刻地影响村民自治的具体运行。因此需要我们及时跟进对村民自治运行质量的评估。

陈捷的研究基于在江苏问卷调查的结果，发现农村居民对村民自治制度的评价高于对选举出来的村领导的评价。村民的主观倾向，比如对村领导的政策执行状况的评价、对民主制度的信任和外部的政治效能感型塑他们对于自治制度和选举出来的村领导的态度。[③] 将农民对村民自治制度和村干部的评价区分开来，在学术研究上具有一定的新意，也值得进一步讨论。问题是，对普通村民来说，一方面，他们并未实时对这两个方面作严格而清晰的区分；另一方面，村民对村干部普遍的消极印象，也会连带着弱化他们对村民自治的评价，并对该制度对农村的实践表示出无奈。

仅以村委会干部候选人的产生为例，国内学者孙永芬的调查就发现，20.6% 的农民认为村委会干部候选人的产生不是"公正、规范"

---

① Lianjiang Li： "The Empowering Effect of Village Elections in China"，Asian Survey，Vol. 43，No. 4，2003.

② 刘伟：《差异性视角下的村落解体》，载于《农村工作通讯》，2011 年第 3 期。在笔者组织的系列访谈中，就有一位河南的受访者认为，从 2000 年左右，"村里的人心就渐渐散了，最主要的原因是大家都忙着出去打工，越来越不在乎与自己利益无关的事情了。村干部无所作为，不能团结好村里群众，不能化解一些邻里之间的矛盾。每当村里选举的时候，村里的社员群众的代表投的票都不能很好地代表自己的群众，有买票的嫌疑"。（访谈编号：20100203）这位受访者触及到村落解体对村民自治的影响。

③ Jie Chen： "Popular Support for Village Self-Government in China：Intensity and Sources"，Asian Survey，Vol. 45，No. 6（November/December 2005）

的；63.4%的农民在这个问题上表示"说不清"，两项合计84%。[1] 这显然是一个比较消极的结论，表明作为村民自治运行关键环节的村干部候选人的产生，村民对其评价并不高。美国学者欧博文也认为，中国乡村选举的程序已经取得了极大进步，但是农村"权力运作方式"的变化并没有能够跟上"权力获取方式"的变化，在许多村庄，乡镇政权、村党支部以及一些社会力量仍然阻碍着基层民主的运作。[2] 最近国内学者聚焦于村民自治运行的学术研究，也多发现其中存在的诸多不足和无奈。[3] 看来，村民自治实际运行中遭遇的诸多困境，需要研究者和实务界的认真反思。

二 访谈材料说明

为及时了解农民眼中的乡村政治运作，自 2010 年 1 月至 2012 年 7 月期间，笔者分别组织了四次中度规模的村民访谈。访谈围绕农民政治心理的诸多方面展开，其中涉及农民对村民自治的评价。在众多访谈员提交各自的访谈材料之后，笔者剔除了其中的 10 余份儿没有多大分析价值的材料，保留了进入本次分析的访谈材料共计 216 份。换言之，我们访谈了 216 位农民。其中，受访农民所在地包括：湖北、河南、福建、贵州、辽宁、江西、湖南、山西、四川、重庆、江苏、安徽、甘肃、山东等 14 个省（直辖市）。地域涵盖了东北、西北、西部、西南、东南、东部和中部地区。地理状况涵盖了平原、丘陵和山区。有偏远的农村，也有城郊正在经历城镇化的农村。有经济比较发达的农村，更多的是比较落后和发展一般的普通农村。受访的农民以男性居多，但也有不少女性。受访的农民以中老年为主，这主要是考虑到本研究要求被访者经历比较多乡村政策和治理的变迁，但也有少量的年轻打工者得到了访谈。受访者的身份以普通农民居多，但也涵盖了为数不少的党员、村

---

① 孙永芬：《中国社会各阶层政治心态研究》，中央编译出版社 2007 年版，第 90 页。此处的数据为笔者根据其调查图表进一步计算而来。

② 陈刚、朱海英、付小刚、刘伟：《中国式民主国际研讨会综述》，载《武汉大学学报》（人文科学版），2010 年第 1 期。

③ 程瑞山、贾建友：《村民自治制度运行研究》，中国社会科学出版社 2013 年版。

干部和乡村教师等乡村精英。受访者的文化水平从文盲、小学、初中、高中到大专，其中以小学和初中居多，这也比较符合农民的文化水平现状。受访者的经济状况从贫穷到富裕，单经济状况一般者居多。受访者的基本情况如下表所示：

变量名	变量值	分布	变量名	变量值	分布
性别	男	168（77.4%）	是否党员或干部	是	84（38.7%）
	女	48（22.1%）		否	132（60.8%）
文化程度	文盲	19（8.8%））	自评经济地位	中下	20（9.2%）
	小学	104（47.9%）		中等	155（71.4%）
	初中	65（30.0%）			
	高中	28（12.9%）		中上	41（18.9%）
地区	东部	51（23.5%）	出生年	1949 年以前	81（37.5%）
	中部	141（65.5%）		1949—1976 年	127（58.8%）
	西部	24（11.1%）		1976 年以后	8（3.7%）

三　农民对村民自治的评价并不高
——对访谈材料的初步整理

在一般人的理解中，我国各地村民自治运行的质量并不一样，村民自治在不同时期的实践也存在着差异，所以不同地区不同年龄段的受访者对村民自治的评价应该存在差别。但从总体上看，我们这次的访谈材料①却显示，与从中央到地方高调推进的村民自治进程相比，普通村民对村民自治的评价看起来并没有我们期待的那样高。绝大多数的受访者对村民自治的评价不高，受访者对村民自治表现出比较消极的态度。显然，到 2010 年，全国各地村民大都经历了多次真实的或形式性的村民选举，但选举并未普遍增加他们的外部政治效能感，他们对村干部的评价也并不高。村民

---

① 需要说明的是，笔者所组织的系列深度访谈，并非每一份都涉及村民对村民自治的评价。下文列举的代表性看法，主要来自那些当被问及"对村民自治感觉如何"而能作出明确回答的村民。

自治从开始实行到现在，已经有 30 年，其间也经历了农村社会的变化，但不同年龄段的农民对这其中的变化大都未能提及，他们大都对当前的村民自治状况作出了比较负面的评价。

村民自治带来的变化不是说没有，只是很少被受访者提及。"唯一要说有变化的是，现在找村干部办事不用求爷爷告奶奶了，这点还是有些变化了。毕竟这些干部还是选出来的，如果有做得太过的事，可以到县政府上访，这些底下当干部的还是有些怕的人和事的。"（访谈编号：20110233）仔细分析，可以发现，这位受访者所说的变化，只有部分来自村民自治即"这些干部还是选出来的"，更重要的是，现在的村民还拥有上访这样一个"杀手锏"。

虽然也有个别村民对村民自治制度予以抽象的肯定，但对其现有的运行质量显然并不满意："村民自治，这个事儿是好事儿，但实现不了，想实现非常难。"（访谈编号：20110221）"村民自治是一个很好的尝试，但是还有很多漏洞。选举不公，村民参政意识不强。这是中国政治很好的一块试验田。目前来说还没有积极作用，但是随着村民素质的提高，文化水平的提高，必然会起到积极的作用。"（访谈编号：20120704）"村民自治现在是这样一种情况，大的框架是好的，中央的方针政策是好的，但是执行起来就不是很好了。像你说的村民自治，如果事情不是闹得很大，闹的上面的领导都知道，就不能得到很好的解决，村里面的人就会敷衍了事，就算是闹到镇里面也没有用，因为镇里面的人也怕麻烦，所以很多事情就这样过去了。"（访谈编号：20110802）

部分受访者从农民素质出发对村民自治作出了负面评价："当前村民自治不能说很好，只能讲一般般，为啥子呢？因为在农村的地方上还有落后的老百姓，还有 60% 的老百姓的思想还没有开放。"（访谈编号：20100210）"联产承包之后，你自己中地自己张罗，不像过去生产队开会。现在开会也是爱去不去了，没什么凝聚力。凭农民的习惯和素质，实现不了民主。都没人关心，都过自己的日子。"（访谈编号：20100227）"实行村民自治的想法是好的，但是毕竟农民素质低下。我觉得还是需要上级跟进指导，这样才能对农村的发展有好处。"（访谈编号：20110844）"现在老百姓素质还不够，谁给钱就选谁，怕收了钱不选对不起人家。"（访谈编号：20120703）

更多的受访者在谈到村民自治时，都认为其运行得并不好："村民自治实行得不怎么样，以前还能说，发表自己的意见。现在不能说了，现在开会书记压你'有啥事儿下来说'。村干部有啥事自己说了算。"（访谈编号：20120705）这涉及村干部不能尊重村民的意见。

"现在搞的是村民自治，但是说话还是乡政府说得算。"（访谈编号：20100234）"村民自治算是民主吧，就是我们农村虽然说自治，但是我们的干部基本上都是上面委派下来的，我们的选举也差不多都是走形式。"（访谈编号：20110273）这涉及基层政权对村民自治的干预。

"民主是做不到。村民自治是一句空话，没落实，会几年都不开几次，大队里的人拿国家工资，在搞么事？天天打麻将，看不到人。"（访谈编号：20110213）

"这就是个形式，现在就是只要老百姓不闹事，就是那个样，现在我们老百姓比较听话，哎呀，管他谁个（当），都是一回事，只要这一个新选的比上一个强就行，不管你谁当官。"（访谈编号：20120214）

"村民自治这个问题在我这里来说，这是一种体制的名称，在现实社会，冒（没有）起什么作用。现实社会这个体制实质上是有一种自由式的，常年都没有开村民会，也没有学习，另外占 2/3 的人在外面打工；1/3 的老人在屋里种田。其实现在这个机构是为了上传下达，起着上传下达的作用，并不有么事讨论，加上我们这个村有没有企业，有没有其他的经济联合体，等于各人只种各人的田地，在家务农的人各人种各人的田是吧，打工的人也常年不在家……"（访谈编号：20120201）

"总的来讲是一种过场而已，实际它的目标没达到，也没达到民心嘞，民主还是没能真心的实现。比如选举你，但是我不通过民主形式这个政策框框过不去，但是实际就没用到你，用的是其他人，那个就是他们在官场上设计好的。"（访谈编号：20100211）

"说归说啊，政策宣传归政策宣传，会不会往民主上走又是另一回事儿了。你看这农村的选举，说的也是民主选举，啥叫民主选举？你按照国家的宣传就是公正、公开、公平，是不是？但现在的都是掏钱买的。"（访谈编号：20110812）

"民主倒是有民主，但是有些搞个假民主，到最后来呢搞个盖尾，尚早讲该咋个做啊，群众发表的意见，比如讲选个领导，群众选上去，他内心考虑，讲要哪个哪个，不同意，最后他就讲其他的人，然后讲是大家选举出来的。像我们选党代表，投票去嘛，他拿去乡里面看，你晓得哪个多哪个少？赶后他就宣布将是哪个哪个当选，哪个晓得到底是没是他嘛。村里面头回他还搞三榜四榜的，第一榜讲哪个不适合，第二榜讲还有哪个不适合，等到第四榜他就直接讲是哪个哪个啊。"（访谈编号：20100213）

"混直发几张纸，那是个形式。比如我们这三个是村班子，你是村书记，我是管财务的，他是妇女主任，混直选来选去都是这几个。镇的都定好了的。我们这里山区不好聚，没有公开唱票。都是把票发到屋子里。镇里派人，两个人一组，提个箱子，到屋里让我们投，望箱子里一扔，他们再回去唱票，晓得看了票没有啊。"（访谈编号：20100237）

"我最讨厌的就是他们都想当干部，那才讨厌！又哈不搞事！你说投票吧，是投了，但是根本不起作用，实质上，他们自个早就把事情定下来了，就走了个形式，选不出我们看得来的人。"（访谈编号：20100215）

"现在的基层没有民主。村委会、村长选举，过去是无记名投票，2007年开始变成了上门选举。一个候选人带着人来问，选谁打个钩。这种不民主带来的就是选出来的人办事不行，偏得很，不正不公。"（访谈编号：20090709）

"民主形同虚设，村委会选举都是镇上派来的人，对于干部为人民服务不抱任何希望，能不欺压百姓就相当不错了。"（访谈编号：20090721）

"基层民主形同虚设，村委选举'走过场'而已，干部根本不是由老百姓选出来的。干部不为百姓谋福利，公然叫嚣'我也不是为村民而当干部的！'村里的账务从来都不公开，感觉当官的有贪污现象，但是就是拿不出证据。"（访谈编号：20090722）

"民主选举只是'走过场'而已，村支书、主任早就内定好了，老百姓的意见根本不顶用。村干部贿赂买官，上下串通一气，老百姓根本没有民主权力，有苦难言。"（访谈编号：20090723）

"现在选举叫什么选举啊？上面不知道的，找两三个，一个老实的，一个是村里开点杂工给他，给点小好处，你提着个箱子，你给我带点选票，叫挨户的跑一下。你不晓得，上次我们也不在家里，到家里，如果是有女人在家呢，如果你家有几口人，该几张选票，那就填一填，画一画，往里面一放，也不开什么选举会，也不管谁是谁，也不知道有谁在选，就划着放进去。或者怎么办呢？做到一定份上，那就在现场，村长就自己或者候选人就给在场的人发点烟，就自己坐下来填上，然后对上面说自己是通过选举的，就是这么个东西，哪里给你去一张张的选啊，都是这么个玩意。"（访谈编号：20110269）

"选举这件事……对，那时我也是小组委员会成员之一。选举的原则上是通过老百姓投票，选出村干部。投了票之后，乡里的干部又想了一个主意，就不根据选票结果来。说不通过群众选了，而要通过我们村二十一个党员来投票决定。我就跟副乡长蒋某说：'这个选举应该是由百姓们投票决定，怎么可以由我们党员来决定呢？'但是他还是开了一个党员会，由乡里提名，由我们举手决定。这样一种投票方式，就算对那个人有意见也不会当面得罪是吧！于是就这么选了村支书。其他人就说按村民的投票来。结果我把票箱交给蒋某之后计票人，监票人都没有，他抱到他办公室一个人搞了个投票排名出来。于是我就跟他说：'你这样子要不得。投票结果怎么可以由你一个人来弄呢？到时候会有麻烦的！我们这些大队代表也会讨嫌。'果然，这个选举结果使会场上的人吵了起来。很多人不服气，于是就查票根，一查发现多出好多选票。原来后来剩下的空白选票都给了某个湾里的人，每人填了一把选票上去。后来只好又重选了一遍。唉！这个选举随便怎么搞，到时候都是乱弹琴！中央的、上级的再怎么重视，到了下面就变了样。"（访谈编号：20110237）

"比以前是更民主了，最起码在表面上是。你看现在村干部都是选举，但是上级实际上都是知道这事儿，实际上就是那一个人啊，你再怎么着，这个选举他也就这个事儿。表面的形式是不做不行的。真正的民主可能还要经过很长一段时间。"（访谈编号：20110840）

即使是曾担任过村支书和村主任的一位受访者，也承认选举并未起真作用："现在不是选的，选鬼了选，还是上面说了算。"（访谈编号：20110201）

一位任村副主任的受访者也承认："这个选举村干部也是有人情网的，而且除了人情网拉关系以外，上面的人还有人来插手。"（访谈编号：20110833）

而在某位村干部看来："现在的农民……上面给的权利不少，但自己没有真正利用起来，不能怪上面。群众不关心，还是那句话，就像选举村长的时候，通知他们，他们也不去，就找十几个人在那边写写画画（指的是填选票），你说这叫人咋弄，通知你也不去，你叫人怎么办？我亲自做村长的时候也没人去。"（访谈编号：20110264）

倒也有少数受访者对村民自治持肯定态度，这是因为当地的村民自治开展得比较规范。

"现在大的工程项目下来，都是要通过村民代表、老干部、党员开会之后，再根据要求实施，我觉得这样做是非常必要的。像我们现在有监督委员会，每个月账目公开，透明度很高，这样做也有好处，以免引起隐患跟大的矛盾，而且有些野心勃勃的人，因为有了这种政策，胆子也小点了，总的来讲还是推进了民主的。村民自治有可操作性。特别是最近几年更加的明显跟透明，像不管什么事情，都是通过队长，党小组长，代表骨干，讨论开会决定。特别值得注意的是，现在的女性代表参政议政的比率大大提高了，占了总人数的1/3。"（访谈编号：20110845）

"村民委员会搞得还可以。主要是抽水的时候，他们要收钱，不过都是取之于民、用之于民的。抽多少水，年底一平摊，在把账目公开。一年就是一年的，不拖到下一年，队里的人交钱也蛮积极，蛮好。"（访谈编号：20110215）

"村民自治搞了十几年吧，就是村民自己管自己啦。老百姓不同意就搞不成，老百姓有么事说么事，现在还是民主选举。大家有事都商量，不是一个人说了算的。但是人心不齐，自己都有自己的利益，就不好办事。"（访谈编号：20110216）

"村民自治？呃，这个村官带领老百姓这个实行的很好啊。这个选出的村官儿带动老百姓往致富道路发展。"（访谈编号：20110838）

在访谈材料中，还有让笔者感受比较深刻的一点，即村民谈及村民自治运行的负面现象时，多集中在选举过程中的拉票买票身上。在对农民的访谈中，我们发现，农民对基层选举中的拉票买票行为表示出深深的厌恶。只要谈到基层选举（主要是村干部选举）的负面现象，他们首先谈及的，要么就是前文所述选举其实是由乡镇干部指定的所以是虚假的"走形式"；要么就批评选举过程中存在的拉票和派性争斗问题。对拉票和选举派性争斗的厌恶，不仅是思想观念上的，也是情感上的。

一位受访者就专门谈到他对现在村民选举的不满："我感觉在改革开

放前后的选举有所区别，之前民主公开，让村民都形成一定的认同感，乡土之风很浓：但后来都'内定'、'暗箱操作'了，经常是强制选择，也时常拉帮结派的贿赂选民，不再真实了。"（访谈编号：20110253）这位受访者对改革开放之后的选举作出了笼统的负面评价。另有一位受访者也持相似观点："老毛时，我还当过会计，那个时候才真的是民主推出来的，大家信得过推荐，没讨点好的。那才叫荣誉！我们原来1983年责任下放的时候，开会分田，搭配均匀，那工作做得好上心咧！集体表决，才民主吧！不可能让每个人满意，但是大家都信咧，都没得人跑来扯皮咧！"（访谈编号：20100214）

"选举好是好。但是，现在还不是真正看谁帮老百姓做事就选谁。现在是抢票、拉票、攀关系。就像换届，有钱的送烟、请客。他就是不做事，他有钱，都可以买得到。现在农村不是民主选票，是民主买票！"（访谈编号：20110809）

"哎呀选举那都拉票，买官卖官了现在都是，给你钱让你选他，还有什么民主？都不是什么民主集中了。"（访谈编号：20100224）

"选举不民主，都是买官。基层风气不正，农民思想不正。现在不是民主集中，是帮派集权，有权就有一切。"（访谈编号：20100226）

"选举都是假的。我们这里都是花钱买选票，干部上任以后也不办事，谁也管不了。根本不觉得老百姓能监督得了当官的人。"（访谈编号：20090701）

"都是投选票，拉票也多，还有些花钱买选票哇，有的人，有的村吧一个选票都要二百块钱哪，咱村还搞了那么一个呢，就在村东边，他姐叫臧什么，给了一袋大米，给了一桶油，给了一袋面，他那会花了一万多块钱，农村里大多都是这样拉选票。"（访谈编号：20120210）

"我给你说，现在的村民自治就是拉帮派，实力大、人多就能选到你。选举前，晚上就会有人到你家来串门，给你递烟啊什么的，要你投他，说别人坏话，多得是。有的还要威胁你，你反对他，他说你只要多提意见就搞死你。"（访谈编号：20100234）

"村里竞选15元一张票，公开买票，花了几万元当上的官还能真心实意给大家办事吗？肯定是想着法儿捞回去的。上次选举两个人给我们送钱了，搞得我都不知道选谁好，心里不想收吧，别人就会说你对他不满，不想选他，心里记仇；收吧，又不是自己的本意，真不知道该怎么办。现在选举是这样的，乡里派个人来，大队里给他大吃大喝，陪他聊天，等大队的干部来挨家挨户的把票收起来带过去。这些村干部一心想着怎么捞，哪里想着办点实事，老百姓的一点东西全让他们给贪完了。"（访谈编号：20100231）

"村长还不是选之前他们在下面笼络人心，让亲戚们都选自己，找人面子上的关系啊！现在没有真正由农民选出的村长，现在缺少一个正义的干部。"（访谈编号：20110210）

"村官算是民主选的，但是他存在拉帮结派，亲戚连亲戚，亲戚多的就能选上，人家现在选上了，你能怎么样，谁有权利能把那个推翻了呢？所以现在选出来的就没有正义。"（访谈编号：20110211）

对选举中拉票行为和拉帮结派的厌恶，甚至让某些受访者提出由上级指定的改革办法。"上级指定，无帮无派，才能无私。指定的就算他跟上级拉关系，跟村里人也联系不大，他到这也没有帮派，没什么关系。"（访谈编号：20100226）

对社会利益的多元分化及其基础上形成的政治多元竞争，绝大多数受访者没有认可的观念基础和心理基础。对于选举，依然持续整体主义的思维模式。在我国的政治文化中，也一直从道德和合法性上对"拉帮结派"给予批判。选举过程中必然出现的组织、动员和拉票，就使人们很容易想到拉帮结派。即使是修祠堂这样的传统行为，在某些受访者看来也是拉帮结派。"政治要真正做到家的话，祠堂是不应该修的。祠堂就是拉帮派，这个姓压倒那个姓。这样搞下去就是奴隶社会啊。"（访谈编号：20110227）可见，对所谓"拉帮结派"的反对，构成了村民对村民自治特别是其中的选举环节"眼光挑剔"的重要心理基础。

四　简短结语

从笔者所阅读的访谈材料来看，当前我国大部分地区的大部分村民，对村民自治运行质量的评价都不高，这其中的主要原因在于：其一，20世纪末21世纪初全国各地农民负担沉重，干群关系紧张，这构成了绝大多数农民的共同记忆，也影响了他们对乡村干部和村民自治的信心；其二，自 2000 年左右开始，全国各地农村普遍进入全面外出打工的时代，乡村社会的基本人气和公共生活越来越难以为继，村庄对农民的重要性下降，村民自治越发失去社会基础和利益基础；其三，2005 年至 2006 年各地农村相继取消农业税，乡村政权与农民关系变得比较淡漠，农民和乡村政权成为"两张皮"；其四，村民自治运行过程中的诸多负面现象及其发酵，同样影响了村民的相关评价。而少数地区的村民之所以对村民自治予以积极评价，是因为这些地方往往经济发达且村民自治开展得比较规范。但这样的地方就全国范围而言并不是主流。因此，探索村民自治的有效实现路径，一方面，要考虑少数经济发达地区乡村的治理需要，更重要的是要考虑大部分处于衰败和重组之中的乡村地区的治理需要。就另一方面而言，国家帮助新型村庄在适当的层面重建共同体将是一个值得考虑的选项。

清远实验:重达自治的农村治理体系改革

——以广东省清远市佛冈县为例

吴记峰

"公地悲剧"、"囚徒困境"、"集体行动逻辑"等经典理论概括出了公共事务治理遭遇的挑战,对此,市场机制与行政管制都非治本之策,世界范围内的社会自治反倒提供了诸多有效治理的经典案例。但我国农村地区的村民自治却在经过了30多年制度变迁与实践发展后逐步地走向了式微,发展前景不容乐观,部分学者甚至发出了"村民自治已死"的感慨,对于村民自治的研究也由一门显学而变得"已经过时了"。究其原因,主要还是由于30年来以行政村为组织基础的村民自治行政抑制自治、他治替代自治、自治流于形式。也就是说,是过度行政化导致村民自治的发展"山重水复疑无路"。与此同时,一些地区自然村与村民小组层面的草根自治呈现出了强劲的生命力,广东云浮的"三级理事会"、江苏南京的"农民议会"、贵州凯里的"组管委"等等都是在自然村或村民小组层面搭建组织,激活自治,实现了乡村社会的善治,村民自治的发展也因此"柳暗花明又一村"。广东省清远市2012年11月启动的以村民自治重心下移为核心的农村治理体系改革也正是看到了行政村自治的困境与自然村自治的活力,是在村民自治发展实际与基层群众自发探索基础上的改革实践。

一 清远试验的背景

(一) 行政村村民自治的困境

关于传统乡村社会的治理形式,学界存在一定的分歧。但不管是乡绅自治,还是官绅共治,传统乡村自治无疑是以自然村为组织基础的社会自治。20 世纪 80 年代发轫于广西合寨村的村民自治最初也是以自然村为组织基础的社会自组织行为，1987 年通过的《中华人民共和国村民委员会组织法（试行）》中也有"村民委员会一般设在自然村"的条款。只是后来在政府主导的推进过程中，为与人民公社时期"人民公社—生产大队—生产小队"的组织架构相衔接，普遍选择在生产大队一级成立村委会，实施村民自治。

理论上讲，这种自治组织及主要的自治规则，基本起源于国家力量的规范，而不是单纯的自主发展的结果。甚至有学者指出，实施村民自治，国家不是缩小了在农村的驾驭范围，而是改变了对农村的驾驭方式。用一位民政官员的话来表达，村民自治是"把党和国家的政策、要求变为群众自觉行动的机制"。同时，也有学者指出，从某种意义上说，村民自治是国家政权在乡村社会重建的一种方式，只不过这一重建过程一开始就具有一种张力：是通过管制社会来获得稳定和权威，还是通过保障农民自治权来获得秩序与承认。而当国家管理与村民自治所占有的权力与资源极不对称的时候，村民自治就成了一种由村民自己投票选出一个以执行国家任务为己任的"班子"。

从实践中看，自然村自治逐步演变为行政村自治，这就使民主选举、民主决策、民主管理、民主监督等直接民主形式因自治规模在地域与人数上的双重扩展而在村民自治实践中难以有效开展，村民自治陷入了操作困境。另一方面，村民自治长期处于各种行政任务压力下的"紧约束"状态，村委会具有很强的"准行政性"，自治的空间很小，这又导致在村民自治的过程中行政抑制自治、他治替代自治、自治流于形式。而从实践结果来看，村民自治 30 年的发展也是差强人意。就广东而言，从 1998 年村民自治实施以来，在实现了"晚起步、高起点"的同时，也相继发生了"太石村事件"、"乌坎事件"等震惊全国的与村民自治相关的群体性事件。村民自治的发展因此也引起了社会的关注，遭到了社会尤其是学界越拉越多的质疑。那么，村民自治发展过程中产生的这些问题，是村民自治发展导致的问题，还是村民自治发展不充分而产生的问题，这不仅需要理论上的推演与论证，更需要到实践中去找寻真相。

（二）自然村草根自治的活力

在行政村村民自治陷入发展困境的同时，很多地方在自然村与村民小组层面的草根自治却呈现出了强劲的活力，为村民自治的发展贡献了典范案例，也为村民自治的改革提供了全新路向。

以清远市佛冈县为例，该县大田村沿袭人民公社时期生产小队管理机构"队委"的名称，由村民小组长、副组长以及村里的老党员、老队长等关心公益事业的人组成了全新内涵的草根自治组织"队委"，负责大田自然村村内的公共事务。"队委"自治组织设置非正式化，组织人员非固定化，体制机制非制度化，组织运行非行政化，是一种具有内生动力的自治机制创新，一种根植于乡土社会的草根自治形式。几十年来，大田村在"队委"的领导下，通过自然村自治实现了村庄建设整体划一、村庄经济快速发展、村容村貌卫生整洁、村庄居民和谐和睦。2013 年，在已有成绩的基础上，大田申请成为名村建设示范点，并在"队委"的基础上成立了村庄理事会，在实现草根民主制度化、规范化的同时，通过集约、流转土地发展现代生态农业，实现了农业经营体制的创新；通过自筹自建文化室、杂物房等实现了村居环境的提升。自然村自治呈现出了强的活力。

佛冈县上西村民小组的土地所有权在村民小组一级，但原有的集体经济下的平均主义观念与当前"增人不增地、减人不减地"的政策存在冲突，上西村民小组与全国很多地方一样陷入了土地分配困局。压力催生动力，问题促进革新，上西村民小组面对土地困局，激活乡村社会微自治机制，在村民小组内自主达成改革共识、自主形成改革方案、自主分配改革成果，在维持土地产权相对稳定的基础上，通过创新土地收益分配机制来适度调节农户间的土地收益，取得了较好的成效。小村落破解了大困局，微自治解决了大难题，上西村民小组正式通过在拥有集体土地所有权的村民小组一级激活村民自治进而探索出了中国新一轮"土改"中的"上西模式"。

佛冈县官塅围村也是一个自然村。1998 年村民自治在广东省推行后，官塅围基本沿袭人民公社时期的组织架构，对上归属楼下行政村，对下分为四个村民小组，形成了"村委会—村民小组"的自治组织架构，而在自然村层面既无自治组织，又无自治机制，从而在自然村公共事务处理与村居建设等方面难以形成合力，限制了村庄发展。2011 年开始，官墩围在村民选举中增选一名村长，与 4 个村民小组的小组长组成自然村的自治班子，负责统筹整个自然村的发展。3 年来，官墩围草根自治有效整合了自然村内部 4 个村民小组的资源，将村庄几百亩水田统一流转，创新农业经营体制；申请成为名村建设试点村，促进了村庄整体发展。官墩围也成了远近闻名的和谐村、明星村。

上述几个村村民自治成效显著有着共同的内在机理。首先，他们都是在自然村或村民小组这一地域相近、文化相关、利益相连的单位内激活自治。村民小组或自然村大多是以家族或其他历史原因自然形成的居民聚居的村落，具有天然的血缘、族缘等联系纽带，以较为紧密的经济、社会、文化共同体形式存在。相对于行政村，村民小组（自然村）属于"熟人社会"，群众之间有直接的利益关系、一定的信任关系和较强的心理认同感，参与公共事务管理的利益驱动力更强，行为方式更加理性，作为自治单位的基础也更加牢固。既连接了自然村自治的传统，又关照了自然村作为一个社会共同体更容易实现自治的现实。其次，他们都是群众自发的草根自治实践，也正是这种一定程度上摒弃了行政化的草根性赋予了自然村自治以强大的生命力。而这些特点本身也就是村民自治作为一种群众性自治而应有的制度特质，只是因为在发展的过程中逐步行政化，才导致了行政村村民自治的式微。由此，村民自治的改革创新就要通过探索村民自治的不同实现形式，实现村民自治的性质复归与功能复位。

二　清远试验的举措

清远村级组织改革正是基于这样的认识，着力推进村民自治下移。2012 年 11 月 26 日，《中共清远市委、清远市人民政府关于完善村级基层组织建设推进农村综合改革的意见（试行）》出台，以村民自治、基层党建、政府服务"三个重心下移"为核心的村级组织改革也正式启动。

具体而言，首先要积极探索完善村民自治的有效途径，将现有的"乡镇—村—村民小组"调整为"乡镇—片区—村（原村民小组或自然村）"的基层治理模式。在乡镇以下根据面积、人口等划分若干片区建立党政公共服务站，作为乡镇派出机构，承办上级交办的工作、开展公共服务和为群众提供党政事项代办服务，由县镇统筹管理和开支；按照便于群众自治，有利于经济发展和社会治理的原则，在片区下以 1 个或若干村民小组（自然村）为单位设立村委会，开展村民自治，所需经费由村民会议通过筹资筹劳解决。同时。建立政府工作入村准入机制，政府部门新增需由村级基层组织承担的工作，按照"权随责走"、"费随事转"的原则，赋予相应职权和拨付专项经费。市县财政统筹安排"一事一议"奖补项目资金，为村办理公益事业提供支持。引导乡镇加大对农村公共财政投入和资源整合力度，鼓励条件成熟的乡镇统筹农村社会治安管理和环境卫生治理。

其次，完善党政公共服务站人员管理。县镇根据面积、人口、工作难度等核定党政公共服务站工作人员数量，由乡镇统筹安排、统一管理。工作人员原则上从辖区内现有村"两委"成员中选取，乡镇按照岗位要求，制定标准和条件进行选拔和录用。

再次，推进党组织设置重心下移。乡镇党委应在下辖片区设立党政公共服务站的同时建立片区党总支，同时在片区下辖的村（原村民小组或自然村）建立党支部。扩大党组织覆盖面，在具备条件的村办企业、农民专业合作社、专业协会等建立党支部。强化党组织领导核心地位。建立健全党领导的村级基层组织运作机制。村集体经济较薄弱的地方一般实行村党组织书记、村委会主任、村集体经济组织负责人"一肩挑"。村集体经济发达或较发达的地方可以实行"政经分离"，即村党组织书记和村委会主任不兼任村集体经济组织负责人，村党组织推荐村党组织副书记、委员或符合条件的专业人士通过法定程序担任村集体经济组织负责人。

一年多以来，清远村级组织改革主要在三个试点镇举行。2014 年 3 月份，随着村"两委"换届工作的基本结束，三个试点镇的村级组织改革在制度结构上也基本成型。以佛冈县石角镇为例，该镇社区之外的 17 个村民委员会、165 个自然村，485 个村民小组。村级组织改革后，原有 17 个村委会调整为 17 个片区，成立 17 个党总支部与党政公共服务站．片区下设 106 个村民委员会，实施村民自治。

当然，具体改革过程中，试点镇内部村民委员会的调整也存在一定的差异。佛冈县石角镇最大限度地尊重民众意愿，实行"一村一策"，将各村村级组织设置调整方案提交村民会议讨论通过。其中，该镇冈田村将村民自治单位全部下移到村民小组一级，在原来 17 个村民小组的基础上，成立了 17 个村民委员会。而石铺村则是按照 2005 年合村并镇前的布局将当初合并在一起的两个村进行拆分，成立两个村委会。其他大多村庄则是根据地域相近、文化相连、利益相关的原则进行划分与设置，基本上将村民自治下移到了自然村一级。各村民委员会规模的调整，主要基于村庄集体经济状况、村庄历史文化传统以及群众的普遍意愿。冈田村在 17 个村民小组基础上成立新的村委会，主要是因为冈田是县城村，各村民小组集体经济发展较好，具备自治的经济基础。大田村与旁边的瓦前爩组成新的自治村，则主要是因为两个村历史上就曾同属一个村民小组，两村居民虽不同姓，红白喜事却也是相互走动的。总之，村民委员会的规模调整方案都是在村干部充分讨论的基础上提出方案，再由村民表决通过的。而在具体调整规模上的差异也体现了不同村庄的实际情况以及各村村民的不同考虑，当然，这种差异也使得改革试点村内部存在差异，形成了比较，更有利于探索村民自治的有效实现形式。

三 清远试验的价值

广东清远市以村民自治下移为核心的村级组织改革，在连接传统乡村社会自治的同时，解决了至少是缓解了当前村民自治行政化严重、他组织干预等问题，无论是对于村民自治本身的理论发展与实践推进，还是对于整个乡村治理而言，都具有重要的价值。

（一）夯实自治根基，推进社会直接民主

村民自治单位下移，将村民自治放到自然村或村民小组一级，就使得村民自治真正落地，也是村民自治由政府建构的行政村自治到社会发育的自然村自治的一种回归，这也就从根本上夯实了村民自治的社会基础，为村民自治的健康发展奠定了基础。村民小组也就成了一个基本的行动单位。同时，理论和经验都证明，民主形式与民主层级有关。直接民主适应于较小范围和较低层级。缩小村民自治单位，在一个较小的范围内实行自治，将有助于民主选举、民主管理、民主决策、民主监督等直接民主形式的开展，进而推进选举式民主向参与式民主的转变。当然，选举式民主到

参与式民主的递进也有助于在更多的民主环节更好地锻炼村民的民主能力，从而更好地实现自治。清远市村民自治重心下移后的首届"两委"选举中就呈现出了"两高"现象：一是群众参选率高，本届换届选举参选率达到96.7%，比上届的91.5%提高了5.2个百分点，很多常年在外的选民返乡投票；二是"两委"成员竞选激烈程度高，很多十多年来未换过村民小组长的村落在今年的选举中产生了全新的班子。

（二）连接自治传统，挖掘乡村自治元素

将村民自治重心下移到自然村或村民小组一级，实质上也是对乡土社会自然村自治传统的一种复归。传统社会的乡绅自治就是在千百年自然形成的自然村层面的自治。尤其是对于华南社会而言，乡村自治更是根植于宗族社会之中。自20世纪80年代以来，华南社会自然村层面的社会自治得到了很大程度的复兴。村民在建宗祠、修族谱、清明拜山、春节祈福等事务逐步孕育出了自治的精神，锻炼了自治能力。而且，这种自治还有从传统宗族与信仰事务向公共事务拓展的趋势。村民自治重心下移，也就是一种连接自治传统的努力，通过将村民自治重心下移到自然村与村民小组一级，援借乡土社会传统自治元素，挖掘乡村社会自治内生动力，为草根自治形式提供制度化平台，以加快民间传统事务自治向现代公共事务自治的拓展，推进村民自治的健康发展。

（三）行政自治分离，破解村民自治困境

清远市村级组织改革通过村民自治下移实现了行政与自治的分离，他治与自治的厘清。行政与自治分离，就解决了长期以来的村民自治组织过度行政化的问题，进而实现了农村村民自治与政府行政管理的有效衔接与良性互动。他治与自治的厘清则是通过基层党组织设置调整、基层党建方式转变、党对基层领导方式的转变来解决长期以来的"两委"关系问题，从而实现党的领导与村民自治的良性对接。由此，通过村民自治单位下移，行政与自治的适度分离，清远市在改革过程中为村民自治创造了更为宽松的环境与更为广阔的空间，从而促进了村民自治的健康发展，破解长期困扰村民自治发展的问题。这对于村民自治的良性运转与整个乡村自治的重建具有重要的意义。

（四）理顺治理层级，实现官民共同治理

现有乡村治理体系"乡镇政府—行政村—村民小组"是顺承人民公社时期"人民公社—生产大队—生产小队"的结果，所不同的是，从生产小队到村民小组，其自我管理职能减弱，这也就形成了村庄治理上的"村实组虚"，而从集体经济的角度而言，则是"村虚组实"，二者存在脱节问题。村民自治单位下移，上层是基层政府与片区党政公共服务中心，下层成立以自治为主的村级自治组织，这就理顺了基层治理层级。而在功能方面，政府与作为政府派出机构的党政公共服务中心主要是对接行政事务、提供公共服务。村民自治组织则主要是完成社区内的公共事务。再加上基层党组织的方向性领导，这就在基层社会形成"官民共治"局面，即在党的领导和政府主导下，群众广泛参与，共同管理国家和社会。

四　清远试验的困境

（一）再度行政化的可能

清远村民自治重心下移是基层群众的自发探索，是对原有草根自治形式的制度化与规范化的过程。其主要目的是为了通过自治下移实现行政与自治的适度分离，从组织设置与制度设计上解决"村民自治不自治"的困境。在新的农村治理体系中，行政工作与公共服务主要由片区党政公共服务平台承接，村民自治组织组要负责村庄的公共事务。要建立政府工作入村准入机制，政府部门新增需由村级基层组织承担的工作，按照"权随责走"、"费随事转"的原则，赋予相应职权和拨付专项经费。但就实际情况来看，清远市属于粤北山区，各级财政较为紧张，原有行政村村委会的工作经费大多由村集体经济负担，村民小组长承担行政事务的务工补贴也都是在小组内部解决。因此，政府财政能否承担起乡村行政工作与公共服务的费用，成为改革能否成功的关键。如果财政支付不能跟进，大量的行政事务将随之下移到新的村委会，自然村自治也就有了再度行政化的可能。此外，在自然村层面，本来是寄希望自然村建制更充分发挥村民自治功能。但是，自然村的村干部和村务管理仍然寄希望于政府配置治理资源，乃至拨付工资。如果不提供资源，自然村干部缺乏积极性。如果提供

资源，无疑又会增加一级治理机构，反而会增大治理成本，并造成自然村建制的再度行政化。

（二）对上衔接中的困境

当前，上级对农村的考核都是以行政村村委会为单位的，相应的政策资金的下达也都是到这一级。清远三个试点镇的村民自治下移到了自然村与村民小组，但上级考核短时间内很难跟进。也就是说，乡村治理中资源配置、人口管理、党员发展等等原来都是以行政村为单位，自治下移后政府行政机构与村民自治组织的对接问题较为突出。而这些问题如不能及时解决，就会影响到村庄的资源配给与服务供给。而对于上级部门而言，也需要治理理念的转变。"以前我们一个镇只是面对 17 个村委会，现在一下子变成了 106 个，变成了 10 倍。如何管理，怎么管理"，乡镇干部的困惑也一定程度上反映出了新治理体系中政府管理与村民自治衔接上的困境。当然，这种困境一定程度上也还是基层工作人员认知上的问题，存在管控思想向服务思想转变不到位的因素。但不可否认的是，迅速增多的村民自治组织还是会在行政管理与自治组织的对接上增加大量的工作量。

（三）变化发展中的乡村

村民自治重心下移某种程度上也是一种连接传统乡村社会自治的努力，试图利用农村社会尤其是华南乡村自然村层面较为可观的社会资本存量，实现社会的有效连接，促进村民自治的良性运转。然而，不可回避的是，当前的乡村社会已然处于城镇化进程之中，是一个变化发展中的乡村，一个流动起来的乡村。清远市虽地处粤北山区，经济发展水平不高，城镇化进程较慢。但当地村民尤其是年青一带早已走向了外出务工的道路，并逐步地开始融入到城镇化进程之中。生产方式与生活方式的转移使得年青一代不再关心村庄的公共事务，村民自治与乡村社会一起陷入了发展的空心化。也就是说，村民自治试图复归传统，然而传统已然不存在。村民自治下移到自然村也难以解决年轻人参与不足、长远发展动力不足的时代性困境。

（四）宏观环境难以避开

近年来，随着农业税的取消与国家对农村转移支付力度的加大，村民自治的外部环境有了一定程度的改善。但与此同时，原有的压力型体制却未能有根本性的变化，村民自治的体制发展空间严重不足。清远通过村民自治重心下移谋求重达自治的改革，其实就是试图通过自治重心的下移在基层组织架构与运行机制上将行政与自治进行适度分离，在现行体制环境下为村民自治发展谋求一定的生存空间。也可以说，清远实验是向下给力，通过自治的下移一定程度上摆脱行政的过多干预，寻求自治的空间。但毋庸置疑的是，这种向下寻求一定自治空间的努力是有限度的。清远村民自治下移过程中还是不得不完成主任、书记"一肩挑"的任务指标，不得不重视"两委"干部交叉任职率。由此可见，微观机制的创新还是离不开大的体制环境的支撑，无论是行政村自治还是自然村自治，可能都还是需要基层自治与高层民主的联动，需要宏观制度环境的支持。

五　讨论与结论

清远实验是一场源于农村实践、源于基层群众的探索，改革探索刚刚起步，成效还未完全显现，对改革的是非评断也还为时尚早。对于重达自治的清远实验而言，理论上的推演可能无法替代现实中的实践，改革的成效还需通过一定时间段的自治实践来检验。村级换届三年一次，这三年中清远也就先在目前的三个试点镇进行实验，试点也是一种对比，有试点镇与非试点镇的对比，有试点镇内部不同形式间的对比。三年之后看改革成效，总结并探讨村民自治的有效实现形式。

清远实验又是一场特定历史阶段里的改革尝试。村民自治作为乡村治理体系的一部分，是要随着变化发展了的实际而不断创新发展的，清远通过自治重心下移而重达自治的改革实验所适应的是尚未卷入快速城镇化轨道的欠发达农村地区，是传统宗族文化氛围较为浓厚的华南乡土社会。随着现代化进程的加速，村民自治乃至整个农村治理体系可能会走向新的高度，甚至是会转向新的发展方向。但至少，清远实验在当前一定时期内契合了农村实际与农民意愿。

　　清远实验更是一场未尽的改革。将村民自治重心下移到自然村或村民小组一级只是改革的第一步。在接下来的一段时间内。如何厘清行政与自治的关系，如何运作"费随事转"，如何通过以奖代补等措施激活乡村自治，如何实现村民自治与政府行政的有效衔接等，都还需要通过推进相关的配套改革，来促进实现重达自治的目标。这些后续的配套性改革某种程度上也决定着改革的成败。当然，清远实验最大意义正是在于它是一场群众自发的、具有内生动力的改革探索。不管改革的结局如何，清远实验至少还是为我国村民自治的发展提供了一种方向、一个选项。

参考文献：

[1]　[美] 埃莉诺·奥斯特罗：《公共事务的治理之道》，译文出版社 2012 年版。

[2]　冯仁：《村民自治走进了死胡同》，载《理论与改革》2011 年第 1 期，第 3 页。

[3]　徐勇：《柳暗花明又一"村"：清远村民自治改革》，徐勇教授 2014 年 2 月 28 日会议发言整理稿。

[4]　徐勇：《最早的村委会诞生追记》，载《炎黄春秋》2000 年第 9 期。

[5]　毛丹：《乡村组织化和村民民主——浙江萧山市尖山下村调查》，载《中国社会季刊》1998 年春季卷。

[6]　吴理财：《20 世纪村政的兴衰及村民自治与国家重建》，载《当代中国研究》2000 年夏季号。

[7]　彭大鹏：《村民自治的行政化和国家政权建设》，载《北京行政学院学报》2009 年第 2 期。

[8]　徐勇：《农村微观组织再造与社区自我整合》，载《河南社会科学》2006 年第 9 期。

[9]　徐勇：《"组为基础，三级互动"：村民自治运行的长效机制》，载《河北学刊》2011 年第 6 期。

[10]　程同顺：《村民自治体系中的村民小组研究》，载《晋阳学刊》2010 年第 5 期。

[11]　徐勇：《政府管理与群众自治的衔接机制研究》，载《河南大学学报》（社会科学版）2011 年第 5 期。

[12]　徐勇：《重达自治：连接传统的尝试与困境》，载《探索与争鸣》2014 年第

4 期。

　　[13] 汤凯锋、梁文悦、胡念飞、梁有华：《化解矛盾须尊重群众、相信群众》，载《南方日报》A06 版 2014 年第 4 期，第 15 页。

人情相系:村民自治有效
实现形式的社会基础[*]

沈乾飞①

2014 年中央［一号文件］提出:"积极探索不同情况下村民自治的有效实现形式,农村社区建设试点单位和农村集体土地所有权在村民小组的地方,可开展以社区、村民小组为基本单元的村民自治试点。"这表明国家已经意识到,运行了三十余年的村民自治制度,目前遇到了亟待克服的发展瓶颈。如何进一步完善现有的村民自治制度,让自治在乡村社会运转起来,是政府、学界和乡村自身都要认真反思的问题。中央［一号文件］提出探索村民自治的"有效实现形式",无疑为村民自治的进一步发展指明了方向。但如何从学理上弄清楚什么是村民自治的有效实现形式? 依据什么安排的村民自治实现形式才能有效? 是目前学界值得深入研究的课题。本文认为,探索村民自治的有效实现形式,须要从乡村社会及农民习以为常的日常生活中,挖掘足以支持自治制度有效运转的社会资源,并充分尊重和发挥现有资源条件,建构具有乡村生活特点、贴近农民生活实际的自治形式,才有可能真正让村民自治制度运转起来。为此,笔者将尝试从人情关系的视角,来探索村民自治的有效实现形式。

---

　* 本文为教育部人文社会科学重点研究基地重大项目"日本城镇化进程中的公共治理及其启示"(13JJD810002)。

　① 作者简介:沈乾飞,男,1981 年生,华中师范大学政治学研究院,博士,中国农村研究院研究人员,研究方向为农村发展与政府治理。

一　人情相系：村民自治的社会基础

自治（self‑government）是指："某个人或集体管理其自身事务，并且单独对其行为和命运负责的一种状态。"① 据此可以认为，自治应该包括以下几个核心要素：一是自主，即个人或群体能够自主支配自己的行为；二是自力，即个体或群体具有处理各种事物的能力；三是自律，即个体或群体能够自我约束自己的行为。② 村民自治既不是个人的自治，也不是单个农户的自治，而是在一定范围内由若干个农民或若干个农户共同组成的单位内，为解决生产生活中面临的公共性问题，协调单位内部所有成员之间的关系，从而能够达成行动上的一致。由此，我们可以发现，只有真正具备了自主、自力和自律等条件，方才具备自我治理并对自己命运负责的能力，从而使自治的制度真正运转起来。人情"可被看成一种资源，比如一种恩惠或一个礼物，可被用成一种社会交换的媒介"。③ 也可以是人与人之间在心理和感情上的认同，还可以是协调人与人之间关系和维持社会交往秩序的规则，因此本文所讲的人情主要是指后两种，正是它们使中国乡村特有的人情关系具有社会团结的功能、具有维持社会秩序的功能和具有维持社会信任的功能，从而能够为村民自治的有效运转奠定社会基础。

（一）人情关系具有自治需要的互助功能

村民自治的目的，就在于通过群体内部成员间的合作，共同来完成个体或单个农户无法完成的事业，促进乡村社会公共事务发展造福于民众。乡村社会在日常生活中形成的人情关系，能够发挥群体的团结互助功能。人们维持正常的日常生活，离不开互助合作，中国乡村自古以来都有人与

---

① ［英］戴维·米勒、韦农·波格丹诺编：《布莱克维尔政治学百科全书》，北京：中国政法大学出版社1992年版，第693页。

② 徐勇：《找回自治：对村民自治有效实现形式的探索》，载《华中师范大学学报》（人文社会科学版），即将刊发。

③ 阎云翔：《礼物的流动》，李放春、刘瑜译，上海：上海人民出版社2000年版，第119页。

人之间、户与户之间合作互助的传统，"在传统结构中，每一家庭以自己的地位为中心，周围画出一个圈子，这个圈子是'街坊'。有喜事要请酒，生了孩子要送红蛋，有伤事要出来助殓，抬棺材，是生活上的互助机构"。①

生活日复一日循环往复，人与人之间彼此依赖伴随着日常生活，人们必须学会如何让彼此间的团结互助更加牢固持久，这就是人情的经营和积累。"亲密的共同生活中各人互相依赖的地方是多方面和长期的，因之在授受之间无法一笔一笔地清算往回。亲密社群的团结性就依赖于各分子间相互的未了的人情。在我们社会里看得最清楚，朋友之间抢着回账，意思是要对方欠自己一笔人情，像是投一笔资。欠了别人的人情就得找一个机会加重一些去回个礼，加重一些就在使对方反欠了自己一笔人情。来来往往，维持着人和人之间的互助合作。"② 社群内部，人与人之间持续着"给予"与"亏欠"的人情法则，目的在于用永远无法清算的人情，将成员之间的关系捆绑得愈加紧密，从而使人与人之间的团结互助愈加持久。

人情不同于纯粹的经济利益，而是带有很强的情感因素。因此，"中国人关系上的这个'欠'不在理上，而在情上"。③ 在人情关系上，人们遵循的不是经济理性而是关系理性，不是经济收益最大化，而是情感收益最大化。以情感为灵魂的人情，使人与人之间在团结互助上具有了道德意义上的责任。"道德义务，连同先前的社会交换所造成的人情债务，创造了一种高度可靠的紧急援助机制。""关系网对于困难时期的生存是至关重要的。"④ 人情关系为灵魂的团结互助，具有较高的稳定性和可靠性，它对人们相互协作解决日常生活中的问题，有着重大的作用和意义。这无疑为一定范围内的村民自治提供了情感和心理上的支持。

（二）人情关系具有自治需要的秩序功能

村民自治需要克服群体内成员因越轨行为对规则和秩序的破坏。人情

---

① 费孝通：《乡土中国生育制度》，北京：北京大学出版社 2005 年版，第 27 页。
② 同上书，第 73 页。
③ 翟学伟：《人情、面子与权利再生产》，载《社会学研究》2004 年第 5 期。
④ 阎云翔：《礼物的流动》，李放春、刘瑜译，上海：上海人民出版社 2000 年版，第 90 页。

的一个重要含义是指："一套社会规范和道德义务。这些规范和义务要求一个人和关系网中的其他人保持联系，介入礼物、问候、访问和帮助的互换。"① 因此，人情不仅仅是一种人与人之间以礼物或恩惠为媒介的来来往往，更是一种社会交往的具体规则，具有引导社会观念和规范社会行为的功能，质言之，它具有维持社会秩序的功能。

　　人情之所以具有行为规范功能，主要源于它涉及与"面子"有关的互惠，这就是相互给面子，相互"捧场"。在一个群体内部，人们很可能不会在乎作为载体的人情，而在乎其背后所隐藏对于"面子"的给予和回报。之所以如此在于，"面子牵涉到个人在其关系网中的地位高低，而且涉及他被别人接受的可能性，以及他可能享受到的特殊权力，因此，在中国的社会中，'顾面子'便成为一件和个人自尊密切关联的重要事情"。"当中国人主观地觉得'失去面子'时，他的自尊心会受损，造成情绪的不平衡。因此，个人平时不仅要消极的维护面子，而且要运用种种面子功夫来'争面子'。""由于了解了面子对他人的重要性，如果个人不能在实质上为社会关系中的他人'添面子'，最少也要在表面上对他人敷衍面子。"② 而面子的给予和展示，往往是发生在如婚丧嫁娶等重大仪式上。在这种仪式上，参与的人越多，主人家就越有面子；反之就很没有面子。同样的道理，当一个人不去参与人们普遍认为应该参与的仪式时，就会被人们认为是违反社会规则，即是不给别人面子，其内涵的意思就是不懂得社会规则，这种行为被称为"不为人"，也即这个人具有自我孤立的倾向。因为他不给别人面子，在互惠的社会规则下表明，他将来也没有指望别人给他面子。而这里的"别人"不仅仅是指某一特定的个人，而有可能被人认为是泛指的"别人"，即是所有人。这样的人，在乡邻们看来，无疑是对社会规则的破坏，从而在舆论上受人指责。

　　这就涉及人情关系中的惩罚机制问题，"人情关系具有社会惩罚功能，某人在乡村社会中的地位与位置，生动地显示在客人出席数以及在仪式期间这些客人所展示的精神支持上"。"来参加的客人越多，待的时间

---

　　① 阎云翔：《礼物的流动》，李放春、刘瑜译，上海：上海人民出版社2000年版，第119页。

　　② 黄光国、胡先缙等：《面子：中国人的权力游戏》，北京：中国人民大学出版社2004年版，第20页。

越长，主人的社会声望和'面子'就越大。"① 乡村社会对某人在仪式上的消极抵制，就是一种对越轨行为的惩罚方式，这常常能够让被惩罚者丢"面子"而难以"抬头"，因为人们往往会在私底下对这种"反常"行为议论纷纷，这既有幸灾乐祸的闲谈取乐，也有教育与惊醒世人的作用。而对于被议论者而言无疑是背后让人"戳脊梁骨"。更为严重的是，这种丢脸的"事件"使其在将来与人发生冲突时，往往成为别人攻击自己的致命"炮弹"而颜面扫地。因而这种规则能够警醒人们，在日常生活中要尽力处理好与他人的关系，尤其不能因自己的失误而破坏了与大多数人的关系。

人情关系中与惩罚机制相伴的便是激励功能。费孝通认为，关系网络不是一个固定的团体，而是一个可以伸缩的范围，"范围的大小依中心的势力厚薄而定。有势力的街坊可以遍及全村，穷苦人家的街坊只是比邻的两三家"。② 费老认为圈子的大小取决于中心的势力，这种解释具有一定道理，但事实也不止于此。圈子既然是一个互助性的机构，那么互助就不仅仅是有权势的中心向周围给予物资上的恩惠以获得外围的忠诚，它也可以是无权势者的中心，以自己劳力和情感上的付出换来周围人的回报，这就是人们常说的"人缘好"、"会为人"、"会处事"，即权势上的不足也可以用（处世）技术来弥补。因此，圈子大小不仅取决于中心以权力或财富为基础的势力，还取决于中心以道德、智慧和技术为基础的能力。

总体而言，人们在日常生活中既要克服自己破坏社会交往规则与秩序的冲动，同时也会努力付出期待自己在人力、物资、情感与道德上的投入能换来更多的社会回报，从而在整体上维护和促进社会秩序的运转。这种对规则和社会秩序的维护，恰恰契合了村民自治中对个体或群体规范自我行为的需要。

（三）人情关系具有自治需要的信任功能

信任是群体成员达成一致意见与开展集体行动的首要条件，因此自治

---

① 阎云翔：《礼物的流动》，李放春、刘瑜译，上海：上海人民出版社 2000 年版，第90—91页。

② 费孝通：《乡土中国生育制度》，北京：北京大学出版社 2005 年版，第 27 页。

的有效实现，离不开群体内成员之间的相互信任，任何缺乏信任的自治形式都不可能成功。信任是社会资本的重要组成部分，帕特南将社会资本定义为："普通公民的民间参与网络，以及体现在这种约定的互惠和信任的规范。"他认为："民主的改革者必须从基层开始，切实鼓励普通公民之间的民间约定。"① 自治不一定有民主，但民主必然会有自治②，由此，信任之于民主的重要性，同样适用于自治。

人情与信任之间有着密切的关系，"人情对于维持信任起着重要的作用，它促使人做出值得信任的行为，从而保证了人际交往各阶段所需要的信任"。③ 因为，如前文所述，人情是一种情感，它追求的不是经济收益最大化，而是情感收益最大化。因此，从情感的角度而言，人们有理由要求自己做出值得他人信任的行为。同时，人类作为具有群体活动偏好的高级动物，个人与群体之间在情感上紧密相连。"人情为个人提供归宿感和社群荣誉感。通过自主选择产生的人际关系，具有更多的认同点、交流点与合作点，亲近使相互理解和相互帮助更积极也更省力，受到承认或接受的可能性也更大。"④ 人情圈内不守信誉的行为是较少发生的，因为任何失信行为都很难不被发现，一旦被发现，失信者就要付出极高的成本和代价，至少他的个人道德形象将面临崩溃，在人情圈内难以立足。

现代社会是契约社会，人情对契约的缔结与执行，同样有着极为重要的作用。尽管人情与契约有很大的差异，但两者之间也有很强的契合之处。一方面，"人情使契约的关系更容易缔结、理解和执行：人情往往在契约产生前做好了人事准备和组织准备"。"在人情圈内，长时期的亲密信赖关系容易在契约上达成共识，并对执行契约提供动员和支持力量。"另一方面，契约永远不可能覆盖到社会关系的每个环节，"人情是对契约空档的重要补充：人情是灵活的，调整弹性大；契约是刚性的，任何周密

---

① ［美］罗伯特·D. 帕特南：《使民主运转起来》，王列、赖海榕译，南昌：江西人民出版社 2001 年版，第 1 页。

② 徐勇：《找回自治：对村民自治有效实现形式的探索》，载《华中师范大学学报》（人文社会科学版），即将刊发。

③ 龚晓京：《人情、契约与信任》，载《北京社会科学》1999 年第 4 期。

④ 陈昌文：《人情与契约》，载《四川大学学报》（社会科学版）1992 年第 3 期。

的条款规定都难免有遗漏，而且随着事件变化，契约的适用性会下降"。①在人与人之间的关系并非都能契约化，因为契约的制定、执行和监督都需要成本，且执行的效果与人的因素有很大的关系。因而，人情对于契约有着较大的弥补作用。综上所述，人情关系奠定了自治所需的信任基础，人们在情感认同及荣誉归宿的作用下，愿意做出值得他人或群体信任的行动，从而保证自治群体的集体协作。

二　人情相系：村民自治的历史演变过程

中国乡村自治形式的变迁与乡村社会人情关系模式的演变密切相关。传统士绅以农民保护人的角色换取农民赋予的声望、尊敬和忠诚，使其主导了传统乡村自治。新中国以土改赋予农民政治与经济权益，迎得了农民心中的"恩人"和"救星"等形象，农民在"感恩型的国家观"下服从国家自上而下的全面治理。改革开放之初，乡村社会面临治理失控的问题，农民在以自然村为单位的亲密关系圈内首创村民自治制度，开启了中国乡村自治的新篇章。

（一）传统社会人情关系与乡绅自治

在传统乡村，农民与士绅之间，有着唇齿相依的关系。具体而言，士绅是乡村社会的保护人，杜赞奇对华北地区乡村领导及权力的基础研究认为，领导的权威和地位并非完全取决于财富的多寡，尽管权力本身也可以产生威望，但除了财富和权力之外，他必须是乡村社会的保护人，"他必须承担起下列社会责任：像乡村郎中那样治病救人、向村中宗教活动捐款、调节争端、介绍村民与外界经济和政治中心联系等"。② 士绅乐意充任乡村社会的保护人，在于经营自己在乡村社会中的声望，他们非常重视自己在村民心目中的地位。对士绅而言，声望不仅是他们实现自我价值的一种重要方式，它更代表了一种社会权威、一种民间权力，这种权威与权

---

① 陈昌文：《人情与契约》，载《四川大学学报》（社会科学版）1992 年第 3 期。
② ［美］杜赞奇：《文化、权利与国家》，王福明译，南京：江苏人民出版社 2004 年版，第128 页。

力对他们争取资源、享受特权以及保护自身的安全有着重要的作用。因此，士绅只有扮演好了保护人的角色，才能换取农民对他们的尊敬、忠诚，以及赋予他们在乡村社会中的权威、声望和荣誉。

除日常生活的矛盾调解和提供经济担保外，士绅还会为农民免于皇权的压迫提供保护。"就绅士的官方职能来说，他们是统治者的代理人，但就绅士的私人身份来说，在一定程度上他们与被统治者相关。"① 即使绅士做了官，其首要目标仍然是保护亲属和同乡的利益，他们"负有保护自己亲属和同乡免于受专制权力侵犯的任务，他们进入政府，但不是为了政治权力本身的目标。事实上，即使他们在政府里面做官，典型的官员还是同时作为他亲属和关系户的代表发挥作用。的确，后者的作用是他主要的事情，但是为了达到这一点，他就必须去做前者的事"。② 总之，在日常生活中乡村士绅与农民有着千丝万缕的联系，他们与农民发生的各种关系大都以私人身份而非官方身份出现，他们与农民在利益与人情关系等方面有共同点。

士绅的保护人角色使他们与农民之间处于一种非均衡的关系，从而让士绅主导了传统乡村自治。传统中国"皇权不下县"，实行的是"县官治县，乡绅治乡"的权力格局。费正清认为："在过去的 1000 年里，士绅越来越多地主宰了中国人的生活，以致一些社会学家称中国为士绅之国。""在 100 前就已超过 4 亿人口的一个国家里，正式皇室官员不到 2 万名，带功名的士绅却有 125 万之多。"③ 他们才是乡村社会的真正治理者。在士绅主导下的乡村自治中，农民是被动的参与者，杨懋春认为："普通村民或农户从未主动提出、研究或制订计划。大体而言，民众在公事上，皆属无知、驯顺、怯懦之辈。"萧公权也认为："农民多不识字，且久习于暴君统治，故呈消极、从命心态。他们唯恐招惹麻烦，不去提倡公益。"④

---

① 费孝通：《中国绅士》，惠海鸣译，北京：中国社会科学出版社 2006 年版，第 117 页。
② 同上书，第 118 页。
③ ［美］费正清：《美国与中国》，北京：世界知识出版社 1999 年版，第 32—38 页。
④ 转载于李怀印：《中国乡村自治之传统形式》，载于黄宗智：《中国乡村研究》（第一辑），北京：商务印书馆 2003 年版。

（二）国家与农民关系下人民公社制度

中国在 20 世纪前半叶的现代国家建构过程中，国民政府曾试图打破传统乡村自治格局，使国家权力渗透到乡村社会，由国家权力直接控制乡村，但最终的后果却是国家对乡村的索取能力远远超过了对乡村社会的控制能力，导致"国家政权的内卷化"，进而引发革命并导致国民政府的失败。① 与国民党不同的是，共产党在现代国家建构中，注重"在一部分领导者和其追随者身上实施大量的情感工作"②。如以诉苦为中介机制，在农民心中建构起国家意识形态框架，塑造农民"感恩型的国家观念"。从这个角度讲，国家塑造的不是现代意义上的公民，而是作为"阶级的一份子"，相对于国家的群众。"在诉苦、翻身、斗争的基础上形成的是一种'建立在感激和敬畏双重基础上的国家认同'。对农民而言，土地、房屋、财产，'这一切都是毛主席、共产党和社会主义给的'，亦即国家给的，国家圆了一个普通农民最朴素的梦。"③ 从此，国家以"恩人"和"救星"等形象出现在农民面前，国家与农民的关系也被比作"慈爱的母亲"与"听话的孩子"间的关系。"给予"与"亏欠"，"施恩"与"报恩"，成了两者关系的情感基础，这种关系也直接影响了后来三十多年的乡村治理形式。

新的国家政权经历过土改之后，顺利将政权和政党机构建立在乡村，其后陆续通过初级社、高级社及人民公社等制度化的形式，对乡村社会进行全面控制和干预。尤其是 1957 年建立起来的人民公社制度，主导了中国乡村社会 20 多年。这种制度将乡村社会的管理归于生产小队、生产大队（曾经在大队之上短暂设立过管理区）以及人民公社等三级管理机构。这种制度的一个重要特征是，将整个乡村设计为类似于家庭的生产生活组织。人们共同劳动、共同分配、共同生活，国家好比大家长，管理着全国千万个这样的"小家庭"。国家对乡村实施精细化的管理，涉及生产生活的各个环节，如何时下种、怎样下种，种多少，种什么；何时收割，收多

---

① ［美］杜赞奇：《文化、权利与国家》，王福明译，南京：江苏人民出版社 2004 年版。

② ［美］裴宜理：《重访中国革命：以情感的模式》，载《中国研究》2001 年第 4 期。

③ 《诉苦：一种农民国家观念形成的中介机制》，载于郭于华：《倾听底层》，广西师范大学出版社 2011 年 9 月。原载于郭于华、孙立平：《中国学术》2002 年第 4 期。

少，何时入库，如何保管，如何分配，分配多少，都由国家统一安排。

　　国家对乡村治理带有浓厚的情感色彩。一是党员干部的遴选制度，遵循以阶级成分为主，重视个人的思想觉悟和行为表现。如此遴选出来的新兴精英，大多会以强烈的感恩情怀忠诚于国家政权，他们工作积极并严格执行国家政策，某种程度上讲，"大跃进"中的狂热无不与此相关。二是国家作为"恩人"和"救星"的形象，让农民对不切合实际的政策失去了怀疑或抵制的合法性理由，因为任何怀疑或抵制都会被认为是"忘恩负义"的行为。最后，在前述原因之下，普通社员大多乐意将政策失误的怨气发泄到基层干部或其他社员身上，从而诱发社员之间在偷盗和怠工上的普遍竞争（否则吃亏），并最终导致人民公社制度难以为继。

（三）开放时期人情关系与村民自治

　　从农村土地包产到户继而人民公社制度的终结，让中国乡村社会遇到了治理缺失的新问题。问题的产生，一方面，缘于传统士绅主导下的乡村自治遭受了毁灭性打击，具备人情关系基础并有能力领导乡村社会自我组织和自我管理的传统士绅精英已经绝种，乡村自治传统、自治资源的缺失使乡村治理面临困境。另一方面，人民公社制度下生产小队和生产大队中的新兴精英在土地承包到户后无事可干，因为自新中国成立以来这些基层干部的所有工作任务，几乎都来自于国家的指令，其自我组织和自我管理的意识、经验和能力相对缺乏。① 此外，这些基层干部在工作中长期习惯于对上负责的原则，相对忽视基层群众的需要和诉求，因而干群之间的关系并不十分融洽，从而在群众中缺乏领导自治的威信和基础。在乡村社会日常生活需求的倒逼下，促使乡村民众组织起来为寻求合适的自我管理方式探索经验。

　　一些地方根据传统经验和现实需要，在乡村自治模式上做了有益的探索。如为在广西宜州等偏远地区的乡村，农民根据传统经验，自发组织了以自然村为基础的村民自治单位，行使自我组织和自我管理的自治职能，有效化解了原有基层管理组织涣散带来的问题。这种新的自治形式相较于传统士绅自治和人民公社管理制度具有不同之处：一是它是农民平等主体

---

　　① 徐勇：《最早的村委会诞生追记》，载《炎黄春秋》2000 年第 9 期。

间，在共同需求之下，按照自愿原则组织起来的村民自治组织；二是这种基层自治组织以自然村为基础，是在人们日常生活交往密切的人情圈内；三是基层干部产生于群众自下而上的选举授权。这种以平等主体间横向联系，自发组织起来的自治形式，开启了中国农村村民自治的新篇章。1982年国家在宪法中确立了以村民委员会为单位的村民自治合法性地位。1987年《中华人民共和国村民委员会组织法（试行）》提出："村民委员会一般设立在自然村；几个自然村可以联合设立村民委员会；大的自然村可以设立几个村民委员会。"这表明，自村民自治诞生到后来国家认可的基本单位，都是以农民日常交往十分密切的自然村为基础。

1998年《中华人民共和国村民委员会组织法》将以自然村为基础的村民自治基本单位上移到了建制村，其功能也由村民自我管理、自我教育和自我服务的自治组织，转变为主要服务于征粮、征税和计划生育等行政事务的行政化机构。由此，新的村民委员会自治功能弱化，执行国家各项政策的行政功能增强。随着农村税费改革和废除农业税后的合村并组风潮迭起，使村民自治单位的规模更加膨胀，原本诞生之初以人们关系亲密的自然村为基础的自治单位，越来越远离人们交往密切的人情圈，村民自治制度有效运转的问题也逐渐凸显出来。

三　人情相系：村民自治有效实现形式的探索

目前村民自治制度在乡村运转中出现的问题，主要表现在农民参与意愿不强、热情不高、信心不足。一个重要的原因就在于，村民自治制度实现形式过于单一。所以，2014年中央［一号文件］才强调，"积极探索不同情况下村民自治的有效实现形式"。其中，明确提出，"开展以社区、村民小组为基本单元的村民自治试点"。为解决以行政村为基础的村民自治行动单位下，人们日常交往太少、人情关联度太小而引发的自主、自力和自律能力不强等问题提供了政策依据。本文认为，可以考虑从人情关联度与村民自治关系的角度，去探索村民自治的有效实现形式，尝试建构以"日常性人情圈"、"仪式性人情圈"和"混合型人情圈"为基础的村民自治实现形式。

以"日常性人情圈"为基础探索村民自治有效实现形式。"日常性人情圈"是人们在日常生活中，基于琐碎的日常生活需求，形成相对稳定的人情交往圈子。如日常生活中人们帮忙看护街坊邻里的老人、小孩、畜禽和庄稼，老人小孩遇险要及时救助，畜禽糟蹋庄稼要及时驱赶，外人偷盗庄稼要及时制止；邻里之间或家庭内部发生暴力冲突，人们要第一时间介入平息争端、调节矛盾；哪家有人生病，一定得登门（顺道也行）看望（并非必须送礼）问候以示关心；生产生活中人们在劳动工具、生活用具、资金乃至劳动力等方面要周济余缺；过去人们在外求学、工作，外出经商或打工回家，都要拜望邻里（并非必须送礼，到别人家里坐坐，门口站站，甚至到劳动的田间地头，凑过去聊聊天即可）以示礼貌，主要目的是表达亲近感或感谢出门期间邻里对家人的照顾。在"日常性人情圈"内人们以上行为，都是基于人情关系的义务性活动，这既是满足人们日常生活的需求，也是表达情感和加深关系，以维系共同体内的团结。在南方地区乡村，"日常性人情圈"大多以自然村或同姓家族为单位，在北方地区大多以临近的街坊邻里为单位。以"日常性人情圈"为基础构建村民自治单元，可以充分利用人们亲密关系和情感认同及其人情关系下参与公共事务的责任和义务观念，既可以调动人们参与自治活动的积极性，也可以降低公共性问题的协商成本，还可以降低执行公共决议的监督成本，从而较好地解决人们日常生活中的公共问题。

以"仪式性人情圈"为基础探索村民自治有效实现形式。"仪式性人情圈"是人们在举办或参与规律性的家庭重大仪式中，形成相对稳定的人情交往圈子。如结婚典礼、小孩诞生后的庆典、房屋落成庆典以及葬礼等。举办仪式性庆典的作用在于：一是互助功能，即人们参与仪式活动是为主人家集资，川东一些地区不少老人仍以古老名词"团会"、"大家团个会"来描述参与仪式活动，清晰表达了仪式的互助功能；二是正式宣示或确定合法地位的功能，如传统乡村农民结婚没有国家权力颁发的"结婚证"，甚至也没有民间"婚书"，但人们强调"明媒正娶"，即是在众相亲的见证下完成了婚礼仪式，以宣示婚姻关系正式确立，并获得正式合法地位，同时让大家认识和接纳新成员，以保障其获得成员资格，享受成员权利，还便于日后让大家对其言行予以监督；三是具有监督审查的功能，如传统乡村在葬礼仪式中，逝者（若为女性）娘家人可能会以"打人命"的形式，对夫家人的虐待行为予以兴师问罪、让其接受问责，夫家需要在仪式上在众乡亲面前，对自己所犯过错当面道歉以示惩戒。逝者（若为男性老人）同辈长辈，可能会在仪式上对逝者子孙的不孝行为兴师问罪，被问责者也要在众乡亲面前，向长辈们道歉认错以示惩戒。因此，就二、三两种功能而言，举行仪式活动就是依据乡村习惯法维护乡村秩序的民间权力的运作剧场。人情圈内的人们参与仪式活动，既是给主人"添人气"、"争面子"，也是增强民间权力和习惯法实施的民意基础。质言之，众乡亲构成了实施民间法则的"权力场"；四是具有社会交往平台的功能，如川南一些乡村有"逢十"（满整岁）祝生的习惯，人们频繁举办生日庆典，并非在于"集资"或"敛财"，人情圈内的参与者送礼并不多，其主要目的是给人们提供一个"聚在一起耍一耍"的机会，因此仪式成为人们交流感情、交换信息和增进友谊的平台。"仪式性人情圈"在南方地区多以关系较紧密的几个相邻自然村为活动单位，大多会涉及不同姓氏的若干家族，从而打破了血缘界限，团结了更大范围的人群。以"仪式性人情圈"为基础建构村民自治单元，具备施展公共权力的民意基础，人们时常在同一人情圈内共同参与活动，容易形成心理认同，也较容易就某一个公共议题达成共识，也能够对公共决议的执行提供有效的监督网络。此外，由于"仪式性人情圈"的范围和人口规模相对较大，也能够承担较大的公共任务，从而有利于乡村社会的自我管理和自我服务。

　　以"混合型人情圈"为基础探索村民自治有效实现形式。村民自治的目的是解决日常生活中单个农户无法解决的公共性问题，由此人们必须组织起来结成相互合作的自治单位。在现实生活中，有些公共性问题是"日常性人情圈"和"仪式性人情圈"等规模和范围相对较小的自治单位无法解决的，因此必须要组织规模和范围相对较大的自治单元才具备解决问题的能力。如在较大区域范围内，水利设施的管理维护及用水权的分配调节，跨区域修建乡村公路在集资、征地和确定线路走向中的协商，还有偏远乡村的治安联防等，都需要在较大范围内形成暂时或相对固定的自治组织才能解决问题。针对这些问题，可考虑以"混合型人情圈"为基础组织村民自治行动单位。"混合型人情圈"由多个"仪式性人情圈"组合而成，人情圈之间不完全重合，但有交集，一个个人情圈之间彼此既有联系，但也有认同上的区别。人情圈之间的认同与耦合连接，需要跨人情圈的那部分人群从中发挥黏连与协调作用。以"混合型人情圈"为基础的自治单位相较于前面两种自治模式，公共议题协商难度较大，公共决议执行成本较高，内部成员相互认同和凝聚力不强，为完成公共活动，有时候不得不借助外部力量组织干预，因此，这种自治模式的持续性和自我运转能力较于前两者更弱，较适合解决权益性而非日常性的公共问题。

综上所述，本文尝试以人情关系这一情感和心理认同视角，来探索村民自治有效实现形式，并不是为了否认或替代现有行政村的存在价值。相反，笔者认为，行政村在完成繁重的行政任务和乡村治理实践中，有着不可或缺的地位和作用。笔者只是强调，村民自治有效运转，需要满足多种多样而又极为复杂的社会条件。因此，从研究者的视角而言，需要从不同的条件和视角，对其进行深入的理论探讨，尝试以多样化的村民自治实现形式，弥补目前村民自治实现形式过于单一而产生的村民自治制度运转不良的问题。

新时期善治的乡村载体问题研究

——以广西宜州市安马乡经验为例

杨海龙

自从 20 世纪 80 年代被提出以来，善治思想就逐渐被政治学、社会学等学科广为关注，其已成为学术研究的热点问题。善治是政府与社会组织合作互动的过程，在我国社会组织缺少的乡村社会，怎样实现善治成为乡村治理的关键，本文结合广西宜州市安马乡的地方治理经验，谈谈善治在乡村如何破局的问题。

一 "第三波"：国家对农村基层管理的善治转型

国家建构包括民族国家建构和民主国家建构两部分，民族国家建构要求国家政权不断下沉，重组基层组织形态，使之一体化，从而成为民族解放的基础力量；而民主国家建构是指以主权在民为合法性的制度建构过程，强调行政权力的多元化，注重社会的参与与自治[1]。新中国的成立和发展就经历了一个从民族国家建构到民主国家建构的转型过程。从国家对农村基层管理层面上看，这个过程经历了三个发展阶段：

管制阶段：指国家对乡村社会强势管理，社会成为国家权力的附庸。从时间上看指新中国成立初到人民公社的解体。在这个阶段上，国家权力强势"下乡"，通过"土地改革运动"、"合作社运动"、"人民公社运动"等诸多形式，纵向上打破了在中国延续了数千年的"皇权不下县、县下皆自治"的格局；横向上拆解了乡村固有的以家族、宗族为基础的伦理

---

[1] 徐勇：《"回归国家"与现代国家的建构》，载《东南学术》，2006 年第 4 期。

社会结构，从而实现了国家对广大农村的高度整合和管制。在"重工轻农"思想的引导下，采取底价征购农副产品、高价销售工业品的"剪刀差"政策，从农村攫取资金。据统计，1952—1978 年，通过工农业产品不等价交换，农业输入工业的资金为 3900 多亿元，相当于同期国有企业固定资产原值的约 90%①。学者们曾经对整个计划经济时期以各种形式实现的农村资源向城市的无偿转移进行估算，归纳起来大约在 6000 亿—8000 亿元②。这个阶段本质上就是通过对农村强势管制以达到"多取少予"的目的，从而实现社会主义国家工业发展所需的原始积累。国家与农民的关系上表现为纵向管制增强，农民之间横向联系弱化，社会呈"蜂窝状"形态。随着分田到户联产承包的来临，农村获得了更多的自由空间，国家与乡村社会的关系也由管制阶段开始向善政阶段过渡。

　　善政阶段：从概念上讲，"善政一般都包括以下几个要素：严明的法度，清廉的官员，很高的行政效率，良好的行政服务和普遍认可的社会公正"。③ 这个阶段指 1978 年人民公社解体到 21 世纪初的农业税费的取消。在这个阶段中，国家权力在农村基层发生松动。经济上，通过家庭联产承包制将土地的经营权长期发包给农民，同时开放了农产品价格，逐步缩小工农产品的剪刀差。逐步降低直至取消"三提五统"和各种农业税费。政治上，延续了接近 20 年的"三级所有、队为基础"的人民公社体制出现解体，村民自治开始在广大农村普遍实施，并以《中华人民共和国村民委员会自治法》的形式加以固定。乡镇党和政府与村委会的关系也由计划经济时期的"管制"转变为"指导"。在税费改革时期，为了减轻农民负担和财政供养压力，在全国很多地方又采取了合村并组的办法。"根据民政部的统计，我国农村村委会 1999 年年底为 80.1 万个，以后逐年减少，到 2004 年年底只有 62.5 万个。5 年间村委会数量减少了近 1/4。"④从本质上讲，这个阶段就是通过国家放权和村民自治达到对农村"少予少取"的目的，从而释放和激活农村被束缚的生产力。国家与农民关系上表现为村民自治与国家悬治。国家的退出，带来了农村社会的碎片化，

---

① 吴群：《论工业反哺农业与城乡一体化发展》，载《农业现代化研究》，2006 年 1 月。

② 蔡昉、林毅夫：《中国经济：改革与发展》，中国财政经济出版社 2003 年版。

③ 俞可平：《公正与善政》，载《南昌大学学报》（人文社会科学版），2007 年 7 月。

④ 吴理财：《合村并组对村治的负面影响》，载《调研世界》，2005 年 8 月。

公共服务缺失现象明显，这也直接导致了善治阶段的来临。

善治阶段：善治（good governance）"是政府和民间组织、公共部门和私人部门之间的合作管理和伙伴关系，以促进社会公共利益的最大化"。[①] 时间上是从农村税费取消到至今。善治阶段，国家采取"多予少取"的方针，在"城市反哺农村、工业反哺农业"思想的指导下，加大了各级财政向农村的倾斜力度，各种"国家财政＋社区自助"[②] 型惠民政策不断引向农村。这些惠民政策一般包括两个层面：一个层面，是针对个人的，如新型农村社会养老保险（简称新农保）、新型农村合作医疗（简称新农合）和粮食直补等，要求国家与个人之间的合作。由于涉及每个人的切身利益，目前这种合作进展的比较顺利。另一个层面，是针对农村集体的，如新农村建设、一事一议财政奖补等，这个层面要求国家与农村社会组织之间的合作，满足的是农村社会公共利益，与个人之间存在间接的关系，这就涉及政策的落实需要代表农村公共利益的村民自组织作为载体来承接。"公民社会是善治的现实基础，没有一个健全和发达的公民社会，就不可能有真正的善治。"[③] 由此可见，涉及农村公共服务类政策得以落地的关键是看农村是否存在有效的村民自组织来承接，这是我国农村基层管理"第三波"转型，即善治转型成功与否的关键。三个阶段用表格表示为：

	起始时间	国家对农村经济政策	国家与农村社会的关系	农村村民自组织
管制阶段	1949—1978 年	少予多取	政社合一领导型	数量少生产大队作用虚化
善政阶段	1979—2002 年	少予少取	政社分开指导型	数量少村委会作用增强
善治阶段	2002 年—	多予少取	政社分开合作型	数量多村委会作用增强

---

① 俞可平：《引论：治理与善治》，载于俞可平主编：《治理与善治》，北京：中国社会科学文献出版社 2000 年版，第 8 页。

② 耿羽：《"输入式供给"：当前农村公共物品的运作模式》，载《经济与管理研究》，2011 年第 12 期。

③ 俞可平、王颖：《公民社会的兴起与政府善治》，载《中国改革》，2001 年第 6 期。

二 "空制度":部分村委会难以成为善治的乡村载体

随着社会的发展,我国地方政府经济增长和社会维稳压力越来越大,为了确保实现既定目标,基层政府往往将目标细化为多项考核指标,然后层层下压给村委会,比如每年常规考核内容包括"社会总收入、招商引资、固定资产投资、村级集体财力、社会治安综合治理工作、信访工作、安全生产工作、计划生育工作等",非常规的临时性任务也越来越多,由于我国行政采取的是条块分割的管理体系,上级每个职能部门都要反映在村委会的工作任务中,这就造成了"上面千条线、下面一根针"的现象,各个部门到村委会"发本子、搭班子、挂牌子"现象越来越突出,甚至一个村委会的墙上要挂20多个牌子。每个牌子挂完后还要成立领导小组,填写工作内容记录。在农村税费取消之后,村委会干部的工资改由上级财政统一转移支付,"这项措施一方面减轻了农民的负担,另一方面上级部门制定了针对村干部的诸如《考核方案》《责任状》等相关管理规范,加大了对村干部的控制力度"。① 明确细致的考核机制给上级下达的各项任务带来了保障,但同时也使村委会"行政化"程度越来越深,对村内公共事务则疏于管理。

这样自然屯内部的事务就都压在了屯内的组长身上。与村委会成员不同,组长一般由组内产生,在收入补贴上远远低于村委会成员。以广西宜州市为例,村委会成员各项收入总和每月能达到接近1000元,而每个村民小组每月补贴的金额仅有30元,由于是以小组为单位,如果只有一个小组长,则组长每月能获得全部30元津贴,如果考虑到外出务工等因素再配备个副组长,则每人每月仅有15元。微乎其微的补贴收入难以调动组长的工作热情,导致在广西很多农村村民组长无人承担,最后只能采取每家每户轮流承担或"抽签"产生的方式。

另外,在我国很多农村中,存在一个行政村下辖多个自然屯的现象。在人民公社时期,基本上以自然屯为单位成立生产队(当然也有较大的

---

① 杨海龙:《三元利益在村民自治中的博弈研究——以长海县Y村为例》,载《农村经济》,2012年第12期。

自然屯划为几个生产队的情况），数个生产队构成一个生产大队。人民公社解体后，这些生产队基本上都转化为村民小组，生产大队转变为行政村。以广西壮族自治区宜州市为例，全市总面积 3896 平方公里，下设180 个村民委员会，30 个社区居委会，2571 个自然屯，3000 多个村民小组。平均每个村（居）委会下辖 12 个以上的自然屯，村平均面积达 20平方公里，再加上当地的喀斯特地貌，山多路窄，交通非常不便。宜州的农村特征在两广、两湖等南方农村非常普遍。空间上的距离给村委会的工作带来了巨大的障碍，开展以行政村为单位的村民集体行动非常困难，距离也给各屯对公共物品的需求带来了差异。在一个行政村内部，有的屯要修路，有的屯要修桥，有的屯要挖池塘，有的屯要修篮球场，屯与屯之间的需求差异使村委会的筹工筹劳难以开展，农村的公共物品难以得到有效供应。

与行政村不同，自然屯基本上均为很多代人逐渐积聚而成，存在亲缘相近、文化相同、利益相连等熟人共同体的特征，千百年的守望而居使自然屯形成了稳定的伦理秩序，相互间信任和依赖度很高，这也导致自然屯很容易产生集体行动。而由自然村合并成的行政村则淡化了这种熟人共同体色彩，屯与屯之间村民联系不多，很多甚至相互都不认识，这样就具有了生人社会或"准生人社会"的特征。行政村的非熟人化色彩使很多村民不认识对村委会干部，也使村委会人员很难依靠传统的伦理关系开展工作。

综上所述，在当前行政村的组织体系下，出现村级"行政化"，只对上负责不对下负责；组级"缺失化"，无人愿意干形同虚设的两难困境。困境导致村委会成为"空制度"，难以成为新时期善治的乡村载体。近年来，广西河池市积极探索和发现基层经验，逐渐总结出"党领民办、群众自治"的治理模式，通过成立"屯级党群理事会"有效地解决了乡村自治"空制度"、善治缺少乡村载体的问题，为各级惠农政策的有效落实奠定了基础，也为善治理论与中国国情的结合提供了新的框架。

三　"安马经验"：案例介绍

安马乡位于广西宜州市西北部，乡政府驻地距宜州市区 36 公里，全乡总面积285平方公里。下辖木寨、白屯、小隘、拉炭、北关、索敢、佑岸、拉稿、古直、古育、肯坝11个村委会和安马社区，169个自然屯，209个村民小组。安马乡属于亚热带季风气候区，境内土山丘陵和石山峰林混杂交错，村屯之间温差较大，向有"一山分四季，十里不同天"之说。

近年来，广西地区开展了多项惠农政策，在各项"诱致型"惠农政策的引导下，农村各地涌现出了多个自发成立的村民理事会，有效地承接了惠农政策的落地。以宜州为例，在2010年该市被列入"一事一议财政奖补"试点范围，安马乡白屯村官村屯多年来一直想修建一座桥，解决村民出行难的问题，个别村民获悉这项政策之后，认为屯内原有的"轮流当组长这样不行，上面的政策都不知道"，他筹划召开全屯大会，成立了由7个人构成的理事会。成立以后理事会成功申请上级"一事一议财政奖补"资金21万元，并自筹资金21万元，还发动村民免费出工，不到半年时间就成功新建了一座桥梁。后来，理事会又组织全屯村民筹资筹劳新修了屯内的水泥路和蚕沙房，方便了村民出行并解决了蚕沙污染的问题。在村民理事会的有效工作下，官村屯村内面貌发生了极大的改变。安马乡党委作为理事会成立的见证人也深受触动，发现划小自治单元，在自然屯级成立村民理事会是一把解决屯内公共物品供给难问题的金钥匙。

2013年4月，河池市响应自治区号召，开展"美丽河池·清洁乡村"活动，要求每个村都要有固定的清洁员定时打扫卫生。安马乡木寨村上寨屯在清洁费收取上遇到了麻烦。经过核算每户每年需缴纳90元清洁费，作为清洁员工作补贴。但村民不愿意缴，组长也不愿意收。在乡党委书记覃家旺和村党支部书记覃香娥的建议下，将上寨屯的五个村民小组分为两个大组，由1、2、3组成立一个村民理事会，4组和5组成立一个村民理事会。理事会的成员由"党员、各组小组长、村民代表、经济能人"四种人构成，每个理事会规模为7人。收清洁费的工作由理事会成员一起进行，这样避免了"组长一两个人，遇事难以商量"的局面。理事会成员集体收费大大提高了收费的成功率，顺利完成了乡里交给的情结乡村工作。另外，理事会还组织村民筹资筹劳修建了屯内篮球场、排水沟等基础设施，村容村貌得到很大改善，也使木寨村也成为安马乡的模范村。

多次的成功经验给了安马乡党委更多的信心，乡里认为，成立村民理事会是承接惠农政策、破解乡村矛盾有效办法。于是经过总结和提升，强化了村民理事会中党员的先锋模范带头作用，创造了"党领民办、群众自治"的工作模式。该模式的工作方针可以概括为"引、放、议、评"四个字。"引"即狠抓基层"服务型"党组织建设，强化党的引领作用；"放"即充分放手发动群众，强化群众主体作用；"议"即突出群众依法民主议事决策，强化群众自治；"评"即突出上下左右联评联动，强化群众自我监督。具体方法是缩小自治单元，在自然屯（或村民小组）选举"党员、村民代表、经济能人"组成"党群理事会"，专门负责解决确定屯级公共事务。使"党群理事会"成为把党的声音转换为群众意愿、把党的政策转换为群众自觉行动的"转换器"和"助推器"。

2013 年 5 月，"党领民办、群众自治"的工作模式首先在宜州市安马乡得到了推广，安马乡 157 个自然屯全部成立了屯级党群理事会组织，屯级事务决策和管理实现高效化，有力推动了各屯"清洁乡村"活动向纵深开展。安马乡的工作经验很快引起了上级领导的注意。同年 7 月，广西壮族自治区党委危朝安副书记对宜州市安马乡在开展清洁乡村活动中创建的工作模式作了重要批示，他认为安马乡的做法和经验具有非常丰富的典型性，指示相关部门认真总结和推广。2013 年 9 月，安马乡工作模式在河池地区得到普遍推广。

四　"善治载体"：安马经验的启示

"善治有赖于公民自愿的合作和对权威的自觉认同，没有公民的积极参与及合作至多只有善政而不会有善治。所以善治的基础与其说是在政府或国家，还不如说是在公民或民间社会。"[①] 安马乡通过划小自治单元，成立屯级"党群理事会"，实现了党、政府、村民多元互动和有效衔接。应该说，安马乡的经验具有善治理论的本质特征，更有中国特色的创新和发展。

---

① 俞可平、王颖：《公民社会的兴起与政府善治》，载《中国改革》，2001 年第 6 期。

1. 构建屯级党群理事会能发挥伦理社会优势

我国绵延数千年的儒家文化，给熟人社会建构了深厚的伦理内涵，也形成了梁漱溟所概括的"伦理社会"格局。"伦理关系，即是情谊关系，亦即是其相互间的一种义务关系。"① 而义务是以相互尊重为基础的，所以"伦理社会所贵者，一言以蔽之，曰：'尊重对方'"。② 但同时，从人际秩序上说是伦理社会也是差序格局的社会，所谓差序格局就是有差别的次序，是一种以自己为中心的随关系的亲疏远近一层一层向外推的社会，伦理情义向外越推越薄，于是就产生了"亲人"与"外人"之别。这也造成了中国人性格具有"两重性"，在熟人内富于人情味，在生人内缺乏公德心。"凡中国人活动范围接触所及，他都会不知不觉间以'亲人'目之，因此亦以'亲人'相待，而显出殷勤与关怀，乃充满一片人情味。可是，在一个人亲属或拟亲属关系圈之外的人即属'外人'，'外人'则人际关系断绝，而不免显示出无情。"③ 于是，熟人讲情义生人讲利益成为很多中国人的行为准则。

上文谈到，行政村由于空间距离和人口规模等原因，具有生人或准生人社会色彩，这样，在自然屯这种熟人社会村民眼里，村委会干部就有"外人"的感觉，自然要用"外人"的标准与之开展社会行动，这是行政村集体行动难以实现的原因之一。而由自然屯内推选出的村民理事会，是熟人社会内生的草根组织，与屯内村民天然具有亲和性，是大家的"亲人"。所以，在进行各种社会行动的时候也暗含着"义务"、"情义"与"人情味"。那么就会使许多公共事情得到很好的解决，甚至某些村民牺牲了自己的利益也在所不惜。以安马乡木寨村上寨屯修建公共休闲娱乐广场征地事件为例，在该屯党群理事会的劝说下，村民韦某不但同意占用自家的 0.13 亩田地，还主动放弃了由村民集资给他的征地补偿款。他说："年纪大了，做人不能太势利了，将来我儿子讨媳妇带回来看到广场肯定感觉这个村好。"同样也是征地矛盾，在河池市刘三姐乡小龙村小龙屯开

---

① 梁漱溟：《中国文化要义》，上海人民出版社 2005 年版，第 72 页。

② 同上书，第 80 页。

③ 金耀基：《从传统到现代》，中国人民大学出版社 1999 年版，第 41 页。

展新农村建设项目过程中，占用村民潘某 0.8 亩地，在安置补偿上潘某难以与村委会达成一致，从而影响了项目建设进度，后来在小龙屯成立党群理事会，理事会成员中刚好有一人与潘某关系很好"能说上话"。在这个理事会成员的几次说服下，顺利解决了征地难题。

2. 构建屯级党群理事会能使党和乡村精英有机结合

在人民公社时期政社合一的体制下，虽然也存在与村委会相类似的生产大队，但党政不分以党代政的传统使党在乡村具有巨大的号召力和影响力。但是在改革开放以后，实行"村支两委"和"党政分开"制，党在乡村的执政基础逐渐淡化。在当前我国很多农村地区，长期以来存在党员老龄化、新生力量不足的现象，呈现"精英不是党员，党员不是精英"的脱节问题。很多农村精英难以被纳入党组织，基层党组织呈"准瘫痪"状态。"所谓农村精英人才是指具有一定知识和技能，能够为农村经济社会发展作积极贡献，并起到示范带头作用的农村劳动者。"[①] 对基层精英的争取和带动一直党和国家实现有效治理的核心要素之一。破解当前农村党员和精英脱节问题成为农村基层党建的关键和切入点。

在河池市全面落实"党领民办、群众自治"经验的时候，很多自然屯同样遇到了党员不足的问题。对于没有合适党员的组（自然屯），有些乡镇采取从村党支部中派过去一名党员加入该屯党群理事会的方式。但这种方式有很大不足，首先，他不是本屯人，对屯内人员不是非常了解，常被村民当成"外人"，难以融入屯内事务。其次，自然屯与自然屯之间也有一定距离，分配来的党员难以及时组织召开会议。

结合实际困难，后来安马乡逐渐摸索出一条从村民理事会中内生新党员的方式。即先由村民自发推选的方式成立村民理事会，然后经村党支部筛选，在理事会里重点发展新党员。对新发展的党员或积极分子，利用"农村党员关爱帮扶基金"、"党员能人培育项目"等政策进行跟进，增加对党组织的认同。通过这些项目，新发展的党员开阔了视野，学习到了致富技术，拓宽了筹集致富资金的渠道，他们再反过来再将致富经验传授给

---

① 刘颖、张英魁、梅少芬：《乡村精英人才外流的社会影响与对策》，载《学术交流》，2010 年 11 月。

村民，带动村民一起致富。以上文官村屯为例，在 2010 年最初成立村民理事会的时候，7 名理事会成员均为群众。官村屯当时仅有的一个党员是 70 多岁的老太太，针对这种情况，在乡党委的引导下，先后发展了四名理事会成员为中共党员。这样既解决了屯内党员不足的状况，又强化了党在村民自组织中的存在，有效解决了精英与党员的脱节问题，夯实了党在农村的执政基础。

3. 构建屯级党群理事会能实现农村公共利益最大化

近些年，国家财政惠农政策越来越多，对农村公共物品的资金投入也相应加大。有人认为这样的公共物品投入属于"输入式供给"，认为这种方式"无法有效表达村民的公共物品需求偏好"出现供给与需求脱节的问题[①]。还有学者认为长期的输入式供给"出现了农民急需的、涉及农村可持续发展的公共物品难以产出，而一些农民不需要或者需求较少的公共物品供给却大量过剩的结构失衡现象"[②]。"输入式供给"最大的问题就是缺少了善治理念中的政府与民众的合作互动环节，缺少民众在供给决策中的参与。造成这种状况的根本原因除了上级不了解农村需求情况，或者出于政绩等多方面的考虑采取选择性输入的原因之外，还有一个关键的原因是在很多时候政府难以找到与民众互动的有效渠道。安马乡将屯级村民理事会作为与政府互动渠道，经过村民理事会的讨论申报，实现了公共物品的"输入"与"需求"的有效衔接，有效地破解了输入式公共物品结构式失衡的问题。

另外，通过村民理事会承接惠农政策的工作模式还降低了上级财政投入力量有限的难题，实现了农村公共利益的最大化。以上文提到的白屯村官村修桥一事为例，"一事一议财政奖补" 21 万元，宜州市农村办和发改委支持 13 万元，村民自筹 8 万元。除此以外，在建桥的四个月间，村民自发免费出工 1500 余个，如果按每天 60 元劳务费计算（后来该屯自发筹资筹劳修路的时候，凡没有免费出工的家庭，按每人每天 60 元缴纳的误

---

① 耿羽：《"输入式供给"：当前农村公共物品的运作模式》，《经济与管理研究》，2011 年第 12 期。

② 张晓光、李惠：《农村公共物品的供需矛盾及对策》，《三农论坛》，2005 年第 2 期。

工费），合计约 10 万元。这样，在整个建桥 52 万元的费用中，农民自发筹工筹劳 18 万元，占总工程款的 34.6%。2010 年广西河池市"一事一议"财政奖补共投入 9958 万元，如果都能利用村民理事会带动村民筹工筹劳参与建设，实际投入资金将增加 3445 万元，达到 13403 万元。

更进一步的分析就会发现，通过群众的主动参与在增加农村公共物品资金性投入的同时，还能建立了政府与群众相互信任相互依赖的关系。大家都发现，近些年来，我国官民矛盾愈显突出，相互之间的不信任越来越尖锐，怎样重建信任，怎样找到重建的渠道一直是党和政府关心的问题。在河池市"党领民办、群众自治"工作模式中，通过上级党和政府与村民自组织（党群理事会）的合作，找到了建立互信的渠道，增加了相互之间的信任和依赖，给党和政府在农村的善治提供了载体。例如在官村屯新桥落成后，桥头树立了一块石碑，详细记载了"一事一议财政奖补"和各级政府资金补贴情况，使惠农政策深入民心。

4. 构建屯级党群理事会能激发"互构型善治"

从上文安马乡经验中可以看出，"党领民办、群众自治"模式的出台最早是在"一事一议财政奖补"的政策诱致下，在行政村内的村民小组"自发"产生村民理事会。村民理事会有效承接惠农政策的经验影响了安马乡党和政府的工作思路。在木寨村和安马乡党委的"自觉"组织下，上寨屯成立党群理事会，同样使"清洁乡村"项目有效落地。后来安马乡的成功经验反映到了广西壮族自治区，得到了区的首肯，最后河池市"自觉"推广安马经验。这个过程既解决了善治缺少乡村载体的难题，又破解了行政村村民自治"空制度"运转的困境。体现了上级党和政府与村民良性互动、相互建构的过程，是一种"互构型善治"。这种模式是西方善治理论与中国特殊国情相结合的产物，是对经典善治理论的发展与超越。

首先，善治理论承接了发源于 20 世纪 80 年代的"治理理论"，是政府与社会组织合作提供社会公共服务的管理过程。这个过程是以城市社会为基础（所以公民社会也有翻译为市民社会），以大量社会组织的存在为前提。安马乡的善治过程从处于"一盘散沙"状态的广大乡村入手实现善治，整个工作模式是对这个基础和前提的拓展。

其次，西方国家是先有大量民间组织的出现，同时政府的福利国家建设走入困境，在这种情况下政府做出治理政策的调整，开始与民间组织合作，是一种从下到上的政府回应型治理。而在中国农村是先有诱致型惠农政策，诱发村民自组织，政府从下到上吸收成功经验，然后再将成功经验转变为自觉政策从上到下普遍铺开，是一种双向互构型治理。

最后，受政治和文化等多种因素的影响，社会组织发育在中国一直举步维艰，这也使很多学者质疑善治理论在国内的适用性。村民理事会由于其具有村民自治组织性质，在法律上有依据，这省去了民间组织注册登记等身份认定的限制和烦恼。同时，村民理事会因应党和政府惠农政策而生，与政府的地方治理理念有天然的亲缘性，能与政府合作共建农村公共服务，起到了善治中政府与民间组织有效参与和互动的实际效果。所以在乡村善治中出现了政府积极建构，村民积极组织的"双赢"格局，具有中国特色的公民社会养成方式初见端倪。

五　小　结

中国农村村民自治从1982年写入宪法开始已经开展了30余年，这个过程既培养了广大农民民主意识，又实现了农村层面的计划经济向市场经济的平稳过渡。但同时，乡村自治的发展也带来了一系列的问题，一方面，是部分地区村支两委的"空制度"运转；另一方面，是国家各种惠农政策无法有效落地。面对发展中的问题，2014年中央"1号文件"提出："完善和创新村民自治机制，充分发挥其他社会组织的积极功能。"广西安马乡的"党领民办、群众自治"是乡村治理困境下的积极探索，屯级"党群理事会"是乡村善治的有效载体。

第二部分　调研报告

"组为基础,三级联动":
村民自治运行的长效机制
——广东省云浮市探索的背景与价值

徐勇　周青年

　　包括村民自治在内的基层群众自治是中国特色社会主义政治制度的四大组成部分之一。随着实践的发展,村民自治也要不断深化和创新。近年来,广东省云浮市强化村民小组的功能,在组、村和乡镇三级建立理事会,发挥广大村民群众的主体作用,扩展群众参与公共事务管理的渠道,形成了"组为基础,三级联动"的治理机制。如果说 20 世纪 60 年代初通过"三级所有,队为基础"的治理机制使人民公社体制得以长期保持稳定,那么,"组为基础,三级联动"则为村民自治运行的长效机制提供了有益的探索和经验。本文从村民自治发展背景和未来走向的角度,对"组为基础,三级联动"机制的理论和实践价值进行了一些探讨。

一　"组为基础":村民自治的基本组织单元

　　任何制度都是在特定的历史背景下形成并受其特定的历史条件所制约。故要充分理解广东省云浮市的探索及其价值,必须将其放在特定的历史背景下来考察。广东省云浮市创新村民自治机制的主要内容之一是在村民小组或者说自然村一级建立村民理事会,将村民小组作为村民自治的基本组织单元,使村民自治具有更牢固的基础。这既是对中国村民自治本原的回归,也是对现有村民自治体制的完善。

中国的村民自治脱胎于人民公社体制。1980年代初，人民公社体制松弛，农村基层治理出现公共事务无人管的问题。广西壮族自治区的宜城、罗山一带的农民群众自我组织起来，管理社会治安，维持社会秩序等公共事务，由此产生了村民自治制度的萌芽。但从村民自治的发生地看，这一制度的组织基础是自然村。自然村是自然形态的居民聚落，这些由一个或多个家族聚居的居民点，是农民日常生活和交往的基本单位，具有地域相近、人口相熟的特点。通常所说的村民自治发源地实际上发生于果地和果作两个自然屯①。当时主管中央政法工作的彭真十分关注这一现象，专门派人调查，并总结提升为村民自治制度。根据地方经验，《中华人民共和国村民委员会组织法（试行）》第七条规定："村民委员会根据村民居住情况、人口多少，按照便于群众自治的原则设立。村民委员会一般设在自然村；几个自然村可以联合设立村民委员会；大的自然村可以设立几个村民委员会。"由此可见，无论是村民自治的起源，还是最早的《村民委员会组织法》，都将自然村作为村民自治的组织单元。

但是，中国村民自治是在人民公社体制的基础上大规模推行的。人民公社改变了长期以来自然形成的村落组织建制，是国家依据军事化方式对农村社会的重新组织，以便于集体化生产。人民公社组织分为公社、生产大队和生产队三级，实行党的一元化管理。公社设立党委，生产大队设立支部，生产队设立党小组。在人民公社"三级所有，队为基础"的体制下，公社是经济单位，同时也基层政权单位；生产队是生产的基本组织单位和基本核算单位。由此形成了"公社和生产队实，两者之间的生产大队虚"，即"两头实，中间虚"的格局。但这一格局在农村改革以后发生了变化。

1980年代，随着家庭联产承包制的兴起，人民公社管理体制迅速松弛，农村社会出现一定程度的失序和混乱问题。中共中央［一号文件］在批转《全国农村工作会议纪要》的前言中指出："最近以来，由于多种原因，农村一部分社队基层组织涣散，甚至陷于瘫痪、半瘫痪状态，致使许多事情无人负责，不良现象在滋长蔓延。这种情况应当引起各级党委的高度重视，在总结完善生产责任制的同时，一定要把这个问题解决好。"①

---

①　中共中央文献研究室编：《三中全会以来重要文献选编》（下册），人民出版社1982年版。第1061页。

为了解决这一问题，国家采取了两方面举措：一是运用党的系统这一组织资源，加强基层党组织的作用。这是中国共产党组织社会、领导国家的重要法宝，即将分散的农村社会整合为一体的重要手段之一就是将人民军队的"支部建在连上"延伸为"支部建在村庄"。在人民公社体制下，党支部作为一个相对完整的组织形态建立在生产大队一级。支部书记是生产大队的主政者，而生产大队管委会和生产大队长基本上处于"虚置"状态。随着人民公社管理体制的松弛，党的基层组织愈发重要。无论是土地承包、集体经济管理，还是农村社会事务处理，都需要党支部主持和落实，而生产队由于家庭承包的兴起不再需要组织生产和进行核算而迅速萎缩。正是在这一过程中，长期处于较虚位置的生产大队成为"实体"。二是以生产大队为基础建立村民委员会。中共中央1983年下发《关于实行政社分开、建立乡政府的通知》，决定在原人民公社基础上设立乡（镇）政府，在乡（镇）政府以下设立村民委员会，并规定村民委员会属于群众自治组织。尽管该文件没有明确说明在生产大队一级设立村民委员会，但公社、生产大队和生产队的三级建制，决定了全国在建立村民委员会时，均以生产大队作为村民委员会成立的基础，并在原生产队基础上设立村民小组。由此形成了乡（镇）、村民委员会、村民小组这一新的三级建制组织。为此，在1998年修订并实施的《村民委员会组织法》中去掉了"村民委员会一般设在自然村；几个自然村可以联合设立村民委员会；大的自然村可以设立几个村民委员会"这段话。"自然村"因此而成为历史，取而代之的是所谓"行政村"的说法。

尽管"行政村"不是法律用语，但却是事实用语。这是因为中国的村民委员会组织具有独特性，它既是村民群众自我管理、自我教育和自我服务的群众自治组织，具有自治性，同时也是国家对农村实行公共管理的基层组织，具有准行政性。而在相当长的时间里，后者更为突出。出现这一状况主要有两方面原因：一是中国分散的传统农村社会历史悠久，而农民在现代法治体系下进行自我组织和自我管理能力还较薄弱，大规模的村民自治实际上是在党和政府主导下进行的；二是长期以来对农业、农村和农民的"汲取体制"没有根本变化，村民委员会作为群众自治组织还必须完成各级政府下派的行政任务。村民自治处于各种行政任务压力下的"紧约束"状态，自治的空间很小。因此，1998年修订《村民委员会组织法》以来，村民自治的发展远未达到人们的期待。故村民委员会的行政性强于其自治性。

村民委员会的行政性决定其日常运作更多听命于上级政府而不是属下的村民。与村民更为接近的村民小组进一步虚化，从而形成了"村实组虚"的格局。村民小组仅仅只有一个组长，所起的作用也极其有限。

"村实组虚"的格局，不利于村民群众参与基层公共事务的管理，进而发挥群众主体自治作用。基层群众自治制度基于直接民主的理念。早在1987年制定《村民委员会组织法》时，彭真就指出，中国人民行使民主权利，当家作主，包括两个方面：一是通过人大代表间接行使民主权利；二是"在基层实行群众自治，群众的事情由群众自己依法去办，由群众直接行使民主权利"①。但直接民主对范围和空间要求较高，民主理论的先驱者卢梭早有论述。为此，中国《村民委员会组织法》尽管历经两次修订，但都保留了"村民委员会根据村民居住情况、人口多少，按照便于群众自治的原则设立"的规定。由于村民委员会设立在生产大队，地域较广，人口较多，居住较分散，不便于村民直接参与村务管理。为了解决好这一问题，在实践中产生了村民代表及相应的制度。但这一制度毕竟具有间接民主的特性，即村民群众参与村务管理的权利往往"被代表"而"虚置"。村民进行自治的主要内容就是三年一次参与村民委员会的选举。作为村民自治主体的村民作用难以发挥，村民自治成了少数村干部的"自治"。村民自治作为一项国家基层政治制度难以由村进入农户，落地生根。

进入新世纪以来，村民自治的外部条件有了比较大的改观。一是基层组织日益健全，国家对基层社会的整合日趋完善，群众依法自治的能力有所提高。更为重要的是，国家治理乡村的格局发生了重大变化，如废除农业税费，对农村和农民实行"多予少取"的政策。相比以往，党和国家对于农村更多的是从各个方面倾向于支持和建设，实施惠农工程。村民自治的外部条件大为改善。自上而下的行政压力型体制有所改变，村民自治的"紧约束"变为宽环境，开始向本位回归。

新农村建设的主体是农民。村民自治需要进行广泛的社会动员，以吸

---

① 《彭真文选》，人民出版社1991年版。第607—608页。

纳更多的村民参与建设自己的美好家园。但现有"村实组虚"的格局限制了村民参与公共事务管理作用的发挥。正因为如此，在新农村建设中，处处可见的是"政府主导"，处处难觅的是"群众主体"。显然，如果没有"群众主体"，新农村建设缺乏持续的动力和稳固的基础。这是新农村建设，也是村民自治发展中的一道难题。广东省云浮市强化村民小组的功能，在组一级建立村民理事会，这一做法在破解这一难题方面作出了十分有益的可贵探索。

广东省云浮市位于广东省西部山区，属于欠发达的农业地区。进入新世纪后，特别是 2008 年以来，该市积极探索科学发展的道路，通过主体功能划分方法，走出了一条工业化、城镇化和农业现代化"三化融合"，经济发展与社会建设同步，政府主导与群众主体互动的发展道路，被誉之为"云浮模式"。"组为基础"的探索正是在这一背景下出现的。

云浮市在探索自己的发展道路时发现，要实现农业现代化离不开农民，要进行新农村建设离不开农民，要在经济发展中实现对农村社会的有效管理更离不开农民。但现有体制却限制了农民主体能动作用的发挥，农民缺乏参与新农村建设和农村社会管理的制度性平台。为此，该市云安县率先在组（自然村）一级建立村民理事会。村民理事会理事由有威望、有能力的老党员、老教师、老模范、老干部以及村民代表、复员退伍军人、经济能人、外出乡贤等有影响的人员组成，采用"三议、三公开"的方式（理事会提议、理事走访商议、户代表开会决议；议案决议公开、实施过程公开、办事结果公开）进行民主议事。村民通过村民理事会这一平台进行自我管理、自我教育和自我服务。

云浮市以"组为基础"，建立村民参与基层事务管理的平台，此举不仅破解了自身的难题，更具有普遍性的制度价值，有助于将村民自治引向深化。这是因为：

其一，组是最紧密的经济共同体。现行的村民小组建立在原生产队基础上。农村土地等集体资产大多属于村民小组，农民的生产活动范围更多在村民小组内进行，农民的生产互助活动也大多发生于相邻的村民小组内。因此，村民小组是农民最为直接的利益单位。农民的利益和利益关系绝大多数处于村民小组之内，而农民最关心的是与自身利益直接相关的事务。通过在组一级建立村民理事会，农民参与公共事务管理的利益驱动力更足。相对组而言，村级事务与农民个人利益相对远和相对间接一些，故农民参与村级事务管理的动力也相对弱一些。

其二，组是最紧密的社会共同体。村民小组大多建立在自然村基础上。自然村是历史形成的，居民居住相近，早晚活动随时相见。在这样一个熟人社会里，人们比较容易建立信任关系，也比较容易形成共同性规范，更有利于村民共同参与管理公共事务。在实际生活中，推选组长比选举村委会主任要简单和容易得多，且权威基础更坚实。其原因就在于村民对相邻的本组人有较为充分的了解。

其三，组是最紧密的文化共同体。村民小组是由若干相邻的家庭构成的社会群体。由于历史的原因，这种社会群体具有一定血缘和族缘关系。如许多自然村落是以姓氏命名的。由共同的血脉和族缘关系构成共同的文化，并强化村民对本共同体的认同和归属，而认同和归属是村民参与公共事务、共同建设美好家园的重要基础。在现实中，村民参与村民小组范围内的公益事业的动力与愿望往往更为强烈。如广东省云浮市的外出"乡贤"很多，他们十分愿意为"家乡"建设出资出力，献计献策。而这一"家乡"更主要的是与自己有血缘和族缘关系的自然村落。云浮市在组一级设立村民理事会，正好满足了这一需求，这也是动员社会力量参与新农村建设的一个重要举措。

由此可见，如果说以村为基础设立村民委员会，村民通过村民委员会参与村级事务管理，更多的是基于国家法律规定，那么，以组为基础设立村民理事会，更多的是基于农村社会内部的现实需求。这种内在现实需求是村民作为社会主体参与公共事务管理，共同建设美好家园可持续的动力。

二　"三级联动"：行政管理与群众自治的衔接及互动

广东省云浮市村民自治创新的另一重要内容，是在组、村、乡（镇）三级建立理事会，形成三级联动机制。在建设政府行政管理与基层群众自治相衔接与互动的新型乡村治理体制方面作了有益探索。

长期以来，中国乡村治理体制属于"横向板块式"，国家权力与乡村社会权力呈上下分立的二元结构。在传统中国社会，"皇权止于县政"。

除了赋税、兵役、户口、审案等事务以外，国家权力未能进入乡村社会，乡村日常事务更多依靠乡村社会的自我管理。因此，传统国家对于乡村社会而言，属于"悬浮式国家"，即悬浮于乡村社会之上。同时，国家对于乡村社会多为"财政汲取"而不是给予，乡村社会的民生福利和公益事业主要依靠乡村社会内部自己解决，如"守望相助，患难相恤"。民众主要依靠家庭这一初级社会群体和家族村落这一次级社会群体来满足日常需求，国家对于乡村社会又属于"外在式国家"。即孙中山所指出的："在清朝时代，每一省之中，上有督抚，中间有府道，下有州县佐杂，所以人民与皇帝的关系很小。人民对于皇帝只有一个关系，就是纳粮，除了纳粮之外，便和政府没有别的关系。因为这个缘故，中国人民的政治思想就很薄弱，人民不管谁来做皇帝，只要纳粮，便算尽了人民的责任。政府只要人民纳粮，便不去理会他们别的事，其余都是听人民自生自灭。"[①] 近代以来，国家权力开始从体制上向乡村延伸，在乡镇建立国家基层政权。而在人民公社时期，国家权力触角甚至一直延伸到农户。改革开放以来，农村的治理体制逐步定型为"乡政村治"的格局，即乡镇一级设立基层政府，实行行政管理；乡镇以下设立村民委员会，实行基层群众自治。这一格局的实质与传统社会不同，但形式上仍然属于"横向板块式"的上下分立结构。乡镇政府属于国家的基层政权机构，自上而下地对乡村社会进行管理。村民委员会属于基层群众自治组织，其权力来源于本村村民，自下而上地对乡村社会进行自我管理。这一治理体制本身因权力来源、运行机制不同而产生了结构性矛盾。而中国长期沿袭的向农村汲取资源的体制又大大扩张了这一矛盾。乡镇政府为完成各种任务，将村民委员会作为自己的下属机构和"一条腿"，要求村委会必须完成各种下派的任务。而村委会正是在完成各种任务的过程中，消解了自己的"自治性"。但由于国家法律规定村民委员会属于群众自治组织，必须由村民群众选举产生。这种权力的来源又决定了村委会不可能完全听命于政府，在许多事情上甚至还会与政府相对立。因此，实行村民自治体制以来，中国乡村治理中的突出矛盾是"乡政"与"村治"的脱节、矛盾甚至对立。

　　乡村治理的"横向板块式"的结构性矛盾到新世纪以后开始有条件

---

① 孙中山：《三民主义》，岳麓书社 2000 年版，第 89 页。

地得到解决。这就是国家改革城乡二元体制，实行城乡统筹发展战略。国家实行"多予少取"的方针，对乡村给予支持而不是汲取，实行城乡基本公共服务均等化和各种惠农政策。国家不再通过赋税，而是通过大力改善民生来显示其存在和权威。在这一过程中，国家全面深入地向乡村社会渗透，由传统的"悬浮式国家"向"渗透式国家"转变。如国家每年向农户直接发放农业补贴，在乡村实行全面义务教育，实行政府与农民共同出资的新型合作医疗和新型农民社会保障等。农民在日常生活中可以处处感受到国家的存在。这种存在不是汲取农民的"外在式国家"，而是改善民生，满足农民需求的"内在式国家"。在国家全面向乡村渗透过程中，也需要农民的参与，否则国家的惠农政策就难以真正实现。如近年出现"村官"侵吞惠农资金和农民补贴的问题。更为重要的是，国家全面支持乡村并不能替代乡村社会自身的建设，国家自上而下的行政管理还需要乡村自下而上的群众自治的配合、衔接与互动。否则，"群众主体"就会为"政府主导"所吞没。

因此，随着中国乡村治理总体环境的改变，乡村治理将发生前所未有的重大变化，即由传统的"横向板块式"向"上下互动式"结构改变。所谓"上下互动式"结构是指国家行政管理，特别是公共服务一直延伸到乡村社会，而乡村社会的自我管理，特别是自我服务与政府相互衔接并良性互动，以保障乡村社会成为国家治理的有机组成部分，内化于国家治理体系之中。正是在以上背景下，2007年，中共十七大报告提出了一个重要命题，强调在乡村治理体系中"实现政府行政管理与基层群众自治有效衔接与良性互动"。但这一方向性命题提出后，在实践中却没有破题。广东省云浮市在组、村、乡镇三级建立理事会，实行"三级联动"机制，在回应中央的重大命题方面作出了积极的探索。

2008年以来，广东省云浮市深入贯彻落实科学发展观，在经济建设中加强社会建设，在社会建设中强化社会服务，在社会服务中又注重"向下给力"，让基层群众特别是农民群众享受社会服务成果。为此，该市云安县的乡镇"大部制"改革，将为农民服务作为改革导向，围绕为农民提供公共服务设立乡镇机构。如设立"农情研判中心"，这一机构的设立具有一定的开创性。为了提供便利的公共服务，云安县在村一级设立"社区服务合作社"，乡镇政府有专人在村办理公共事务。同时，村干部和村民代表一起参与办理，不仅提高了办事效率，而且保证了办事的公正、公平和公开。过去农民为办理公共事务需要到乡镇乃至县城，现在本村就可以办理，解决了农民办事难的问题。

农村公共卫生长期以来是政府不管的事情。而云安在为城乡提供基本公共服务的过程中，将农村垃圾处理作为政府公共服务的重要内容，由政府出资购买垃圾设备。但这一政府行为起初收效并不好，垃圾设备放在村里无人管，农民将其视为与己无关的东西。为此，该县领导认识到仅仅依靠政府行为，好事或许也会办不好，故要将好事办好，就需要依靠群众的自我管理、自我服务，为此决定将垃圾设备交由村民自我管理。接下来，又出现了新的问题：由谁来管？怎样管得更好？这就需要由村民共同讨论和议决。正是在这一过程中，村民共同议事、决事的村民理事会随之产生并开始发挥独特作用。

乡村公共事务因其所涉及的范围和人员有所不同，需要在不同层面设立理事会。与全国一样，云安的村一级自治组织机制相对较健全，村级理事会率先建立，并通过强化社会服务而充实。云安探索的重要意义在于，由村级基础上向下延伸和向上扩展。向下延伸，就是在组一级建立村民理事会，使大量公共事务和公益事业在组内议决。只有那些组内解决不了的问题才提到村。这样，可以大大减轻村级理事会的压力。乡村社会中大量事务都属于小范围能够解决的"小事"，不需要也没有必要提到村级，而且通过组内的熟人办理"熟事"，成效更好。向上扩展，就是在乡镇一级建立乡（镇）民理事会，使那些需要在全乡镇范围解决的公共事务和公益事业由乡（镇）民理事会参与讨论决定。以往乡镇事务主要由乡镇领导决定。尽管乡镇设有人民代表大会机构，但一般一年才召开一次大会，时间不长，内容太多，发挥的作用不大。设立乡（镇）民理事会可以根据情况及时召开会议，广泛听取群众意见，吸纳更多的群众参与日常事务管理。而且，当今新农村建设和国家惠农政策已大大超出了村组范围，涉及全乡镇和乡镇政府，如果没有全乡镇范围内的农民群众参与，就难以实现全乡镇的利益及资源整合。

在组、村、乡镇分别设立理事会，是乡村治理和村民自治机制的重大创新，主要表现在以下三个方面。

（1）"三级联动"的基本价值是官民互通。三级理事会的设立打通了政府行政管理与基层群众自治的通道，密切了政府与群众的联系。政府可以及时掌握乡村社会信息和农民需求，更好地提供公共服务并通过优质服务重建权威。农民可以及时了解政策信息和政府行为，将自己的需求及时反映给政府，并通过参与管理改善治理。"乡政"和"村治"通过理事会的方式可以实现有效衔接。

（2）"三级联动"的核心内容是分级治理。社会具有多层次性，人们在不同层级中生活，并形成不同层级的利益关系和公共事务。中国传统的治理往往是"一刀切"，方式单一，方法简单。云浮市在组、村、乡镇设立三级理事会，使不同层级的事务在不同层级处理，从而将大量矛盾化解在基层。云安县近年来实现"零上访"，其中一个重要原因就是哪个层级发生的矛盾在同层级理事会化解。组级村民理事会和村级社区理事会以"自我教育、自我管理、自我监督、自我服务"为基本职责，乡（镇）民理事会则主要履行"表达民意、参与议事、监督政务、调处矛盾、兴办公益"的基本职责。

（3）"三级联动"的主要机制是相互促进。中国长期实行自上而下的垂直式治理，这在一个简单的农业社会和计划经济社会有其存在的基础。但当今中国已进入到一个利益和思想多样化、主体意识日益强化的复杂性社会，故有效治理需要不同层级治理实现良性衔接、互动。在现行乡村治理体制下，政府行政管理与基层群众自治存在着内在的张力，从而造成相互阻隔。但这种张力并非系无解难题。"三级联动"以公共服务和公共管理为主线，以造福民生为依归，通过三级理事会共同讨论议决与村民利益相关的事务，可以实现政府行政管理与基层群众自治的良性互动。如农村垃圾处理需要政府决策，垃圾设备的管理方式需要村级理事会讨论决定，而垃圾设备管理行为则需要小组村民理事会讨论决定和监督，同时垃圾处理决策和改进又需要乡（镇）民理事会讨论。由此形成"三级联动"的乡村治理机制。

三　"组为基础，三级联动"的长效性和方向性价值

广东省云浮市创造的"组为基础，三级联动"不仅解决了自身发展中的治理问题，更重要的是它具有长效性和方向性价值。

近代以来，中国农村体制一直处于变动之中。其中的两次重大变迁：一是人民公社体制；二是家庭承包体制。与之相适应，又有着保障体制稳定运行的机制。

人民公社是在对农业的社会主义改造基础上，伴随着"大跃进运动"出现的。人民公社一开始出现，就有浓厚的理想主义成分，其表现就是公社组织规模愈大愈好，其分配形式愈平愈好，即通常所说的"一大二公"、"一平二调"。由此导致生产关系严重脱离生产力，引起经济困境。中共中央和毛泽东及时发现这一问题，对经济政策进行调整，特别是确立了"三级所有，队为基础"的人民公社体制。其核心就是将人民公社的基本生产和核算分配单位下放到最基层的生产队，而不是生产大队，更不是公社。当时的中央农村工作部认为这一体制有诸多好处，其中最重要的是大大调动了农民的积极性，同时便于干部遇事与群众商量，建立民主管理制度。毛泽东曾强调，以生产队为基本核算单位"至少三十年不变"①。至此，"三级所有，队为基础"的机制保障了人民公社体制的长期稳定性，历经"四清运动"和"文化大革命"，虽然有"穷过渡"的干扰，但都未动摇这一体制。如果没有这一机制，人民公社是很难长期稳定和正常运行的。

当然，由于人民公社的体制与农业生产不可化解的矛盾，这一体制最终被家庭经营体制所替代。由此可见，在人民公社内部，相比更高层级而言，只有在生产队这一层级才能更好地调动农民积极性，搞好农村基层民主管理。这是由中国农业生产、农村社会和农民的特性所决定的。也正是由于这一特性，最终引起了以家庭经营为核心的农村经济体制改革。但是，任何一种体制都有一个不断完善的过程。改革开放以来，中国村民自治制度的基本原则已经定型，即通过民主选举、民主决策、民主管理和民主监督，实现村民自我管理、自我教育和自我服务。但是，村民自治的运行机制还有待完善。近年来，在一些地方，村民自治发展陷于停滞，甚至沦为空壳，农民参与基层管理的积极性受到严重影响，便与此相关。而现行的村民自治机制运行不畅的突出问题就是下缺乏支点，上缺乏空间。广东省云浮市的"组为基础，三级联动"比较好地解决了这一难题。

---

①　罗平汉：《农村人民公社史》，福建人民出版社 2003 年版，第 255 页。

"组为基础"将村民自治单元由村向下延伸到组，以组为村民自治的支点，使村民小组成为村民自治的组织实体。这有利于调动广大群众参与基层事务管理的积极性，夯实村民自治的基础。应该看到，任何一种管理体制均建立在一定财产关系基础上。农村的管理体制与土地制度密切相关。中国的村民自治体制是伴随家庭承包兴起的，并与土地制度变革相适应。家庭经营是中国农村最基本的经营制度，并将长期坚持，且家庭经营体制仍在继续完善。当今的土地经营处于并将长期处于"大稳定，小调整"，"大稳定，小流转"的格局之中。所谓"大稳定"，是指土地关系长期稳定不变。这就决定了村民委员会作为集体土地所有者与农民作为土地承包经营者的关系不会发生重大变化。而"小调整"和"小流转"大多发生于村民小组范围内。因此，农民的主要利益关系将在村民小组内。这推动着农民更关心村民小组的事务。同时，现阶段在农村进行以社区为单位的新农村建设。而农业生产的特性决定了农民居住点只能相对集中，而不能如城市一样高度集中。因此，农村社区建设的支点应该是受自然条件所决定、长期形成的自然村。无论是生产还是生活，村民小组与农民更接近，农民也更愿意以村民小组为单位管理公共事务，共建美好家园。这是村民自治的持久动力。可见，离开了村民小组这一层级，村民自治便缺乏坚实的支点和持续的动力，就会"悬空"。

"三级联动"将村民自治机制由村向上扩展到乡镇，为村民参与乡镇事务管理提供了制度性平台，促使政府基层治理民主化。村民自治毕竟属于基层民主，需要更高层级的民主与之相适应。否则，村民自治的发展空间也十分有限。在现实生活中，我们可以经常看见彭真当年所担心的"行政干预自治"的现象。因此，村民自治内在蕴涵的民主参与机制需要向上扩展。彭真主张村民自治的重要原因是将村民自治作为训练农民民主管理的起点，而不是终点。他认为，农民"把一个村的事情管好了，逐渐就会管一个乡的事情；把一个乡的事情管好了，逐渐就会管一个县的事情，逐步锻炼、提高议政能力"[2](P608)。经过数十年村民自治的发展，村级民主有了基本的制度轮廓，而乡级民主还有待发展，并与村级民主相适应。广东省云浮市将村民理事会形式扩展到乡镇，为发展乡级民主提供了制度性平台。

"组为基础，三级联动"机制，可以说解决了中国村民自治运行中的三大问题：一是通过"组为基础"，保障了国家政策和乡村治理的"落地"而非"悬空"在村级的问题；二是通过"三级联动"实现了乡镇行政管理与基层群众自治的有效衔接和良性互动的"对接"而非"脱节"的问题；三是解决了在村民自治运行中发挥党的领导核心作用与群众参与管理的"互动"而非"互斥"问题。这一机制因此而具有长远性价值。如果说"三级所有，队为基础"保障了人民公社体制长期稳定运行的话，那么，"组为基础，三级联动"也将有利于村民自治体制的长期持续运行。

"组为基础，三级联动"机制对于中国基层民主和乡村治理还具有方向性价值。

其一，它有助于选举性民主向参与式民主深化。理论和经验都证明，民主形式与民主层级有关。直接民主适应于较小范围和较低层级。较大范围和较高层级更多的是间接民主。中国的村民自治单位一开始定位于村级。而一个村一般数千人口，地域面积也较大，特别是农村税费改革以后的合村并组，村的人口更多，范围更大。在这样一个层级上实行村民自治，主要内容是民主选举。村民群众广泛参与村务管理既不现实，也十分困难。因此，中国村民自治中的"四个民主"主要体现在"民主选举"方面。但是，选举性民主的局限性很大。一是村级选举与村民利益的直接关联度不大，农民缺乏积极性，在许多地方成为政府三年一次必须完成的一项工作任务；二是村级选举之后缺乏相应的民主决策、民主管理和民主监督，当选的村干部并不能保证权力为民所用，村民自治会蜕化为村干部自治；三是由于村是由若干个村民小组或自然村落构成，竞争性选举可能激活家族派性，甚至恶势力的参与，出现贿选、暴力干扰，从而扭曲选举民主；四是仅仅只有选举性民主将大大限制群众民主权利的广泛行使。因此，基层民主需要从选举性向参与式民主深化。所谓参与式民主，就是群众作为主体广泛全面参与基层公共事务管理，不仅是民主选举，同时要有民主决策、民主管理和民主监督。而后三个民主更多发生于村民小组这一层级，或者以村民小组为基础开展。云浮市的"组为基础"能够更好地体现基层民主的直接性、广泛性和群众性，是对村级选举民主的深化。

其二，它有助于乡村治理由政府主导向官民共治深化。新中国成立以后，乡村治理体制属于政府主导型。这一体制有助于实现国家迅速对分散的乡村社会的整合，但这种整合属于外部性整合，缺乏内在性动力。乡村治理中的"政府主导"大大强于"群众主体"。在当下中国，如何推进乡村治理，有两种价值取向。一是延续政府主导，政府通过为农民提供公共服务和公共福利而全面深入地渗透到农村社会。这就是所谓政府管理"一杆子到底"的思路。而这一思路已反复为历史证明实不可取。因为现代社会法治型政府是有限政府，即不可能无限地包办所有社会事务，也不可能包办好所有事务。乡村许多事务由村民自我管理会更有效，其成本更低。二是社会主导，通过大力发育和发展民间社会组织管理公共事务，实行完全的村民自治。这一思路有其合理性，但也有一定局限性。因为目前体制下的中国民间社会的力量相对薄弱，资源不多，离开了政府，许多公共事务难以办理好。同时，在中国，民间是与"官府"相对而言的，民间社会很容易转化为与政府对立，甚至对抗性力量。中国政府对"公民社会"这一提法保持着高度慎重，就是基于这一考虑。因此，在中国，乡村治理需要寻求第三条道路，这就是"官民共治"，即在党的领导和政府主导下，群众广泛参与，共同管理国家和社会。云浮市组、村、乡（镇）三级理事会就是党、政府和人民群众共同参与管理的制度性平台。在这一制度平台上，各个组织和群体根据其性质及功能发挥各自不同的作用，共同治理，共同建设。在"官民共治"的过程中，村民自治不仅不会因为政府的介入而受到限制，反而由于政府的指导、支持和激励而获得更大的发展空间。

三级理事会破解农村"一事一议"难题

——广东云安县组建三级理事会的调查和思考

随着农村税费改革后农村"一事一议"制度的建立,农村公共事业得以蓬勃发展,农村基础设施面貌焕然一新,然而,在实际的运作过程中,"一事一议"制度遭遇了诸多的障碍,比如"召集难"、"议决难"和"执行难"等,严重制约了"一事一议"制度贯彻执行,制度创新势在必行。为此,广东云浮市云安县在建设社会主义新农村中,围绕农村"一事一议"的困境,通过组建镇村组三级理事会,发挥理事带头作用,鼓励群众积极参与,多方整合社会资源,不仅打破了农村"一事一议"的困局,而且放大了"以奖代补"政策的作用,取得了令人满意的效果,这是对农村"一事一议"制度的重大创新,是农村公益事业建设的重大突破。为此,我们深入云安县进行调查,现提出有关意见,供中央决策参考。

一 三级理事会着力农村"一事一议"的做法

云安县经过细致的调研,针对农村"一事一议"的现实困难,以组建理事会的形式推动农村公共事业的建设,形成了"理事组织实施、政府以奖代补引导和群众积极参与"的新格局,有效地破解了农村"一事一议"在组织载体、议事发起、外部支持、行动主体和运行动力上的难题,主要做法如下。

1. 构建镇村组三级体系,让农村"一事一议"有载体。云安县以村民民主推荐和选举的方式在村民小组(或自然村)组建村民理事会,在行政村组建社区理事会,在镇级组建乡民理事会。理事会成员以村中老干部、老党员、复退军人、经济能人、外出乡贤为主。理事会就镇村组范围内的公益事业以"三议三公开"为重点开展工作,具体来说,每一项公共事业首先由理事会提议,然后理事走访村民商议,最后由户代表开会决议,期间议案决议公开,实施过程公开,办事结果公开,构筑农村"一事一议"的组织载体。

2. 发挥理事引导作用,让农村"一事一议"有方向。农村"一事一议"常见的困难是议事难以召集,为此,云安县把理事带头组织作为理事履职的重要内容。村民理事会、社区理事会和乡民理事会建立完善季度例会、年度评议会制度,通过会议形式将各理事掌握的公益事业需求集中汇总、整理归类;另一方面,村民理事会、社区理事会和乡民理事会通过列席村民代表会议、镇人民代表大会的方式,将村民的公益事业需求向村两委、乡镇政府集中反映,提出有针对性的议案,积极引导农村"一事一议"。

3. 实行以奖代补制度,让农村"一事一议"有保障。云安县建立"项目共建、以奖代补"机制,由县财政统筹安排"以奖代补"项目资金,理事会理事牵头组织和宣传发动农村群众共同做好项目规划、项目申报、项目资金、项目建设、项目监督等工作,为农村公益事业提供有力的外部支持与财政保障。

4. 制定理事会评议制度,让农村"一事一议"有激励。云安县建立理事长"年度考核、以奖代补"的试行办法,县财政每年安排一定"以奖代补"经费作为履职奖励,由镇政府组织考核,把理事会章程规定的工作职责纳入理事长履职评议,以此引导理事长严守章程、履职尽责。另外,村民理事会、社区理事会、乡民理事会分别组织召开村民小组户代表会议、村民代表会议、乡镇人大代表和政协代表联席会议的形式,对理事履职情况开展评议活动,并公开评议结果。对于评议得分高的推荐参评全县"百名优秀理事",激励理事发挥带头作用。

5. 实施年度"十件民生实事",让农村"一事一议"有目标。云安县在镇村组三级理事会中开展年度"十件民生实事"活动,理事通过"社情民意征集表"的方式收集镇村组范围内的社情民意,分文化教育培训、农田水利和道路修建等门类,再由理事会议从中筛选出"十件民生实事"作为本级理事会年度工作目标,以公开承诺的形式向村民张榜公布,并纳入理事长履职与理事评议项目之中,接受广大村民的监督。

6. 建立"以组为基础,三级联动"的运行机制,让农村"一事一议"有动力。云安县三级理事会着力在村民小组建立村民理事会,以组为基础,建立联户代表议事制度,相邻相亲的数户农民为一片,以理事为联户代表,在理事的带动下,充分发挥村民小组内村民参与公共事务的积极性。与此同时,实行镇村组三级联动机制,在人员上交叉,在事务上联席,在信息上互通,促进镇村组分级治理而又相互促进的联动机制。

二 三级理事会组织实施"一事一议"的成效

经过一年多的实践和探索,三级理事会着力农村"一事一议"的成效显著,相对于从前的农村"一事一议"制度来说具有鲜明的创新性和优越性。

——推动了农村基础设施建设。云安县石城镇的东风村村民希望重修一条向外运砂糖橘的路,可是这牵涉到几条村的利益和资金支持,于是他们就把情况反映到镇上,石城镇的乡民理事会马上作出了反应,及时满足广大村民的要求。石城镇乡民理事会秘书长卓辉鉴说:"我们乡民理事会派人去看了,那条路修好了以后,马上就能帮助附近村民每年增收大概四百万左右,所以我们把情况跟政府作了报告,并协助镇里做好协调工作,这条路马上就开工了,像这种事,要换了以前,不知道要拖多久,现在三级理事会联动,才两个月,事情就有着落了。"

——激发了农民群众的积极性。云安县洞表村充分利用"血缘、亲缘、地缘"和"亲情、友情、乡情"的优势,广泛动员群众参与村庄各项项目建设,同时充分发挥洞表村村民理事会中老党员、老干部、经济能人等理事的示范作用,广泛组织发动群众,以义务投工投劳、无偿出让土地、无条件拆除危旧房屋等形式参与"以奖代补"项目建设。据统计,在洞表村建设过程中,群众累计投工投劳 1500 人次,主动拆除旧屋 27 间、猪舍 16 间,无条件出让水田 0.8 亩、山地 12 亩、果树 100 多棵,自筹资金 6.6 万元,农民群众成为农村"一事一议"的主体。

——改善了农村人居环境。云安县洞表村村民理事会组织村民以村规民约的形式制定《前锋镇洞表村卫生管理规定》,请专人清洁公共场所,村民自觉做到"三包",即包卫生、包绿化、包秩序,营造了宜居生活环境。横洞村村民理事会则以"十个不准"教育和引导村民共同维护村庄公共设施和环境卫生,落实村中树木的认捐认管和绿化区域的认管责任,改善了农村的人居环境。

——发挥了基层民主管理的优势。云安县洞表村在制定社会主义新农村的建设规划中,除多方征询县直部门专业意见外,还以村民理事会牵头组织,以"一事一议"的方式,召开征询意见座谈会8次,组织群众实地勘察5次,接纳群众意见23条,切切实实地让群众参与农村公共事业之中,提高了决策的民主性。

——带动了农村公益事业的发展。云安县大坪村民理事会针对村庄老年人口多,生活有困难的情况,设立"老人基金会",由外出乡亲、村民捐资等筹措资金100多万元,为村中60岁以上的老人分级定期发放津贴,使老人老有所养,老有所依。目前,该村共有60岁以上村民34人,老人基金会自去年农历八月十五成立至今已经为老人发放津贴24000元,改善了老人的生活,推动了农村公益事业的发展。

三 三级理事会着力农村"一事一议"的启示

三级理事会以镇村组三级联动的方式推进农村"一事一议",改变以往"有事不议,无事乱议,有议难决"的局面,建立了农村"一事一议"的组织载体,激发了农民群众建公益事业的积极性,这种组织创新对农村公益事业建设具有重大的推行价值。

1. 农村"一事一议"要确立群众主体地位,推动基层民主管理。虽然三级理事会的理事侧重于老干部、老党员、经济能人和外出乡贤等,但是理事都是通过推荐选举产生的,充分尊重民意。另外,关于镇村组的公益事业项目由理事会"三议三公开",建什么和怎么建都由群众说了算,符合群众意愿。理事会还组织群众监督项目进展以及后期结算,让群众参与农村"一事一议"的全过程,确立群众的主体地位,发挥了社会主义基层民主管理的优势。

2. 农村"一事一议"要整合社会资源,放大政府投入的效果。三级理事会以政府财政"以奖代补"的资金为支持,发动群众积极投工投劳,并且向农村的外出乡贤募捐，构建了农村公益事业的多元投入机制，使政府的有限投入带动了大量的社会资源，产生倍增的社会效益。另一方面，镇村组理事会三级联动，村民小组不能兴办的公益事业可以在社区理事会解决，跨村的公益事业可以由乡民理事会来组织协调，有效聚集了社会资源。

3. 农村"一事一议"的两只抓手是理事引导与群众参与。农村公益事业面临"三个和尚没水喝"的集体行动困境，"搭便车"的想法在部分村民中泛滥，各人自扫门前雪。如此一来，农村"一事一议"大打折扣，村民"等要靠"的思想严重，政府积极投入，村民却消极等待。为此，三级理事会的一只抓手是理事引导，在村中老干部、能人和乡贤的带领下，对群众需求强烈和直接受益的公益项目提请理事会讨论，打破集体困境。另外，理事会以农村熟人相识相知为支点，形成村庄舆论氛围，引导和督促广大群众参与，为农村公益事业夯实群众基础，从而实现理事引导和群众参与的有机结合。

4. 农村"一事一议"制度在创新中不断前进。从农村"一事一议"制度诞生到实施，起初的制度设计应当随着演进的社会现实加以改变，换言之，制度的生长在于制度创新。针对村民或村民代表会议"召开难"的情况，农村"一事一议"有虚设的危险，关键的问题是组织载体缺位。云安县三级理事会不仅将农村"一事一议"的组织立足于村级，而且向下延伸到村民小组，向上扩展到乡镇，形成三级联动的组织体系，从此，农村"一事一议"有了常设议事机构，在组织形式上对农村"一事一议"的进行了有益的探索与创新。

信用自治:以金融创新带动社会管理

——广东省郁南县村民信用自治的调查与思考

农民贷款难、金融难下乡是当前全国各地普遍面临的一个问题。金融为何难以下乡，农民为何难以贷款？根本原因是信用缺失和抵押物不足。这严重地制约了农民增收、农业发展和农村稳定。因此，改革当前农村金融体制势在必行。广东省郁南县在云浮市委、市政府的布置下，开展农村综合改革试点，实行"村民信用自治"制度，通过农户信用评级，信用村建设，实现信用户无抵押贷款，解决了农户贷款难，金融难下乡的世界性难题，同时意想不到的是，信用建设还促进农村社会管理。村民信用自治制度是农村金融改革的有益探索，更是基层社会管理方式的重大创新。最近，我们专程前往广东省郁南县调研，现提出有关建议，供中央决策参考。

一 村民信用自治制度的建立及运作

郁南县是一个典型的粤西山区农业县，长期以来受资金匮缺的制约，经济发展缓慢、社会矛盾凸显，各种不和谐因素增多，这对原有的社会管理体制、机制提出了新需求、新挑战和新期盼。面对新形势下的社会管理局面，郁南县以创建信用村、信用户为基础，培育农民的信用意识，实行村民信用自治制度，主要做法如下。

1. 成立村级信用评定小组，实行民主评定、动态管理。村级信用评定小组由18人组成，包括镇村干部、村民小组长、党员代表、村民代表、村"五老"和农信社代表等。他们既不是由村两委包办，也不是由农村信用社单方指定，而是由村两委、信用社协商确定，有些还要经过村民选举产生，具有较高的公信力、民主性和代表性。在信用评级中，农民既是被评的对象，又是评级的考官。采取"群众评议群众"的方式，让农民日常生活中的相互监督为评级提供确实可靠的依据。这种群众相互评议、相互监督的村民信用自治评级机制，充分发挥了乡土社会"熟人关系"的优势，不但降低了社会管理的成本，而且提高了社会管理的效能。实行动态评级机制，每隔两年对农户进行一次重新评级，不但约束了信用户自觉维护自己的信用等级，并积极向"优秀"等级靠拢，而且还给非信用户留有评选的机会。这在很大程度上调动了农户信用评级的积极性，确保了基层社会管理的可持续性。

2. 建立农户信用激励机制，实行信用自治、社会约束。郁南县信用评级机制的最大特色在于在信用评定制度设计中充分考虑社会管理元素，以激励机制和约束机制促进村民信用自治。一是信用评级采取激励措施。评级指标除了涉及农户经济能力外，特别设置了与农村社会管理相关的考评项目，如社会评价、党建、计划生育、治安、妇女、家庭荣誉等，对符合条件的农户进行加分。此外，利用农民的"面子"观念，通过奖励和表彰满足农民的荣誉感，以此激发村民信用自治的积极性。如对被评为信用户的，优先推荐为"五好家庭"，符合条件的家庭成员优先推荐为"优秀党（团）员"、"党代表、人大代表或政协委员"、"三八红旗手"等。二是设置约束型信用评级标准。在评级时，对于参与"黄、赌、毒"等违法行为和有不良信用记录的农户实行一票否决；对参与打架斗殴、邻里关系不和睦、违反计划生育政策等的农户实行限制等级，最高只能评为"较好"。

3. 构建新型信用贷款制度，实行分级授信、灵活借贷。一是分级授信。根据综合评分，将农户信用等级划分为"优秀"、"较好"、"一般"和"较差"四个等级，对当选的信用户颁发《信用证》，分级授信。将分值高于90分的农户评为"优秀"，授信3万元；分值为80—90分的农户评为"较好"，授信1万元；分值在70—80分的农户评为"一般"，视情况授信；分值低于70分的农户评为"较差"，不予以授信。引导信用户在自愿的基础上组成三人以上的同级联保小组，小组成员之间相互了解情况，方便监督和制约。规定"一般"等级以上实行同级联保可增加1万—2万元的授信金额。二是灵活借贷。信用户只需进行一次授信额度核定，最长两年内无须重新申请核定；根据资金需求，信用户在期限内可随用随贷，用款才计利息；信用户可在贷款证明中核定的额度和期限内周转使用，按贷款余额计收利息。一系列金融惠农政策促进了村民信用自治的自觉性，进而保障了社会管理成效的实现。

二　村民信用自治实践的成效

经过两年多的试点和推广，郁南县村民信用自治制度得到了农民的极大拥护，在经济社会发展，尤其是基层社会管理方面取得了显著成效。

（一）小信用大发展

郁南农村金融改革的最大创新在于农户仅凭信用，无须抵押担保便能获得贷款，此举有效地解决了农民融资难的问题。农村小额信贷门槛高、流程长、额度小，农民的受惠率普遍不高。通过信用村、信用户评定，有信用等级的农户都能够获得一定数额的贷款，增强了农户的生产能力，贷款主要用于发展本地特色产业（种植和养殖），形成了小信用大产业的格局。全县生产总值由 2008 年的 49.09 亿元上升到 2010 年的 58.84 亿元，年均递增 11.7%；其中农业总产值由 2008 年的 23.19 亿元上升到 2010 年的 26.81 亿元，年均递增 4.9%。截至 2010 年年底，全县信用户在农信社新增贷款 6368 万元，带动农村抵押贷款、联保贷款、林权贷款等发展，2010 年全县涉农贷款余额 23 亿元，比试点前的 2008 年增长 96%；砂糖橘全县产量达 38 万吨，销售价格同比提高了 62%，产值 18.2 亿元；无核黄皮年产量 1.87 万吨，价格增长 25%，产值约 2 亿元；养殖业产值 6.4 亿元。

（二）小信用大民生

当前，我国大量的社会问题和社会矛盾集中在民生领域。通过创建信用村、信用户，农民的经济收入显著增长，生活条件得到较大改善。以桂圩镇为例，农村信用社对该镇获得较好以上等级的 1676 户信用户进行了授信，授信金额 2047 万元，截至 2011 年 3 月累计发放农户小额信用贷款

670.95 万元，受惠农户 483 户。灵活的借贷机制实实在在地缓解了农民发展生产的资金周转难题，有力支持了农村经济发展，促进了农民增收。农民人均年纯收入由 2008 年的 5286 元提高到 2010 年的 6483 元，增长了 22.6%。如今信用村 80% 以上的农户住进了楼房，88.3% 的农户家里实现了厕所入户化、自来水入户化和电器入户化。

（三）小信用大管理

在创建信用村、信用户的过程中，村支部和村委会的威信提升，基层社会管理得到进一步增强。一方面，信用评级将基层干部纳入评级小组，使其充分掌握评级的话语权，有效辅助了农村基层的治理。以往村委会组织召开村民会议，村民的积极性很低，经常出现不到、迟到、早退、伸手要补助等现象。有了信用评级的制约，村民自治的氛围更浓厚了。另一方面，在信用评级中引入党员、团员、妇女等与党建相关的加减分元素，有效破解了农村基层党组织活力不足、党员责任意识不强的问题。通过信用评级机制，村民对党务和村务的关注度大为高涨。试点以来，已有 14 名青年递交了入党申请书，相当于过去 10 年的总和。此外，村两委的公信力也相应增强，以前，村民有问题或矛盾都直接找镇政府，现在村委会的威信提升了，他们有困难、问题首先会找村干部，真正做到了"小事不出村，大事不出镇"。

（四）小信用大稳定

农户信用评级机制通过考核社会治安、计划生育、征信记录等与社会管理相关的项目，重拾了农村社会的信用，净化了社会风气，以村民信用自治促进基层社会和谐稳定发展。自创建信用村以来，村庄社会治安事件、群众矛盾纠纷、群众上访等均大大下降。2009 年全县信访总量同比下降 35%，2010 年再下降 42%，犯罪率下降到 3.5 人次/万人，大大降低了社会管理成本。近两年，所有信用村均未出现以往因砂糖橘市场销售价格变化而对原订合同违约所产生的一连串打架、投诉等问题。以往用电不交电费，又不参加电改的"电霸村"也随着信用村的创建，主动要求参加电网改造、缴纳电费。

三　村民信用自治实践的启示

郁南县以金融改革创新为切入口，通过实行村民信用自治制度，在全县上下形成了"有信用走遍天下，没信用寸步难行"的社会管理氛围，既解决了金融难以下乡的世界性难题，也对加强和创新社会管理具有重大的启发意义。

（一）金融创新是社会管理的有效突破口

农民贷款难是当前全国各地普遍存在的一个问题。金融难以下乡、农民难以贷款直接影响着农民创业和增收，成为制约"三农"发展的最主要因素。经济基础决定上层建筑。如果农民生产的资金需求得不到满足、经济条件得不到改善、生活水平得不到提高，必然会在基层社会埋下不和谐的种子，对社会管理产生不利影响。只有改革现有的农村金融体制，实现金融下乡，农村才能发展、农民才能致富、农业才有生机，基层社会管理才有坚实的基础。现阶段，我国基层社会管理的方式还较为简单、手段较为单一，难以适应新形势下的社会管理局面。郁南县深入调研，从本地产业特色和农民的实际资金需求出发，以金融创新为突破口推动农村综合改革，并在改革中注入社会管理元素，将金融创新寓于社会管理之中，在社会管理中体现金融创新，解决了其他地方没有解决的问题，取得了意想不到的良好成效。

（二）诚信建设是社会管理的重要路径

当前，我国既处于发展的重要战略机遇期，又处于社会矛盾集中凸显期，社会管理领域存在的问题日渐增多、日趋复杂。与经济发展相比，社会建设相对滞后。究其根源主要是思想道德建设落后，表现为人们的核心价值观缺失。诚信是社会主义核心价值体系中的重要组成部分，是传统文化、社会道德和精神文明的集中体现。金融难下乡、农民难贷款，其根本原因是信用缺失。实际上，中国的农民并不缺乏诚信观念，其缺少的是现代市场经济条件下的契约意识和信用意识。只要有一条纽带将农民与信用联结起来，农村的信用环境必将大大改善。人无信不立、民无信不富、国无信不安。郁南县社会管理的独到之处就在于，看到了诚信建设对基层社会管理的重要性，以创建信用村、信用户为纽带，通过诚信建设从本质上净化社会风气，营造社会管理的良好氛围。这种以信用建设带动社会建设，以社会建设促进社会管理的实践是对创新基层社会管理方式的有益尝试。

（三）信用自治制度要充分依靠群众

村民信用自治的实质是由农民当家作主，信用评定小组民主选举，评比项目和评级方式民主决策，评级结果民主监督。信用自治制度是农村信用建设的又一创新，是村民自治的重要实践，对提高我国社会管理科学化水平意义重大。群众是社会管理的对象，更是社会管理的主体。加强和完善社会管理，必须坚决贯彻党的群众路线，重视人民群众的主体地位，培养群众的社会参与意识和能力。发挥群众主体作用不仅有利于减少社会管理的成本，更重要的是可以满足广大人民群众当家作主的内在意愿和要求，有助于达成政府和群众共建共享的双赢局面。郁南县村民信用自治制度的实践经验，就是注重发挥群众的主体作用，培养群众的民主意识，通过实行民主评比、民主管理和民主监督，让群众参与贯穿整个社会管理工作的始终。这不仅有利于深化我国村民自治的发展，而且有利于加强和完善基层社会管理。

（四）社会管理要深挖乡土文化的实用价值

中国是一个乡土社会，经过千百年的洗礼与沉淀，最终形成了一种独具特色的乡土文化。这种乡土文化是传统的，但不会过时，倘若能够充分挖掘其现代实用价值，必然会使传统文化资源焕发新的生机与活力。当前，进一步加强和完善社会管理，提高社会管理科学化水平，一个重要的途径就是要充分发掘乡土社会的特性，发挥好利用乡土文化进行社会管理的优势。郁南县村民信用自治制度的可取之处，在于把握了农村"熟人社会"和农民"面子"观念的乡土文化内涵，在评级中发动"熟人关系"参与评选和监督，抓住农民好面子的心理进行激励型管理。这不但降低了社会管理成本，而且提高了社会管理效能。

服务自治:村民自我服务的新探索

——广东云安县农村生活垃圾处理
工作的调查与思考

随着农村经济的发展与农民生活水平的提高,农村生活垃圾的数量逐年增加,严重影响了农村环境卫生和社会主义新农村建设。然而,农村生活垃圾处理一无完善的服务体系;二无联动的投入机制;三无健全的管理制度;使生活垃圾处理服务难以下乡,因此加强农村生活垃圾处理服务刻不容缓。近年来,作为广东省农村综合改革示范县的云安县,着力推动生活垃圾处理服务延伸到农村,构建农村生活垃圾处理服务体系、投入机制和管理制度,在推进城乡公共服务均等化上进行了有益的探索,取得了令人满意的成效。农村生活垃圾处理着眼于城乡基本公共服务均等化,在统筹城乡发展的理念指引下,既尊重了群众的主体地位,又促进了服务型政府建设,其做法与经验值得借鉴。

一 农村生活垃圾处理的做法

1. 建体系,引导服务下乡

农村生活垃圾处理是一项系统工程,单纯的基础设施建设并不能很好地解决农村生活垃圾问题,关键是把基础设施建设和服务体系建设结合起来,理顺各层次服务关系。基于此,云安县因地制宜地推行"户分类,村收集、镇转运和县分片处理"为特色的农村生活垃圾服务体系,引导服务下乡。

一是"户分类"。农户负责自家房前屋后的环境卫生,鼓励农户对自家垃圾进行分类处理,综合利用,将稻草、动物粪便等可利用的有机物返田或作沼气原料处理，不可利用的生活垃圾集中堆放在村指定的垃圾收集池，解决农村生活垃圾不分类，垃圾收集面小等难题。

二是"村收集"。各村委会统一规划建设固定的垃圾收集池和移动的垃圾桶，各自然村由专职保洁人员与志愿保洁队伍负责公共场所的卫生清洁。对于交通不便的自然村，采用就地收集处理的方式进行无害化处理。

三是"镇转运"。各镇环卫保洁人员用垃圾运输车将各村垃圾收集池或垃圾桶中的垃圾收集上车，先转运到镇垃圾填埋场，如果镇垃圾处理场不能满足需要，则转运至县垃圾处理场。"镇转运"是服务体系的重要环节，通过"镇转运"实现农村垃圾与城市服务的有效衔接。

四是"县分片处理"。根据交通条件与基础设施状况，全县将各镇分成若干垃圾处理片区，城郊镇的生活垃圾统一由县城市管理局负责运送到县垃圾填埋场处理；郊区镇的生活垃圾则运送到本镇的垃圾填埋场处理。

2. 立机制，保障服务下乡

农村生活垃圾投入机制是农村生活垃圾处理的重点，没有足够投入的农村生活垃圾处理难以持续。为此，云安县按照"政府拿一点、集体补一点、群众集一点"的办法，构建县镇村"三级联动"的投入机制，保障服务下乡。

一是政府主导投入启动资金。县政府加大垃圾处理的设施建设的力度，在各自然村建设垃圾池及放置垃圾桶，并购置垃圾车、手推车等清洁工具。

二是乡镇多渠道筹资。各乡镇在加大直接投入的同时，积极参照县城区卫生管理办法，按照县物价局出台的乡镇镇区卫生费征收办法和标准，分类向镇区各单位和门店收取卫生整治费，确保有更多的资金投入生活垃圾处理工作。

三是强化村级投入。凡是有集体收入的村，每年从集体收入中拿出一定比例的资金用于环境卫生整治，或者各村通过"一事一议"的方式筹集垃圾处理经费，保障村保洁人员的工资和环卫设施的管护。

四是发动群众义务保洁。在配置专职保洁员基础上，积极发动农村党员、退休老教师、老干部、青年志愿者等组成志愿保洁队伍，义务保洁。与此同时，开展云安籍县乡干部回乡清洁活动，号召干部带头、鼓励群众跟进。

五是探索长效保障机制。坚持政府投入与市场运行结合原则。在注重县、镇两级政府的财政支持力度，注重村级集体经济对环卫投入力度的基础上，在有条件的地方，按照"谁污染、谁治理、谁付费"要求，参照城市垃圾处理收费办法，探索符合农村实际的生活垃圾处理收费机制，实行环卫设施有偿服务；并按照"谁投入、谁经营、谁收益"要求，探索通过建立市场化机制，吸引社会资金、社会力量、社会资源参与农村垃圾治理与环境建设，推动农村生活垃圾收集处理经营权市场化。

3. 强管理，促进服务下乡

农村生活垃圾管理制度是农村生活垃圾处理的支点，没有管理制度的农村生活垃圾处理难以有效运转。因此，云安县按照"谁主管、谁负责"的原则，细化部门责任分工，严明工作奖惩，强化农村生活垃圾处理的管理制度，促进服务下乡。

一是理顺管理体系。县政府成立农村生活垃圾处理工作领导小组由县"一把手"亲自抓，由卫生局负责组织协调，建设局、环保局、规划局、水务局、发改局、农业局、经贸局、公路局、教育局、宣传部等职能部门积极参与，从环卫设施规划建设、经费投入、宣传发动等多方面予以协助。

二是实行激励制度。农村生活垃圾处理经费从村镇建设补助费中列支，对实施农村生活垃圾处理的村庄给予梯次型奖励，通过实际工作的评估分"优秀"、"良好"与"一般"三个梯度，以奖代补，充分调动镇、村的建设热情和积极性。

三是建立考核制度。本着"垃圾不清清干部，服务不下干部下"的精神，制定了《云安县农村生活垃圾处理考核实施办法》，对镇、村实行动态考核制度，采取定期与不定期检查相结合、随机抽查与集中督查相结合等多种手段，将各镇农村生活垃圾处理工作列入《云安县科级领导班子和领导干部落实科学发展观评价指标体系及考核评价实施细则（试行）》的考核范围。各镇对村进展情况进行全面考核，并对考核结果进行排序，纳入镇、村年度工作目标考核，有力督促农村生活垃圾处理工作。

二　农村生活垃圾处理的成效

经过两年多的实践，云安县农村生活垃圾处理工作取得显著成绩，不仅使垃圾处理服务逐渐覆盖农村地区，推动了农村环境整治，而且实现了生活垃圾处理服务由城到乡，为城乡公共服务均等化积累了经验。

1. 农村环卫设施得到显著加强。云安县政府安排资金 92 万元，为县城市管理局购置生活垃圾压缩车，为全县各镇各配置小型生活垃圾车，全县共建造垃圾池 100 个，垃圾临时存放点 120 个，购置垃圾桶 300 个、手推车 45 辆等，并拟建设一个占地面积 57.6 亩的垃圾填埋场，进一步加强了农村环卫基础设施，夯实了环卫服务的基础。

2. 农村环境卫生得到明显改善。云安县自开展农村垃圾处理工作以来，各圩镇、街道、自然村的环境卫生明显改善，店里店外、屋前屋后、道路两旁、溪流沿岸的生活垃圾明显减少，有力地扭转了农村环境脏乱差的局面。一位村民如是说："以前的垃圾到处扔，路难走、味难闻、人难处，现在好多了，环境改善了，心情也舒畅了。"

3. 公共服务得到有效延伸。云安县实行垃圾收集清运的自然村已有 772 个、覆盖率达 54.6%，比全市覆盖率高 17 个百分点，是全市农村垃圾处理覆盖率最高的一个县。目前，全县每日收集垃圾 69.8 吨、清运 69.8 吨，垃圾收集率达到 40% 以上，已收集的垃圾处理率达到 100%，形成了农村垃圾一条龙收集、一站式处理、一体化运作模式。

4. 农民环境观念得到逐步增强。云安县农村生活垃圾处理工作在建管并举的基础上，特别注重环境保护的宣传，积极倡导"保护农村环境从我做起、从我家做起"的理念，农民群众在多途径、多方式的环保宣传下，逐步增强了环保意识和家园意识。一位村干部说："农民素质不高，没有什么环境保护观念，也不懂什么垃圾处理，更不重视什么环境污染，经过一段时间的宣传发动，农民也知道保护环境有么子用，能够主动地收集生活垃圾了。"

5. 农民的主体意识得到激发。云安县农村生活垃圾处理工作中农民群众积极参与，义务投工投劳进行环卫设施建设，义务进行村庄保洁活动。农民群众逐步成为公共服务的主体，不仅是享受的主体，而且是建设的主体。截止目前，云安县自开展农村生活垃圾处理工作以来，农民参与环卫设施建设 68 处，占建设总量的 31%，群众投工投劳累计达到近 700 个工作日。

三 农村生活垃圾处理的启示

垃圾虽小，服务事大。云安县在农村生活垃圾处理的服务体系、保障机制和管理制度等方面进行了卓有成效的探索，在小垃圾上做文章，在大服务上下功夫，对促进城乡公共服务均等化具有重要的启发意义。

1. 农村生活垃圾处理着眼于基本公共服务。农村生活垃圾处理是基本公共服务，是农民群众关心的公共服务。从云安的实践来看，城乡公共服务均等化要从农村环境卫生、医疗保健、道路建设、饮水安全等关系到农民群众最现实、最直接和最切身利益的基本公共服务出发。因为相对于其他公共服务，基本公共服务对于农村民生具有更加重大的意义。为此，城乡公共服务均等化从小问题做起，从小投入做起，必将产生倍增的社会效益。

2. 农村生活垃圾处理尊重群众主体地位。农村生活垃圾处理的主体是农民群众。从云安的经验来看，围绕农村生活垃圾处理，农民群众贯彻"共谋"、"共建"、"共管"和"共享"理念，通过自我管理、自我服务、自我教育，积极参与农村生活垃圾处理工作。因此，在推动城乡公共服务均等化过程中要尊重群众的主体地位，发挥群众的主动性与积极性。

3. 农村生活垃圾处理有利于服务型政府建设，农村生活垃圾处理是基层政府公共服务的重要内容，是建设服务型政府的落脚点之一。从云安县的做法来看，"垃圾不清清干部，服务不下干部下"体现的就是一种建设服务型政府的决心，后来的农村生活垃圾服务体系建设、投入机制建设和管理制度建设便是一种实实在在的行动，最后，公共服务得到有效延伸，农村环境得到逐步改善，农民主体意识得到激发就是行动落实后的实际效果。由此可见，服务型政府建设的关键是把服务型政府的承诺放在提供基本公共服务上，强化政府的服务职能。

4. 农村生活垃圾处理符合城乡统筹发展理念。农村生活垃圾处理的"户分类、村收集、镇转运和县分片处理"体系较好地展现了城乡公共服务的统筹发展理念，农村垃圾处理能力不足，城市垃圾处理能力有余，将两者结合起来构建城乡统筹的垃圾处理体系对于城乡公共服务均等化是一种有益探索。相对于城市的公共服务，农村缺少资金投入、缺少基础设施、缺少管理体系，因此，农村公共服务体系的建立需要城市公共服务体系的有效延展与对接。通过城乡公共服务体系的统筹发展，不仅能实现城市公共服务体系的充分利用，还能推进城乡公共服务一体化进程，从而有效实现城乡公共服务的均等化目标。

"队委"自治:根植于华南乡土社会的草根自治形式

——广东省新农村试验区大田村"队委"自治经验与启示

吴记峰

2014 年中央 1 号文件指出,"探索不同情况下村民自治的有效实现形式,农村社区建设试点单位和集体土地所有权在村民小组的地方,可开展以社区、村民小组为基本单元的村民自治试点。"其实,在此之前,面对村民自治发展过程中的诸多问题,很多地方就已经开始了对村民自治有效实现形式的创新性改革探索。甚至可以说,很多有效的村民自治形式其实一直根植于乡土社会之中,对乡村善治起到了重要的促进作用。广东省社会主义新农村试验区内的大田村一直以来就是采用"队委"自治的草根自治形式实现了自然村的善治,为村民自治的实践发展贡献出了经典案例,为村民自治的制度创新提供了可借鉴的经验。

一 "队委"自治发展历程

(一) 宗族自治:传统乡村社会的自治形式

从国家产生以来,政治体系就一分为二,一是来自于社会又凌驾于社会的国家权力体系;二是国家权力统辖之下深深的渗透到日常社会生活之中的基础性政治社会。而对于乡土中国而言,传统社会实际上就是一个宗族社会,宗族通过血缘关系将若干家庭联系到一起,并内在的产生出家族社会权力,这种权力必然也深深渗透到了乡土社会的治理之中。很长一段时间，由宗族社会权力主导的乡村社会自治成为全国尤其是华南社会乡村治理的常态。大田村是新农村试验区内里水行政村下辖的一个自然村，也是一个村民小组，现有村民 73 户，人口 283 人。一直以来，大田村就是一个戈氏单姓村，整个村庄的村民都属同一个宗族。据考证，明代后期，大田太公戈明汉与其子戈成邱、长孙戈以兴、次孙戈以宾四人从江西省吉安市泰和县迁来佛冈大田居住。因村旁地势平坦，水田面积较大，故取名为大份田（新中国成立后改称"大田"）。戈氏一族长期在此繁衍生息，内部采取传统的长老治村模式，由乡绅主导进行社会自治。也就是说，像华南地区大多单姓村庄一样，大田历史上就有浓厚的宗族自治传统。

（二）"队委"管理：人民公社时期的管理样式

近代以来，在现代国家建构的过程中，国家权力逐步下沉，自治空间开始受到挤压。新中国成立以后，国家通过政党下乡、行政下乡等方式将一盘散沙的乡土社会整合为一个高度组织化的政治社会，自上而下的政治统治渗入乡村社会的日常生活。尤其是到人民公社时期，这种外部嵌入的党、政、经高度统一的制度设计将社会自治压缩到最低。但与此同时，国家权力的过度下移也引发了乡土社会的抵制，人民公社时期的"大公社"形式就遭遇了村落传统的反弹，后改行"三级所有，队为基础"的运行体制，而生产队即为村落传统之延续。这一时期，大田传统自治的空间也是被不断地挤压。人民公社时期，大田成为里水大队下辖的一个生产小队，由队长、副队长、书记员、保管员等组成的生产小队管理委员会（俗称"队委"）进行管理，社会自治被压缩到了最小空间，走向式微。但社会自治的式微并不代表消逝，即便是在人民公社时期，大田社会自治的元素仍在，社会自治的底色犹存。尤其值得一提的是，时任龙南公社副社长的戈东水回村带领群众成立村居建设理事小组，进行村庄规划并制定村规民约，大田后人至今仍旧遵循这一村规民约，五十多年来村里没有一户人家乱搭乱建，村庄建设整体划一。

（三）"队委"自治：自然生长的草根自治形式

20 世纪 80 年代，人民公社体制解体之后，发轫于广西合寨村的村民自治最初也是以自然村为组织基础的社会自组织行为，只是后来在政府主导的推进过程中，为与人民公社时期"人民公社—生产大队—生产小队"的组织架构相衔接，普遍选择在生产大队一级成立村委会，实施村民自治。广东省的基层治理从人民公社体制到管理区制度再到村民自治，最终也是普遍在行政村层面设立村委会，在原生产队的基础上设置村民小组，走向了"起步晚、起点高"的村民自治发展之路。在大田村，"队委"这一组织管理架构也随着人民公社体制的瓦解而取消，最终取而代之的是村委会领导下的村民小组组长与副组长。但在大田，村民却仍旧习惯于称呼小组组长为队长、副队长。与此同时，村庄老党员、老队长、明白人等富有公益心的村民与村民小组组长一起组成了具有全新内涵的新"队委"，作为村民小组内部非制度化的草根自治机构，不定期聚在一起讨论村民小组内的经济发展与日常管理事宜。"队委"成员相对稳定却不固定，根据不同的事务由村民小组组长召集开会讨论。但"队委"自治却卓有成效，逐步发展成为村民小组层面实现群众自治的一种有效形式。

（四）理事会自治：草根自治形式走向制度化

2012 年，大田村在试验区管委会的参与指导下成立村民理事会，负责村庄公共事务与新农村建设相关事宜。理事会的成立，本质上是"队委"自治组织制度化、规范化的过程，但这种制度化与规范化也只是相对而言。"以前商量事情的也是这些人，现在基本上就是'队委'那些人成为理事会成员"，理事长的话点出了理事会与"队委"的一脉相承。当然，人们习惯上还是喊理事长为"队长"，而新的理事会的产生也不是村民海选的结果，而是由村民小组组长与副组长在原有"队委"的基础上通盘考虑村庄九大族的人员情况提出建议名单，再召开村民大会由村民举手表决通过。理事会的整个产生过程充满了乡土气息与乡土伦理。在理事会的带领下，大田村通过进一步激活自然村自治、释放自然村活力，在新农村建设过程中筹资筹劳修缮公屋、埋设排污管道，集约土地、流转土地实现农业经营体制创新，并通过一事一议等形式建设文化室、杂物房、篮球场等基础设施，整个村庄面貌焕然一新。

二　"队委"自治制度特点

"队委"自治最大的特点就在于它的非制度化，在于它是一种群众自发、群众首创的草根自治形式。这是"队委"自治与现有村民自治制度最大的区别。也正是这种非制度化的草根性，使"队委"自治呈现出了强劲的生命力，在促进自治良性运转的基础上，有效地实现了乡村"善治"。

（一）自治组织设置非正式化

中国地域广阔，各地经济社会发展极不平衡，没有哪种村民自治的"理想模式"能够适合于千差万别的村情。国家法律应该仅限于提供基本的原则和制度框架，不能规定得过多过细，否则会严重背离各地的现实，束缚村民自治的创新空间和行动能力。因此，要因地制宜地发展形式多样的村民自治模式，尤其是要允许多个层面的村民自治试点，促进多样性的自治。"队委"的设置就不是体制内行为，甚至严格意义上说也并不是我国村民自治制度体系内的一部分。"队委"成员中的村民小组组长、副组长尚在村民自治体系之内，而其他成员则完全是自发参与到村务管理中来的。"队委"这一组织架构在政府层面的基层治理机制中是不存在的。实质上，"队委"是在沿袭了人民公社时期生产小队的管理组织名称的基础上基层群众为解决好村民小组内的自我管理、自我服务、自我发展而自发组成的草根自治组织。这种"队委"自治制度设计与人民公社时期的"队委"有着本质的区别。前者是草根自治组织，游离于乡村社会正式的治理体系之外；后者是政治管理组织，是政府掌控农村的重要组织架构。

（二）自治组织人员非固定化

随着现代化进程的加快，乡村社会也开始流动了起来。在当前农村，大量农民进城务工已经成为不可逆转的趋势，这就对村民自治产生了重要的影响。民主选举、民主管理、民主决策、民主监督都很难落到实处，有些地方甚至出现了村干部外流的情况，村庄公共事务的当家人与管理者缺位，村委会组织出现"空心化"。也就是说，村民自治越来越因为村庄的空心化而陷入困境，村民自治的主体开始流失。大田"队委"的组成人员稳定而不固定，在一定程度上破解了村委会空心化的难题。"队委"一般由现任村民小组组长、副组长、卸任老队长、村庄明白人、村庄老党员等关心村庄公共事务的村民组成，一般保持 10 位左右，但也会因讨论议题的不同而略有不同，因时间的变迁而有所更新。近年来村庄打工经济兴起之后，"队委"成员的流动性与变化性也更大。"谁在家、谁有空就找谁商量喽，那人就都出去打工去了，你怎么找他商量呀，也就只能过节回来的时候聊一下了"。总之，"队委"这一草根自治组织的人员存在非固定化的特点，恰恰是这种带有乡土智慧的灵活设计有效维持了草根自治的运转。

（三）自治体制机制非制度化

在我国的地方层面，存在的大量"制度化"了的与国家正式制度并行的"小制度"，它们很大程度上并非出自政府的理性设计，而是在不同时间和领域中，互相独立的多重过程互动作用下自生自发的。这些"小制度"是基层政治智慧的体现，是对实际产生问题的积极应对，能够在正式制度滞后或失灵的情况下，更为灵活地解决具体问题。"队委"自治中的很多制度就是这种"非制度化"的"小制度"。"队委"自治中没有成文的规章制度，没有固定的运行机制，没有完备的议事规则，没有系统的文字记录。"队委"自治主要是按照乡土原则，根据村里公共事务的大小，由村民小组组长召集大家到公屋开会讨论，形成统一的意见后由村民小组组长、副组长负责实施。当然，自然村内的重大事务还是要召开村民大会商议。"白天都有事情的，一般都是要到晚上。大家八点多钟冲完凉就到公屋那里商量一下"，"村民大会也是一样的，也要晚上开的嘛"。"队委"自治在体制机制上存在很强的非制度化特点，主要依照乡村社会内部自发形成的"小制度"而运转。

（四）自治组织运行非行政化

很长一段时间以来，村民自治组织的行政化问题就引起了社会的广泛关注，这也被认为是村民自治近年来运行不畅、陷入空转的重要原因。其实，某种意义上说，我国的村民自治既是一种群众性自治制度，又是国家政权在乡村社会重建的一种方式。只不过这一重建过程一开始就具有一种张力，是通过管制社会来取得稳定和权威，还是通过保障农民自治权来获得秩序与承认。而在村民自治的实际运作中，由于政府权力的在场，最终还是导致了行政抑制自治、他治替代自治、自治流于形式。"队委"自治的可贵之处就在于其运行的非行政化。"队委"自治主要是解决村民小组内部的公共事务，一般不涉及政府行政事务。"队委"成员也主要是靠着公益心进行自治活动，人员无工资，干活无补贴，运行无经费。"当然，有时候，开会的时候遇上节假日呀，或者正好是年底村里结账的时候，也会用集体的钱给大家每人发一包10块钱的烟，略微地表示一下，但是那个花费是很少的，也是不固定的。"因此，"队委"自治的运行经费存在非稳定化的特点，甚至可以说基本上没有经费的支撑。"从经济上说，做'队委'肯定是亏本的，是要自己往里搭钱的"。

三　"队委"自治经验启示

"队委"自治作为一种根植于乡土社会的草根自治形式，呈现出了强劲的生命力与良好的治理效果。又因为"队委"自治的这种非制度化，"队委"自治实际上是在现有的村民自治制度架构之外创设出了社会自治的有效实现形式，也为当前村民自治制度的改革与发展提供了全新的经验与启示。

（一）尊重群众首创，注重自治的草根性

"队委"自治是群众首创的草根自治形式，制度化程度不高。但制度化程度不高的"队委"自治却呈现出了强劲的生命力，这是我们在自治研究与实践中必须要高度重视与深入思考的问题。"队委"自治的经验中可以看出，"野草在疯长"的规律不仅适用于自然界，也体现在了乡村治理中。二者表现形式各不相同，内含的道理却是一样的。群众首创的"队委"自治是根据群众的日常需要而自然生长出来的草根自治形式，更适应农村的社会环境，更契合农民的利益需求，更便于农民的自我管理。草根性是"队委"自治的根本属性，也是"队委"自治取得成功的最高秘诀。由此，在村民自治的发展过程中，要尊重农民的首创精神，允许各

种草根性自治形式的存在与发展，鼓励并呵护乡土社会对于多样村民自治形式的探索。

(二) 尊重村民自发，注重自治的乡土性

"队委"自治是村民自发的一种自治形式，现代化元素不多。现代化元素不多主要体现在"队委"自治并不是采用严格的现代民主自治形式。从成员的产生到议事的过程，再到对公共事务的决策，"队委"主要还是沿袭了乡村传统自治的规则，依靠"三老"、乡贤等实现自治，具有一定的宗族自治的影子。当然，现代政治的元素也已经开始渗入"队委"自治。年轻人、经济能人、返乡农民工等村庄新兴力量越来越多的参与到了"队委"组织中来。但整体而言，"队委"自治中的乡土味更浓，具有很强的乡土性。更为重要的是，这种作为我国乡村治理底色的乡土性在短时间内不会有根本性地改变，至少不会在乡村治理中完全消失。因此，有效的村民自治形式在可预见的时间内还需内含有这种乡土性，这也是"队委"自治等草根自治形式的生命力源泉之一。

(三) 尊重地区差异，注重自治的多样性

"队委"自治是华南社会的一种自治形式，地域性特点较强。华南社会自治传统浓厚，自治元素保留较好，有着社会自治的历史土壤。此外，华南社会的集体土地所有权也大多在村民小组一级，村民小组内更是天然的利益共同体，更容易实现自治。改革开放后，华南社会在经济快速发展的同时也实现了文化传统的复归，尤其是社会自治的意识与能力在修族谱、建宗祠、请神仙、祈福日等活动中得到了很好发展。"队委"自治实质上就是在村民小组内由宗族事务自治、信仰事务自治向外拓展延伸到社会公共事务领域，从而实现了乡村自治的延展与升华。由此可见，"队委"自治的有效运转与健康发展缘于其建立在了一个自治的社会沃土之上，有着很多得天独厚的条件，具有一定的地域性。村民自治的发展还是要尊重地区间的差异，根据各地的实际情况创新自治形式。

(四) 尊重历史传统，注重自治的共同体

"队委"自治是承继传统的一种自治形式，共同体选择较佳。我国华

南地区的传统自治就是以自然形成的单姓村为主要载体的。这些单姓村作为千百年自然形成的村落，地域相近、文化相关、利益相连，是经济、社会、文化的共同体。之后的乡村社会管理变迁中，无论是人民公社体制，还是管理区制度，实际上都还是将自然村作为一个最基本的社会管理单元。大田"队委"自治实质上是对自然村自治传统的一种承继，在正式的乡村治理组织体系之外打造最适合华南实际的草根组织架构。"队委"自治之所以能在自然村层面激活自治也在于它实现了治理结构与社会结构的契合。当然，这种自然村自治传统的承继只是治理单位的承继，而不是治理方式上的完全复归。"队委"自治还是在承继自然村自治传统的同时注入了现代元素，将自然村自治推向了新的高度。

（五）尊重群众自治，注重自治的自治性

"队委"自治是名副其实的一种自治形式，行政性干预较弱。传统社会自治基本上是社会的自我治理行为，但人民公社后兴起的村民自治作为一种现代化进程中的村民自治发展形式，是伴随着现代国家的建构而同时进行的，带有很强的国家行政干预色彩。这也是我国村民自治发展过程中一直存在着行政化倾向的根本性原因。由此，"村民自治不自治"也就成为我国村民自治发展不畅、陷入空转的症结所在。"队委"自治与行政村自治有着很大的不同，它是在村民小组层面的自治，对上的行政事务有行政村村委会承载，这就有了一定的自治空间；对下是家户传统下发育出的宗族社会，有坚实的自治基础。"队委"自治基本上摆脱了行政上的干预，是真正的自治。所以说，大田村"队委"自治之所以成功运行，恰恰在于其尊重群众自治，尽量减少行政干预，走出了"村民自治不自治"的自治发展怪圈。

参考文献：

［1］徐勇：《非均衡的中国政治：城市与乡村比较》，中国广播电视出版社1992年版，第3页。

［2］徐勇：《浸润在家族传统文化中的村民自治》，载《社会科学》，1997年第10期。

［3］徐勇：《政党下乡：现代国家对乡土的整合》，载《学术月刊》，2007年第

08 期。

[4] 徐勇：《行政下乡：动员、任务与命令》，载《华中师范大学学报》（人文社会科学版），2007 年第 09 期。

[5] 张乐天：《告别理想：人民公社制度研究》，东方出版中心 1998 年版，第 53 页。

[6] 徐勇：《最早的村委会诞生追记》，载《炎黄春秋》，2000 年第 09 期。

[7] 彭大鹏：《村民自治已经没有意义了吗?》，载《理论参考》，2012 年第 07 期。

[8] 任中平：《村民自治究竟应向何处去》，载《理论与改革》，2012 年第 07 期。

[9] 余涛：《论农村基层民主建设中的“小制度”》，载《华南农业大学学报》（社会科学版），2013 年第 03 期。

[10] 彭大鹏：《村民自治的行政化与国家政权建设》，载《北京行政学院学报》，2009 年第 02 期。

[11] 程同顺：《村民自治体系中的村民小组研究》，载《晋阳学刊》，2010 年第 02 期。

[12] 徐勇：《“组为基础，三级联动”：村民自治运行的长效机制》，载《河北学刊》，2011 年第 09 期。

自治重心下移:农民参与的基层设计

——新农村建设试验区"基层组织建设"的调查与思考

管理民主,是社会主义新农村建设的政治保证,也是新农村建设的应有之义。党的十八大报告指出,"要健全基层群众自治机制,保障人民享有更多更切实的民主权利"。然而,长期以来,由于体制机制的原因,农村基层自治组织面临着自治主体错位、自治单位过大和自治纽带缺失等问题,严重制约了农民的有效参与和农民主体作用的发挥。为破解这一难题,广东省佛冈社会主义新农村建设试验区(以下简称"试验区")先行先试,在新农村建设中通过自治重心下移来推动农民的参与,不仅推动了村民自治和管理民主,而且激发了农民的积极性和主动性。具体而言,其改革主要有几方面内容:以自治重心下移为方向,以服务平台下设为契机,以自治单位下延为载体,以农村经济合作组织为纽带,将自治组织嵌入经济合作组织当中,做实做活农民参与的基层组织体系,在新农村建设中实现农民的广泛参与。尽管其体制性改革还在探索之中,但重视农民参与和自治下移已成气候,其改革具有方向性价值。

一 破题:村民自治的困境

广东省佛冈县以"自治重心下移"为核心的村民自治制度改革,旨在突破当前村民自治的诸多困境,寻求一条让村民自治落到实处的有效路径。

(一) 自治主体错位

农民以"村民自治"为主要形式参与农村基层治理,需要有有效的组织主体作为村民参与的组织者和协调者。而近年来，作为这一组织主体的村委会主要承担起政府的行政职能，往往被挂上十几块政府工作的牌子，成为政府在村庄的代理机构，而非自治组织。从而出现农民视村干部为官的问题，无法将农民有效组织起来。而作为领导组织的"党支部"，也面临着"一个支部三颗牙"的问题，村民认为"老党员自己思想都转不过来，何谈引领村民发展"，严重制约了党支部领导核心作用的发挥。

（二）自治单位过大

包括佛冈在内南方地区的村民自治单位，一般设在行政村一级。而长期历史上，乡村自治都是以自然村为基础展开的。目前，一个行政村往往包括十几个自然村，村民人数也达到四五千人。由此造成两方面问题。一是一个六七人组成的村委会往往无暇去管村民，政策文件大多也只停留在村干部的文件夹里。二是分散在不同自然村的村民往往都不认识村干部，一些自然村的村民可能几年都与村干部见不上面，更谈不上参与村民自治。如村委会选举就只能靠流动票箱，往往不是农民真正选举出来的，村民选举流于形式。

（三）自治纽带缺失

利益关联是村民参与村民自治的源动力。在由若干个自然村组建而成一个村委会的南方地区，村民之间往往缺乏有效的利益关联。一是集体土地属于自然村而非行政村。土地是农业生产的基本生产要素，集体土地不归属行政村，这导致农民的农业生产、土地流转等与行政村不发生任何关系，从而村民与村委会缺乏最基本的经济联系。二是单一家族往往构成一个自然村而非行政村。自然村的家族性强，而行政村则是若干家族的弱联合。家族对内具有内聚力，对外具有排斥性，自然村之间难以联合起来自我服务和自我管理。

二　实践：自治重心的下移

为破解上述难题，佛冈县在"不增人不增事"的情况下，将村民自治的重心下移到自然村，从而让农民对村民自治有归属感和向心力。

（一）搭建村级服务平台，释放参与活力

为破解行政村"行政化"的难题，按照既利于基层服务、又有利于村民自治的原则，将原有的"乡镇——村（行政村）——村民小组"调整为"乡镇——片区——村（原村民小组或自然村）"模式。根据面积、人口、地形与交通联系等划分若干片区，在每个片区搭建党政公共服务平台（站），作为乡镇派出机构，承办上级交办的工作、开展公共服务和为群众提供代办服务，实行就近服务。目前，佛冈县已将127项县级行政许可事项、113项便民服务事项管理权限下放或委托乡镇、片区行使。公共服务平台的建立，既保障了政府政策和公共服务的有效落地，也让自然村一级的自治组织摆脱了行政事务的束缚，为村民自治提供了空间。

（二）村民自治单位下移，优化参与载体

有效的"自治组织"是村民自治落地的关键，为此，佛冈县将原行政村的自治单位——村委会下移到村民小组一级，建立村民理事会，鼓励热心服务村民的乡村能人、离退休干部和教师、德高望重的宗族前辈等人员进入理事会，开展村民自治。理事会和监事会的运作经费主要由村庄自我解决，集体经济成形的村庄抽取一部分产业利润供自治组织运转。

借助片区的党政公共服务平台，有效地将理事会的行政职能进行剥离，实现了自治职能的回归。自治单位落到村民熟悉的自然村一级，普通村民实现了对身边事的自我管理与自我服务，过去在行政村争论不休、久拖不办的事务，通过理事会的磋商讨论和监事会的监督执行，很快就得到了落实。从今年5月份确立为试点村以来，围绕新农村建设，大田村民理事会开会29次，召集村民会议3次，有力地推动村庄建设和群众参与。

（三）做实农民合作组织，构建参与纽带

在建立自然村自治组织的基础上，试验区以"经济合作社"为纽带，将农民有效组织起来，为村民自治提供原动力。对此，佛冈县结合农村集体土地确权登记发证工作，建立农村集体经济合作社等集体经济组织，履行提供生产服务、兴办企业、资产保值增值、收益分配等职能。同时，将党支部、村民理事会嵌入到集体经济组织，使自然村一级的组织主体能够

以集体经济组织为统领。一方面，集体经济组织能够为党支部、村民理事会的发展提供运行资金支持，避免党支部、村民理事会的"空转"。另一方面，通过统领经济事务，让党支部、村民理事会有事可做，有事可议。特别是，通过集体经济组织的承包与分包关系，在村民与村集体之间建立起紧密的经济利益关联，从而让村民更有动力来参与到村庄治理中。

三　成效：村民自治的落地

自治下移的核心是自治重心的下移，强调自治职能和自治工作下移到自然村或村民小组，将自治还权于民。

其一，明晰了自治组织职能定位。以自治重心下移为核心的职能分离，是对基层公共治理组织的一次明确分工，为党政服务平台确立了明确的职能范围。一方面，党政公共服务平台明确以公共服务为主要职能，既保障了公共服务在农村的有效落地，也让行政村村委会从行政与自治的"夹生饭"中走出来，转变成为政府公共服务的桩脚，实现社会管理的纵向到底。另一方面，自然村一级的村民理事会明确以开展"村民自治"为主要职能，摆脱了行政事务的束缚，让"自治"得以回归。特别是在自然村中，村民同姓同宗，更容易协调处理村民邻里矛盾，村民自治相对而言更有效。对此，有理事表示，村委会并不要政府一分钱，也不承接政府的工作，参加村民理事会主要是为了村里的子孙后代，给他们留一个好的村庄环境。

其二，促进了农民参与的组织化。自治重心的下移的过程，也是将传统的宗族、家族等社会组织规范化、组织化的过程。在佛冈当地，宗族力量、乡贤精英一直对基层治理存在较大影响，但长期以来，这些组织都是有实无名，被"虚化"。自治重心下移赋予这些社会力量正式的治理职能，既有助于将社会组织纳入基层治理的正轨，让其在制度体系内发挥其"正能量"，也有助于借助宗族等社会组织的纽带，让农民通过组织化的形式参与村民自治之中。如兴办公益事业时，通过村民理事会比由政府出面调整修路占用农田的成效更好。一些村民表示，以前行政村组织修路，往往自己出钱给其他村（自然村）的村民修路，因此大家不愿意出钱出力。现在都是一个村子里面的人，都是邻里亲戚的，村民认为修路是为自己做事，因此积极性大大提高。

其三，提供了农民参与的源动力。鼓励农民成立专业合作社、开展土地承包经营权入股等多种形式的土地资源整合，吸引农业龙头企业进村是佛冈改革探索的重要方面。借助合作社，农民与合作社，与村民理事会建立起紧密的经济关系。村民理事会的运行直接关系到村民的钱袋子，因此农民不再对村民自治不闻不问。以前一些村民并不知道试验区跟自己有多大关系，但看到村里搞一些产业，如养猪、搞农家乐，看到能够带动村民发家致富，许多村民就主动跟着干起来。部分村庄还自发搞起集体土地平整，希望能增加吸引投资企业的"诱饵"。

四　价值：自治下移的意义

佛冈县新农村建设试验区作为广东省唯一的省级新农村建设试验区，也是在纯农村地区进行的新农村建设探索，其"自治下移"的探索具有特殊的改革意义。

（一）"自治下移"是对传统资源的挖掘，激活基层单元的活力

自然村是自然形态的居民聚落，是农民日常生活和交往的基本单位，具有地域相近、人口相熟的特点。但在长期的基层治理和村民自治过程中，行政村而非自然村构成了社会治理的基本单元，自然村的价值被忽视，其作用难以发挥。试验区在改革探索过程中，将自然村实体化、单位化，通过做实自然村这一基本单元，建立村民之间的横向联系，使村民具有归属感、向心力，从而激活了村民自治的内在动力。

（二）"自治下移"是一种存量改革，是对传统治理结构的变革

放权社会、更加充分的发挥社会组织的作用成为部分地区改革探索的方向。但这种改革往往是一种"增量改革"，即在不变革现有治理体制的基础上增加新的社会治理组织，是对治理体系做"加法"。而试验区则更多的是一种"存量改革"，是对现有组织进行的调整和优化。在自然村一级，并没有因"自治下移"而增设"自治组织"，而是将原有的被虚化的"村民理事会"、"经济合作组织"等进行实体化。

（三）"自治下移"是对农村的再组织化，破解一盘散沙的局面

新农村建设的主体是农民。但缺乏组织化的农民，犹如"一盘散沙"，不具备经济发展能力，难以有效发挥主体作用。当前农村不缺乏组织，但缺乏能有效发挥作用，特别是能真正将农民组织起来的组织。试验区在重构基层组织过程中，通过经济利益的纽带，将村民紧密凝聚在一起。通过将党支部、村民理事会等组织内嵌到村庄经济合作组织中，使农村组织能始终对村民负责，而不是只接受政府指令，只对上级政府负责。

五　未来：仍须破解的问题

试验区农村基层组织建设的新模式、新机制，必然会遇到新困惑、新问题。在以"村民自治重心下移"为核心重塑基层治理结构的过程中，还需要进一步探索和解决一些实际问题。

（一）自然村"村委会"的定位问题

1987 年通过的《村民委员会组织法（试行）》规定，村民委员会一般设在自然村。但是 1998 年修订通过的《村民委员会组织法》取消了"村民委员会一般设在自然村"的条款。人们通常称村民委员会为"行政村"。而试验区将村委会从"行政村"下沉到"自然村"，首先面临的将是自然村一级的村委会在法律上的定位问题。从改革的角度而言，试验区结合地方实际将自治重心下移到自然村，缩小自治规模，这是具有方向性价值的探索，其改革也并没有违背村民自治的精神内涵，应该给予其探索发展的空间。

（二）如何避免"自然村"行政化问题

自然村建制直接涉及治理体制的变革，涉及治理资源的调整和配置问题。以往行政村一级之所以容易行政化，主要在于治理资源来自于政府，村庄管理和村干部收入来自于政府拨付。试验区将自治单元缩小到自然村，在自然村一级仍然设立有村委会和党支部，就面临自然村村干部和村务管理的资金来源问题。如果仍然由政府提供资金，无疑又会增加一级治

理机构，反而会增大治理成本，并造成自然村建制再行政化。如果不提供资金，自然村干部可能缺乏积极性。

（三）"自治力量"的挖掘与培育问题

传统自治主要依靠"乡绅"主导。有经济和政治地位的"乡绅"通过举办公益事业获得社会名望，而无须从中获得经济报酬。而当下乡村已无"乡绅"，绝大多数干部从事公共事务都希望获得报酬。但当前农村的资源又相当匮乏，难以"养人养事"。而一些有公益心的村委会成员也反映，他们需要承受来自社会、家庭等各方面的压力，再加上个别群众的不支持和不信任，让他们容易产生退出的想法。由此来看，当前农村村民自治还需建立起有效的物质保障体系，并积极培育村民自治的文化氛围。

（四）"试验区"的体制机制保障问题

"试验区"是改革过程中进行先行先试的"特区"。当前，改革已经进入深水区，特别需要加强宏观思考和顶层设计，更加注重改革的系统性、整体性、协同性。为此，需要不同政府部门的协同推进，才能让改革试验真正落地。因此，如何从体制机制上赋予试验区更多的改革空间，赋予改革试验者更多的主动性、能动性，不仅是试验区，也是当前地方政府改革探索亟待解决的问题。

村落自治:村民自治的有效实现形式

——基于湖北省秭归县创新村民自治的调查与思考

村民自治运行三十年来,极大促进了我国基层民主的发展,但由于行政村单位过大,村民自治在实践过程中也面临着"村民难参与、民主难形成、干部难作为、成效难显现"等问题,使村民自治难以真正落地。为破解村民自治的运行困境,近年来湖北省秭归县探索出一条"以村落自治充实村民自治"的实践新路。其主要做法为:以村落为单位、以村落理事会为平台,以"一长八员"为桩脚,充分发挥村落"地域相近、文化相连、利益相关"的优势资源,形成"两级自治、分类治理、民主导向"的农村基层治理新格局,实现"行政与自治的相对分离、政府管理与群众参与的良性互动"。

一 为什么要实行村落自治

由于行政村自治单位过大,导致村民难参与、行动难协调,服务难组织,使村民自治难以有效落地。

(一) 自治单位过大,村民自治难参与

2001 年,秭归县与全国大部分农村一样,进行了一轮大规模的合村并组改革。这一改革虽然缓解了当时严峻的行政成本过高问题,但也造成了新的行政村管理幅度过大的难题。2003 年,秭归县开始了以"杨林桥模式"为代表的农村社区建设,在 186 个行政村之下划分出 1361 个农村

社区，以此来缩小农村治理单元。然而，大部分农村社区往往还包括多个自然村，部分社区甚至相当于合村并组之前的一个行政村，管理幅度仍然过大，使村民自治的开展受到极大不便。一是人口过多，互不熟悉。目前，秭归县平均每个行政村人口达 2000 人，住村东的村民往往不认识住村西的村民。二是面积太大，交往不便。据统计，秭归县县内行政村的平均版图面积在 10 平方公里以上，一个村内上下海拔落差达 1000 米以上。一些村民到村委会开会，早晨 10 点开会需要 4 点起床。

（二）利益纽带缺失，村民自治难民主

村民自治的核心内容是"四个民主"，即民主选举、民主决策、民主管理、民主监督。但由于自治单位过大，村民利益差异化明显，难以有效协调，导致村民自治在长期的实践过程中却难以形成有效的民主运行机制。一是缺乏共同利益。由于行政村单元过大，村民之间缺乏利益交集，导致村民对行政村事务漠不关心，民主参与动力不足。二是缺少共同资源。当前秭归县农村土地的集体产权在自然村，且缺乏村集体经济，缺乏民主内生力。三是缺乏共同关切。比该县县委书记刘晓华介绍，近年来国家给予了秭归县大量的资金扶持，大量的国家扶贫项目却因为不同村落的村民有不同的关注点而使项目难以落地。如家住山上的居民往往希望扶贫资金用于修路，而山下居民希望用于发展产业，此时民主决策的结果就是项目落不了地。

（三）行政自治相冲突，村民自治难作为

村民自治最早起源于自然村。然而，为与国家行政管理相承接，村民自治的组织主体村委会设立在自然村之上的行政村。因此，行政村村委会也还承担着大量法定的公共管理职能，并与其自治功能相冲突。一是行政代替自治。由于村里工作多，村干部职数少，村干部疲于完成行政任务而忽视自治要求，村民自治日益变为村委会自治。对此，一些村干部表示，村里的三个干部要管理合村并组前的三个村，相当于一人管理一个村。一些村干部表示，上面的刚性任务完不成，下面的自治要求就只能缓一缓。二是干部代替群众。群众是村民自治的主体。由于居住分散，在行政村内村民之间互不认识，难以开展有效的互助，最终导致村民遇到路不通找村里修，没有水吃找村里要，

大小矛盾找村里调解，村民的主体作用难以有效发挥。

二 村落为什么适合自治

秭归县通过充分发挥村落"地域相近、文化相连、利益相关"的特点，让村民参与村民自治有条件、有动力。

（一）利益相关

共同的利益，为村民参与村落自治提供了源动力。一是有共同利益的基础。一个村落内的居民往往发展同类产业，种植同类农作物，共享共同的公共设施、公共服务，因此村落居民之间有着最紧密的利益联系。二是村落内的居民有着共同利益的诉求。由于居住位置相近、产业相同以及共享共同的公共服务，同一村落内的居民往往有着共同的要求和愿望，且对周围发生的事情最为关心。三是以村落为单位便于村民利益表达。以村落为单位召集村民开会议事，方便快捷，村民也有机会发表主张并能够把话讲得清楚。对此，有村民表示，以前开会，村民意见难统一，开会开不出成果，因此大家不愿意去。如今以村落为单位，大家邻里间相互认识，都有同样的需求，村民都愿意参加，如果不去参加还会被邻居看不起、被邻居说闲话。

（二）地域相近

合理的规模是有效开展基层民主，组织集体行动的重要条件。秭归县农村村组合并以后，小的村5—6平方公里，大的村10—30平方公里。同时，由于地处三峡大坝库区，居住环境可谓"地无三亩平，路无一公里直"。在这样一个山大人稀的环境中，农民在行政村内呈现"大分散"的特点，而在村落内呈现"小聚居"的特点。村落内的村民同吃一口井里的水，同走一条乡间路，同用一条线路的电，朝夕相处，彼此知人、知情、知理，关系密切。对此，该县磨坪乡六家包村村落理事长柳玉坤表示，村落内居民平时就是邻里，大家同吃、同住、同劳动，对于公益事业也会互助互帮，村落的事情就是自己身边的事情、邻里的事情，因此大家也愿意参加。

（三）文化相连

同一村落群众长期以来享受着独特的文化魅力。而文化的认同，为村民参与提供了良好的环境。一是地缘文化。村民都是住同一块地，互为邻里，交往密切，相互感到比较亲切，有凝聚力。二是习俗文化。村落内的习俗很相近，婚、丧、嫁、娶方式都一样，容易引起村民间的认同。如在陈家坝村，该村第五村落住在山下，经济条件相对较好，婚庆嫁娶喜欢大操大办。而山上的第六村落经济条件相对较差，婚庆嫁娶喜欢节约节俭。两个村落因此难以形成共同的认同，但村落内有着强烈的认同。三是亲情文化。村落内一般只有一个姓氏，都是亲戚。王家桥村一位理事长表示，村落里的年轻人大都是自己的侄子侄女辈，因此平时开展工作时无形中有了威信，大家都会听自己的号召。

（四）能人相拥

普通村民的积极参与，往往需要能人的积极带动。随着经济社会的快速发展，农村涌现出一大批乡贤能人，他们有组织力、号召力和带领农民致富的能力，也有为村民做贡献、实现自身价值的迫切愿望。然而，这些能人在村落内有威信，但得不到其他村落的认同，因此他们往往更愿意为村落内乡亲服务而不愿意为行政村的村民服务。同时，这些能人在行政村内也缺乏发挥作用的平台，有力无处使。而以村落为单位开展村落自治，能人在村落内更有威信，既让农村能人有了用武之地，以此带动和激发广大农民自我发展、自我服务的热情，又能让社会能人凝聚在体制制度内，提升社会治理能力。

三　村落自治如何开展

秭归县通过在村落一级开展村落自治，形成了"两级自治、分类治理、民主导向"的农村基层治理新格局。

（一）划小单位，两级自治

秭归县按照"地域相近、产业趋同，利益共享"等原则，将全县186

个村划分为 2055 个自然村落，每个村落居住 30—80 户左右的居民、1—2
平方公里的地域面积。将村民自治单元划小后，村落内村民平常议事方
便，既能减少路途遥远的奔波，又能形成共同的意愿，特别是在发展产
业、兴办公益事业、调解邻里纠纷等方面，有着共同的利益联结，大家既
是建设者，又是受益者，从而更能激发村民参与村民自治的内生动力。与
此同时，行政村一级开展村民自治，形成"两级村民自治"新格局。其
中，村落一级自治主要承担村落内的公共服务组织提供、公益事业办理等
事务，行政村一级自治主要解决村落之间公共事务的组织协调。野桑坪村
村支书表示，以前村里事都要自己亲力亲为。如今村落自己组织，村干部
只需在村落开大会时讲讲话，以示支持。

（二）设岗定责，分类治理

一是因需设职。村落理事会根据村落发展需要，设立"一长八员"
九大岗位。即一名村落理事长和担任八项职责的村落事务员，如"张罗
员"、"调解员"、"管水员"、"经济员"、"环境保护员"等。如在六家堡
村第六村落，由于年轻农民外出务工较多，空巢老人照看问题突出，前几
年甚至出现过老人去世后一个月才发现的状况。该村落因此设立"张罗
员"一职，由张罗元每天负责去空巢老人家察看一次，让空巢老人及时
得到照顾。二是因职选人。由村民民主选举"一长八员"，以此根据不同
需求实行分类治理、专人治理。该县县委副书记黄传喜表示，"一长八
员"既实现了农村社会管理"事事有人管"，也避免了理事会变为理事长
一长独大，实现了"人人有事做"。目前，秭归县全县 186 个村共推选村
落"一长八员"10412 人。"一长八员"以社会服务形式尽责。陈家坝村
一位村民表示，以前村干部管的事太多太宽，往往忙不过来，我们也不好
找他们。现在有事找邻居（中间的"一长八员"）就行。

（三）民事民议，民主运行

对于村落内的公共事务，采取群众提议、群众决策、共同执行的方
式，实现自我管理、自我服务。如水田坝乡王家桥村第十一、第十四等村
落村民为解决水果运输问题，村民自行协商调田、筹资投工，共计修通了
12 公里田间道路。对于需要行政村协助的公共事务，则采取备案制的方

式，由村民民事民议，通过理事会向村委会备案，请求村委会协助。而对于涉及不同村落或需要行政村提供支持的，则由理事会向行政村报告，以此获得行政村支持。对此，磨坪村第九村落理事长张肖兵表示，村落工作做什么由村民来决定，工作谁来做由村民来选择（选举），工作满不满意由村民来评定。

（四）以奖代补，提供抓手

一是项目申报村民说了算。由村落根据农户的期盼、发展的需要和反映的迫切问题，组织农户从基础设施建设、公益事业发展等方面制订翔实的公益事业建设计划。乡村在谋划申报农村公益事业"一事一议"财政奖扶、土地整理等项目时，与村落规划相衔接，根据村落规划和需求来组织项目申报，从而让村民有事可议。二是项目实施村民为主体。对于国家投资的各种涉农项目，细化到村落，由"一长八员"组织村民负责施工过程中的协调服务和质量监督管理，让村民有事可做。该县民政局宋正荣局长表示，以奖代补就是让干部不再"替民做主"，让村落自治有抓手，有实实在在的内容。目前，秭归县每年"以奖代补"项目财政资金在1000万元以上，这些资金带动了农民的大量投工投劳，也为村落"一长八员"开展活动提供了组织载体。

四　村落自治的运行成效

村落自治的开展，并不是忽视和削弱行政村的自治，而是通过自治重心的下移，将自治还权于民，进一步充实行政村自治。

其一，实现了行政与自治的相对分离

从实践效果看，村落自治对行政村自治起到了良好的促进作用。一是增强了行政村的服务能力。通过村落"一长八员"建设，改变了以前一个县农村改革服务光靠700多名村干部的局面，使农村公共服务多了上万名的帮手。对此，野桑坪村村书记李全义表示，以前村里事都要自己亲力亲为，村民反而怀疑干部得到好处。如今村民主动参与，村干部只需在村落开大会时讲讲话，以示支持。二是促进了村民自治落实。村落自治，为村民自治提供了有效载体，让村民自治从"十几公里外的事"变为"家门口的事"。三是倒逼了行政村自治。村落自治的推进，给村干部造成一定的压力，倒逼着行政村民主自治的改善。如磨坪村村书记陈一兵表示，如果自己做的没有"一长八员"好，就不好意思去面对村民了。

其二，协调了民主与发展的关系

秭归的村落自治，则实现了民主与经济发展的有效协调。一是民主的推进，使生产中经济关系得以协调，化解了发展中的社会矛盾。以野桑坪村第四村落为例，村民普遍希望修果园公路来解决脐橙的采摘和出售问题。然而村委会因无法协调公路占地问题而使公路迟迟难以修建。而2013年在村落"一长八员"带领下，短短两个月就将公路修好了。二是村落自治与农业生产发展相结合，让民主实施成为实实在在的东西，而不仅仅局限于"举举手、投投票"。如野桑坪村公路的建成让脐橙生产成本每斤降低0.3元，村民从村落自治中得到了切切实实的好处，这也进一步促进了村民参与村落自治的积极性。

其三，提升了村民自我服务能力

一是激发了村落能人的积极性。村落自治的形成，让矛盾纠纷调解、红白喜事张罗、基础设施维护、环境卫生整治等社会事务都可以交给村落"一长八员"去组织完成。如在六家堡村，五年前政府为村民建好的水池和水管由于无人维护和管理，村民只能"望管兴叹"，吃不上水。村落理事会成立后，理事会把全村落40多户居民召集到一起开会，并选举邓兴阶作为管水员负责水池维修、管网维护、用水协调等工作，使村民真正用上"自来水"。二是激发了村民服务村落的热情。村落的建设与村民利益息息相关，村民服务村落热情高涨。如水田坝乡王家桥村第十一、第十四等村落村民没要政府一分钱补偿，自行协商调田、筹资投工，共计修通了12公里田间道路。

其四，促进了干群之间的良性互动

一是提升了服务村民的效率。以前，由于村里工作多，村干部职数少，村干部都在疲于完成上级各项工作任务而忽视了村民的诉求。现在的村落"一长八员"都居住在村民家门口，大家知根知底，村民的诉求能得到及时回应，矛盾能及时化解。二是建立起服务村民的长效机制。以往虽然在上级政府的号召下，村干部开展了轰轰烈烈群众路线实践活动，但这些活动大多是阶段性的，不可持续。而通过实施"村落自治"建立起

"村干部＋一长八员＋村民"的模式，较好地克服了以少对多、临时联系的情况，形成了横向到边、纵向到底的联系服务格局。三是村民参与更积极。村落建设与村民利益息息相关，村落自治让村民主体意识增强，村民开始主动找村里要求调整产业、兴办公益事业。

五 村落自治的政策启示

从全国整体上看，村民自治中重心的下沉已经并非个案，在某种程度上已经成为村民自治发展的一个趋势。

（一）农村两级村民自治正在形成

近几年，广东、广西等地在新农村建设中，为了发挥村民参与的作用，将村民自治的重心延伸到村民小组（自然村），以村民小组为单位开展村民自治实践，效果较好。而河南、山东等地伴随城镇化和农业经营规模化，分散的农村居民集中于新型的农村社区，并以社区为单位开展自治活动。由此可以预见，在农村村民自治的发展中，可能迎来"社区自治＋村民自治"或"村民自治＋组民（村落）自治"等"两级村民自治"的到来。但两级自治到来后，相关国家配套改革如何进行，如扶贫项目下达到行政村还是村落，水利建设以行政村为单位还是以自然村为单位等等，这些都需要相关部门深入开展调查研究。

（二）村民自治的合理单位有待探讨

当前村民自治主要在行政村一级开展自治，这在很大程度上是基于国家治理需要的考虑。秭归县以"村落"为基本单元开展村民自治则启迪我们，行政村可能并不是村民自治唯一的有效自治单元。从近两年的发展情况来看，一些地方以自然村、村落等为单位开展村民自治取得了较好的成效，如广东省佛冈县以"自然村"为单位开展的"自治重心下沉"改革、广东省云浮市以"村民小组"为单位开展的"村民理事会"建设、广西河池推广以自然屯为单位进行的村民自治探索，等等。这些地方村民自治单位的划定，更多的是依据村民利益关联、文化习俗状况、居住分布等经济社会文化标准而非国家的行政标准。

（三）村民自治应允许存在多种实现形式

近年来，村民自治实践遇到诸多困境，但是，村民自治在实践中也在不断寻求新的实现形式、开辟新的道路。对此，2014年中央"一号文件"明确提出，"探索不同情况下村民自治的有效实现形式，可开展以社区、村民小组为基本单元的村民自治试点。"中央"一号文件"为村民自治的探索提供了广阔空间，然而这一政策如何落地，还需国家进一步予以明确，在允许和鼓励地方改革创新上给予更大的保障。特别是，不同农村地区由于所处的外部与内部环境存在着广泛差异，每个农村地区必然具有自身特有的现实特征，因此农村村民自治更要因地制宜，考虑农村现实，切忌"一刀切"。

村落:村民自治的有效单位

——基于湖北省秭归县创新基层治理的实践探索

自改革开放以来,我国广大农村建立以行政村为自治单位的村民自治模式。虽然相较以前,农民获得了更多的自由,但由于社会经济的发展,村民自治的内外环境发生了变化,以行政村为自治单位正面临着一系列的新问题:村委会服务半径过大,公共服务难落地;行政村事务繁重,干部较少难承担;行政村人口较多,协作参与难实现。近年来,广东、湖北、福建、广西等多个省份在实践中探索,将村民自治的下放到村落(或自然村、村民小组),村民自治取得了较好成效。湖北省秭归县的"幸福村落"就是典范,按"地域相近、利益相关、文化相连"的原则,将行政村划分为若干村落,以村落为村民自治单位,创造了"公共服务有供给、村民认同有增强、公共事务有参与"的良好局面。

一 自治村落如何划分

秭归县委县政府,面临村民自治单位过大,村民自治难落地的问题,根据地势与人口居住分布,结合农村产业类型,以长期自然形成的村落共同体为基础,按照"地域相近,规模适度、利益相关,共建同享、文化相连,便于凝聚"的原则,合理组建村落,初步将 12 个乡镇的 186 个行政村,划分为了 2055 个自然村落,每个村落 30—80 户。

(一)地域相近,规模适度

秭归县地处山区,有着"八山一水一分田"的说法。实行"合村并组"后，行政村的区域过大，都在 10 平方公里以上，面积达 20 平方公里的村庄就有 22 个。然而，各村庄平均人口 2000 人左右，地广人稀、居住分散，不利于村民自治的实施。同时，村庄内部又呈现"小聚居"特征，有利于村落的划分。一是以传统自然村为基准。自然村（或村小组）是农民在生产生活中自然形成的，地域相近、鸡犬相闻，聚居成了小的生活共同体，以自然村为基准，符合村民的生活生产习惯。二是以"半小时步行圈"为尺度。在自然村的基础上，将相距较近的农户划归为一个村落。户与户的最远距离，要在步行半小时以内，易于召集、便于开会，"半小时步行圈"是基层干部工作经验的总结。三是以规模适度为标准。村落的户数要适中，太多就失去了划分村落的意义，太少就不利于形成合力进行村庄建设，秭归县各村落最少 30 户，最大的在 80 户左右。

（二）利益相关，共建同享

调研中，有村民说："划分村落前，村庄修路、建水池，路不是通到每家每户，水池距农户有远有近，受益不平均，难有积极性。"为此划分村落，要构建起共同利益关联。一是夯实相同利益基础。秭归县是山区，不同海拔和地势的村落，种植作物不同，磨坪乡六家包村的石板长村落种植烤烟为主，而新农村村落以核桃、玉米为主。将种植相同作物的农户，划归为一个村落，以技术培训和产业扶持，引导村落发展相同产业，夯实共同利益基础。二是激发相似利益诉求。划分村落时，将同走一条路、同用一根电、同享一个水池的农户分为一个村落，以"路、池、电"将农户联结一起，激发了相似的利益诉求。三是同享相关利益成果。将便于同建"一个湾、一个坪、一个岭"的农户划分为一个村落，建设成果便于分享，激发了村民共识，增强认同感。正如乡镇干部所说："一个村落，要能共同建设，共同分享。"

（二）文化相连，便于凝聚

秭归县在划分村落时，尊重农村社会的文化背景，将文化相连的"小聚居"划为一个村落。有着共同文化传统的村落，便于将村民凝聚起来。一是注重习俗文化。将节日相同、习俗相近的"小聚居"划为一个村落。红白喜事是农村的大事，生活习俗相同，此类事务才便于张罗，陈家坝村的村书记付先新就说："距离县城近的农户，红白喜事比较繁杂，注重场面，距离远的农户，红白喜事较为简单，注重仪式。不考虑习俗，村落事务就难办。"二是依据地缘文化。村民互为邻里，鸡犬相闻，彼此知根知底，同走一条路，背靠同座山，促使村民形成彼此帮扶，有着共同情感需要，地缘文化也是村落时的重要依据。三是借助亲情文化。将有家族纵脉关联的聚居农户，划为一个村落。同一个村落里，存在着"大姓"，彼此间沾亲带故，邻里之间多是亲戚，借助亲情文化，长辈比较有威望，他们能调动和召集村民。

二　村落自治成效如何

秭归客观合理划分村落，村民自治的单位缩小，个体化的农民有了利益联结纽带，村民的认同感增强，创造了村庄公共事务有参与、公共服务有供给、社会事业有合作的局面。并立足实践，因地制宜，探索出了村民自治的有效单位——村落，农村各项事业发展中，处处都可以看见村民的参与，用当地乡镇干部的话说就是"小村落创造出了大能量"。

（一）一长八员为平台，公共服务有供给

秭归合理划分村落后，村落里由村民选出"一长八员"（理事长、张罗员、调解员、管护员、环保员等），负责村落事务，村庄能人有了服务村民的平台。一是矛盾纠纷有调解。村委会服务半径过大，而村干部只有3—5人，划分村落前，纠纷常无法及时调解。现在不同了，水田坝乡王家桥村书记向付柱就说："之前村委会每年要调解20多起纠纷，干部分身乏术，去年只有7起要村委会调解，多数纠纷在村落就化解了。"二是红白喜事有张罗。村委会提供公共服务有限，服务经常缺位，村里就曾有过留守老人去世多天，却无人安葬的事情。村落有了"张罗员"，可以调动劳力，提供"一条龙"服务，红白喜事由他张罗。三是生活困难有帮扶。通过"结帮扶对子"，磨坪乡六家包村的石板长村落，建立了村民间的"一对一"帮扶工程，到现在全县村落群众参与困难帮扶的达到了7486户、30960人。

（二）村落发展为共识，村民认同有增强

当下农民"个体化"趋势明显，认同感逐渐消失，以村落为自治单位，村落发展成了村民的共识，村民的认同感不断增强。一是村民的认同需求增强。村落里只有几十户，彼此交往密切，是生产生活中形成的小共同体。作为其中的一员，村民有着比在行政村里更强烈的认同感需求。调研中一位村民说："之前村里让出劳力，许多人不情愿，现在村落需要劳力了，村民很积极，害怕'落单'，受到排斥。"二是村民的归属感增强。村落里的农户，种植的作物相同，同饮一池水、同走一条路、同用一根电，居住在同一块地上，生活和生产大多在村落。问及村民是哪儿的人是，村民往往会回答是某个村落的。三是村民的共同荣誉感增强。秭归县每年都会评选出"优秀村落"，调研中村民普遍都希望自己的村落获得优秀，虽然没有多少物质奖励，但是作为村落里的一员，有着共同的荣誉感，有了共创优秀村落的热情。

（三）利益联结为纽带，公共事务有参与

利益关联，是调动村民积极参与村庄公共事务积极性的基础。将行政村划分为小村落，克服了"山大人稀、居住分散"的缺点，更便于产生利益关联。通过利益联结为纽带，调动了村民参与公共事务的热情。一是村落事务同商议。一个村落，往往只有100多人，居住集中，有什么事情要决定，理事长召集开个"屋场会议"就可以，村民参会率达90%以上，召集快捷，方便讨论。二是村落环境同维持。村民通过集资、出力，修建垃圾投放站，划分卫生区，将责任分配到户，相互监督，共同维持村落的环境卫生。三是村落设施同维护。陈家坝村翁桥沟村落，洗衣池的清洗维护，由村民共同负责，制定了清洗轮班表，每月清洗1—2次。水田坝乡龙潭湾村第11村落，饮水源被废水污染，村民一呼百应，大多参与了抢修工作。这类村民积极参与公共事务的例子，在村落里随处可见。

三　以村落为自治单位的启示

以村落为自治单位，是秭归县探索村民自治多种实现形式的创举。对

社会转型时期的基层治理，有着重要的启示意义。共同利益是村落得以凝聚的基础，内生型资源是长效治理的保障，因地制宜地划分村落，让自治成功落地。

启示一：利益纽带，村落共同体凝聚的基础

利益纽带，是村落共同体得以维系的关键。基层干部常抱怨村民思想觉悟和素质低，对村庄公共事务不关心，常是干部"一头热"。这是因为没有发现联结村民的纽带，只有当彼此之间的利益相连，休戚与共，村民才会凝聚起来。秭归县重新划分村民自治单位，将行政村分为若干村落，村民数量较少、利益趋同、共同体意识强烈，有效地克服了"搭便车"现象。为了共同利益，促使村民采取集体行动，通过共同合作自主供给公共产品，弥补了公共服务的缺位。新时期的基层治理工作，要善于发现和创造村民的利益纽带，这样才能克服农民的"个体化"弊端，将农民凝聚起来。

启示二：资源内生，村落长效治理的可靠保障

秭归村落创建过程中，各级政府注重发掘和培育村落的内生资源，打造内生型自治模式。村落多是以农民传统生产生活形成的自然村为基础，有着共同的地缘文化、亲情文化、习俗文化，使得年长并且有才能的人，在村落里比较有威望，这类人往往成为村落的理事长，从而便于号召村民参与村落公共事务。同时，村落里的村民彼此"知根知底"，有着共帮互助的"凑份子"传统，村落里大家共同帮助孤寡老人，"一对一"带领贫困农户致富。发掘农村社会的内生资源，并与现代治理需求相结合，对基层社会治理有着重要意义，一方面尊重了村民的传统和意愿；另一方面也有利于实现基层社会的长效治理，提高治理效率，减少治理成本。

启示三：因地制宜，允许多种村民自治形式存在

在广大的农村实现"自我管理、自我服务、自我教育"，让"自治落地"有着重大意义。社会经济不断发展，村民自治遇到的困境与问题不断变化，为此应有多种实现形式，行政村不应是唯一的自治单位。积极探索村民自治的实现形式，是创新社会治理体系的重要举措。2014年，中

央 1 号文件提出"探索不同情况下村民自治的有效实现形式"、"可开展以社区、村民小组为基本单元的村民自治试点",有了政策方向,就需要地方政府敢于探索,在实践中尊重客观事实,因地制宜,切忌搞形式主义和"一刀切"。秭归县重新划分自治单位,以"村落"作为基础单位,将自治落地,实践证明,因地制宜地探索多种自治实现形式,符合了基础社会治理创新的需要。

内源共治:农村治理现代化的新探索

——基于湖北省秭归县农村治理
实践的调查与思考

党的十八届三中全会提出推进国家治理体系和治理能力现代化的改革总目标,这为农村治理体系的重塑提供了新的要求和方向。现有农村治理的实践表明,受制于传统单一行政治理模式的影响,农村的内在动力、内在力量和内生机制难以发挥作用,许多村庄未能有效承接和应对村庄公共事务和公共服务,从而使乡村陷入"治理真空"状态,引发了基层治理危机。针对当前农村治理的困境,湖北省秭归县以"幸福村落"建设为契机,以发挥乡村内在动力和满足农民内在需求为基础,通过推进村落自治、设立"一长八员"、完善治理体制、改进治理方法等探索出一条农村治理现代化的新路子。其治理路径可概括为"内源共治","内源"指乡村治理中充分发挥农村内在需求、内在资源和内生机制的作用;"共治"指在治理过程中政府、村庄、村落和农民等不同的治理主体分工协作,共同治理。

一 "内源共治"治理体系的背景

随着新时期农村经济社会结构的不断发展与变化,给基层乡村治理带来了新的挑战和压力。由于没有充分考虑乡村的内在需要和内生力量,使得乡村治理面临"干部不好当,群众不好管,工作不好做,公益不好办"等重重困境。

（一）治理空间难以发挥乡村内在动力

秭归作为典型的山区县，山大人稀，居住分散是其农村地区的一大特点。随着 2001 年大规模"合村并组"的推行，秭归县行政村规模变大，一般由过去的 3—4 个村合并而成，建制村的面积都在 10 平方公里以上，平均人口在 2000 人左右，管理幅度相当于过去的 3—4 倍。这种建立在行政建制基础上的村庄治理，由于治理单元过大、服务半径过宽，无法发挥自然村落所具有的内在动力。村落所长期形成的互帮互助、邻里亲情、乡风民俗等内生要素，难以在乡村治理中发挥作用，这在一定程度上限制了乡村治理的能力。

（二）治理方式难以利用乡村内在资源

从治理方式看，乡村治理往往习惯于依靠单一的行政治理模式，大多是基层政府将工作任务下派到行政村，而村里一般仅仅依靠几个村干部来进行治理。这种"一元化"的治理模式导致农村普遍存在着一种现象，即"有能人的无组织、有组织的无活动、有活动的无内容、有内容的无效果"，导致乡村"无人治理、无法治理"。

另外，这种自上而下的治理方式未能充分调动村庄的内在资源，造成乡村治理资源的闲置。在农村社会中，除了村组干部外，还有老党员、退休干部、经济能人、教师等一大批村庄能人。他们有的能说会道，有的热心助人，有的善于经营，有的德高望重，有的主持公道；他们有组织力、号召力和带领群众致富的能力，也有为村民做贡献、实现自身价值的迫切愿望，但这种内部资源和内生力量往往处于无序发展、自由松散状态，缺乏充分发挥作用的平台。这就需要创造新的治理平台，调动乡村的内在资源和力量。

（三）治理结构难以满足农民内在需求

自 2003 年以来，秭归县在全县推进了"杨林桥模式"的农村社区建设，在治理结构上改革镇村组行政建制模式，撤销村民小组，成立社区理事会，建立起"村委会——社区理事会——农户"的自治组织结构，但是以村庄和社区为大单元的村民自治，"大道理好解决，小问题难协调"，特别是涉及农民需求的微观层面，村民自治难以达成统一意见，自治的实效性不高。对于涉及农民迫切需要的基础设施建设、产业发展和公共服务等，已有的治理结构难以使政府、村庄、农民等不同治理主体实现有效联结，农民的内在需求无法得到满足。

二　"内源共治"治理体系的实践

在困境倒逼与农民内在需求的双重作用下，秭归县在"杨林桥模式"为代表的农村社区建设的基础上，充分发挥乡村的内在动力、内部力量和内生机制，探索建立一套"两级自治、分类治理、多个中心"的新型农村治理体系。

（一）激发乡村内在动力，推进村落自治

针对治理空间难以适应乡村内在发展的困境，秭归县在以"杨林桥模式"为代表的农村社区建设的基础上，进一步将治理单元下移，将自治的重心延伸至村落。根据山区地势与人口居住分布特点，结合山区产业类型，以长期自然形成的村落共同体为基准，按照"地域相近、产业趋同，利益共享、有利发展，群众自愿、便于组织，尊重习惯、规模适度"的原则，合理组建村落。村落规模不作统一规定，这样既可以在规模很小的农村社区基础上组建一个村落，也可以在一个规模较大的社区内组建若干个村落，还可打破社区界限重组若干村落。村落规模大体在 50 户左右，地域面积在 1—2 平方公里。

目前秭归县初步将 12 个乡镇的 1361 个农村社区划分为 2055 个自然村落。通过将自治单元下移至村落，发挥村落"地域相近、利益相关、文化相连"的内在特性，以此重建乡村治理的基础，激活乡村发展的内在动力。以村落为单元的自治，与农民的现实利益和内在需求更近，可以更加有效地调动农民的参与热情，激发农民自主建设、自主管理和自主服务的内在动力。

（二）挖掘乡村内部资源，设立"一长八员"

在治理单元下移的基础上，在村落层面设岗定责。通过搭建理事会平

台，设立"一长八员"，由一名村落理事长和担任八项职责的村落理事来进行村落治理。村落理事由经济员、宣传员、帮扶员、调解员、维权员、管护员、环保员、张罗员等"八员"组成。理事长及理事均由村落村民民主推选产生，属社会组织成员，以义务方式履职，可以"一人多职"。目前，秭归全县186个村共推选村落"一长八员"10412人，村落理事会成员大多在3—8人之间。村落的"一长八员"不仅是乡村内在的人力资源，而且其职位和角色的设置也反映了农民的内在需求，由于建立在村庄内本土社会性资源的基础之上，能够有效地激发和利用村落"自办公益"的传统，调动乡村精英为民服务。

（三）利用乡村内生机制，完善治理体制

在治理机制上，秭归县充分发挥乡村的内生机制和内在传统，破解了以往外生型和外部控制式的乡村治理困境。一方面，利用乡村内生的自治机制。在村落治理过程中，充分调动村落的自主治理能力。根据实践过程，探索出告知制度、备案制度和报告制度等不同村落的运行机制。对于村落内部成员可以自主解决的"小事务"和"小问题"，采取告知方式通知村庄；对于村落规划、村落内部建设和项目，实施完成后由村庄和基层政府备案；对于需要申请的政府项目和建设，则需要通过报告进行申请。

另一方面，借助乡村内生的互助传统。村落理事会和"一长八员"通过借助农民"互帮互助"的传统，在道路、水利等基础设施的建设方面，与村落农户沟通、协调，激发农户筹资和投工投劳的积极性，促进村落基础设施的建设。而对于村落孤寡老人、残疾人等群体，村落通过发挥帮扶员的带动作用，同时利用邻里亲情等传统机制，调动村落农民互帮互助的积极性。

（四）借助乡村内在方法，改进治理方式

在乡村治理方式上，以往的治理往往具有强制化、固定化、模式化的特点，在治理过程中缺乏动态灵活的处理方法，由此导致治理低效或者无效。秭归县通过借助乡村内部管理所具有的灵活、柔性的特点，改进乡村治理的方式。一方面，根据村落特点灵活治理。以水利建设为例，在具体修建过程中，农民因地制宜，对已有的水利设施，以维护优先；对水利设

施欠缺的村落，则新建公共蓄水池或分户蓄水池。例如杨林桥镇天鹅村因山路崎岖，居住分散，因此采取的是"公共蓄水池＋分户蓄水池"的模式。而茅坪镇陈家坝村位于城市近郊，村民居住集中，因而采取的是"修建公共蓄水池＋铺水管到户"的模式。另一方面，利用乡村独特的"土办法"。村落"一长八员"在对农户做工作时，通过召开屋场会，不讲"大道理"，而是向农民"算细账"，采用农民喜闻乐见的方法进行沟通与协商。

三 "内源共治"模式的治理成效

"内源共治"模式的构建，通过充分调动乡村的内生力量，搭建村庄和村落两级自治平台，充分发挥村落理事会和"一长八员"的作用，使得乡村治理取得了巨大成效。

（一）提高了乡村治理效率

在以往的乡村治理过程中，治理效率低下是一种普遍现象。村里的一事一议和公益事业建设大多要提请村民代表会议或村民大会表决通过，部分偏远的自然村组由于代表人数少、受益户数少、投资相对较大等原因，公益项目和建设很难在村级会议上通过，导致治理效率低下。而现在通过发挥村落的内生力量，利用"一长八员"来治理，村民自己协商，很多事情便迎刃而解。九畹溪镇桂垭村村书记李芹发反映："2002年由政府组织村干部牵头，要在村里修路，在规划工作结束之后，由于道路建设要占用目前第3村落5户农户的10亩柑橘地，部分农户不同意，造成工作难开展，历时11年道路也无法修建。2013年，村落理事会的会长和理事对村民进行沟通和协商，结果很快就完成了修路工作。政府和村委会办不成的事情，村落理事会很快办成了。"

（二）降低了乡村治理成本

"内源共治"治理模式的建立不仅提高了乡村治理的效率，而且降低了乡村治理的成本和风险，起到了良好的效果。一方面，降低了管理成本。在道路、水利等基础设施建设方面，过去主要靠政府的财政扶持，管理成本很高。而目前村落基础设施的建设通过发挥农民"互助办公益"的内在传统，许多农户义务筹资投劳，减轻了基层政府的财政压力。"过去修一里路，政府往往都要投资几千块钱，还要出钱请人投工，现在村落修路，政府只要提供材料，农户则免费投工，有的还自愿筹资，政府的压力减轻了不少。"

另一方面，减轻了治理的社会风险。村落内部产生的"一长八员"都是大家公选的、有威信的、值得信任的熟人，他们能够准确掌握村落村民信息，及时提供帮扶服务，化解矛盾纠纷，消除不稳定因素，做到了"大事不出村庄，小事不出村落"。九畹溪镇界垭村低保户杨世付在刚成立村落理事后去世，有一女儿长期在外无法取得联系，村落理事积极张罗，动员村落内群众帮助，使杨世付得以顺利安葬，村落农户的这种互帮互助进一步降低了乡村治理的社会风险。

（三）提升了乡村治理能力

政府推行的项目和政策无法在农村顺利开展，往往造成公共项目进不了村、公共政策入不了户、公共服务落不了地。而通过建立村落自治模式，发挥村落理事会的纽带作用，政府的扶持项目和公共政策得以真正落地。首先，扶持项目得以入村。通过将治理单位下移至村落，并结合村落的内在发展需求和地方特点，政府的扶持项目更加有的放矢，其针对性和可行性也变得更强。其次，惠农政策得以入户，通过村落治理平台，农户更加方便、也更加愿意参与到惠农政策的实施过程中来，通过自治机制，有效解决了低保、新农保等政策的实施困境，使得惠农政策得以真正入户。最后，公共服务得以落地。在村落治理模式下，农民成为村民自治的主人，打破了对公共服务"等、靠、要"的思想，更加积极投入到村庄公共服务和公益事业中来。

（四）优化了乡村治理体系

在传统的乡村治理模式下，基层政府往往在乡村治理中占据主导地位，村庄、村民、村庄经济组织和社会组织等治理主体的作用难以发挥。在新型农村治理体系的创建过程中，通过充分发挥乡村的内部力量，以村落自治为杠杆，撬动了其他治理主体的作用。以村落理事会为平台，"一长八员"在政策宣传、矛盾调节、基础设施管护、产业发展等方面的作用得到凸显；政府在治理过程中更加有的放矢，管理和服务的作用更为突出；村庄在乡村治理中的桥梁和纽带作用更为明显，不同主体在乡村治理过程中的作用得到充分发挥，乡村治理的主体更加多元化，治理的体系更加科学化。

四　"内源共治"治理模式的启示

秭归县构建"内源共治"农村治理体系的实践和探索，起到了切实可见的治理成效，对于完善我国乡村治理体制，提高乡村治理能力具有重要的启示意义。

（一）国家治理体系和治理能力现代化需从农村基层着手

党的十八届三中全会提出了推进国家治理体系和治理能力现代化的改革总目标，而农村社会作为国家治理的重要基础，其治理体系和治理能力的现代化无疑需要重点关注。湖北秭归县探索的"内源共治"治理模式体现了现代治理所具有的多元、民主、参与、协作、互动等特点，通过将自治单元下移至村落，设立村落理事会和"一长八员"，乡村治理的主体变得更加多元，不同主体之间的协商与合作更加频繁，互动更加协调；农民在治理过程中通过民主参与、民主协商，更加积极地投身到乡村建设和村落治理中来。这一新型治理模式的实践，是推进农村治理体系和治理能力现代化的有益探索，对于推进国家治理体系和治理能力现代化具有启示意义。

（二）"内源型治理"是提升乡村治理能力的关键因素

秭归重建乡村治理体系的过程并不是简单依靠政府的主导和外部力量，而是充分挖掘和利用乡村的内在动力和要素，通过反映农民内在需求、挖掘乡村内在资源、利用乡村内在机制，建立了一套"内源型"治理体系。通过探索建立"内源型"治理模式，充分调动了乡村的内在活力，乡村的人力、物力、财力等各类资源均发挥到积极作用，从而使乡村治理得以持续有效运行。这对于全国其他地区农村治理的实践和探索具有重要的启发意义。

（三）"两级自治"是乡村治理体系的有益探索

秭归县结合乡村内在发展需要，将治理单位下移至村落，推行村庄和村落两级自治的实践并非个案。近几年，广东、广西等地在乡村治理过程中，为了更好调动村民的参与热情和积极性，也在探索和推进村民自治的重心下移，将自治单位延伸到村民小组（自然村），也起到了良好的治理效果。这说明各地实践的"两级自治"模式是构建新型农村治理体系的有益探索。而值得一提的是，秭归不仅将自治单元下移至村落，更是通过设立"一长八员"，将自治的载体做实，将村民自治的自我管理和自我服务功能发挥至极致，使村民自治真正达到"纵向到底"，这对于全国村民自治的实践来说，具有重要的借鉴价值。

灵活治理：乡村有效治理的新模式

——基于湖北省秭归县乡村治理实践的调查与思考

2014 年中央 1 号文件指出，经济社会结构深刻变化对创新农村社会管理提出了亟待破解的课题，在改善乡村治理机制方面要因地制宜、循序渐进，不搞"一刀切"、不追求一步到位。这对于进一步完善农村治理机制、创新农村治理方式提出了要求。但是从农村治理的实际情况来看，许多地方仍推行单一的行政主导模式，在乡村治理过程中片面地求速度、求政绩，不能因地制宜地根据乡村的实际情况进行管理，从而导致治理效率低下，治理效果与预期出现很大的偏差。湖北省秭归县以创建"幸福村落"为契机，在治理过程中根据乡村实际，探索出一种"灵活治理"模式。无论是治理单元的下移、治理主体的设置，还是治理方式的运用、治理机制的构建，均根据实际条件，采取多样化的方式灵活处理。

一 "灵活治理"的做法与实践

秭归县在"幸福村落"创建过程中，探索出一套农村治理的"灵活治理"模式，它既坚持了村民自治的原则性，又兼顾了不同村落农村发展的多样性，创造性地灵活处理了以往农村治理的难题。"灵活治理"的模式主要体现在以下四个方面：

（一）灵活划分治理单元

秭归县作为典型的山区县，山大人稀，居住分散，随着大规模"合村并组"的推进，村庄的治理范围过大，服务半径过广，导致政府的公共政策和公共服务处于"悬浮状态"，难以真正进村入户。为了破解这一治理难题，秭归县探索将自治单位下移，将自治的中心下移至范围和规模更小的村落。

而在治理单元下移的过程中，秭归县并不是采取强制的、统一的手段进行划分，而是根据不同的地形、产业发展、乡风民俗等情况，因地制宜规划，划分出的村落范围和规模不作统一规定。从地形角度看，处于山顶、山腰和山脚的村庄，由于地理分布的差异，其治理的范围和规模就会不同。秭归县根据地形因素，山脚的村落其治理的空间相对较小，但由于人数集中，其治理的规模则相对更大，而山顶的村落则与之相反。而从产业发展的因素来看，有的片区发展粮食作物，有的适合发展茶叶，有的利于生产药材，根据不同的产业基础，产业相似的区域划分为一个村落，以促进产业结构调整和发展。

（二）灵活设置治理主体

在治理单元下移的基础上，为了进一步落实治理载体，发挥农村内部人力资源的作用，秭归县探索在村落设置理事会，村落理事会由村落理事长和理事（经济员、宣传员、帮扶员、调解员、维权员、管护员、环保员、张罗员等"八员"）组成，简称"一长八员"。这在很大程度上破解了农村"有人无治理"的困局，实现了治理主体多元化的转型。

在"一长八员"的设置过程中，没有采取强制和"一刀切"的做法，而是灵活处理和设置。一方面，"一长八员"的规模可以灵活设置。在民主推选的基础上，对"一长八员"的人数和规模不做硬性规定。在调研过程中，课题组发现，村落"一长八员"的人数在3—8人不等，不同村落可以根据自身的实际情况灵活调整。而当某个村落理事由于外出务工或者外迁而不在村落时，可以由村落其他成员补选或者由其他理事兼任其职位。另一方面，"一长八员"的职位可以灵活安排。不同的职位既可以"一人一职"，也可以"一人多职"，根据候选人的个人特质和能力进行合理安排。

（三）灵活运用治理方式

在乡村治理的过程中，根据不同的环境和条件，采取不同的方式进行治理。从宏观方面来看，以往的农村治理多采用命令、控制等行政手段，而不注重对经济利益、乡风民情、邻里亲情等乡村内在手段的运用。而秭归在村落治理中，很少运用行政手段，而是利用这些内部手段来治理。例如道路建设方面，以往主要通过下命令的方式进行建设，而现在更多发挥村落农户互帮互助、邻里亲情的作用，农户自愿投资投劳进行建设，充分利用了农村内生的治理手段。

　　而从微观层面来看，以水利建设为例，在具体修建过程中，农民因地制宜，对已有的水利设施，以维护优先；对水利设施欠缺的村落，则新建公共蓄水池或分户蓄水池。例如杨林桥镇天鹅村因山路崎岖，居住分散，因此采取的是"公共蓄水池＋分户蓄水池"的模式。而茅坪镇陈家坝村位于城市近郊，村民居住集中，因而采取的是"修建公共蓄水池＋铺水管到户"的模式。多样化的建设模式充分体现了农民的自主性，同时体现了治理的灵活性。

（四）灵活构建治理机制

　　完善的治理机制是促进乡村治理持续运行的重要保障，在治理机制的建立方面，秭归按照科学有效的原则，灵活构建治理机制。这可以从以下三个方面得到体现。一是村落运行机制层面。村落治理过程中，避免过去单一的自上而下的行政治理模式，充分调动村落的自主治理能力。根据实践过程，探索出告知制度、备案制度和报告制度等不同的运行机制。对于村落内部成员可以自主解决的"小事务"和"小问题"，采取告知方式通知村庄；对于村落规划、村落内部建设和项目，实施完成后由村庄和基层政府备案；对于需要申请的政府项目和建设，则需要通过报告基层政府进行申请。二是村落激励机制方面，有的村庄注重物质奖励如发放奖金，有的注重精神奖励比如发放荣誉证书，有的则通过给村落农户发放纪念品的形式进行集体奖励。奖励形式多样，但都以激发村落活力为目的。三是利益分享机制层面。以基础设施的建设为例，在村落道路、水利等设施的建设方面，对于成本分摊方面，有的村落按农户平均分摊，有的村落按照受益情况按比例分摊，谁受益多谁承担的成本也相对更高。

二　"灵活治理"的治理成效

灵活治理的模式既能自上而下地对接县乡政府和行政村的公共资源，又能自下而上地聚合、表达并且实现村民的利益需求，由于科学结合村落实际，充分反映农民需求，因此有效地推进了乡村治理能力和治理水平的提升。

（一）治理效率显著提高

在以往的乡村治理中，由于片面采用自下而上的行政治理方面，往往导致治理成本很高，而治理效率很低。尤其是当涉及政府与农民利益纠纷时，村庄的基础设施建设和公共服务往往难以开展。而通过"灵活治理"，充分发挥农村互帮互助、邻里亲情等内在手段，巧妙地将公共事务中的集体利益与农民个人利益结合起来，从而激活村民参与的积极性，提高了乡村治理的效率。正如水田坝乡王家桥村向付柱书记说："我们2011年争取了1个项目，修果园公路，由于农民积极性不高，花了很多精力，2年才修了1.7公里，创建'幸福村落'开展之后，村落内部开会民主协商，打算修9公里果园公路，几个月时间就已经完成了5公里。村民积极参与，村里没拿一分钱，也没有什么矛盾冲突。"

（二）治理风险明显降低

"灵活治理"模式的构建，使村落在治理过程中能够根据实际的条件、环境来灵活采取不同的方式和手段进行管理和服务，有效降低了治理风险。尤其是对于矛盾纠纷、农民上访问题的解决发挥很大的作用。民主推选的"一长八员"能够准确掌握村落村民信息，及时提供帮扶服务，灵活采用村落内在手段或是一些"土办法"处理矛盾和纠纷，消除不稳定因素，做到了"大事不出村庄，小事不出出落"。降低了农村社会风险。杨林桥镇的一名干部对"一长八员"在矛盾纠纷排查调处中的作用深有感触，"关注社会治安的人增多了，矛盾纠纷少了；矛盾纠纷在村落自行化解的增多了，到村、镇来处理的减少了；上访人员中，合理正当诉求的多了，非正常上访减少了"。

（三）治理资源更加丰富

秭归推行的"灵活治理"，调动了村落人力、物力、财力等各类资源，极大丰富了乡村治理资源。在人力资源层面，因为灵活设置村落"一长八员"，通过科学发挥这些村庄能人的作用，促进了乡村治理主体的多元化。目前，秭归县全县 186 个村共推选村落"一长八员"10412人，这在很大程度上弥补了乡村干部的不足。在财力资源方面，以往基础设施的建设大多仅仅依靠政府的财力支持，由此使得基层政府面临巨大的财政压力。而通过村落"灵活治理"，农民在道路、水利等基础设施的建设和管护上面，义务性地筹资和投工投劳，激活了乡村内部的资源。

（四）治理能力大幅提升

以往由于治理方式和手段的限制，政府推行的项目和政策无法在农村顺利开展，往往造成公共项目进不了村、公共政策入不了户、公共服务落不了地，导致乡村治理能力低下。而通过"灵活治理"方式的运用，充分反映农民的意愿和选择，科学灵活地选择农民易于接受的管理方法和治理手段，无论是基础设施的建设、惠农政策的落实，还是公共服务的开展、公共事务的管理，农民的主体作用均得到有效发挥，使得村落各种公共事务得以有效开展，各项惠农政策得以有效落实，乡村治理能力得到极大提升。

三　"灵活治理"的经验与启示

秭归县根据地方实践探索的"灵活治理"模式，显著提高了当地农村的治理能力和治理水平，对于我国农村治理的实践具有重要的启示意义。

（一）"灵活治理"是提高乡村治理能力的重要手段

党的十八届三中全会提出要推进国家治理体系和治理能力现代化的改革总目标，而农村社会作为国家治理的一大基础，如何推进其治理体系和治理能力现代化无疑是一项重要课题。秭归县在创建"幸福村落"的实践过程中所探索的"灵活治理"模式，充分调动了乡村的各类内在资源和要素，无论是灵活设置村落"一长八员"，分类规划不同治理主体的职权，还是根据村落实际科学进行产业调整、道路建设、水利管护等，都取得了显著的成效，显著提高了当地农村的治理能力，这对于促进农村治理能力现代化具有重要的启示意义。

（二）"灵活治理"是一套系统化的乡村治理机制

秭归探索的"灵活治理"模式，不仅仅是简单的治理方法的改变，它更是一种治理理念的转变，一种治理机制的重构，一种治理模式的探索。在治理理念上，它改变了过去盲目的、不切实际的、"一刀切"的治理思路，而是更加注重根据不同治理环境、治理条件和治理主体的实际情况进行思考和决策；在治理方式上，它改变了单一的、自下而上的行政治理手段，更加关注互帮互助、邻里亲情、乡风民俗等乡村内在治理方式；在治理机制上，它既坚持了村民自治的原则性，又兼顾了不同村落和农民的多样性，创造性地灵活构建乡村治理机制。"灵活治理"不仅是治理方法的改变，更是一种治理模式的创新。

（三）"灵活治理"需要坚持一定的原则性

根据乡村实际情况进行的"灵活治理"，在关注治理的灵活性、动态性和变化性的同时，也需要坚持必要的原则性。它的灵活并不是没有原则的随意改变和调整，而是在遵循规律性和原则性基础上的科学治理。在乡村治理过程中，必须要遵循和坚持村民自治和保护农民合法权益的原则，要充分反映民意，尊重农民意愿，坚持在村庄和村落层面的村民自治，充分发挥农民的主体作用。

两级自治:农村社会治理的又一重大探索

长期以来，村民自治是党和国家治理农村的主要机制和手段，不仅实现了农民的自我管理，维护了农村的社会稳定，而且满足了农民的公共服务需求，促进了农村经济社会的发展。随着农村城镇化进程的加快，农民大量外出务工，农村空心化和空壳化日益加剧，公共事业无人建，矛盾纠纷无人理，困难群众无人帮，农村社会治理面临新的挑战，如何创新农村社会治理成为当务之急。位于湖北省西部山区的秭归县在十八届三中全会提出创新社会治理体制的背景下，立足于农村社会治理关口前移，瞄准村民自治的体制机制创新，将自治延伸到村落，形成"两级自治"的体系，探索村民自治的有效实现形式。经过两年多的实践，"两级自治"不断完善，效果也逐渐体现出来，其经验值得借鉴。

一 秭归"两级自治"的具体做法

秭归两级自治是指在原有村委会之下进行自然村落的自治，充分利用自然村落的小单元优势，吸纳村落闲置的社会力量，同时理顺村委会与村落之间的关系，以自治机制创新来实现两级自治的有机结合和相互衔接，形成村民自治的新体系。

(一) 回归村落,进一步划小自治单元

秭归属于山区县，山大人稀，居住分散，加上"合村并组"之后村庄规模进一步扩大，无形之中增加了村民自治的难度。目前，秭归一般的村庄面积在10—20平方公里，在2000多人口，最高海拔落差在1000米以上。与此同时，在大分散的格局之下，又呈现自然村落的小聚居，形成

地域相近，利益相关和文化相连的小共同体。基于此，秭归将全县 186 个村划分为 2065 个村落，每个村落 30—80 户，面积 1—2 平方公里，以村落为单元建立村落理事会，作为群众自治组织，引导群众自我管理、自我服务和自我教育，带领村民发展经济、改善民生、兴办公益、化解矛盾，扶危济困等。有的村落进一步分为责任区，比如茅坪镇陈家坝村将全部 13 个村落划为 52 个责任区，设置村落宣传牌、公示牌，并对公益事业、矛盾调解和环境卫生进行一月一考核，评定出好、一般与差等级，并在村公示栏公开，促进村落之间比学赶帮超，激发村落理事会为民服务的热情。

（二）一长八员，进一步拓宽自治平台

秭归并不是简单地将自治单元划小后下移自治组织，而是进一步地拓宽了自治的平台。在村民理事会建立以后，以民主推选的方式产生村落理事长和村落事务员，理事长负责村落全局性工作，村落事务员细分为经济员、宣传员、帮扶员、调解员、维权员、管护员、环保员和张罗员，各自负责村落一项主要事务，可以一人多职。至今，秭归全县已经推选 10412 位"一长八员"。一大批村落能人被吸纳到村落理事会中，为村落的发展出谋划策，贡献力量。与每个行政村 3—5 名村干部相比，村落理事会充实了社会治理的力量，还为广大村民提供了一个自治的大平台，逐步形成村委会与村落理事会两级村民自治体系。

（三）双线运行，进一步理顺自治关系

秭归建立两级自治体系的同时，着力理顺村委会和村落理事会的关系，旗帜鲜明地指出两者是平等协商的关系，虽然属于不同层次的自治组织，但是其群众自治的性质是确定的。按照"双线运行"的办法，在"村民委员会——村民小组——村民"的线上，主持行政村范围内的公共设施和公共服务建设，协调各村落之间的关系，承担上级政府各种辅助工作，比如，新型农村合作医疗、新型农村养老保险、计划生育和综治信访等。基层政府"以奖代补"支持两级自治。县财政按照每个村每年 1 万元标准设立村落建设基金，奖励村落理事会"一长八员"，同时将各部门的支农资金打捆使用，安排"一事一议"项目，用于村落道路维修和安

全饮水等，形成常态政策的支持机制。在"村落理事会——村落理事——村民"的线上，根据村落群众的需求，兴办各种公益事业，帮扶困难群众，调解邻里纠纷等。在"双线运行"之外，当村落理事会需要村民委员会支持时，可以由村落理事长就具体问题进行提议，村民委员会商议，最终由村民代表大会议决，从而实现两级自治的有机结合。

（四）尊重传统，进一步激活自治机制

秭归在搭建体系和理顺关系后，重点探索具体的自治机制，使自治能够真正运转起来。首先是"小公益"，村落理事会从群众关心的田间路、人畜饮水和困难帮扶着手，解决村落群众生产和生活中的大问题，让村落理事会找到工作的抓手和服务群众的载体。其次是"屋场会"，不论是讨论村落发展，还是化解群众纠纷，村落理事会都选择群众喜闻乐见的形式，在群众方便的时间和地点开会，贴近群众生活，让群众来真正参与到村落自治当中。最后是"土办法"，村落理事会做村民的工作时，不说"大道理"，而是帮农民"算细账"，将利弊得失分析出来。同时，以亲戚和邻里的关系动之以情，让群众心悦诚服。小机制，顶大用。正是在这些小机制的帮助下，村落自治确确实实的运转了起来，并取得了一定的成效。

二 秭归"两级自治"的初步成效

随着"两级自治"的发展与完善，村民自治的潜力被释放出来，基层群众的力量被动员起来，结合一系列的配套政策与措施，农村经济得到发展，民生得到改善，矛盾得到化解，困难得到帮扶，一个充满生机与活力的农村社会展现在人们面前。

（一）小自治，大潜力

与原有的村委会相比，两级自治的增量部分是村落自治，划小自治单元的同时，也将社会自治的潜能进一步发掘出来。一是培养村落群众自治的能力。以前村里大事小情都要村两委干部到场处理，现在有了村落理事会的"一长八员"，自发新修公路、管护饮水管道、调解村民纠纷，而且

比村干部亲自来做的效果更好，泄滩乡棋盘岭村汪洪银书记如释重负地说："这真是伙计多了事好办啊。"二是减轻村委会工作压力。水田坝乡王家桥村村主任向富柱的话形象生动，他说："加上村落理事会，减去两委干部苦和累，乘以五人服务队，除去困难一大堆，全体村民得实惠。"三是村落理事会又给村委会带来干事业的动力。郭家坝镇一位老村主任感慨地说："现在我们村干部有很大的危机感，如果我们作风不扎实，不能为村民办实事，那我们的威信就没有村落理事长高了，下次换届时老百姓可就不会选我们了。"

（二）小自治，大发展

发展经济是村落理事会的第一要务，是群众最为关注的大事。在村委会的帮助和支持下村落理事会将经济工作作为中心任务来抓。一是调整产业结构，杨林桥镇天鹅村在村落理事会的组织下，将生猪产业发展纳入村落年度发展目标，明确村落产业发展方向，激发村民投身产业建设的积极性。二是加强技术帮扶，九畹溪镇界垭村第四村落的茶叶加工和销售大户杜宝成当选为村落理事长后，积极组织和指导村落农户加强茶园的防虫治病和田间管理，主动帮助群众联系茶叶销路，带领群众增收致富。三是增加农民收入，从村落理事会成立以来，秭归县新发展茶叶2.63万亩，柑橘2.44万亩，烟叶2.33万亩，核桃4.89万亩，可为农民新增收入近10亿元。

（三）小自治，大事业

村落理事会立足于公益事业，特别是修路、保水和环卫，这些公共事业一直是村落群众想干却没有干成的事情。在村落"一长八员"的带动下，一场轰轰烈烈的公共建设在村落拉开了序幕。一是修路。郭家坝镇百日场村10个村落618户群众集资220万元，新修果园田间公路18条，23公里。水田坝乡王家桥村第十四村落理事长王大国，自发组织22户村民砍掉500余棵脐橙树，新修果园田间路1000米，200多亩脐橙运输和田间管理的"最后一公里"老大难问题迎刃而解。二是保水。六家包村石板厂村落五年前建好了1500方的大水池，但是无人管理，水管堵，水质差，村落理事长柳于坤上任后，与村民协商建立用水管水制度，并由管护员专门负责管水，解决了村民吃水难的问题。三是环卫。泄滩乡徐家山村，村落"一长八员"带头清理房前屋后的水沟，重点清除陈年垃圾，并形成了定期大扫除的制度，大大改善了村落环境卫生状况。从全县来看，在 2055 个村落，新修公路 264 条，448 千米，投工投劳 14 万个，筹集资金 2310 万元；新修水渠 23267 米，投工投劳 6263 个，筹集资金100.3 万元；新建水池 3310 口，106 立方米，投工投劳 68161 个，筹集资金 1774 万元；新建垃圾房 1621 个，购买垃圾箱 10729 个，建垃圾填埋场2 个。

（四）小自治，大和谐

村落理事会在维护社会和谐方面也有独特的优势，因为村落理事会就在老百姓家门口，群众求助最方便，同时"一长八员"是大家公选的，群众信任。他们对村落情况比较熟悉，了解村民纠纷的根源，最能抓住问题的要害，往往几句话或一个屋场会将能够消解冲突，双方能够理解和接受，调解后不反弹。不仅能够及时发现纠纷，又能够有效处理矛盾。从"两级自治"开展以来，全县共收到信访件数 744 件，调解矛盾纠纷 1540起，与往年同期相比下降 31%。矛盾纠纷减少的同时，群众的心离得更近了，传递着守望相助、患难相恤的正能量。水田坝乡王家桥村胡姓村民不幸坠亡，村落群众共同帮助料理后事，并自发捐款 29150 元，帮助其家人渡过难关。从全县来看，村落群众参与困难帮扶的户数 7486 户，30960人，帮扶金额 185.7 万元；被帮扶困难群众达 3828 户，10198 人，收到帮扶金额 237 万元。

三　秭归"两级自治"的经验启示

"两级自治"是秭归因地制宜进行的新探索，在取得一系列实效的同时，也为农村社会治理提供新的经验，虽然在具体做法上带有秭归特色，但是其中蕴含的方向性价值有普遍意义。

（一）创新治理体系是农村社会治理的关键之举

原先以村民委员会为主要力量的农村社会治理格局，面对村庄日益增多的公共事务，时常应接不暇，难以及时有效地回应群众的需求，同时村庄规模过大也为群众参与增加了难度。秭归"两级自治"对症下药，将村民自治延伸到村落一级，构建村民委员会与村落理事会双线运行的体系。这样就发挥了两个方面的积极性，既能够利用村民委员会办大事，又能够借助村落理事会解决小问题，群众的利益得到及时的维护，群众的诉求得到有效的表达。此外，在村落范围内，村民能够直接参与到公共事务中，有效实现自我管理、自我服务和自我教育，培育农民的自治能力，让农民在农村社会治理中发挥主体性作用。

（二）广泛发动农村社会力量是农村社会治理的重要动力

在短短的两年时间内，秭归的农村产业结构调整、农民持续增收和基础设施建设取得长足的进步，其内在动力来源于农村社会力量。以前，大量的社会力量因为找不到平台和机会，缺少名正言顺的机会，而闲置在村落社会中。正是由于两级自治所带来的社会治理体系创新，为农村社会力量参与开辟了道路。在秭归，依托于村落理事会的"一长八员"，农村大量的老干部、老党员、退伍军人找到了发挥余热的舞台，一大批懂管理、会经营的种植大户和经济能人走到村落建设的前台，一群群普通村民更是成为建设公益事业的主力。同时，社会力量在树立奉献的社会风尚，营造良好的社会氛围，促进社会和谐等方面也有举足轻重的作用，为更多的社会力量脱颖而出创造了条件。

（三）充分尊重农民群众意愿是农村社会治理的出发点

一切农村社会治理都离不开农民这一主体。秭归"两级自治"从一开始就尊重农民群众的习惯，村落是农民生产、生活和交往的共同体，地域相近、利益相关和文化相连，开展村落自治契合农民的习惯。在具体的做法方面，尊重农民群众的首创，村落理事会最先只有理事长，后来群众创造性地提出了"张罗员""管护员"等八大员，丰富了村落理事会的组织。在实际运转中，办什么公益事业，如何来办都是由群众提出，在村落理事会的组织下，村民有钱出钱，有力出力，实现共建、共管、共享。推而广之，村落自治乃至农村社会治理必须尊重农民群众的意愿，只有这样才能够持续推进和不断发展。

（四）传统社会资源是农村社会治理的有益补充

村落自治并不是照搬一些现代的规章制度，而且挖掘利用村落的传统资源。村落理事会通过召开屋场会，帮农民算细账来开展工作，这些工作方式贴近村民的日常生活，群众喜闻乐见。一些村落理事长兼任张罗员，通过主持红白喜事，在村落公共活动中露脸，逐步树立个人威信，顺道与村民商量村落事务，宣传国家政策等。在村民有矛盾纠纷的时候，村落调解员利用长辈的身份，说话有分量，当事双方愿意听，并且听得进去，调解效果较好。可见，传统资源与农村社会治理并不是对立的，在一定条件下，开发传统治理资源有利于改善治理方式，节省社会治理成本。不过，挖掘传统资源不是回到传统，而是将其嵌入到现代治理体系中。

总之，在农村社会治理中，秭归"两级自治"是一次新探索，产生了一些成效，积累了一定的经验，其探索精神和努力方向值得肯定，未来的发展需要在实践中进行开拓。

党领民办:党的领导与村民自治的有机结合

——基于广西河池市自治创新的经验探索

　　健全基层党组织领导的充满活力的群众自治机制,是坚定不移发展社会主义民主政治的必然要求。要使这一群众自治机制始终坚持正确方向、始终充满活力,关键是实现党的领导与村民自治的有机结合。在以往基层实践中,有党领导的地方,往往缺乏活力,村民自治活跃的地方,党的领导作用却难以发挥。广西河池市创建的"党领民办"工作模式,就是对实现党的领导与村民自治有机结合的实践探索。通过"党领导、屯实施、户参与",发挥了基层党组织的战斗堡垒作用,克服了自治制度"空转",使自治成功"落地",破解了党的领导和村民自治有机结合的难题。

一　河池"党领民办"的探索实践

　　河池市地处广西西北边陲,城市化率为 30% 左右,是典型的后发展地区农业市。农村基层党组织建设牢不牢,直接影响到全市的发展与稳定。在认真贯彻执行党的群众路线中,河池市积极探索并推广了"党领民办"的工作模式,下移党的工作重心,并将自治下沉到自然屯,通过"党领导、屯实施、户参与",有效地实现了党群共治。

(一) 党领导:以多种方式强化党的领导

　　随着社会经济发展,农民群众对党组织的依赖度降低,基层党组织动员群众的有效手段缺失,探索多种有效引领方式,是发挥基层党组织领导作用的关键。一是以"服务型组织"引领群众。从 2012 年,河池市实施

"执行力提升工程"，通过公开承诺制、目标公示制、"有位无为"问责制，建设服务型党组织。二是以"惠民型实效"引领群众。河池市结合"红卡进千村万户"活动，将扶持资金、致富项目等通过党员送到各屯。活动实施以来，全市共发放"党员红卡"10.69 万张，帮农户技术培训15.77 万次，引进项目 1769 个。三是以"模范型榜样"引领群众。在党员队伍中，评选出"优秀党员"、"党员能人"，以模范榜样带领群众发展。安马乡的"党员能人"覃林书致富后，率领本村 23 户村民创建木寨村甘蔗合作社，对 120 多亩耕地规模化经营，年产值达 80 多万元。

（二）屯实施：组织下移夯实屯级自治

以自然屯为自治单元，并下移党的工作重心。一是建立驻屯联合党小组。驻屯联合党小组由 1 名乡镇干部、1 名村党员干部和若干屯党员组成，对无党员的屯，则由村党支部指定 1 名党员作为联络员开展工作。屯级涉公重大事项，以及涉及多个屯的公益事项，由驻屯联合党小组进行指导。二是成立屯级党群理事会。以自然屯为单位，通过"两推一选"，产生由 1—2 名农民党员、4—5 名群众骨干、致富能人、老干部组成的党群理事会，负责制定屯规民约、商议屯级事务，实施屯级自治。三是制定党群共治工作法。在成立驻屯联合党小组、屯级党群理事会的基础上，完善屯级产业协会和屯户主大会，通过"一组三会"实施"引、放、议、评"四步工作法，实行党群共治。

（三）户参与："权、责、利"激发农户参与

以"权、责、利"相统一，激发农户参与公共事务热情。一是民主议事，参与公共决策。赋予农户参与决策的权利，由屯级党群理事会召集，并组织开展屯户主代表大会，由农户代表共同商议屯级公共事务。二是落实责任，参与村庄建设。河池"美丽广西，清洁乡村"活动实施中，通过"分区划片"、公开承诺书，将责任落实到农户，共建立"户前三包"责任制 40 万户。调研中，有农户就说："签了承诺书，责任就到了农户，街坊四邻都看着呢，谁会不做？"三是多种激励，参与公益事业。一方面通过"以奖代补"、评优奖先等经济激励，鼓励农户参与公益事业；另一方面通过评选"文明户"、"致富能手"等荣誉激励，来鼓励农

户结"帮扶对子"相互帮助。

二　河池"党领民办"的实践成效

河池市在践行党的群众路线中,总结并推行了"党领民办"工作模式,通过有效方式强化党组织的领导、组织下移夯实屯级自治、以"权、责、利"激发农户参与的方式,实现了"党领导、屯实施、户参与"的良好局面,发挥了基层党组织的战斗堡垒作用,并将自治"落地"避免了制度"空转",成功实现了党的领导和村民自治的有机结合,落实了十八大关于"健全基层党组织领导的充满活力的基层群众自治机制"的有关精神。

(一)　发挥了基层党组织的战斗堡垒作用

党的工作重心下沉到自然屯,成立屯级党群理事会,屯级党员成为了党组织的"神经末梢",并通过多种方式引领群众,党组织的战斗堡垒作用得以发挥。一是彰显了基层党组织的战斗力。屯级党群理事会的成立,为农民党员提供了发挥才干的平台,在清洁乡村、带领致富、建路修桥中,党员总是冲在前面,用一位农民的话说就是"处处都有党员的身影"。二是增强了基层党组织的凝聚力。"党领民办"推行以来,全市培育了1万多名党员能人,带领农户致富、技术培训,以党员能人为轴心,释放党组织的凝聚力。三是发扬了基层党组织的创造力。"党领民办"的工作模式,以及"一组三会"和"引、放、议、评"工作法,都是基层党组织在实际工作中的创造。同时,党员个人在工作中也积极发挥创造力,安马乡木寨村的党员莫永强,就带头摸索,发明了"沼气池 + 焚烧炉"的清洁乡村模式。

(二)　克服制度"空转"让自治"落地"

"党领民办"的探索实践,将自治单位下沉到了屯,屯级党群理事会最基层的村民自治组织,自然屯有着"地域相近、利益相关、文化相同"的优势,自治得以"落地"。一是公益事业"一事一议"落地。自然屯"地域相近、利益相关",筹资投劳更容易,以安马乡为例,自"党领民办"实施以来，政府奖补和农民筹资投劳共达6142万元。二是农民主体地位得以发挥。发挥了村民"自我投入、自我管理、自我监督、自我受益"的自治优势，基础设施建设、产业开发、公益事业建设的责任主体回归到了农民。三是农村建设内在动力激活。"党领民办"实施以来，新农村建设的内在动力被激活，改变了之前"党在办，干部干，农民看"的局面，农户从"要我做"变为了"我要做"。

（三）实现党的领导与村民自治有机结合

党的工作重心下移，自治单位下沉。一是开辟了党员联系群众的绿色通道。乡村驻屯联合党小组，开通了党组织、党员直接联系服务群众的通道。群众的诉求，通过驻屯党员能及时向上反映，党的政策能通过驻屯党员有效下达。二是搭建了农民党员发挥作用的平台。将农民党员吸纳到屯级党群理事会中，为党员能人提供了施展才华的平台，让党员身份和自治主体身份合二为一。三是形成了党领导下的屯级自治机制。屯内涉公重大事项，以及多屯事项，由乡村驻屯联合党小组指导处理。屯内公共事务，由屯级党群理事会、屯户主大会、屯产业协会，共同协商决定，由此形成了党领导下的"一组三会"屯级自治机制。

三 河池"党领民办"的经验启示

"党领民办"的工作模式，是河池市在践行党的群众路线中，对健全基层党组织领导的充满活力的基层群众自治机制的创举。对社会转型时期的基层治理，有着重要的启示意义。村民自治离不开党的有效领导，党的领导要保障农民当家作主，同时要允许多种村民自治有效形式存在，实现党的领导和村民自治的有机结合。

（一）村民自治离不开党的有效领导

《村民委员会组织法》明确规定："中国共产党在农村的基层组织，按照中国共产党章程进行工作，发挥领导核心作用，领导和支持村民委员会行使职权。"开展村民自治活动，必须充分发挥农村基层党组织的领导作用，一方面，党的农村基层组织，是党在农村工作的根基，"基础不牢地动山摇"，完善基层党组织领导的充满活力的基层群众自治机制，是农村工作的基础工程。另一方面，要探索基层党组织的有效领导方式。村子强不强，要看"领头羊"，加强服务型党组织建设，将党的工作重心下移，通过构建基层党员与群众联系的绿色通道，搭建能人党员发挥才干的平台，将基层农民党员身份与自治主体身份合二为一，在潜移默化中带领农民群众行使自治权利。

（二）党的领导要保障农民当家作主

随着社会经济的发展，农民对党组织的依赖度降低，仅依靠行政命令的方式来组织和动员农民群众，已经不适合形势需要。首先，要放手发动群众，强化群众的主体地位。将基础设施建设、集体公益事业建设、公共事务管理的主体责任下放给村民群众，让责任回归真正的主人，尊重农民群众的首创精神。其次，通过惠民实效引领农民当家作主。农民光有当家作主的权利还不行，还需要落实权利的动力和能力，党组织要通过项目引进、技术培训、资金扶持等方式，在农村基层以能人党员为轴心，引领农民群众当家作主。

（三）多种村民自治有效形式的探索

2014 年中央 1 号文件指出"探索不同情况下村民自治的有效实现形式"、"可开展以社区、村民小组为基本单元的村民自治试点"，有了政策方向，就需要地方政府敢于探索，在实际工作中，尊重客观事实，探索多种农村自治有效形式。河池市将自治单位下沉到自然屯，利用其"地域相近、利益相关、文化相连"的优势，更易将自治"落地"。但不同农村地区所处的内外环境不同，每个农村地区有着自身的特征，因此农村村民自治要因地制宜，考虑农村现实，切忌搞"形式主义"和"一刀切"。

两级自治破解村民自治落地难题

——广西河池市"屯级党群理事会" 运作经验启示

自 1980 年第一个村民委员会在广西合寨村诞生至今,村民自治作为一种独具中国特色的基层民主制度已走过 30 余个年头。30 多年风雨实践之路,村民自治在被授予众多褒奖的同时,也在实践中体验着"成长的烦恼":村庄公益事业无人管、村干部无人当、党员积极性难发挥等现象一度成为村民自治中的普遍问题。河池当地更是出现了"抽签担任村组长"和"村事圩办"的现象,村民自治严重"空悬"。针对于此,河池市在自治区率先推行"屯级党群理事会",以设立在自然屯一级的党群理事会为依托、以自然屯为重心,实现了自然屯与行政村的两级自治探索,有效破解了村民自治的"落地"难题。

一 探索:以"党领民办"激活群众自治

问题是改革的导向,困境是改革的动力。30 年前,广西宜州市合寨村第一个村民委员会的产生源于广大农民群众的现实需求;30 年后,广西河池市在正视村民自治困境的基础上,再一次迈开了改革创新的步伐,即以"党领民办"为原则在自然屯一级成立"屯级党群理事会",从而激活群众自治。

第一,建平台。在行政村范围内、村民委员会之下,以自然屯(即自然村)为单位,对有党员的自然屯,通过屯群众大会差额选举出威望高的 1—2 名村党员代表,4—5 名作风正派、办事公道、有奉献精神的群众骨干、致富能人和离任老村干组成屯级党群理事会,设理事长一名,理事若干名，提倡理事长和村民小组长"一肩挑"，成员任期三年，可连选连任。

第二，立标准。对入选党群理事会的党员要求"平时看得出、关键时站得出、讲话有人听、号召有人应、干事有人跟"，实施河池市党员能人带动"百千万工程"，在全乡推行"专业合作社＋支部＋能人＋农户"的创业模式，加大农村党员培训和扶持力度，努力推动农村一线党员能人由"经验影响型"向"科技引导型"转变、由"门前扫雪型"向"抱团发展型"转变。

第三，定职责。屯级党群理事会负责了解本屯民情民意，制定屯村规民约，组织屯民讨论屯经济社会重大事务和发展规划，讨论议定村民承包经营、宅基地使用等方案，讨论议定村屯道路建设、筹资投劳等方案措施，将决议方案及时向村"两委"汇报，由村"两委"研究并形成决定；对村务公开、民主管理和执行情况进行监督，承接原村民小组的事务。

第四，明奖补。实施"利益扣除法、声誉减损法、优胜受益法"的"三评三法"监督考评机制，在乡一级设立"以奖代补"资金，在屯民之间、村屯之间、村与村之间进行公益事业建设评比，相互监督，对于公益事业做得好的村、屯、户予以精神和物质奖励，以"小奖励"撬动"大热情"，形成"比、学、赶、超"的良好氛围。

屯级党群理事会的成立，使得村民自治由原来行政村—村委会的一级自治演变为行政村——村委会——自然屯—屯级党群理事会的两级自治模式，并将村民自治活动开展的重心顺利下沉到自然屯一级，屯与屯之间的自治事务则由村委会负责协调，正式形成了乡政、村管、屯自治的模式。

二　成效：让村民自治"落而实之"

屯级党群理事会的成立，村屯公益事业得到大力推进，党员积极性明显提高，党群、干群关系得到明显改善，打破了从前公益事业无人管、村干部无人干、党员先进性难发挥的困局，给村民自治带来了新的面貌。

一是村庄公益事业得到有效推进。在屯级党群理事会的引领下，村庄公益事业有了发起人，村民有了领头人，村屯公益事业得到有效推进。以安马乡索敢村良桥屯为例。该屯韦姓占到95%以上，均为韩信的后代，

400 多年前由山东迁徙至此。村民之间至今仍知晓自己在整个大家族中的辈分。屯党群理事会成立之前，良桥屯作为索敢村 17 个自然屯之一，其特殊的人文信仰自然不会得到"特殊"重视，行政村也没有额外的资金为其祭祖活动提供支持，每逢清明屯民便以家户为单位自发组织祭祖活动。自 2013 年 8 月成立屯党群理事会以来，2014 年的清明节便由理事会牵头成功组织了一次屯里有史以来最大规模的集体祭祖活动。

二是村屯党员积极性得到激发。党员是党组织的细胞，党组织的作用通过党员的行动来发挥。屯级党群理事会的建立，为农村充分发挥战斗堡垒作用提供了平台和载体，形成了党群联动、共促发展新格局。以"美丽广西·清洁乡村"活动为例，宜州市安马乡木寨村上寨屯理事、党员莫永强利用自己原来做建筑的手艺设计出了上寨屯第一个垃圾分类房和沼气池在上寨屯广场修建项目中；已经卸任的上寨屯小组组长、老党员韦强均，在明知年收入将会减少 1400 余元的情况下，主动将划入广场修建范围的涉及自家的 1.3 分桑地无偿的出让给屯集体。在他们的先锋带头作用下，上寨屯清洁乡村活动在全乡得以率先展开。

三是为村干部发挥作用提供平台。在村屯事务管理的规律，是通常要有村干部发挥组织协调作用，其次是由群众协调参与。在党群理事会成立之前，一个自然屯往往只有一个村组长协调屯内大小事务，组织效能相当有限。一旦工作做不好还有群众"指着鼻子骂"，背后"戳脊梁"，使得愿意站出来管理村屯事务的人越来越少。党群理事会成立之后，可说是为村屯干部发挥作用提供了一个平台。原本由一个人操心的事现在可以几个人一起出主意，原本只能一个人办的事现在可以几个人带领群众想办法、做工作。不但减轻了干部的工作负担，还增强了干好工作的自信心和积极性。

三　启示：村民自治实现形式的有益探索

屯级党群理事会的成立，有效破解了行政村自治范围过大的弊端，使得农民群众自主、自治、自力、自强的意识和能力在增强，是对村民自治有效实现形式的一项有益探索。

其一，确定合理的村民自治单元是有效开展村民自治的关键。当前，以行政村为自治核心层级的村民自治运作，对于像广西这样居住分散、山大人稀、地情复杂、民族杂居、村内自然屯经济发展程度差异大的村落而言，显得力不从心，甚至成为制约村民自治发挥活力的障碍，导致自治"空悬"。屯级党群理事会作为在自然村一级设立村民自治机构，其实质是将原来的行政村一级自治变为两级自治，并将自治的主要单元放在自然村一级，形成了"乡政、村管、屯自治"的自治架构，打破了行政村一级自治和村委会承载单一自治职能的呆板局面，让村民自治"落而实之"。

其二，自然村可以作为开展村民自治的有效单元。屯级党群理事会的有效运作在于村民自治单元与村民自治社会基础——自然村的有效契合。村民自治作为一种社群自治，需要建立在一定的社会基础之上，因此，确定开展村民自治的适当的共同体单元极为重要。自然村天然保留的共同地缘、共同血缘以及共同文化、共同利益等因素，本身构成了自治实现的基础条件；同时，自然村相比行政村而言，更是一种"熟人社会"，可以为村民自治提供天然的社会基础。"利益扣除法、声誉减损法、优胜受益法"的"三评三法"监督考评机制，以及在乡一级设立"以奖代补"资金，在屯民之间、村屯之间、村与村之间进行公益事业建设评比，作为屯级党群理事会的配套机制，其发挥作用的基础正是源于"熟人社会"的相互约束。由此可见，自然村可以作为开展村民自治的有效单元。

其三，村民自治制度仍然充满活力并将继续发挥作用。村民自治制度作为一种"草根"式民主，本就产生于广大人民群众的实践，因而具有强大的生命力。当其与社会历史发展现实产生"碰撞"时，便会将强大的生命力展现出来，为自己开辟新的发展道路。随着人们对村民自治制度的认识深化与实践技能的提升，村民自治的有效实现形式和实践单元也应适时地进行相应调整，这是对历史和现实的一种积极回应。屯级党群理事会的出现，并非"人工缔造"，而是在解决现实问题的"逼迫下"应运而生，产生于广大人民群众的智慧创造，是对村民自治有效实现形式的有益探索，对其他地区开展村民自治创新极具借鉴意义。

屯级党群共治：村民自治的有效实现形式

——基于广西河池市村民自治实现形式创新的调查与思考

党的十八届三中全会提出"健全基层党组织领导的充满活力的基层群众自治机制"，"探索不同情况下村民自治的有效实现形式"。村民自治运行 30 多年来，由于治理单元过大、主体参与渠道单一及平台搭建受限等原因，农村社会治理陷入"上管不着、下管不了"困境。为破解这一难题，广西河池市探索出一条"党领民办，群众自治"的实践新路：以自然屯为治理单元，纵向上建立驻屯联合党小组，通过下移党的工作重心发挥党员带头作用；横向上成立屯党群理事会、屯级产业协会及屯户主会议，通过"三会"协调发挥群众自治主体作用。屯级党群"共治"，破解了村民自治的四大"单一"性难题，使村民自治落地运转。

一　村民自治运转的现实困境

由于行政村这一自治单元过大，村民自治主体缺乏参与平台和渠道，导致村民自治形式单一和群众自治积极性不高，使村民自治不能有效落地。

（一）层级单一，治理单元过大导致村民自治难参与

与全国大部分农村一样，河池市面临着合村并组带来的行政村管理幅度过大难题，大部分行政村往往包括多个自然村（屯），导致在行政村一级开展村民自治受到较多限制。一是人口过多，协调困难。在河池市屏南乡合寨村，全村共 1050 户、4636 人，村民自治组织压力很大，村民因跨

村屯而导致的不熟识进一步加大了协调难度。二是地势阻碍，交往不便。河池市喀斯特地貌遍布，群众随山分散居住，在行政村这一层面上，较大的地域面积间隔使村民交往不便，增加了村民自治参与难度。

（二）形式单一，参与渠道有限导致村民诉求难表达

村民自治的核心内涵是发挥群众的主观能动性，但由于参与渠道不畅，主体能动性发挥缺少平台，特别是在当前农民群众思想复杂化、利益主体多元化的现实条件下，村民自治更难发挥实际效用。在河池市，由于地广人多，过去的村民委员会、村民会议及村民代表大会等"三会"在运行中存在困难，召开不易，使村民的有效参与渠道更窄，单一的村民自治参与平台已不能适应现实需求，特别是随着农民生活水平提高，其对卫生、道路等公共服务的诉求越来越大，而有限的参与渠道阻碍了农民的诉求表达，使其主体作用难以发挥。

（三）主体单一，干群互动缺乏导致村庄治理难开展

村民自治作为农民群众的智慧创造，在自治中应充分发挥群众的主体作用，但在很多基层治理实践中，村民自治演变成了村委会自治，群众主体性不强、干群互动缺乏成为村民自治有效运转的瓶颈，河池市就曾出现合村并组后屯小组长无人愿意承担的情况。而对于村两委干部来说，其既要做好行政工作，同时又需从事农业劳动，如果村干部责任心不强、主动性不高，干群互动就近乎"瘫痪"。农民群众作为村民自治主体，其主体作用的发挥需建立在良性干群互动基础上，而互动缺乏就极容易造成村民自治在实际运行中的"跑偏"。

（四）功能单一，村委行政导向导致公益事业难推动

当前，村委会作为村民自治的组织主体，其较强的行政导向在一定程度上挤压了村庄公共事业及公共服务功能，抑制了村民自治的实际运作。一是村干部积极性不高。面对上级政府的行政任务，村干部在任务难以完成的情况下不得已忽视下面的自治呼声。二是群众参与要求难保障。村干部无心顾及自治，单靠村民较难形成有效的自治力量，导致群众的参与诉求不能保障，村庄公益事业难以有效开展。

二　河池"屯级党群共治"的实践做法

"党领民办、群众自治"工作模式的核心做法是：通过在村屯建设"一组三会"实现村民自治参与与村庄有效管理的有机统一。其实质是以自然屯为治理单元，纵向上建立乡村驻屯联合党小组，下移党的工作重心；在横向上成立屯党群理事会和屯产业协会，完善和强化户主会议，把乡村治理权复归给民众，实现群众从"要我做"向"我要做"的根本性转变，实现党的主张和群众意愿的有机统一。

（一）划小单位，推动两级自治

河池市积极探索划小村民自治单位，缩小村民自治范围，在现有的行政村架构下，将村民自治延伸到村落一级，发挥行政村、自然屯两方面的积极性，既能够利用村民委员会办大事，又能够借助屯级"一组三会"解决涉及群众切身利益的身边问题，这使得群众诉求得到充分表达。截至目前，河池市已经成立了3506个"屯级党群理事会"，屯级村民自治参与模式得到广泛推广。

（二）党领民办，搭建自治平台

河池市通过搭建"一组三会"，即驻屯联合党小组、屯党群理事会、户主大会、产业协会，形成了一套完整的屯级村民自治平台。屯级事务首先由驻屯联合党小组提议，再由屯党群理事会进行商议讨论，最终交由屯户主代表会议决定。对群众筹资投劳兴办公益事业等涉及村民利益的重大问题，需要召开户代表会议，由村屯户主商定出资额度、筹资投劳方式。村屯"一组三会"自治平台，为群众直接参与屯级事务的议定提供了制度保障。

（三）党群互动，激活村庄能人

河池市积极探索基层党群互动模式，旨在激发基层党员、村庄能人服务村民、带领村民脱贫致富的主动性。各村屯选出威望高、风气正、号召力强的农民党员，与一并选出的村民代表、村庄能人等共同组成屯级党群理事会，专门负责商议屯级公共事务，这些村庄能人成为了整个自然屯自治落实的"发动机"。与此同时，河池市结合"红卡进千村万户"活动，强化党群间的联系帮扶，通过资金支持、项目扶持等形式协助党员干部、村庄能人带动普通村民发展经济产业，由此形成"说话有人听，干事有人跟，号召有人应"的良性党群互动关系。

（四）简政放权，丰富自治功能

对于村屯治理，河池市坚持"三放三不"，即"把依法决策权放给群众、把资金合法使用权放给群众、把农村事务管理权放给群众，在法规许可的范围内，不插手村级基础设施项目的承建、不插手项目筹集资金的使用、不插手村屯民主事务运作"。宜州市索敢村福佑屯群众自己商讨建设方式、投工投劳仅用了 4000 元便修建出一座焚烧炉，低于原定成本 6000元，并通过屯户主会议，将结余资金用作保洁员报酬。群众自主权的回归实现了群众利益的回报。与此同时，河池市拓展屯级自治领域，丰富屯级自治功能。村屯基础设施建设、产业开发以及村集体公益事业管理、村集体文化事业兴办均交由村民自主进行。

三　河池"屯级党群共治"的成效

（一）扩展了村民自治参与渠道

河池市"党领民办、群众自治"工作模式，搭建起了以"一组三会"，即驻屯联合党小组、屯党群理事会、户主大会、产业协会为主要内容的一整套自治平台，积极拓展了村民自治参与的新渠道。河池市以"自治落地"为突破口，在村屯一级架设村民自治组织，降低了村民参与村庄事务管理的难度，减少了村民参与村庄事务管理的成本，提升了村民参与村庄事务决策的自觉性与主动性，有效拓展了村民自治参与渠道。

（二）发挥了基层党员引领作用

"党领民办、群众自治"工作模式，党领是核心，民办是基础。在推动开发扶贫、产业发展和社会建设过程中，"党领民办、群众自治"工作模式都立足于充分发挥基层党员在群众生产生活中的组织者和服务者的先锋模范作用，来实现党组织对群众的组织和动员。与此同时，借助"红雁引飞"党员能人培育工程，河池市重点扶持 1 万多名党员转变为致富引导能人。安马乡木寨村党员能人覃林书靠种养致富后，不忘带富群内群众，率领本村 23 户村民搞起了甘蔗规模化经营，如今，由他带头的木寨村甘蔗合作社年产值达 80 多万元，参股群众从中分红，经济收入大幅提高。

（三）推动了基层群众主体参与

河池市"党领民办，群众自治"坚持以群众需求为导向，以群众自治为核心，以"一组三会"为载体，让群众主动思考村屯发展大计、让群众自觉参与村屯事务管理，推进了村民自治落地运转。在涉及村庄产业发展和社会治理的活动中，河池市把自主权充分交给群众，让群众积极地参与到基层建设中。在"美丽广西·清洁乡村"活动中，全市共由村民投工投劳折资 7887.9 万元，兴建屯级垃圾池 5801 座、屯级垃圾焚烧炉 1838 座，建设垃圾综合处理示范屯 802 个。"党领民办，群众自治"模式的广泛应用，调动了广大群众参与村屯事务管理的积极性、主动性，推动了基层群众的主体参与。

（四）提升了村庄治理实际成效

"党领民办，群众自治"工作模式在村庄治理实践中收到了良好成效。一是农村环境面貌发生了重大变化。经过近一年时间"党领民办，群众自治"工作模式的推动，河池市有效地解决了乡村垃圾乱丢、污水横流，房舍乱建乱搭的"脏、乱、差"现象，村庄环境显著改善。二是农村产业发展动力得以凝聚。"党领民办，群众自治"工作模式广泛凝聚起广大农民群众自力更生、勤劳致富的意识和动力，推动了农村相关产业的发展。如甘蔗、桑蚕、油茶、核桃等扶贫产业稳步推进，特别是核桃产业取得了突破性进展，去冬今春新种植核桃 56.76 万亩，是前十年种植总面积的 4 倍。三是乡村社会关系更加和谐。"党领民办，群众自治"工作模式的推动提升了普通村民的集体意识与文明意识，成立"屯级党群理事会"后，党群理事会成员积极疏导农村各种矛盾，有效促进了农村社会的和谐稳定。2013 年，河池市社会公众安全感排在广西全区 14 个设区市的第2位，其中有3个县排全区111个县份的前5名。

四　屯级党群"共治"的现实启示

以自然屯为基本自治单元，通过党的领导与群众参与实现"共治"是河池市探索村民自治有效实现形式的一大创新，对社会转型期的农村基层治理有着重要启示意义。

（一）以丰富自治层级为基础，降低群众参与难度

从当前来看，基于国家治理的需要，村民自治主要在行政村一级展开，使农民群众在自治参与中面临较多困难，自治主体作用难以发挥。而河池市以"自然屯"为基本单元开展村民自治的成功经验说明，在行政村以外还存在着有效的村民自治单元，根据实际需要丰富自治层级的做法具有现行必要性和可行性。村民自治由仅放在行政村一级向自然屯的下移，自治层级由一级向两级的拓展，可以成为未来提高群众自治参与的有效尝试手段。

（二）以加强党的引导为推动，保障自治良性运转

农村基层治理离不开党组织的引导和激励，而河池市建立的"屯级党群共治"工作机制进一步拓展了新形势下党领导的村民自治制度，通过纵向上的党组织指导与横向上的党员参与共建，创立了一套把党的领导同群众自治相融合的基层民主协商机制。特别在"美丽广西·清洁乡村"活动中，屯级党群共治产生了巨大成效，党组织的引导作用得以较大程度地释放。实践证明，党的有效引导是当前优化农村基层治理的重要手段，党的领导与村民自治可以实现"双赢"。

（三）以促进多元共治为核心，激活群众参与热情

农村社会治理离不开农民这一主体，将农民群众的"等、靠、要"转变为积极的自愿行动，激活其参与热情至关重要。自然屯作为农民生产、生活和交往的共同体，河池市将村民自治延伸到此，正契合了当地农村实际。通过依托党群理事会等"三会"平台，将农村内的经济能人、

德高望重者、退伍军人等优势资源纳入自治体系，使大批普通村民走到了村庄建设的台前，改变了过去村两委主导自治的局面。这说明，打造多元化的村民自治主体以实现村庄"共治"，发挥农民群众参与积极性，在当前农村治理中具有良好的生命力和发展潜力。

（四）以扩展参与载体为途径，落实基层自治功能

在以往，河池市的农村基层治理大多停留在行政村一级，且以完成行政事务为主要工作目标，由于缺乏参与载体，村庄内生力量找不到治理机会、找不准自治载体，使基层自治"空置"。现在，河池市屯级党群理事会通过党群共治，采取"乡引导、村管理、屯议定、户参与"的做法，把事关村民自身切实利益的事务及村级基础设施建设和产业开发、村集体公益事业的建设管理主体责任下放给群众，改变了单一自治载体下的"大包大揽"式自治面貌，真正实现了村民"自己的事情自己办"，具有良好的借鉴意义。

探索基层自治的有效实现形式

——广西河池市"党领民办"自治创新的基本经验

　　农村基层党群关系是我国村民自治运作中的基本关系，也是影响村民自治发展的重要因素。2014 年中央"一号文件"在改善乡村治理机制一章中明确提出："强化党组织的领导核心作用，巩固和加强党在农村的执政基础，完善和创新村民自治机制。"伴随社会经济的快速发展和基层治理形势的剧烈变革，基层乡村特别是自然村落村屯面临着党员作用发挥难、村两委职能履行难和屯级自治落实难的"三难"问题。针对以上问题，广西河池市在 2012 年创新并推开"党领民办"的村民自治实现形式，通过"引、放、议、评"四步工作法，实现了党的领导与村民自治的有机结合，破解了新时期村庄公益事业有心无力的难题，创新了村民自治的有效实现形式，扭转了基层社会治理的被动局面。

一　创新背景："党软屯痪"遭遇治理三难

　　虽然广西河池是诞生中国第一个村委会——合寨村村委会的发源地，但伴随农村社会经济结构的变革，农村基层出现了"上管不了，下管不着"的困境。特别是行政村下面的自然屯，成为了党的工作开展和乡村治理的最薄弱环节。

　　一是党员作用发挥难。一方面是自然屯党员力量不足。人数少、年龄大是农村基层党员的现实写照，年富力强的青年农民在外奔波，年迈体弱的老龄党员有心无力，一些自然村屯甚至没有党员。另一方面是自然屯党组织缺失。河池市的大量自然村屯没有成形的党组织，组织载体的缺失，不仅现有党员很难发挥应有作用，新党员的培育发展也成为难题。

二是村"两委"职能履行难。河池市全市有 1648 个行政村，30121 个自然屯（村），行政村管辖的村屯多、范围大。一个行政村的村"两委"干部通常在 5 人左右，加之地形限制、居住分散，许多自然屯的工作都无法顾及到。如果村干部责任心不强，屯里群众一年到头都见不到村干部的面。同时伴随农民群众物质文化需求的日益增长，农村公益事业和公共事务压力显著增大，村干部人数、精力皆有限，村两委的治理职能难以履行。

三是屯级自治落实难。一方面，在自然村屯一级并没有成形的自治组织机构，单靠村民小组组长很难决策和落实重大问题，屯级自治缺乏必要的组织载体和领导基础。另一方面，在当前市场化的冲击下，农民群众思想复杂化、利益主体多元化、价值取向功利化，在民主讨论决策中很难形成思想一致，在自治事务运作中很难形成行动一致。"会难开、事难决、决难行"成为屯级自治的最突出困境。

二 工作纪实："引放议评"构筑协同共治

河池市基于"党领民办、群众自治"工作模式构建出乡村"驻屯联合党小组"、"屯党群理事会"和"屯户主协商会"三大党群共治机构，采取"引、放、议、评"四步工作法，明确了基层党组织和自治组织的角色职能，搭建起二者有机衔接的机制和良性互动的平台，密切了党群及干群关系，构筑成协同共治自然村屯的有效合力。

（一）引——践行先锋带头角色，优化党的引领作用

一是组织下移，以"为民形象"引领群众。河池市组建乡村"驻屯联合党小组"、"屯党群理事会"和"屯户主协商会"，"驻屯联合党小组"由 1 名乡镇干部、1 名是党员的村"两委"成员和屯党员组成，对无党员的屯，则由村党支部再指定 1 名党员作为联络员开展工作，"屯党群理事会"则由自然屯的屯组干部和党员组成，构建了在屯的基层党组织。以屯党群理事会为核心，全屯的党员干部主动与当地群众交流谈心、解决问题，如白屯村洛音屯老党员覃寿渊主动担任保洁员，率先投入到乡村清

洁工程中。通过实打实的工作，村屯党员干部在群众中树立了威望、赢得了信任、凝聚了民心，为引导农民参与全面的乡村治理奠定基础。

二是项目引流，以"惠民实效"引领群众。河池市结合"红卡进千村万户"活动，强化党群间的联系帮扶，将市、县、乡三级扶持资金、致富项目等通过乡村驻屯联合党小组输送到各屯，以促进村屯经济社会发展。以安马乡为例，在上级项目资金的支持下，通过屯党群理事会的运作，全乡112个自然屯全部实现了屯内道路硬化，让农民切身体会到了惠民政策带来的好处。在惠民实效的基础上，村屯内党员干部成为带领农民致富的"主心骨"，产生了"说话有人听，干事有人跟，号召有人应"的良好效果。

三是典型示范，以"党员带富"引领群众。借助"红雁引飞"党员能人培育工程，河池市通过"选、育、扶、带、评、用、保"七个环节引导在外党员返乡创业，重点扶持1万多名党员转变为致富引导能人。通过上级的资金、技术支持，党员能人带头搞产业经营，带活土地流转，实现在党引导下的农民致富增收。目前，河池市共创立各种农民合作社1025家，市级农业产业化龙头企业57家、自治区级农业产业化龙头企业6家，涌现了一批带领群众致富的党员经济能人。

（二）放——充分放手发动群众，强化农民主体作用

一是坚持群众的"事"群众办。河池市采取"乡引导、村管理、屯议定、户参与、人行动"的做法，把村屯基础设施建设、产业开发以及村集体公益事业管理权下放给村民，调动广大村民的主动性、创造性。如安马乡提出"化整为零，赋责于民"的工作思路，把乡村清洁保洁的权责下放给各屯村民，实现村民"自我投入、自我管理、自我监督、自我使用、自我受益"。

二是坚持群众的"权"群众使。对于村屯治理，河池市上级党委政府坚持"三放三不"，即把依法决策权放给群众、把资金合法使用权放给群众、把农村事务管理权放给群众，在法规许可的范围内，不插手村级基础设施项目的承建、不插手项目筹集资金的使用、不插手村屯民主事务运作。宜州市索敢村福佑屯群众自己商讨建设方式、投工投劳仅用4000元了便修建出一座焚烧炉，低于原定成本6000元，并通过屯户主会议，将

结余资金用作保洁员报酬。群众自主权的回归实现了群众利益的回报。

三是坚持群众的"利"群众享。广大农民利益要落实到位，必然涉及资金的使用分配。对此，河池市坚持"四个凡是"：凡是群众的集体收入全部由村屯自治组织依法安排，凡是群众的财政奖补资金全部按时足额发放，凡是扶贫项目资金全部直接对口群众，凡是上级下拨的各种惠农资金全部分配直拨村委。真正做到还利于民、保利于民。

（三）议——完善民主议事决策，落实村屯群众自治

在民主议事方面，河池基于四大组织平台，通过较完善的制度运作，在自然村屯实现党组织引领下的村民民主议事决策，保证了村民自治高效规范的落实。

1. 村民屯民大会定则。民主议事也好，群众自治也罢，都必须遵守一定的秩序和规则，而规则的合法性一方面来源于《宪法》《村组法》等顶层设计；另一方面来源于村民认可。河池市各个村屯根据自身村情，由村民代表大会（在屯级为屯民大会）制定细化村规民约，通过民众参与规则制定树立规则合法性，使村规民约真正成为村民自治的"小宪法"。

2. 驻屯联合党小组提议。屯级基础设施建设、产业开发、公共资金使用等涉公重大事项，由驻屯联合党小组在充分考量的基础上向屯党群理事会提出并说明事项的内容、意义和原则性要求，由屯党群理事会进行商议。若公益事项涉及多个屯或是跨村，驻屯联合党小组会主动向村委会和乡政府咨询，形成横纵的协调后再形成议案。

3. 屯党群理事会议定。在有党员的自然屯，选出威望高、作风正、号召力强的农民党员，与一并选出的村民代表、村庄能人等共同组成屯级党群理事会，专门负责商议屯级公共事务，构成协同基层党的力量与群众力量的核心载体。在少数无党员的自然屯，采取由村支部委员担任党建指导员，参与并指导组建屯党群理事会，引导帮助所在屯的群众民主决策，激活党群合力。屯党群理事会是整个自然屯自治落实的"发动机"，在安马乡，全部157个自然屯的屯级党群理事会有力推动了当地"清洁乡村"活动的开展，使安马乡成为整个"清洁广西"工程中的明星乡。

4. 屯户主代表会议商定。对群众筹资投劳建设公益事业、处置公共资源等屯内重大问题，通过召开户代表会议，商定出资额度、筹资投劳方

式。通过贫困户免资出劳、长期外出务工户免劳出资等办法，妥善解决了村屯保洁和村屯道路、人畜饮水等基础设施建设的资金和劳力问题，形成了"群众认可、群众参与、群众受益"的善治局面。

(四) 评——构建全面联评联动,改善基层考评监督

"三法三评"肇始于河池市的"城乡清洁"工程，随后在基层实践中扩展到民主决议、村务监督等方面。"三法三评"即通过"利益扣除法、声誉减损法、优胜受益法"实现全面的群众自评、村屯互评和上级考评。

1. 推行"利益扣除法"，实现群众自评。屯理事会成员每周轮值，根据《村规民约》开展自查，了解村屯议定事项的落实情况。对违反公共环境卫生、筹资投劳规定及有损公益行为的村民，先责令限期整改，逾期不改的由屯党群理事会根据实际情况，委托他人代理，所需费用从农户个人在村集体资金或生态公益林资金份额里扣除。

2. 推行"声誉减损法"，实现村屯互评。河池市注重发挥党群间的相互监督、相互影响，通过"驻屯联合党小组"和"屯党群理事会"形成"四个相互"：村与村、屯与屯之间相互监督，户与户、人与人之间相互提醒。对村容村貌村风、村事办结效率以及村屯稳定和谐情况进行季度评议，将评议结果排名公示，褒优示劣，形成社会舆论压力，促使各村屯自我督促力争上游。

3. 推行"优胜受益法"，进行上级考评。河池市通过政府、社会、群众合力筹资设立乡村建设与发展"专项基金"作为以奖代补资金。通过对各项事业的年度评比，褒奖先进村屯和个人，并对先进村实行公益项目优先安排、公益资金优先落实、绩效奖励优先发放的"三个优先"。此举激励了村屯自治组织和村民群众的积极性，促进了基层经济发展和社会治理。

三 经验启示:"党领民办"实现有效自治

河池市通过"党领民办"的基层自治创新，不仅推动了当地农村各项事业的发展，更在破解当前中国村民自治运作难题、探索村民自治有效实现形式方面具有普遍价值和启示意义。

1. 实现了党的领导与村民自治的有机结合。

"党领民办"把握住了基层村民自治的一对核心关系，党领是方向，民办是动力。中国共产党是中国特色社会主义建设各项事业的领导核心。村党组织作为中国共产党在农村的基层组织，承担着对农村社区这一"微型社会"的全面领导职责。村民自治组织作为基层民主运作的绝对载体，承担着农村各项治理事务决议与执行的职能。

在农村基层，党员生活在群众之中而非居于群众之上的科层体制内，基层党组织和村民自治组织高度重叠、相互渗透，这就构成了党的领导与群众自治的联结节点。在"党领民办"工作模式下，通过二者的协同共治，既为农村基层党组织充分发挥战斗堡垒作用提供了平台和载体，也为基层自治组织高效有序运转指明了方向与道路。

2. 破解了新时期村庄公益事业有心无力的难题。

包产到户和改革开放以后，农民自主需求增多，群众利益分化频繁，农村原有的组织链条开始断裂，农村社会治理散乱、村级集体经济薄弱，村庄公益事业陷入有心无力的困境。本应成为村庄建设主体的农民往往袖手旁观。

"党领民办"通过党员增量盘活村民存量、外在激励激活内在动力双管齐下，克服集体行动困境与农民主体惰性。在上级党委的号召指导下，农村基层党员发挥组织性、纪律性和先进性优势，先行先为，树立标杆，在村庄熟人社会中形成一种"创先争优"压力，唤起村庄共同体认同感，同时辅之以上级政府的必要政策倾斜与物质奖励，最终激活村民自主性动力。源于熟人社会与日常生活共同体的"小行为"，显然比自上而下的"大道理"更能"入脑入心"。

3. 创新了村民自治的有效实现形式。

针对村民自治空悬问题，很多地方往往仅从自治组织改进入手。而在现代治理的视角下，河池市充分考虑基层党组织与村民自治组织的协同共治，即通过"党领民办"内化下移党的领导，协调融合基层党群力量，这也正是其创新之处。

"党领民办"紧紧抓住"基层党员寓于群众之中"这一关键点，通过在村屯构建党群理事会开通农村基层党群联系的"绿色通道"以传达党的意图，并通过农村基层党员的先锋带头接通党组织服务群众的"神经末梢"将党的领导内化下移。"基层党员寓于群众之中"体现了党员身份与自治主体身份的合二为一，即农村基层党员与广大村民一样，是农村自治的平等参与主体，只是在此过程中基层党员要以带头人、能人形式潜移默化的发挥示范效应。在屯党群理事会的组织基础上，通过村屯党员身先士卒，即实现了基层党群的"零距离"融合，同时激发了村民参与自治的积极性，形成新时期农村治理的强大合力。

4. 扭转了基层社会治理的被动局面。

目前我国乡村基层社会治理的被动局面主要体现为横向联结弱，内源性治理弱。横向治理是指通过乡村社会内部的组织将村民联结起来进行自我管理。横向联结弱即基层横向组织不能将村民有效联结，村民"一盘散沙"。对比行政化力量作为外部性推力进行治理，内源性治理是指源于乡村社会内部的力量进行自我管理和自我发展，强调内生性动力。当下农村内力不足，往往形成"党在办、官在做、民在看"的被动局面。

河池"党领民办"创新正好切中基层社会治理被动的要害。一是利用乡村传统，以屯为治理单位，以党群理事会为运作载体，建立巩固村民间、党群间的横向联系；二是挖掘拓展农村内部的治理资源，通过对基层党员的再组织与优化，在实现基层党的引导治理作用的同时，激发农民自治动力，建构内源性共治体系。

村落自治:激发村民自治内在活力

——对河南省许昌市的调查与思考

马华 鲁小亚

近年来,村民自治在运行过程中,普遍存在着民主建设弱化、群众参与度低、干部工作热情不高等问题。同时,2014年中央1号文件提出,完善和创新村民自治机制,探索不同情况下村民自治的有效实现形式,可开展以社区、村民小组为基本单元的村民自治试点,这引起社会各界关注。在这种情况下,探索村民自治的有效形式是解决村庄治理的必然趋势。河南省许昌市在实施村民自治过程中探索出以自然村为单元的自治模式,通过组建工作小组、推进村庄建设、强化公共服务等较好地破解了村民自治中的诸多难题。

一 村落自治的运行

1. 组建村民理事会,创新自治载体。调查发现,村民理事会在村民自治中发挥着无足轻重的作用。村民理事会是以自然村(小组)为单位,由自然村(小组)有威望、有能力的人自发组成,主要参与自然村(小组)的红白喜事和协调村民纠纷等。自然村(小组)内的村民,具有天然的地缘、血缘、姻缘等关系,相互之间较为熟悉信任,村民在操办红白喜事时候,更乐于接受理事会的参与。村民理事会主要负责红白喜事的筹办、组织、协调工作,无偿为村民服务。"谁家都会有红白喜事,大家相互帮忙目的就是把事情办好",会长坦言成立村民理事会的初衷。群众反映,老百姓遇到纠纷的时候,一般先找村里拿事的人解决,找村干部没用。因此，很多村民遇到家庭纠纷、邻里纠纷的时候也会主动找理事会进行协调。一位村支书感慨："A村的人再厉害，到B村也成不了事，群众不认……"

2. 组建临时工作组，强化公共服务。自然村（小组）干部推选出威望高、能力强、经济能人、人缘好的村民组成临时工作小组，围绕自然村的公共事务商议工作方案。临时工作小组主要围绕道路硬化、垃圾污水处理、水利建设、文化建设等公共服务内容建言献策。临时工作小组担当村民与村干部的中间人，通过串门的方式对农民的想法进行摸底，并将农民的意见集中汇总，反馈给村干部。村干部与临时工作小组再次进行商议后，敲定最后的工作方案。对于村庄的基础设施建设，工作组成员一方面带头巨款出力；另一方面，通过走家串户"做思想工作"的办法，引导群众积极参与村庄事务，激发普通群众参与村庄公共事务的热情。"几个有头有脸的人去你家做工作，不支持面子上都过不去，再说人家也是为了大家方便……"工作小组的工作在村庄公共服务建设方面成效显著，并得到了群众的认可。

3. 整合村庄资源，促进村庄发展。由于国家财政补贴项目有限，所以并非所有村庄都能享受到国家的饮水安全工程、农田水利工程、村级道路建设工程等，即使行政村申请到国家补贴项目资金，由于资金限制无法全面覆盖所有自然村。为了避免引起自然村与自然村之间的矛盾纠纷，很多自然村都采取了"自己动手，丰衣足食"的办法。通过临时工作小组，并将村庄的经济能人和政治精英纳入村庄建设和发展中来，重点整合在机关单位任职的村民提供的社会资源。蒋官村的道路建设、元木村的农田水利建设都是通过整合村庄资源申请的国家补贴项目。"我们村有人在市文化局当官，每年的庙会都是文化局派剧团免费演出"，"我们村有个人的儿子在中央工作，我们村的道路就是人家找的项目"，"我们村有人在市水利局当副局长，我们村田地里的深井就是人家弄的项目"，村里的老百姓很自豪地给我们介绍村庄建设情况。

4. 制定村规民约，增强自治意识。村规民约是实现村民自治的有效形式之一，在村落自治中发挥着不可替代的作用。如元东村的自然村马家庄没有对房屋修建、宅基地垫付、道路平整等方面做出规定，导致群众在修建房屋过程中随意占地、任意抬高宅基地和门前屋后高度，导致道路高低不平、排水不畅。遇到下雨天，农户之间经常因排水问题引起纠纷。元东村的自然村老崔庄，经济发展水平与马家庄基本相当，但村容村貌与之截然不同。原因是老崔庄在新农村建设中，通过工作小组商议，对房屋修整高度和门前屋后路面高度做出了具体规定。在这项规定下，元木村的楼房整齐划一、道理平顺畅通，村容村貌显得干净整洁。可见，自然村（小组）内部的村规民约在很大程度上可以达到管理、约束的效果。

二　村落自治的运行效果

村落自治的运行，整合了村庄资源，增强了自治能力，实现了行政村与村民的有效衔接，相对于行政村的自治表现出了明显的优势。

1. 整合了村庄资源，加快了村庄建设。将村庄的经济能人、威望高、能力强的村民有效地纳入到村庄发展中，实现了其为家乡做贡献的满足感。如元木村常年在外做生意的张红安，听说家乡要修路，带头捐款 2 万元，无偿修建自家门前的一条小路，并说服村里的亲戚朋友主动参与。据村民反映，工作组在五年之内给村里修了水泥路、打了深井、建了文化大院等。

2. 增强了维权意识，提升了自治能力。通过临时工作组的宣传带动，群众参与村庄事务的意识逐渐增强，态度由"事不关己高高挂起"转变为"有事大家慢慢商量"，并成为村庄发展的主要参与者。如郭连村曾因征地补偿款分配问题引起了村民的不满，村民便委托理事会成员找到村干部进行协商。最后，村两委把土地征用补偿款全部分配到被征地的自然村（村民小组），并在小组内部进行了统一分配。

3. 培育了民间组织，满足了农民需求。村民理事会是由村民自发组织的，但在群众中有着良好的口碑，并成为乡村治理的重要参与力量。理事会参与红白喜事和调解纠纷活动，满足了农民某些特定的需求，发挥了村两委无法替代的作用。在理事会的影响下，高店村妇女还自发成立了广场舞协会，满足了群众的文娱需求。

4. 发挥了群众作用，推动了民主建设。调研发现，项目建设既是村庄矛盾的制造点又是村庄矛盾的爆发点。在参与村庄基础设施建设过程中，村庄各种精英及普通群众的积极性和主动性被充分地调动起来了，群众尤其关心项目补贴资金和筹集资金的用途。群众积极参与村庄建设，客观上给村干部工作造成了压力，打破了"拍脑袋"的局面。如郭庄村在整合村庄各种资源筹款修建道路之后，在自然村内部对资金用途明细进行了公开。

三　推行村落自治的启示

村落自治的推行，变干部主导为群众主导，变等项目建设为找项目建设，改善了村庄环境，推动了村庄发展，在很大程度上践行了自治要义，实现了村庄有效治理。这种自治方式对深一步深化村民自治制度有一定的启示作用。

1. 民间组织是乡村治理的一支重要力量。在现行体制下，村民委员会的现实职能与村民的社会经济活动不相适应，这就为农村社会组织的出现提供了很大的生存空间。目前，农村社会组织主要有宗教性组织（基督教团体、佛教团体）、娱乐性组织（老年人协会、民间乐团）、经济性组织（农民专业合作社、种植专业合作社）。从实践来看，社会组织是参与乡村治理的一支重要力量。因为社会组织是适应百姓的需求而自发形成的民间组织，一般为服务性组织，组织成员多数是村庄的能人、威望高的人，因此更容易被群众接受和信任。随着农民生活水平的提高和收入的增加，农民村庄服务性组织需求更加明显，民间组织参与村庄治理无疑可以发挥举足轻重的作用。因此，要重视民间组织的培育和发展，积极引导其参与到村庄建设中。

2. 村落人力资源是村庄发展的重要保障。乡村社会是一个注重血缘、地缘、姻缘的熟人社会，人们生于斯、长于斯、老于斯，对村庄有着强烈的归属感和安全感。很多群众反映，不论是外出做生意的经济能人还是出外当官的政治精英，在快要退休的几年经常返乡探亲，目的是在村庄找寻归属感，为"老于斯"做准备。调研发现，各个自然村基本都存在着经济能人或出外的政治精英，他们都有建设家乡、带动家乡人发家致富的心愿。但是苦于自己村庄干部不重视，群众不理解，满腔热血无法挥洒。临时工作组有效地将村庄的政治精英和经济能人吸纳到村庄的发展中，推动了村庄的发展。同时，村民对其贡献的认可和肯定也满足了精英的荣誉感，并增强了其村庄归属感。重视并充分挖掘村庄人力资源对村庄发展具有重要作用。

3. 村落事务更有利于调动群众参与积极性。以自然村为自治单元的村庄事务，基本都会涉及自然村每个家庭。随着农民维权参与意识的增强，加之为了维护自身的合法权益，农民会自觉主动地参与到村庄事务中来。临时工作小组则为村民表达建议、反馈意见提供了一条有效的利益诉求渠道，可以提高群众的参与水平，保障了村民对村庄事务的知情权和参与权。在村庄建设中充分调动和发挥群众的力量，可以真正实现村庄的自我管理和自我服务，增强群众的主人翁意识，并在很大程度确立了群众在村庄自治中的主体地位。

传统农业区河南中部村民
自治状况调查与分析
——以禹州市褚河镇五个行政村为例

马洪伟　喻琳

河南省作为传统的农业区域，除了一般性规律外，在贯彻村民自治中具有自己的特点，同时也受到经济发展与结构调整的深刻影响。为了深入了解村民自治的运作情况，进一步探索村民自治的有效形式，本调研组赴河南省许昌市的禹州市（县级市）进行了实地调研，以访谈、座谈、个案调查为手段，先后走访 5 个行政村和 20 个自然村，访谈 20 多名现任或往届村干部，调查了 60 多名群众，掌握了较为丰富的第一手资料，并在此基础上撰写了该报告。

一　村民自治运行的四大特点

1. 民主选举形式化。民主选举村委会成员一直是村民自治过程中村民最为熟悉，同时也是参与程度最高的内容。就民主选举的实践而言，村民多外出打工或者忙于做生意，不愿意参加选举或无法参加选举，因此一选民填若干张选票是民主选举中经常出现的现象。按照要求，在选举日不能参加投票的选民，可以书面形式委托其他选民代为投票，每一选民接受委托不得超过 3 人。但是在选举时，实际上并未书面委托，而且有的选民一人持三张以上的选票参加投票。同时，很多群众反映，"选不选都一样，干部都是提前定好的"。

2. 民主决策单一化。实行村民自治以来，村民民主意识不断增强，对农村基层党组织的领导方式提出了新要求。在调研中，一些村庄尤其是农村基层党组织不能适应变化了的形势，仍然坚持"党管一切"的原则推动工作，不断强化村党组织的领导地位，挤压村委会的作用和群众的主体地位。在村庄事务决策方面难免出现"支书一言堂"和"支书拍脑袋"现象，一村民坦言坦言，"村里的大事小还不是支书说了算，人家说低保给谁就给谁"。

3. 民主监督表面化。村务公开是民主监督的有效形式之一，也是村民维护自己权益、参与村庄管理的重要内容。但在实际运行中，村务公开多流于形式。随着村庄事务的减少，村务公开在也呈现了不同程度的形式化、表面化现象。调研发现，有的村庄的村务连续一两年都没有公开，村务公开的村庄多数是通过村务公开栏空开，多数群众反映公开的内容跟实际内容不相符，公开的信息不全面。这些现象都使村务公开的效果大打折扣。

4. 民主管理简单化。税费改革以后，村两委从烦琐的征税、接待、检查等行政事务中解脱出来，主要承担着公共服务建设、惠农政策执行等服务性的工作。在具体的工作中，村两委负责政策的上传下达和统筹协调工作，村民小组负责政策执行和落实。调研发现，在市场经济条件下，很多村干部都忙于做生意和打工，甚至个别村庄支书常年都不在村里，基本村干部基本都是通过电话联系，村民代表大会和党员大会更是鲜有，村民没有参与村庄管理的机会和平台。

二　村民自治实施中的主要问题

（一）民主制度形同虚设

村级民主监督是村民自治的关键环节，是维护农民权益的重要手段。税费改革以后，村里的事务明显减少，村干部的工作主要集中在宅基地管理、计生工作和惠农政策（低保）执行三方面。近几年来，村庄会议召开频率明显下降，元东村和元木村90%以上的群众都忙于家庭小作坊式的发制品生产，这就造成了"开会难"的状况。在调查中，村干部感叹，"每次开会都犯愁，党员干部都忙于生意购销，不是这个不在家就是那个没空"。不少村干部反映，村两委换届选举更是经常找不到人，农民现在只关心与自己息息相关的利益，不关心村庄的整体发展，更不愿意耽误做工参会，结果是村庄重大决策的时候一般都是由村干部说了算，鲜有群众参与，往往一个建设项目的开展或一项政策的实施，就由一把手拍脑袋决定。受访的 10 位村干部都反映，村里的重大事务一般都是由村支书一人拍板。此外，村务公开流于形式。随着村庄事务的减少，村务公开在也呈现了不同程度的形式化现象。近三年来，元东村的村务公开平均次数为 1.5 次，民主评议两委会议基本没有落实；元木村的村务公开次数平均为 2 次，民主评议两委会议次数为 0.5 次。此外，85% 以上的受访群众反映，村务公开只是形式，自己并不关心。用群众的话说，"老百姓各吃各的饭，各挣各的钱，不参与村庄管理也不关注村庄小事务。"

（二）村两委缺乏内在活力

税费改革以后，村庄事务逐渐由行政化工作变为服务性工作，加之村民自治对村干部缺乏内在的激励机制，村干部每个月只发放固定的误工补贴，造成村干部的工作热情逐渐消减。调研得知，褚河镇村支书固定工资 600 元／月，村主任 480 元／月，妇女主任 300 元／元，村民小组组长 150 元／月，除了统一发放的固定误工补贴外，没有其他的补助和福利。很多村干部都感慨，"在村当干部还不如出去打工"。元木村妇女主任算了一笔账，"外出打工一天至少挣 50 元，我一周打工收入比在村里干一月的误工补贴都要高"。村干部待遇低的客观事实是村干部缺乏工作热情，村两委缺乏内在活力的主要原因。元木村老支书感慨："没工作的时候是跟着悠，有工作的时候就不想干了。"在这种情况下，村庄很多事情都是通过"电话"开展的。元木村 80% 以上的农户都开办有家庭式小作坊，主要从事发制品生产制作，村干部基本是兼业化，平时忙于自己生意购销，开会时候几乎都是"举举手，投投票"。此外，现在的年轻党员干部都要求政治上有进步，经济上有提高，目前的管理体制无法满足青年干部的需求。元木村一位年轻党员说："我的生意都在外面，当干部耽误时间还得罪人，还不如做好自己的生意实在呢。"个别村民把村干部形容为"倒霉蛋"，多数群众反映村庄不存在贿选和拉票现象，因为大家都关心经济利益，没人愿意当选干部。

（三）社会组织力量难协同

在现行体制下，我国村庄治理的基层组织是村民委员会。然而，由于众多原因，村民委员会的现实职能却与村民的社会经济活动不相适应，这就为农村社会组织的出现提供了很大的生存空间。就农村社会组织的类型来看，目前主要有宗教性组织（基督教团体、佛教团体）、娱乐性组织（老年人协会、民间乐团）、经济性组织（农民专业合作社、种植专业合作社）。从实践来看，社会组织是参与乡村治理的一支重要力量，因此，村两委与社会组织的协同对村庄治理的作用是不严而言的，但目前中国基层社会组织发育并不健全。具体而言，基层社会组织力量太薄弱。一方面，基层社会组织发育较慢，类型较为单一。元东村有基督教组织和农民种植合作社，分别负责组织教民参与教会活动、组织农民开展经济合作互助。宗教组织活动仅限于小团体内部，教民并不关心村庄事务；农民专业合作社大多由现任村干部、村民小组组长、退休教师等组成，元东村农民专业种植合作社主要成员是元东村老支书、村主任、退休校长、小组组长等，普通村民代表参与积极性很低，合作互助的效能并没有得到充分发挥。因此，农村基层社会组织在实际意义上并没有参与到村庄治理中。对于社会组织的协同和管理，元东村代理支书认为"社会组织"成了"单干组织"，农民专业合作社以合作社的名义向市里面直接反映情况，并将申请的水利补贴据为己有，很多事情都不与村里协商，造成村两委工作很被动。从这个角度看，社会组织的欠发育，不仅不能有效降低村庄治理的成本，也会减弱村两委的支持力量。

（四）群众参与热情不高

调研中，村干部普遍反映群众参与村庄管理的热情不高。村支书说，村庄召开选举大会的时候，群众都忙着打工做活，没有人主动去主会场，为了响应上面精神更好地推行村民自治，只能派小组组长抱着选票箱挨家挨户地找人投票。以前很多时候是群众找干部办事难，现在变成了干部找群众开会难。因此，所谓的村民代表大会往往是村干部聚在一起的碰头会，村内很多事务也都是村干部说了算。另外，多数村民认为村干部不给村里做事，"做一天和尚念一天经"，群众也懒得参与村里的事情，私下发发牢骚罢了。调查中，73.5%的农户表示没有参加村民会议，56.4%的村民表示在会议上没有发表任何意见。很多村民认为"提了也没用"。有群众直言不讳地说，村务公开都是公开给上面的人看的，老百姓看了也白看，人家儿子开着奔驰享受着低保，人家没儿没女没钱看病都没人问，你提不白提还得罪人，谁也不愿多事。村民参与村庄治理的积极性低，加之一些村民小组（或自然村之间相距较远），造成了村民自治在运行过程中难以到户。

三　落实与完善村民自治的相关对策

1. 厘清国家权力与村民自治的边界。在推行村民自治过程中，如何解决国家权力与村民自治权的冲突，如何在国家控制管理农村社会和村民自治的张力中达致平衡，是当今三农研究中关于国家和社会关系问题研究的重大理论课题。不断总结各地实践经验，客观地审视现行村民自治立法的得失，确立村民自治的正确理念，构建适合我国村民自治的法律体系，成为我国村民自治制度的重要任务。在推进村民自治立法和制度建设的过程中应注重与农村文化传统相结合和村民意愿相对接。注意农民的原有的文化体系和文化自觉，寻求村民自治的内在机理，挖掘传统治理因素。

2. 重视中国的家户制度传统这个文化因素。漫长的封建社会里，中国的农业经营单位以家户为基础，并形成以家户为基础的农工商互补经济、家户合作和家国共治传统。中国自从秦始皇以来，形成了自由个体为单位的家户制度，可以说是"两千年皆秦制"，创造了一个能够不断复制再生产的无数由家户小农组成的国度。中国无论是行政管理体系还是实施教化、社会保障等社会事务的组织体系，或者军事化的卒伍组织体系，都是这样。家有家长，家庭有一套最基本的管理方式，直至今天，农村基层各级组织的议事会和社会事务的决策，多是由家庭的代表行使法律赋予的各项村民权利。由家庭而形成家族，又组成宗族，构成了现在的自然村或者村民组的形成基础。

3. 有效发挥农村党支部的作用。中国共产党是中国社会主义事业的领导核心，要切实保障党在村一级农村基层政权的核心地位，关键是要充分发挥党支部的作用，从而增强党在农村中的执政基础。这是由中国的政治构架和基本国情所决定的，尤其是在经济相对滞后的农村地区，集体经济基本空白，合作社等农民组织发育不良，宗族文化影响不大，缺乏强有力的各种经济组织、社会组织和文化组织，党支部作为传统和权威的组织可以继续发挥重要作用。本报告所调查的元木村不但经济发达，而且村容整洁，村庄和谐，与相邻的脏、乱、差状况但经济情况相同的元东村形成鲜明对比，主要原因就是元木村的党支部坚强有力，发挥了战斗堡垒作用。首先，党支部书记的人选，应选择那些既能赢得党员选票又能赢得村民选票，并且还能正确引导民意的党员担当，以此增强共产党的执政基础；其次，对村级党组织的作用进行准确定位，为村级党组织发挥应有的作用创造条件。村党支部应利用优势，成为乡镇政府与村民自治组织之间的桥梁。村党支部应能积极推广政府的政策计划，贯彻党的各项方针政策，及时收集村民的意见及建议，向政府反映农民的愿望，提出决策建议等，关心农民的生活、生产，解决农民的困难，协调村民之间的关系，以此赢得群众的真心拥护。

4. 发挥社会组织的作用。随着社会的发展，农村开始出现农民基于不同利益而形成的各种社会组织，如经济合作组织、社区文艺、体育、宗教、宗族等民间组织等，应鼓励这些社会组织在法律框架内的发展、活动，以村民委员会这一群众自治组织为平台，利用这些组织对村民的联系和动员作用，把农民团结和凝聚起来，引导村民关心集体，热爱公益事业，参与村庄的民主管理和民主监督，开展各种形式自治活动。在社会组织内部培养成员之间的团结和合作，对外通过组织团体参与集体行动，参与公共事务，与有关部门进行协商，及时沟通，缓解社会矛盾，并将社会矛盾的表达和解决制度化，在这一过程中使村民自治权得以体现。

5. 因地制宜，创新村民自治的具体形式。正如家庭联产承包源于农民自发创造，以村民小组（自然村）为基础推行村民自治也是农民的"发明"。村民自治在广西萌芽于自然村一级。《村民委员会组织法（试行）》把自然村作为村民自治的基本单位。现行《村民委员会组织法》考虑到我国南北差异过大，没有搞"一刀切"，提出村民委员会根据村民居住状况、人口多少，按照便于群众自治，有利于经济发展和社会管理的原则设立。所以，把自治重心下移至村民小组（自然村），适应农村实际和群众的真实需要，也符合法律政策规定。

6. 协调好党支部与村委会二者的关系。实行农村村民自治，必须在党组织的领导下有步骤、有秩序地进行，同时应明确基层党组织必须是引导和支持人民当家作主，而不是代替人民当家作主。在基层农村，村党支部要善于领导，特别是要转变观念，由"为民做主"向"由民做主"转变。充分调动村民的主动性、创造性，积极管理农村事务，努力使党的领导贯穿于民主选举、民主决策、民主管理、民主监督全过程；建立健全相关制度，从制度上合理划分村党支部"领导核心"的权力范围和村委会的自治权力范围。目前，有关国家法律制度在关于村党支部与村委会的职权范围上规定的不规范、不详细，由此引起两者之间的权力之争。

清远村民自治改革已走在全国前面
要争取这个前沿阵地成为全国性的样本

徐勇

2月28日，在清远改革论坛上，徐勇发表演讲

资料来源：《清远日报》　发布时间：2014 – 03 – 03

声　音

○清远是村民自治第三波的标志和发源地，清远的改革价值是向村民自治复归，向农村内部要力，目前已经走在全国前面，争取成为国家主管部门的试点单位。

○清远的村民自治改革是否能取得成效，关键在于要配套，要敢于配套，使改革能够持续稳定推进。

○清远的村民自治改革实施不久，听说有很多争议，但正是因为改革了才有争议，才有不同看法，这是正常的。我们要有一个方向性的东西需要明确，那就是寻找村民自治的有效实现形式，只要是有效实现了就可以，不在于使用了什么形式，形式可以多样化。

○清远的村民自治改革已经走在全国前面，我觉得要争取国家主管部门的试点单位。今年中央［一号文件］讲了试点，清远要通过深化改革取得领先地位，争取成为试点单位。

○我们总是希望借助外力来解决，包括现在提的城镇化，也是需要借助外力。借助外力是必要的，但是所有外力都不能解决农村自身的内动力问题。我觉得清远的成效就是挖掘农村的内动力，这是非常重要的，清远改革的核心价值就在这个地方，是"三个尊重、三个探索"。

○我们自上而下的改革中基层到哪儿去了呢？基层成了被改革、配合改革的力量，这是不行的，改革需要自上而下的推动，也更需要自下而上的推动，所以我们要大力鼓励基层的积极探索，因为它来源于解决实际问题。所以首先要鼓励探索，其次是引导探索，最后是规范探索。

今年的中央 1 号文件第八部分专门讲改善乡村治理，明确提出完善和创新村民自治机制，充分发挥其他社会组织的积极功能，探索不同情况下村民自治的有效实现形式，农村社区建设试点单位和集体土地所有权在村民小组的地方，可开展以社区、村民小组为基本单元的村民自治试点。这个提法是对广东清远村民自治探索改革的一个高度肯定，也指明了村民自治改革的发展方向，清远现在已经成为全国村民自治创新的一个样本。我认为清远的这项改革不仅是解决它自身的问题，更在于它的全国性价值。

谈改革背景与特点

清远是村民自治第三波的标志和发源地

清远的价值就在于在体制机制上改革。它的特点一是行政与自治二元分离；二是将村民委员会下沉到自然村；三是治理重心下移，将公共服务和智力资源更多倾斜于基层和民众

我想讲的第一个部分是清远村民自治改革背景与特点。

早前以行政村村委会为组织载体的村民自治难以有效运转，村民自治陷入发展困境，甚至有人说了村民自治已经死亡，但我认为，哪怕它死亡了，也要给它开一个追悼会。但是现在我们可以看到，村民自治作为一个草根型治理，有着强大的生命力，总在实践中为自己寻找发展空间。

我国村民自治经历了三波，第一波是以广西宜州为起点的村民自治发源，当时是 20 世纪 80 年代初期，在经济上通过家庭承包形成了统分结合的双层经营体制，在政治上以村民自治为起点，形成了乡镇村治的双层治理体系，搭建了一个基本的农村经济政治架构。第二波是 1997 年以吉林省梨树县"海选"模式为标志的全国推行村民自治的实践。那次村民自治引起了世界瞩目，克林顿总统访华的第一站就是陕西的一个小村的村民自治。但是到 21 世纪以来，村民自治陷入了发展困境，其主要原因之一就是村民自治单位及其工人不适应村民自治。

我们知道村民自治作为群众自我管理、社会自我治理的一种形式，有相应的要求，第一个就是地域相近；第二个是利益相关；第三个是文化相同，能够形成一个稳定持续的共同体，这种共同体在中国就是长期历史形成的自然作用，所以村民自治在广西最早就起源于自然村。但由于我们国家的村民自治制度是人民公社体制的替代品，并不是完全的群众自治组织，所以在 1998 年修订通过的村委会组织法就取消了村民委员会一般设在自然村这个条款。这样一来，我们把村委会通常称之为行政村。

现在回过头来看，村委会不可避免行政化，这种行政化不利于村民自治。第一是地域太大，不便自治；第二是利益不一，难以自治；第三是文化相差，自治无根。这样一来，村民自治只是贴在墙头，没有走到地头。

就清远的改革而言，我觉得清远的特点在于真正在村民自治体制机制上加以改革，清远的价值就在于在体制机制上改革。它的特点一是行政与自治二元分离，将村委会从大量行政事务中剥离出来。二是将村民委员会下沉到自然村，充分发挥自然村在村民自治中的作用，将自然村作为村民自治的基本单元。三是治理重心下移，将公共服务和智力资源更多倾斜于基层和民众，所以我认为清远是村民自治第三波的标志和发源地，它的核心就是村民自治单元的下沉和重构，集合农村的内部动力，改善乡村治理机制。

谈改革意义

清远改革解决的是整个国家乡村治理结构性问题

我们过去对乡村社会的延续性认识不够，把所有过去的东西全盘否定了；第二种思维是农村改造，从 20 世纪 50 年代我们开始对农业社会主义改造，忽视了农村内部的积极因素，导致农村内部的智力资源开发不够，这是我们现在整个治理体系一个结构性的问题

清远的村民自治机制改革是改善乡村治理的有益尝试，它的价值是向村民自治复归，向农村内部要力。因为我们国家乡村治理机制它的特点表现为纵向治理强，横向治理弱，外部治理强，内源性治理弱。

所谓纵向治理就是自上而下的行政性治理，横向治理是指通过乡村社会内部的组织将乡民连接起来，进行自我管理。我们纵向组织化程度高得很，横向组织化不高，所以我们现在的农民不是一盘散沙，而是一盘流沙，经常到处在流动当中。生产队之所以管得好，就在于把人牢牢控制在土地上，你现在没法控制它。

外部性治理，是指来自于乡村社会外部和农民日常生活之外的治理，主要是行政化治理，是一种外部性推力。我们的外部性治理有利于国家对农村社会的改造和发展，从 20 世纪 50 年代开始，我们就不断派工作队到农村去工作、改造，一直到现在。

内源性治理是指源于乡村社会内部的力量进行自我管理和自我发展，是一种内部行动力。我们当下农村内力不足，新农村建设、农民本是主体，却成为旁观者。我举一个例子，新农村建设中，城里的干部到农村帮助修水渠，农民不帮忙，就站在旁边，等水渠修好了说这个那个没修好。这就使我们的农民主体性，千百年来农民的勤劳性没有了，造成这种乡村治理机制一个很重要的问题是：我们过去对乡村社会的延续性认识不够。我们知道任何一个社会都具有延续性，特别是乡村社会的延续性更明显。但是20 世纪以来我们国家的主题是革命，所谓革命就是与传统决裂，我们把所有过去的东西全盘否定了，凡是属于过去的都是落后的。第二种思维是农村改造，从 50 年代我们开始对农业社会主义改造，农村的东西等于落后，忽视了农村内部的积极因素，导致农村内部的智力资源开发不够。

所以，清远改革不是仅仅解决自身问题，而是我们整个国家乡村治理结构性问题。一是利用乡村传统，通过自然村的单位，建立村民之间的横向联系；二是挖掘农村内部智力资源，确立农民的自治主体地位，建构内源性治理，内源性治理和外部性的治理最大不同在于它是源于日常生活中，依靠人们耳濡目染的文化习俗维持秩序。农民知道尊老爱幼，这种日常生活的小习惯，可能比自上而下的大道理更能入脑入心，这样的话人们对日常生活的共同体认同感更强。我们为什么要挖掘来自农村的智力资源，就在于它有用。

谈核心价值

清远改革核心价值就是"三个尊重、三个探索"

第一是尊重历史，我们为什么要搞村民自治，就是和历史相衔接；第二是尊重实践，对村民自治实践活动给予足够尊重；第三是尊重首创，对农民在基层实践当中不断探索的村民自治有效实现形式的创造给予足够尊重

我们这些年来从废除农业税，建设新农村，我认为十年来解决农村问题最大的成就是把外部性的环境大大改造好了。2006年废除农业税之后，我到农村去调查，老农民特别高兴，觉得中央办了一件好事，他说农民祖祖辈辈种田都要交钱，现在不仅不用交钱，政府还给钱。

但我们现在的思路有点问题，我们总是希望借助外力来解决，包括现在提的城镇化，也是需要借助外力。借助外力是必要的，但是所有外力都不能解决农村自身的内动力问题。我觉得清远的成效就是挖掘农村的内动力，这是非常重要的，因为外力有边际效应，越是往后，效应越小，在这种情况下如何让农村发展，所以清远改革的核心价值就在这个地方，是"三个尊重、三个探索"。

第一是尊重历史，对长期历史形成的社会传统给予足够的尊重、发挥其积极功能。我们为什么要搞村民自治，就是和历史相衔接，充分尊重历史。

第二是尊重实践，对村民自治实践活动给予足够尊重。现在村民自治的形式都是农民的草根性、原创性，这是最具有生命力的。

第三是尊重首创，对农民在基层实践当中不断探索的村民自治有效实

现形式的创造给予足够尊重，首发明权是农民，给他足够尊重。

"三个探索"对农民的积极探索给予鼓励态度，清远非常重视发现好的形式，这是很难得的。我们现在的改革和30年前的改革有什么不同？我认为，有很大不同，30年前的改革是自下而上的改革，农民、基层推动上层，我们现在的改革是自上而下的改革，从中央到下面一层一级设立改革领导小组，但是我们自上而下的改革中基层到哪去了呢？基层成了被改革、配合改革的力量，这是不行的，改革需要自上而下的推动，也更需要自下而上的推动，所以我们要大力鼓励基层的积极探索，因为它来源于解决实际问题。所以首先要鼓励探索，其次是引导探索，把农民的探索引导到正确的方向，最后是规范探索，在总结经验基础上提升，并努力制度化、规范化。

谈改革建议

改革取得成效关键在要配套

清远的村民自治改革已经走在全国前面，我觉得要争取国家主管部门的试点单位。

我们现在的行政组织太发达，架构太庞大，有很多组织，但是不起作用，行政组织一定是简约化治理，自治组织越多样越好。这个方向一定要明确。如果我们的村委会下沉到自然村，仍然把原来那套组织机制搬下去，就没有什么意义了，主要是增加行政管理成本。

清远的村民自治改革实施不久，听说有很多争议，但正是因为改革了才有争议，才有不同看法，这是正常的。我们要有一个方向性的东西需要明确，那就是寻找村民自治的有效实现形式，这句话非常重要，这个形式是可以多种的，只要是有效实现了就可以，不在于使用了什么形式，形式可以多样化。

清远的村民自治改革已经走在全国前面，我觉得要争取国家主管部门的试点单位。今年中央1号文件讲了试点，清远要通过深化改革取得领先地位，争取成为试点单位。同时要吸取当年包产到户的教训，清远曾经开展了包产到户，我对全国的包产到户资料收集是最全的，曾经写过一本这方面的书，但没有收集到清远方面的资料，很遗憾。我们做了很多好东西，结果被淹没掉了，没有在历史上留下痕迹，这不仅是对清远的不公，也是对全国的不公，好的东西为什么不拿出来呢？

我认为，清远的村民自治改革是否能取得成效，关键在于要配套，要敢于配套，使改革能够持续稳定推进。我们现在的改革还没有合法化，还没有报户口，怎样能取得成效呢？我提四点建议。

一是一定要避免再度行政化。我们讲的柳暗花明又一"村"不是原来的行政村，而是自治村，要尽可能发育内生型社会自治组织，使自治村回归到自治，行政组织越精简越好，实行简约化治理。我们现在的行政组织太发达，架构太庞大，有很多组织，但是不起作用，行政组织一定是简约化治理，自治组织越多样越好。这个方向一定要明确。如果我们的村委会下沉到自然村，仍然把原来那套组织机制搬下去，就没有什么意义了，主要是增加行政管理成本，下一步我们务必要注意到。

二是避免空心化。要给予改革试点单位以更多的资源，特别是要通过以奖代补方式，激发村庄内部的活力和动力。我们改革要往下沉，下面基层如果要求你必须要给我多少行政资源，这样一弄就麻烦了，实际上是体制性复归。现在农村的资源太稀缺，太匮乏，怎么给呢？可以通过以奖代补的方式，谁干的活多，我给他的奖励就越多，既充分发挥他内部的潜力，干的活越多，做的事越多，我给你的好处就越多。

三是避免形式化。要充实村民自治内容，村民自治是为了更好的做事，比如社区公共设施、公共环境、邻里互助、文化活动等，使村民在自治公共体中确实享受到自治的好处，就会形成认同感与归属感。

四是建议党政公共服务站不要有"党政"这两个字。不规范，就是公共服务站多好呢？为什么要加一个"党政"？这个说法有点不规范，党政公共服务站这个提法可以再斟酌。

2006年胡锦涛总书记有这样一句话，中国改革路径是先有地方创造的好经验，中央总结以后上升为好政策，好政策实行若干年以后再把它固定为好制度，好经验、好政策、好制度，是这么一个路径。我觉得这个路径非常对。清远出了好经验，现在中央也把它提升为一个好政策了，我希望清远再接再厉，我们一定要争取在村民自治改革中走下的第一步，走在全国的前面，要争取这样一个来之不易的前沿地带，把我们好的经验加以提升，成为全国性的样本。

第三部分 会议研讨篇

地方改革经验研讨会纪要

一 广西河池市:"党领民办,群众自治"

(一) 经验介绍卢嘉进(中共广西河池市市委组织部副部长)

农村实行家庭联产承包责任制 30 多年来,以家庭承包经营为主、统分结合的双层经营体制在调动农民积极性、激活农村各方面生产要素、解放生产力的同时,也伴生了农民群众对党组织的依赖程度下降,村集体经济弱化,基层党组织动员组织群众的组织资源、经济资源和管理手段逐渐弱化等问题。基层党组织依靠行政命令实现组织发动群众的传统工作方法已经越来越不适应形势发展的要求。其中,最为突出的是由于屯级没有自治组织机构,单靠村民小组长很难决策和落实重大问题,农村的社会治理出现了"上管不着、下管不了"的问题。

针对这些问题,我们认真贯彻执行党的群众路线,坚持人民主体地位,充分发挥作为中国村民自治发源地的自治文化优势,在基层党建中积极创新建立并推广"党领民办、群众自治"工作模式,建立健全"驻屯联合党小组"、"屯党群理事会"、"屯级产业协会"、"屯户主会议"的"一组三会"党群共治机制,推行"引、放、议、评"四步工作法(简称"134"工作机制),形成了党组织领导下的基层民主协商自治机制,有效落实了十八大关于"健全基层党组织领导的充满活力的基层群众自治机制"的有关精神,探索形成了一套行之有效的制度机制。

一 主要做法

我市创新推行的"党领民办、群众自治"工作模式,其主要做法可以概括为"引、放、议、评"四步工作法。

(一)"引"——狠抓驻屯联合党小组等建设,强化党在基层群众中的引领作用。

一是将重心下移，以"为民形象"引领群众。针对党组织在自然屯的组织和工作覆盖普遍比较薄弱，各自然屯情况差异性较大等问题，河池市采取"1+1+1"方式组建乡村"驻屯联合党小组"、"屯党群理事会"、"屯级产业协会"、"屯户主协商会"，由1名乡镇干部、1名是党员的村"两委"委员和屯党员组成，对无党员的屯，则由村党支部再指定1名党员作为联络员开展工作，加强乡、村党组织在屯的工作力量。

二是引项目资金，以"惠民实效"引领群众。我市从2012年起，在全市开展了"红卡进百企千村万户"活动，建立完善以"三联三定五公开"为主要内容的"党员红卡"制度，完善和强化市、县四家班子领导挂点、部门领导包村、分管领导包片的机关干部直接联系帮扶农村群众制度，引导市、县、乡三级下移工作重心，将扶持资金、科技成果、致富信息等项目通过乡村驻屯联合党小组输送到各屯，帮扶带动村屯经济社会发展，改善民生。2012年以来，河池市通过资源整合，共投入33.93亿元用于发展教育、卫生、文体、就业、住房等民生保障事业，广大群众从中得到实惠。村（社区）党支部和驻屯联合党小组"说话有人听，干事有人跟，号召有人应"，战斗堡垒作用得到有效发挥。

三是抓典型示范，以"党员带富"引领群众。2012年以来，河池市实施"红雁引飞"党员能人培育工程，在"选、育、扶、带、评、用"等六个环节上下功夫，引导和帮扶外出务工农民工党员返乡在家门口创业，重点扶持了1万多名党员能人，使农村一线党员能人由"行政实施型"向"带动引导型"转变。在全市各部门"保姆式"扶持下，党员能人以资金、技术和管理带头搞规模化经营产业，农户以土地承包经营权入股分红，或者以土地和劳力入股参与产业开发，推进农业的规模化经营，推动农业增产、农民增收。截至目前，全市共创立各种农民合作社1025家，通过认定的市级农业产业化龙头企业57家、自治区级农业产业化龙头企业6家，涌现了一批带领群众致富的党员经济能人。

（二）"放"——充分发动群众自治，强化群众主体地位。

一是坚持群众的"事"群众办。我们采取"乡引导、村管理、屯议定、户参与"的做法，把村级基础设施建设、村级产业开发以及村集体公益事业的建设和管理主体责任下放给村民群众，让责任回归真正的主人，发挥村民"自我投入、自我管理、自我监督、自我使用、自我受益"的群众自治优势，调动村民群众的主动性、创造性。

二是坚持群众的"权"群众使。在如何抓好村基础设施建设、村容村貌建设规划、村产业开发等问题上，河池市党委政府只把法规政策、只定目标方向、只做宣传发动、只供技术指导，坚持做到"三放三不"，即：把依法决策权放给群众、把资金合法使用权放给群众、把农村事务管理权放给群众，在法规许可的范围内，不插手村级基础设施项目的承包承建、不插手项目筹集资金的使用、不插手干涉村屯民主事务。"三放三不"做法在村屯基础设施建设和公益事业中激发了群众的创造性。如宜州市安马乡索敢村福佑屯群众了解到修建一座焚烧炉，请人施工需 6000元，群众自己投工投劳仅需 4000 元后，村民小组组长韦礼欢迅速召开户主会议，商讨建设方式。最后，群众商定自己干，把省下的 2000 元用作保洁员报酬。群众自主权的最大化实现了群众利益的最大化。

三是坚持群众的"利"群众享。在涉农资金和涉农项目上坚持做到"五个凡是"，即：凡是群众的集体收入全部由村委依法安排，凡是群众的财政奖补资金全部按时足额发放，凡是扶贫项目资金全部用到群众身上，凡是群众可以组织实施的项目全部放给群众来干，凡是上级部门下拨的各种惠农资金全部分解直拨村委，真正做到还利于民。

（三）"议"——突出群众依法民主议事决策，加强群众自我管理。

一是屯联合党小组提议。在推进村屯公益事业过程中，我们既注重加强党组织引领，又注重发挥村民集体议事决策在村级社会事务管理中的重要作用，在法律法规的框架内，把多数群众的意愿以制度的形式固定下来，约束和规范全体村民的行为。屯级基础设施建设、产业开发、公共资金使用等公益事业和其他重大事项，由屯联合党小组根据乡镇党委意见建议，向屯党群理事会提出，说明活动和事项的重要意义和原则性要求，由屯党群理事会进行商议。

二是屯党群理事会（或"屯级产业协会"）议定。在有党员的自然屯，选出威望高、处事公道正派、号召力强的农民党员代表，与一并选出的群众骨干代表、群众致富能人和离任老村（组）干等共同组成屯级党群理事会，专门负责商议屯级经济社会事务，成为把党的声音转换为群众声音、把党的政策转换为群众自觉行动的"转换器"和"助推器"。在无党员的少数自然屯，采取由村支部委员包屯，担任党建指导员，结对参与，并具体指导和组建屯党群理事会，引导、帮助无党员自然屯的群众充分民主决策，合力推进工作。"屯级产业协会"的产生、机构和职能与"屯党群理事会"相似，屯级产业协会议定主要在产业发展的组织引导、协调服务、监督管理和宣传发动上发挥作用，推动产业规模化生产，引领农民致富。

三是屯户主会商定。河池市对群众筹资投劳建设公益事业、处置公共资金资源等屯内重大问题，通过召开户代表会议，商定出资额度、筹资投劳方式。通过贫困户免资出劳、长期外出务工户免劳出资等办法，妥善解决了垃圾焚烧炉、村屯道路、人畜饮水等基础设施建设的资金和劳力问题，得到全屯群众的支持认可。

（四）"评"——突出上下联评，强化群众自我监督。

一是实行"利益扣除法"。"屯党群理事会"召集每季度或每逢大节日全屯群众，由理事（组、会）长定期对党的政策、国家法律法规、村规民约以及村屯议定的重大事项进行宣讲，提醒全屯成员共同遵守。屯理事（组、会）成员每周轮值一次开展自查，看各户对约定、议定事项的落实情况。对违反公共环境卫生、筹资投劳规定以及有损害公益设施行为的村民，先责令限期整改，逾期不整改的，由"屯党群理事会"根据实际情况，委托他人代理，所需费用从农户个人在村集体资金或生态公益林资金份额里扣除。

二是实行"声誉减损法"。每季度在村际开展一次村容村貌村风、村事办结效率、村委执行力以及村屯稳定和谐情况的互查评议活动，将评议结果进行排名公示，褒优示劣，以社会舆论监督，促使各村屯珍惜荣誉，自我加压，力改不足，迎头赶上。

三是实行"优胜受益法"。通过政府、社会、群众三个一点的筹资办法，设立乡村建设与发展"专项基金"，作为以奖代补资金。每年度评比"先进村"，对先进村实行公益项目优先安排、公益资金优先落实、绩效奖励优先发放"三个优先"倾斜办法，调动村两委和村民群众的积极性，促进了村级经济建设和社会治理。

二　主要成效

"党领民办、群众自治"工作模式，通过有效方式强化党组织的领导、组织下移夯实屯级自治、以"权、责、利"激发农户参与的方式，实现了"党领导、屯实施、户参与"的良好局面，发挥了基层党组织的战斗堡垒作用，并将自治"落地"避免了制度"空转"，实现了党的领导和村民自治的有机结合。

（一）发挥了基层党组织的战斗堡垒作用。党的工作重心下沉到自然屯，成立屯级党群理事会，屯级党员成为党组织的"神经末梢"，并通过多种方式引领群众，党组织的战斗堡垒作用得以发挥。屯级党群理事会的成立，为农民党员提供了发挥才干的平台，在清洁乡村、带领致富、建路修桥中，党员总是冲在前面，用一位农民的话说就是"处处都有党员的身影"，以党员能人为轴心，党组织的凝聚力、号召力得到充分释放。比如：安马乡木寨村的党员莫永强，就带头摸索，发明了"沼气池＋焚烧炉"垃圾处理系统。

（二）克服制度"空转"让自治"落地"。"党领民办、群众自治"工作模式将自治单位下沉到了屯，屯级党群理事会最基层的村民自治组织，自然屯有着"地域相近、利益相关、文化相同"的优势，自治得以"落地"。一是公益事业"一事一议"落地。自然屯"地域相近、利益相关"，筹资投劳更容易，以安马乡为例，自"党领民办"实施以来，政府奖补和农民筹资投劳共达6142万元。二是农民主体地位得以发挥。发挥了村民"自我投入、自我管理、自我监督、自我受益"的自治优势，基础设施建设、产业开发、公益事业建设的责任主体回归到了农民。三是农村建设内在动力激活。"党领民办"实施以来，新农村建设的内在动力被激活，改变了之前"党在办，干部干，农民看"的局面，农户从"要我做"变为了"我要做"。

（三）实现党的领导与村民自治有机结合。党的工作重心下移，自治单位下沉。一是开辟了党员联系群众的绿色通道。乡村驻屯联合党小组，开通了党组织、党员直接联系服务群众的通道。群众的诉求，通过驻屯党员能及时向上反映，党的政策能通过驻屯党员有效下达。二是搭建了农民党员发挥作用的平台。将农民党员吸纳到屯级党群理事会中，为党员能人提供了施展才华的平台，让党员身份和自治主体身份合二为一。三是形成了党领导下的屯级自治机制。屯内涉公重大事项，以及涉及多屯事项，由乡村驻屯联合党小组指导处理。屯内公共事务，由屯级党群理事会、屯户主大会、屯产业协会，共同协商决定，由此形成了党领导下的"一组三会"屯级自治机制。

三　经验启示

（一）群众自治离不开党的有效领导。《村民委员会组织法》明确规定："中国共产党在农村的基层组织，按照中国共产党章程进行工作，发挥领导核心作用，领导和支持村民委员会行使职权。"开展村民自治活动，必须充分发挥农村基层党组织的领导作用，一方面，党的农村基层组织，是党在农村工作的根基，"基础不牢地动山摇"，完善基层党组织领导的充满活力的基层群众自治机制，是农村工作的基础工程。另一方面，要探索基层党组织的有效领导方式。村子强不强，要看"领头羊"，加强基层服务型党组织建设，将党的工作重心下移，通过构建基层党员与群众联系的绿色通道，搭建能人党员发挥才干的平台，将基层农民党员身份与自治主体身份合二为一，在各种公益事业和农村基层社会管理事务中带领农民群众行使自治权利。

（二）党的领导要保障农民当家作主。随着社会经济的发展，农民对党组织的依赖度降低，仅依靠行政命令的方式来组织和动员农民群众，已经不适应形势需要。要放手发动群众，强化群众的主体地位。将基础设施建设、集体公益事业建设、公共事务管理的主体责任下放给村民群众，让责任回归真正的主人，尊重农民群众的首创精神。通过惠民实效引领农民当家作主，落实农民群众的权利。党组织要通过项目引进、技术培训、资金扶持等方式，在农村基层以能人党员为轴心，引领农民群众当家作主。

（三）允许多种群众自治有效形式存在。2014 年中央 1 号文件指出"探索不同情况下村民自治的有效实现形式"、"可开展以社区、村民小组为基本单元的村民自治试点"，有了政策方向，就需要地方政府敢于探索，在实际工作中，尊重客观事实，探索多种农村自治有效形式。我市将自治单位下沉到自然屯，利用其"地域相近、利益相关、文化相连"的优势，更易将自治"落地"。

以上就是河池市"党领民办，群众自治"工作模式的汇报，还请与会各位领导、专家学者批评指正！谢谢！

（二）专家点评

1. 史卫民教授点评

以前是"党领村建、群众作主"，现在是叫"党领民办、群众自治"，这是一个创新发展，它有哪些创新点呢？我认为有四个：第一，我们试图通过群众路线教育把基层党建和群众自治结合起来，尤其是一种更大的普遍性的探索，用什么有效方式把这两个东西在基层有效地结合起来。第二，特别提出来"两级自治"，就是行政村一级的自治和组一级的自治，这两级自治在多年的村级自治里面主要是在村民小组尤其是自然村的自治这两方面下了大量的力气，做了一些制度建设，这应该是一个重大的创新。第三，整个的创新是从卫生环境入手，从新农村建设，一直到群众运动，主要整治农村的各种垃圾处理等等。环境建设，其实它是发挥了基层党组织和基层群众自治组织的国家政策末梢的问题，国家的政策都要由基层组织最终落实到群众中。政策末梢，过去在自治里面谈，其实不对的，政策末梢本身的作用差，国家的能力就差，它的能力强，国家的能力就强。大量的整治卫生、公共服务，这都是政策落实，他们在这个方面下了大力气。第四，我认为他们在民主上也有探索，在政策过程，不管是决策过程中间，还是执行过程中间，能不能用民主的方式解决问题呢？都能够把基层碰到要急需解决的政策问题，通过民主的过程来解决，这其实是政策，政策民主本身还有其他的定义，我们今天不在这里谈了。

这样的改革也确确实实让我们要思考几个问题，我不是说事件本身存在的问题，第一个问题是，这样的改革是要把党的领导和基层群众自治结合起来，但是这样的改革一定要防止一种倾向，就是以党建来取代自治，这样的例子有没有呢？有，如存在社区建设中屯兵模式，一个重大的特点就是只见基层党建，看不到自治，我们不希望河池也走到这一步，要把党和自治的关系进一步厘清。第二个问题是，我们在自然村搞了一些制度建设，那么它跟原来既有的村民自治的一套组织结构，组织安排是什么关系呢？没讲，我们有村民大会，我们也有村民委员会，还有监督委员会。这个理事会的一套东西，尽管是在组织层面，你跟上面的东西有什么关系呢。最值得注意的是，党群理事会的选举一定要有一套很仔细的安排，我们现在在基层组织里面有村民委员会的海选和基本选举，在更多的选举中建立更多的核心，形成一种新的权力授予系统是必要的。你要在这个机构里可以不必要完全走严格意义的选举制度，否则它的权力太大，而且你是党群理事会，党怎么选，这里面其实是有矛盾的。现在的各种制度安排是希望把一事一议过去的做法做好，但是现在停留在组织层面，而要上升到全村，行政村，这一套提上去呢，还是怎么办，往上如何衔接。第三个问题，你们这里面没有提到农村社区建设，如果提了的话问题就来了，农村社区建设的基点，到底是放在行政村还是放在自然村？去年一直在起草修订相关文件，涉及包括农村社区的问题，要是按照河池现在的做法，这个能不能被全国所学习，说不定，这确确实实给我们关注农村社区自治建设发展提出一套新的问题，这一套东西现在不错，但是对于构建农村社区建设的架构带来什么影响还要认真评估。最后一点，两级自治，确确实实强调了屯（自然村）这一级的自治，上一级的自治没有强调，而且希望在屯（自然村）这一级理顺政府、党委和基层群众自治组织的关系，这个层级低了，我建议可以参照其他地方的，包括江苏的，重新来协调这个方面的权力清单，厘清村委会和基层政府之间的关系，尤其是和党委的关系，因为党确确实实不能在所有的事情上，包括招商引资，它的领导作用现在在全国市一级，但是一定还要给自治留出本身的地位。

2. 唐秀玲教授点评

作为广西的学者，首先欢迎各位领导，各位专家到这里指导。我就村民自治和基层党建谈几点体会。

第一，河池的创新是在问题倒逼下因地制宜的探索。作为本地学者，我们一直非常关注，去年就专门到了几个地方做专题调研。就村民自治来说，广西的村民自治从建立起就跟其他地方有所不同。我们是在人民公社解体后，把人民公社直接改成乡镇，把生产大队直接改成了行政村，并选举产生了村委会，村委会下面有若干个自然村（屯），屯里面又分成若干个村民小组。村落很分散，如何让村民自治得到真正落实而不至于空转就成了现实难题。我们探索出在屯建立自治组织填补管理空间，从而使村民自治的组织体系得到进一步延伸和进一步完善。

第二，就基层党建而言，是在村民自治的平台上实现了党在农村基层的领导和与村民自治组织的深度融合。这样的深度融合体现在以下几个方面：一是组织融合。比照党支部建在连上的要求，在基层和农村这一级实现了组织的融合。二是工作融合。因为"上面千条线，下面一根针"。到基层社会，越需要党政群等各个方面跟社会高度融合在一起。三是利益融合。中国共产党最大的利益就是全心全意为人民服务，这是最大的利益需求，人民需要的服务在最基层达到一种融合。通过这三个融合，使得基层党建也走出了以往的困境，比如两张皮的困境、虚与实的问题等等。

第三，就是扩展了空间和领域。调研发现河池经验非常善于借助村民自治的自治文化，这种自治文化在整个河池都很丰富。比如，我们走了很多地方，在河池几乎每个行政村都经常可以看到一些村民自发组织的文化活动，这也是一种自治文化的体现。这对于农村的精神文明建设来讲是非常重要的，这样的探索使得基层党建和村民自治的经济、政治、文化、社会的治理借助这样的平台，这是一个很好的力量整合，也是党的十八届三中全会提出的治理体系和治理能力现代化要求在最基层的探索。

第四，我觉得还有一点是要注意的，我们在其他地方的调研中发现农村基层党组织和自治组织都比较缺乏备选的主体性力量。因为现在农村的中青年、青壮年大部分不在村里面，而这个组织架构最后归根结底都得依靠人去做。我们到很多地方去看，老少化、空心化，在这种情况之下，很容易被一些在农村的宗族力量和财富精英掌控。

（三）自由提问

提问：河池的这个经验是从什么时候推进的，有多长时间了？这样一轮探索和试验有哪些比较明显的收入增长或者是某些问题产生，有没有一些量化的指标？

回答：河池本身的背景是村民自治，这个机制的产生也不是什么突然的事情，30年前在宜州诞生了新中国第一个村民委员会，由此它给河池留下了非常深刻的影响。时下各种自治的模式也是很多了，包括理事会，在不同的地方有不同的实现形式，但是真正规范起来，这几年来我们在实践工作中特别是2012年初自治区头号工程提出了"美丽广西·清洁乡村"的工程，把它作为一种很规范的机制来进行思考和完善。在当时自治区在全区推进这项工程的时候，在一开始的时候我们认为在动员群众，宣传群众，发动群众上，虽然党委政府做了大量的工作，但是在一些地方群众参与的积极性还是不高，甚至一些地方还有抵触的情绪。按照自治区党委的要求，要形成一种长效开展下去的重要工作态势，在我们一些地方就开始以问题为导向来探索一些有效的机制，比如让群众拿起扫把自己把家门前的垃圾扫出去。最初的想法是这样的，我们在这个问题上做了率先的尝试。在这个过程中我们也知道，把党的领导和群众自治进行一些必要的结合，这是我们的党章和村民自治组织法规定的。村民自治组织法说得很清楚，就是村民在党的领导下充满活力地进行自治，而不是新中国成立前的一些村民自治。中国基层各种事业的发展肯定是要跟党的领导紧密结合在一起，这是力量的源泉，也是我们工作的前提。从 2012 年开始，大约到四五月份之后，在鞍马县和环江县等发现这个机制在悄悄地改变农村的面貌，特别是这个机制设置以后，通过同一级的党群理事会把党的声音和群众的意愿得到了有效的对接。所以今天我们大家到鞍马县看的时候，这个就是变化，当时没有来之前的同志也知道，这个村可以说是脏乱差。今天大家看了之后有一个比较，就是理事会建立之后，群众自发打扫门前的垃圾，每一户人均大概增加了 100 块钱，这是一个量化的数据。我们发现自从这样以后，在河池特别是鞍马已经不再出现干部扫地，群众在看的现象。我们的秦书记说过，鞍马的书记乡长干部没有谁再去给农民扫自己家的庭院，这就是实实在在的例子。我们认为以实践检验真理，这是我们要坚持的标准，它在发挥作用。

二　广东云浮市:"自然村乡贤理事会"

(一)　经验介绍:陈之经(广东云浮市社会工作委员会副主任)

尊敬的各位领导，专家，同志们，现在我简要介绍一下云浮市培育发展自然村建设的机制，探索村民自治有效形式的情况，主要介绍三个方面的内容。

第一，我们探索和实践情况。云浮是全国也是广东的农村改革发展试验区，在推进农村改革创新中我们发现两个问题，一是村民自治的脱节问题，村民委员会这一级很多已经行政化，行政事务，村民自治没有办法去着眼，而村民协会这一级没有办法形成合力。二是村民自治出现了真空，当前普遍农村精英大量外流，农村出现空心化、老人化、年轻化，自己的力量出现了真空。在这个问题前面我们进行了研究和调研，充分借鉴很多地方的经验，感觉到处于村民委员会与村民小组这一级的自然村是村民自治非常有力的群体，外出的精英很多都非常愿意离土不离乡，因此我们就在自然村这一级培育和发展乡贤理事会。通过一段时间的探索和推进，到2013年我们基本上实现了9000多个自然村全覆盖。自然村乡贤理事会主要是由村中有威望有能力的老党员、老教师、老模范、老村干以及村民小组的代表等精英人员组成，我们确认它的职责就是参与农村公益公共服务。互帮互助服务的公益性服务性互助性的农村基本社会组织，主要业务是协助村党支部和村民委员会开展事业建设，协助推进村民自治，协助调解邻里纠纷。经过一段时间的发展，较好地解决了当前村民自治出现的两个问题，农村村民自治促进了群众的参与，促进了农村经济的发展，也促进了农村社会和谐稳定。广东省社会工作委员会把我们确定为广东省的社会创新项目，前几天到我们云浮成立一个调研基地，深度研究我们理事会在村民自治中的作用、途径和方法。中央领导到我们村调研乡贤理事会的时候说了三个肯定，高度评价。因为这个自治的方式值得肯定、值得总结，也值得推广，自然村乡贤理事会创新了农村治理方式。

第二，我们的主要做法。一是用很多政策引导工作，市委市政府出台很多文件。二是召开现场会推动。我们通过一些现场会去推动全村的参观示范点。三是分类指导，农村的情况千差万别，不可能每个村都相同，基础和人员的构成都不相同，我们就根据每个村的实际情况去指导这个村去搞公益，搞产业，搞一些管理，各有各村的特点，没有一个统一的模式，各个村理事会都有发展。四是培训提高，理事会成立之后引导他们发挥作用，通过一些好的理事长现身说法，通过到村里去讲课，开展动员。五是我们创新的做法，即创新一些载体，让理事会有动力、有目标也有内涵、有抓手、有依据。首先把理事会跟全市的自然村村民管理结合起来，对全市自然村分为三类，共谋共建共管，这是发动群众非常好的方式，群众参与自治的积极性提高了。我们2011年的时候市人大会上，自然村村长可以做介绍，拿着牌匾的时候群众非常激动，用传统的方式，舞狮打鼓来庆祝。云浮现在率先实行以奖代补，并且即将推进的创意性公益事业建设，包括农村改革试验区，现代农业经营体系相结合，让理事会在党小组的领导下，开展工作，有一个好的抓手。以奖代补项目，政府投入的资源也是有限的，我们的资源也是有限的，我们的资源是整个涉及农村所有公益性的农业、林业、交通、卫生、教育等所有政府资源，每年政府发文，有多少项目，今年实施多少，作出计划，群众就按照这个计划申报，积极性高的，筹资高的，我优先给你；积极性不高的，就慢慢做，自己动手，才有机会拿到项目。我们现在每年都这样做，这是我们出台了文件，所有的项目通过宣传出去让群众知道，自己根据自己的能力做出计划，筹资多少，村里出了多少基金，很多基础工作做好，你首先把路基做好，公路部门按照标准化去做。与我们建设的"信用云浮"，弘扬优秀传统文化，促进社会管理创新相结合。"信用云浮"到自然村一级主要是信用村的创建，也是通过理事会去做的。哪些村做了什么，按照我们的标准，现在信用村的标准和信用户的标准已经在广东实现了。我们还有一个衡量要求，促进社会管理，把云浮的文化融入到村之中。按照理事会依据村的事业去处理农村发生的纠纷，去管理农村的事务。生态文明村的建设相结合，服务理事会更加广泛的空间。市委市政府对自然村的改革创新发展非常重视，去年也确定了以自然村为基点建设生态文明村，让理事会有更加广泛的空间。为此我们实行干部挂钩，跟理事会有机结合，坚持正面激励，发挥理事会的活力。我们通过建立一个长期的理事会的机制，以镇、社为单位对理事会发挥作用，给予奖励，安排基金，并且按照传统的方式把做得好的通过传统的做法去激发理事会，我们极力推荐，营造一种正面的导向，让他们充分发挥积极性。

第三，个人的粗浅看法。我从事这份工作已经有一年多时间，我感觉到理事会的作用非常明显，探索村民自治有效形式必须坚持以群众参与为核心，并且让群众在参与中得到实实在在的利益，过上更加美好幸福的生活。自治的目的根本是让群众过上更加幸福的生活，怎么样才能过上幸福的生活，根本在于群众自己动手，共建共享幸福家园。我们提出四共理念，共谋共建共管共享的标准，过去都是在行政村一级，让群众发挥自己的主观能动作用，积极去推广，民事民议，民事民管，自己去建设，自己去管理。每一个项目首先有计划怎么做，建设过程中建好的积极管理，建立管理规则。最后还要共享，实现"四共"，这些是我们的图片材料。探索村民自治有效形式必须加快培育发展农村基础社会组织，并赋予其广阔的空间，激发其持续发展的能力和活力。传统的理事会大家都看到很多，但是很多传统的理事会出现很多问题，没有得到很多关注，主要是没有一个很好的发挥活力和动力的载体。市委市政府建设云浮生态圈，以奖代补，等等一系列的，把资源集中整合在自然村，各个方面去正确引导，让理事会有抓手。理事会主席主要是有能力的人。有钱的村，政府补贴一些，他们非常愿意去做，分类管理，活力是非常好的，效果非常明显。探索村民自治有效形式，必须注重农村传统文化的引领和发掘，培育以社会主义核心价值相一致，农村群众积极践行的时代精神。云浮精神，社会主义核心价值观更多是在农村，结合农村的传统文化，他们有基础，并且都是在建设传统文化。一些民间民族文化相结合，融入到村民理事会当中，让群众处理自己的事情。探索村民自治有效形式，必须坚持党的领导，创新乡村治理方式，推进村民委员会与村民自治组织良性互动。党的十八届三中全会提出推进国家治理体系的现代化和治理能力的现代化，具体落实到农村，落实到地方，就是自然村的治理体系。既要发挥理事会的作用，也要发挥好村民委员会这一法定村民自治组织的作用，尤其是村党支部领导的核心作用。刚才有些专家提到，理事会怎么产生的，我们一般都是推选的办法，由村民委员会把关，村党支部下意见，要公示让群众知道。个别村自己愿意让群众投票也允许，我们没有固定的模式，但是一定要报村委会审核，报镇政府备案，确保这个在党的领导下发挥理事会的服务作用，去开展一些业务，确保沿着正确的方向发展。这个也是我们正在做的，构建乡村治理体系，市委市政府的文件提到建立以村党支部为核心，村组织为基础，村民群众积极广泛参与的"协同共治"的乡村治理体系。我们只希望通过一些探索去学习和解决乡村治理尤其是村民自治的一些问题，去推动农村的改革发展，推动基层民主，推进村民自治。我的汇报完毕，谢谢。

（二）专家点评

1. 陆益龙教授点评

谢谢云浮的经验介绍，云浮我没有去实地调研，我个人认为云浮的经验具有这样几点优势。

第一，把自然村和乡贤这种传统的力量充分利用起来，这是一个值得思考和探讨的地方。以往我们有很多的做法忽视了村庄的传统性和自然性，在这个经验当中把很多事情都放到自然村里面，我认为是比较符合农村发展的规律。因为村庄作为农民生活的共同体，它的共同性，它的认同主要是在自然村这一级，尽管我们现在的农村已经有了现代化的发展，但是自然村的优势还是很重要的。

第二，无论在哪一级的乡村发展当中，都涉及乡贤，如果用学术的语言来讲，其实就是乡村精英。乡村精英在乡村发展当中一定是具有特别重要的意义。这个经验能够把这两者结合起来，我认为是比较好的一点。在这个经验当中引入了理事会，理事会当然是现代的一种治理和管理模式，这个经验应该体现出把传统的和现代的管理模式能够有机统一，能够起到比较好的成效，我认为也是非常容易理解的。

第三，它的优点是运用了一些以奖代补的项目制方式，这也是一种创新和试验。项目制可能是和广东比较好的经济基础以及相应的项目推进联系在一起，这也具有现代的发展模式的运用，我认为这个能够取得比较好的效果和他们所运用的载体发展创新是有一定的联系。

第四，在村民自治这一方面这样的经验是综合性，不是把村民自治仅仅局限在行政体制或者是基层政治体制，而是综合性的。里面一个很重要的内容是把乡村的文化建设尤其是乡风文明以及生态建设和信任社会的建设结合在一起，体现了村民自治的综合性，也充分体现了村民自治在乡村社会建设和乡村社会发展特别是新农村建设方面的，这个经验还是有很大的潜力，有很多优势。尤其是这里面提到的村规民约的一系列创新，建设社会核心价值体系，村民自治要达到治理目的的非常有效的手段。我认为这个经验还是有效实现村民自治的很好的路径和途径，我不认为是一个形式，而是一个很好的路径。

在这里我想提几个问题，第一个问题是，以奖代补的一套方式，它的可持续性如何？项目是申报的，是不是能够持续下去？第二个问题是，乡贤理事会的，选举议事程序，我们在这里没有看到，有没有比较好的程序能够确保它的理事会能够始终如一不断提高工作效率？第三个问题是，在广东农村发展当中有很多乡规民约的村民自治。我们有一些社会调查也发现随着广州农村的发展，很多地方也出现了发展中的问题，比如说他们定的村规民约有可能解决不了国家现行的法律政策问题，今后怎么办。比如在广东南海把很多外嫁女要回来争利益，争土地，按照以往的大家达成的共识，是没有这个问题的，也可以说是按照乡规的共识，是没有纠纷的，但是随着发展起来利益多了，问题就多了，今后从长远来看，这些乡贤理事会的规则和今后的发展之间的纠纷有没有考虑过。

2. 董江爱教授点评

"云浮经验"是在村民自治陷入困境的状况下一次有力的探索，很有价值，它把传统和现代有机结合起来，比如理事会，以奖代补，项目推动等一些现代概念的介入，使得地方社会的治理能力增强。还有它设立乡贤理事会，在自然村一级实行自治，这就使村民自治真正落了地，凸显了群众的自主意识和自治能力的提高。在这个方面对于村民自治来说是一个很大的推动。我现在也有一个问题提一下，我不太能听得懂，好像是说把乡贤理事会和目前的村委会联系在一起。其实我觉得没有必要，因为我觉得乡贤理事会在自然村一级，本来中国传统社会就是这么治理的，在村民自治开始发明的时候也是在自然村一级，只不过是国家在推动的时候把它"一刀切"弄到了行政村一级，结果出现问题。为什么村民自治的这些地方现在搞清洁和垃圾卫生问题，我觉得本身这些放在行政村一级不一定都是合适的，没必要把它和村委会挂钩。我还有一个担心，乡贤理事会放在自然村一级适合当地的状况，如果这个实践再往外推的时候，政府如果还是像以前就要求在自然村建设，或者是做一些规定，如此等等。我们探索出来的这样一个自治形式又会像以前一样变成一种他治，如果是这样的话，我们的群众自治再也没有延伸的空间了。

（三）自由提问

提问：好，我是第一个提问的，刚才的一个议题里面，我看到那个材料，是村、组一直到乡镇，建立三级理事会。那我就有一个问题了，乡镇第一级的理事会，我们为什么要检查。我们没有人民代表大会，这样它和这个人民代表大会有什么关系？那我们用那么大的力气搞一个大会，来代表人民，按照你这些说就没有用了。

回答：我们是这样子处理的，2011年的时候，我们改革的路子才快一点，但是改革既要积极，也要主动。实践以后，我们原来的镇一级的乡民理事会，乡一级的社区理事会和村民理事会，我们感觉到反复提到的一个问题，推举行政意见，重点还是纪检乡村理事会。可能半年以后，我们基本不谈纪检乡村理事会了。这个是重点培育发展的纪检乡村理事会，获得更高的规范和完善，这个问题简要的回答一下。刚才另外一个教授提到一个问题，我也想一并回答了。这个乡代表的问题，我们每年都有先后，每年都有计划，我们这个计划比如公路类，今年的 300 公里，不会超过 300 公里。不是等靠要，就是要你发挥主动性，积极去做。这个线路以前就有。第三个教授也提到了，我们这个理事会产生的问题，我们这个有经过反复的研究，我们不搞"一刀切"，也不搞"所有统一模式"。但是有一个原则，理事会提报以后，你报村党纪部审核，报政治部备案，主要是把这个宣传的问题搞好，不要宣传一些大家都知道的。还要确保选好人。第四个问题，就是刚才教授提到的，有没有统一标准的问题，我们没有统一标准，一开始就讲了，农村千差万别，不可能统一标准，也没有必要统一标准。你这个村你是为了农业，可能老板很多，我们这个村搞工业，老板出钱搞工业，为了搞工业，几个村全部拆掉的也有，这个能力最高。能力的选择怎么办？看你做得对不对。我们没有搞具体标准，但是你搞得好，我们就总结推广，我们去宣传你，把荣誉给你。总体上还是比较灵活的，我的解释完毕，谢谢。

三　湖北秭归县："村落自治"

（一）经验介绍：黄传喜（中共湖北省秭归县县委副书记）

各位领导、各位专家，今天我给大家汇报的题目是《创建幸福村落，探索自治的新路》。从 2012 年 8 月开始，我们秭归探索开展"幸福村落"这样一项工作。"幸福村落"就是将一个村根据自然地貌，划分成若干个村落，在这样一个村落设置理事会，这个理事会推荐"一长八员"。就是我们村落为单元，以村落理事会为组织载体，以这个"一长八员"为骨干队伍，以农户为对象，完成"九个得到"即新气象的发展，民生得到改善，环境空气得到保护，设施得到建设，乡风得到净化，正义得到伸张，矛盾得到化解，困难得到帮助，权益得到保障。实施村落自理，应该说通过一年多的时间探索工作取得明显的成效。在刚刚结束的"2013 年年度中国社区治理十大创新成果"里面，我们秭归被评为"全国 2013 年中国十大创新城市"。而且在十个城市里面，九个是城市社区，就我们"幸福村落"是一个农村社区。那么今天我们想就四个方面来给我们在座的各位专家和领导做一个汇报。

第一个就是我们为什么要做这件事，就是我们的动因。这个动因的第一个方面：我们的农村人口大量向城市流动，农村群众组织起来的愿望更加迫切。这应该说，大家很清楚，现在农村一个很重要的特点就是我们的农村的人口大量向城市流动。流动原因我分析了一下，主要是四个方面构成的：一是农民增加收入的愿望；二是农民对于城市生活的向往；三是农村顺应劳动力的产生；四是城市经济发展对劳动力的需求。这四大要素构成了我们中国现在特有的农村人口向城市大量流动的一个现象。那么这样一个流动可以说今后是长期的。随着这个流动，留在农村的人口就会大量的减少，就出现了"空巢老人"、"留守小孩"、"留守妇女"。在这样一种情况下，农村的力量被削弱，那么他们要求组织的愿望就更加的迫切。

第二个动因就是农村的劳动生产成本的攀升，发动群众开展基础设施建设的需求更加迫切。那么农村的开展基础设施建设很难开展。大家知道农村是山水林路，就是山相依，水相连，林相近，城相临，路相通，一家一户，所以老百姓的生活基础建设相对展开是很难展开的，所以这个需要组织起来。

第三个动因就是我们村的范围增大，村干部的减少，那么村干部他想依靠群众来开展自己的工作，这个更加明确。现在我们的农村范围比过去的村的范围大一倍多，村干部则比过去减少了一倍多。我们的村干部在完成并入之后，人数是完成之前数量的43.6%，那就是说还不到一半。那么，现在村里面做什么工作呢？随着村干部人数减少，管理的幅度增大，村干部工作起来感到力不从心。他也需要把农民群众组织起来。

第四个动因，我感觉最重要的就是村民自治，我们感觉他需要进一步向下延伸，还需要进一步的落定。也就是说，我们的村民自治，还要解决"最后一公里"的问题。我们现在的农村一级，村比较大，开会时村干部在上面讲话，老百姓听清楚就不错了。你说村民怎么来表达自己的愿望呢？连表达的机会基本没有。那么现在的村民自治，更多的一个方式是代表议政，通过村民代表来实现村民自治。那么我们这个村民自治怎么样使我们的每一个农户，每一个村民的权利和尊严都能够得到应有的尊重？这个是我们需要探索的问题。那么就需要我们在农村村民自治如何实现从代表议政到村民直议的这个方向来进行飞跃。农村的村落有它独特的魅力和文化。我们感觉到，以村落为单元来开展村民自治这个单位更加合理。那么村落有些什么特点？它有四个显著的特点。第一，村落组织最方便。一个村要召开几个群众会议可能需要半天通知的时间，头一天通知，第二天才能开会。那么一个村落呢？大概半个小时大家就可以走到一起去。第二，村落规模最适宜。一般村落的规模大体在一平方公里到二平方公里之间，农户一般在 50 户左右，人口密集的有 80 户、100 户。在人烟稀少的村落也有二三十户的。所以对于村落的规模，农村自治的单元太大了一点，它不好组织；单元太小，它不能形成力量。所以村落应该使它的规模最适宜。第三，村落利益最明显。村落对老百姓的利益是最明确的，你这个工作通不通，你这个水通不通，你这个产业发不发达，都跟村落、跟每个农户都联系紧密。第四，群众最关注。老百姓也关心天下大事、国家大事，但是他真正最关心的是发生在身边的事。这个特点使村落具备一种独特的文化资源和文化背景。首先，它有一种地缘文化。也就是说，大家对于村落的第一个感觉很亲切，我想这种文化大家可能都深有体会。其次，它有一个习俗文化。一个村落里，婚丧嫁娶等都有独特讲究和风俗。它的习惯比较相近，习俗相互影响，从而产生了一种魅力。最后是利用产业文化。同一个村落，它种的农产品大多数是相近的。比如说种水果的都种水果，种烟叶的都种烟叶，种茶叶的都种茶叶。但是，即使是同一个村落，它种同一种东西，它种出来的效果并不完全一样。有的长得好，有的长得不好，我的产品卖得好价格高，你的产品卖得不好，在生产和经营的过程中，无形之中就产生一种相互影响，相互交流的一种文化，产生了一种很强的魅力。第五是有一个亲情文化。村落是熟人社会。有的是亲戚，有的是同姓，有的不是亲戚，不是同一个姓的，但我们常说"远亲不如近邻"。深厚的亲情文化就是我们实施社会治理，实施村民自治的一种最宝贵的资源和最强劲的力量。这是我跟大家汇报的一点是动因。

　　第二点我想汇报一下我们的做法。我们的做法第一个是"试点探路摸着石头过河"。首先我们按照"方便就近、规模适度"的原则，在全县一共确定了 12 个乡镇，13 个村落，每个乡镇确定一个村，然后我们县里面确定一个村，一共是 13 个村为"幸福村落"的试点。我们从 2012 年 8 月开始试点工作，到 11 月底结束。这 4 个月的时间里，乡镇试点工作的做法跟县城的做法是有差异的。首先是在大体 50 户左右，面积一两平方公里的村落推荐一名理事，然后以村为单位来设计"幸福村落"创建理事会，会长是由村里面的书记来担任，村里面的其他干部为成员，各个村落推荐出来的理事，就是理事会的成员。同时我们制定了村落理事会的章程，提出了"幸福村落"建设的"七项任务"。通过4个月的实践探索试点工作结束。

我们的第二个做法是"完善提高，有点提面的推开"。四个月的探索期间，给我们提供了三个方面的经验。第一个提高完善村落理事会，它不应该是村，而应该是村落。试点完善是我们老百姓实践智慧创新的精神。同时，村落理事会里不应该有村支部书记，也不应该有村干部，应该由老百姓来担任。这样可以将我们党的领导和村民自治制度有机地结合起来。第二个提高完善是一个村落在试点之初，我们只推行了一个理事，那么这个村落一个人来做工作的，他工作中没有商量。在试点工作进行中，有的村落提出要几员，后来我们就把他上升为"一长八员"，即一个村9个人，一个是理事长，一个是经济员，负责经济的产业的发展；一个宣传员，负责文化宣传的活动；一个是帮扶员，对一些困难进行帮扶；一个调解员，主要是一个调解矛盾；一个维权员，主要是维护村落的各种权益，比如说村民购买假冒伪劣的商品的需要维权；一个防护员，责任是防护，如自来水、公路等；一个环保员，负责清洁卫生的检查，环境污染；一个张罗员，主要负责帮助张罗农村的红白喜事。有的村落人数比较少的，他的一长八员，便可一个人兼两员，所以可能有的经济员他同时兼帮扶员。村落的一长八员，有的9个人，有的5个人。这个是第二个完善。第三个完善就是把党员的先锋模范作用和村民自治的作用同步发挥起来。我们开始实施的过程中，党在农村的组织还是比较健全的，后来我们发现并不是那么回事，所以在我们设计村落了以后，就把村、党小组这个设计到村落上，即村落只要有3名以上党员的，我们就设计党小组。村落党员，相邻的村落联合组建一个党小组。这个党小组主要是发挥两个作用，第一个是发挥党员的先锋模范作用；第二个就是发挥起一个监督保障的作用。我们试点以后，进行的一些完善。在总结完善的基础上，在全县全面推进"幸福村落"创建工作。一是加强领导，因为这是我们作为全县的一个大事，县委书记亲自任组长，副书记任常务副组长，相应的其他各个乡镇也是书记任组长。"幸福村落"的创建工作，叫作指导委员会，对我们村民自治进行领导。二是厘清村落的架构，就是村子有多少人？有多少村落？一个村落按照什么来划分？全县427平方公里，一共划分了2055个村落，民主推选产生"一长八员"10412人。三是我们对组建工作，创建工作进行全面的指导。全县我们挑选了600多名机关干部，组成了186个工作组，基本上每一个村里面是3个干部去进行指导。四是为"幸福村落"的创建创造条件，每一个村落安排了10000块的工作经费，全县186万块钱，同时进行指导和辅导，营造相应的氛围。这是工作的第二步。

第三个做法是践行机制形成工作的常态，这里是践行我们一系列村落的工作机制，比如章程或制度。我们想汇报的是这项工作取得的主要成效就是老百姓说的好话。

开展幸福村的创建以后，主要成效：群众工作好做，村干部好当，公益事业好办，社会风气好转。我们这项工作得到了各级的高度重视，我们政府的李部长，郑部长，还有我们省委常委、宜昌市委书记黄楚平都做了批示。很多的媒体，如新华社、人民网、湖北日报都做了大量的推荐。我们省民政厅把各个县的民政局局长以及各个市分管村民自治的民政局局长组织起来进行现场推荐会。然后"2013年中国社区创新的十大成果"带来的是"五大变化"：第一个是设施大改善。我们进行了统计，2013年以来，农民一共是投了32.8万个义务工，筹资6200万元。第二个是推动了产业大发展。新发展的柑橘、核桃、茶叶等工作的发展为农村产业的发展奠定了坚实的基础。第三个是促进农村文化的大发展。农村兴起群众性的文化活动。第四个是促成了矛盾大化解。矛盾在家里就化解了。第五个是农村发展活力大增强。举一个例子，有一个村过去两年在村里修了7条路，共9公里。有一个村落叫第七村落，把35户组织来确定道路的方案，确定之后有一部分不同意这个方案，后来其他的34个户进行调整方案，组织了修路。我在村里修路，我们这个路修以后，采摘的水果可以用车运，不修的话，今后要靠我们自己背，那你去背，我不背了。这样说了以后，重新调整的方案后又回到了原来的方案上。这就是村里活动的大增强。

"幸福村落"创建的一个启示就是"四个顺应"。第一个顺应是幸福村落的创建工作，顺应了群众的意愿，找到了群众工作的新方法。村民自治说到底跟我们现在开展的群众教育活动是一样的，就是把群众的作用发挥出来，我们开展幸福村落的活动找到了搭建了群众的平台。一般的老百姓，比如说两人吵架你去说个公道话，有时候他们在气头上，他就会说，关你什么事情啊？你多管闲事，我跟他吵架关你什么事啊？你一边去，他就不会理你。现在的话吵架你去调解就发挥的名正言顺，这就叫作搭建了依靠群众的平台。再就是促成了扶持的体系，增强了群众的底气。未来目标是通过"幸福村落"的创建，能够使我们的群众从中受益。第二个顺应是村落的创建工作它顺应了我们农村基层干部的要求，巩固了我们党在农村的执政基础。像一个村的书记说得很形象，"加上村落理事会，减去干部苦和累，乘以八员服务队，除去困难一大堆，农民群众得实惠"。第三个顺应是村落创建工作顺应了基层民主的方向和趋势，便于更好的实施村民自治和基层的民主协商。正如我们所说，村民自治以村为主，但是在村的层面上，实行严格意义上的村民自治，按每一个村民都来发表意见，现在是很难实现的，所以村民代表来代表村民发表意见。我们的"幸福村落"的建设工作是以村落为单位，村落大约就是30—50户，开会的时候每个人都有发言的机会，每一个人的意见都能够很好地发表出来，每一个人的主张都能够得到很好的重视。这就使我们能很好实现从代表意见向村民实意的发展，通过商量能够办好。第四个顺应是村落的创建工作顺应了社会稳定内在的要求和联系。农村减少很多的矛盾，很多的矛盾在家就能够化解，即中央提出的"枫桥经验"，"枫桥经验"就是就地解决矛盾提高群众解决问题的能力。其实我们这个"幸福村落"就是很好的依靠群众来解决自己的问题，把矛盾及时化解，就近化解。非常高兴有这个机会跟大家汇报，我们这个做法前不久潘市长也还在亲自调研指导。这次研讨会我们学习借鉴了不同地方的经验，吸收了专家的智慧，把我们"幸福村落"发展提高到一个新的水平。我的汇报到此结束，谢谢大家。

（二）专家点评

1. 曹国英巡视员点评

我认为秭归这一系列的做法都很好。一是在建制村与自然村分设，一个建制村下辖多个自然村的区域，通过完善村落层面的村民自治，形成具有两个层次的村民自治体制。既完善了自然村的自治，又坚持了建制村的自治体制。基层能够做好的事情就不必由上一层面来做了，自然村能够做好的事就不要归到建制村来做了，这应该成为一个原则。过去人民公社制度就失败在村民户里能够做好的种地的事，非要搞一个上万人合在一起的集体生产单位来做。单个农户的利益与这么大一个集体的收益相关度很小，大家都不关心这个集体的经营和收入，怎么会搞好？实行了生产队一级的独立核算，情况有好转但没有根本好转。实行了土地家庭承包经营体制，每家的地都种得很好，比生产队长统一管理时好得多。二是形成两个层次的自治体制解决了村民自治的两难问题，广东、广西以及其他的一些地方，自然村和建制村属于两个层次，村民自治单元设在哪个层次为好？长期以来就有不同意见，难以两全。这一次秭归等地在不打破原有村级治理体制基本组织构架的情况下，强化了自然村的自治，是基于自然村层次有独立的公益事业建设和公共事务管理方面的需求，而且村民对于自然村的认知有历史延续性，表明这些地方的村民自治有了一个新的发展选择，走出了两难选择的境地。三是理事会的性质是否有定位，我想进一步了解。根据秭归当地领导的介绍，好像不是决策机构，而是执行性机构。从发展来看，我想可以进一步予以规范，特别是明确理事会与户代表会议的关系。四是自然村层次的自治过程中党小组的作用如何发挥，当地的界定应该肯定。秭归的做法要求党小组主要是发挥党员的先锋模范作用和监督保障作用，没有把一些地方村"两委"的矛盾带到自然村，我很认同。包括河池的实践中提到的自然村党小组的"三个不"，规定了自然村的党小组哪些事能做，哪些事不能做，也很好。我认为自然村党小组在村民自治组织中发挥作用，应该是一种融入性的方式，而不是一种嵌入式的方式。有些地方把村民代表会议改为"党员、村民代表会议"，党员和村民代表混合在一起，这是一种什么性质的会议形式，说不清楚。五是完成一项具有制度创新性质的工作，建议把一个阶段的落实与长期的督察相结合。一些半拉子工程，往往是由于轰轰烈烈搞一阵，一阵风过去以后这件事就慢慢淡化了，缺乏持之以恒地跟进，包括一些地方的村民自治工作也有这样的。长远地维护改革成果，是与村民群众的愿望一致的，可以聘请民间的督察员，或者半官方的督察员，行使权力，承担责任。六是建议秭归把村民自治在自然村层次的完善作为的一项体制创新来对待，以期产生自成体系的成果。秭归村民自治的创新实践内容，原本是作为"幸福村落"工程的一个组织上的配套建设来进行的。但实际上的结果就是产生了上述的创新实践，"无心插柳柳成行"，可否把将其作为一个具有独立内容的实践进一步推进，更好地落实，创造出一套具有自身特色的体制创新经验。

2. 任中平教授点评

好的，刚才曹巡视员对秭归经验做了具有权威性、政策性的点评，我没有去做过调研，只是刚才听了王书记的介绍和看了会议提供的资料，我只是从研究的角度谈三点认识和两点思考：

第一点，我觉得从实践效果来看的话，秭归经验按照"地域相近，文化相关，利益相关"的原则，把自治的单位化为较小的村落，以村落为单位解决了原来行政村单位规模过大、村民自治难以落实的问题，找到了村民自治的这样一种有效实现形式，而且的确取得了比较好的实际效果。这一点我觉得值得充分肯定，这是我的第一点认识。

第二点，我觉得从基本经验来看，秭归县在村落一级开展村民自治，形成了一个新的格局，也就是"两级自治，分类治理，民主导向"。我总结有这么三条经验：第一条就是实行两级自治，使自治落到实处；第二条经验就是设岗定责，进行分类治理；第三条经验是民事民议，实行民主决策。通过这些做法使村民自治的重心下移，使村民自治真正落到了实处。

第三点认识，与我们四川成都市的新型村级治理机制相比较，秭归县的治理机制有一个显著的特色，就是"灵活治理"，体现在以下三个方面：一是在治理的理念上，注重根据不同的环境、条件和农民的实际情况来进行指导。二是在治理的方式上，改变了以往单纯依靠自上而下的行政管理的治理手段，更加注重乡风民俗等乡土文化资源的综合利用。三是在治理的机制上，既坚持了村民自治的原则性，同是也兼顾了不同村落的多样性。所以，我觉得秭归县在村级治理上的经验是很有特色的。

但在这一治理过程当中也还有两个问题，我觉得还值得进一步思考。第一个问题就是，在这一制度创新过程中，按照上述"双线运行"的办法，即在"村民委员会—村民小组—村民"这条线上主持行政村范围内的公共设施和公共服务建设、协调各村落之间的关系、承担上级政府各种辅助工作。而在"村落理事会—村落理事—村民"这条线上，则根据村落群众的需求兴办各种公益事业、帮扶困难群众、调解邻里纠纷等。通过这两条线对村委会职能进行了划分之后，使得以往村委会既要对上面乡镇政府，也要对下面广大村民，从而形成了行政权与自治权之间的这一矛盾冲突暂且实现相对分离。然而，这一矛盾现在虽然没有再体现在村干部身上，但矛盾本身并没有得到有效解决，那么这一矛盾是否又会在村委会和村落理事会之间表现出来呢？这一问题又该怎么解决呢？这是我想说的一个问题。

还有一个问题，就是这"两条线"之间，前面的这条线是国家法律规定的，后面的这条线是村落自己建立的，如果两者发生矛盾冲突时，又该怎么去衔接呢？我们好像没有从刚才提供的材料中看到这方面的具体介绍，所以我觉得还需要进一步思考。好，我就讲这么多。

（三）与会人员、记者自由提问

提问：（听了刚才专家的发言）我很有收获，但是我想问一个问题，就是我不太清楚，村落自治和村民自治中，我们以前行政职能的对接延伸是按照行政村划分的，我想问一下自然村的自治如何跟以前的行政权实现衔接呢？就是如果出现了矛盾、纠纷，到底应该怎么去处理，这之间到底是个什么关系？谢谢！

回答：好，你提的这个问题跟刚才提出的问题比较类似，就是说村民自治怎么实现有效运行的问题。其实自然村的自治和（行政）村的自治有一个差距，这就要求这两者既要有联系，又要有差异。村落自治是村民自治的一种延伸，村落的自治范围相对较小，对象相对狭窄。我们为什么搞这个双向运行的机制呢？首先是创新。创新这个村民自治，第一是想要自治能够落实；第二个是我们不打算在村组间形成区划的界限，这样会对农村造成大动大摇，恐怕耗费的精力比较多。所以我们村落的划分是在不动摇我们行政村和组这个行政区划的前提下来形成村落，也就是说我们村和组的范围比较大。一个比较小的组，它可以是一个村落，那么一个大一点的组，它可以是两个村落。也就是说，我们村落自治和村的自治是村落首先以在维护、实现和发展本村落对村民利益为前提，不应该以影响伤害其他村落的和各村落关系、村里面的其他群众的利益为前提。如果村有那样情况的话，是需要通过协商的办法把村里一些矛盾、村落的问题提交到村，由村来进行协调解决。考虑到这些因素，我们在村民自治的时候设立了"幸福村落创建工作指导委员会"，它全部就是由村干部担任，村书记主任、其他的村干部全部都是成员，而且每一个村干部，他分别联系一个、二个、三个村落，根据村干部和村落的多少来进行联系，最终形成联系的机制。然后定期召开的会议，村里面每个月召开一次村落理事会，他们有些什么问题，工作中有什么想法，群众有什么要求，他们可以在这里面一个一个的搜集起来，然后在村的范围内进行具体方案的商议。这样就把我们的村落自治和村民的自治有机结合起来。我不知道说清楚了没有，大家满不满意。

提问：我现在多说一句，现在村落理事会和村一级的村民会议，或者是村民代表会议，他们之间是怎么衔接的呢？

回答：村落理事会，它只管它那个村落的事，就是"一长八员"，它的组织成员是"一长八员"。"一长八员"是我们建立了一个机制，每年他要向村民代表大会进行一次说明，报告一次工作。我们叫作"依法行政"，也叫作"一法一规"。我们提到的"四个原则"："坚持党的领导，坚持一法一规，坚持这个改革创新，坚持村民自治"来把这四个原则有机地统一起来。

提问：村落理事会是向村落的村民会议负责还是村民代表大会。

回答：它是这样，村落理事会它先向村民负责，然后再向这个村的指导委员会负责。在村落治理的事务上主要通过报告工作的这种形式进行。它主要是对村落的老百姓负责。

四　广东佛冈县："村民自治重心下沉"

（一）经验介绍：刘恩举（广东佛冈县委常委、副县长）

各位领导，首先感谢中国农村研究院给我提供这么好的一个学习和交流的机会，更要感谢各位领导、各位专家学者对农村一直以来的关注，正是这种关注形成了农村发展的另外一种推动力。借助这个机会，我想在这里介绍广东佛冈在乡村治理方面的探索和体验。我会说明一个背景和一种做法供大家思考。

佛冈位于广东清远镇，面积 1302 平方公里，人口 32.85 万，属于粤北不发达的一个地区，距离广东仅一小时路程。在座的不少专家学者已经去过我们清远，也希望其他各位专家学者领导有机会到我们佛冈视察工作。在佛冈有一个新农村建设试验区，于 2011 年 12 月启动。这个试验区呢我给大家简要介绍一下。在 2008 年的时候国家开发银行广东分行吴德礼行长做出了新农村建设一些的设想，报给了时任广东省委书记汪洋，汪洋在方案上批了八个字"完善方案，可以试验"，拉开了试验区规划设计的序幕。经过 2 年的调研，形成了规划实施方案，到 2011 年的 11 月广东省正式批复设立新农村建设试验区。这个试验区由广东省委农办、国家开发银行广东分行、清远市政府、佛冈县政府四方共建，面积 112 平方公里，辖 6 个行政村，人口 1.86 万人。是原来的一个建制镇，在 2004 年撤立的时候并入了我们的县乡镇，建立了我们这样一个纯农业的一个地区。建立这个试验区的目的是探索农村经济社会发展和社会管理的新机制、新载体，探索农村建设的新路径。它的任务有两大任务，一是新农村自身建设，包括产业发展，基础设施建设，小城镇的建设，社会文化事业发展。第二个呢，就是更为重要的，包含了土地管理制度、财政制度、金融体制、基层体制社会管理等方面的农村发展的机制上的改革创新。目的就是激发新农村建设的内生活力。那么在我们的推进新农村建设过程当中，也遇到了很多问题，那么这些问题我们刚才前述的 3 个人已经介绍了，什么问题呢？问题主要包括农民的主体意识、参与意识不强，农民组织化程度不高，各组织之间职责不清、关系不顺。这里面就包括了我们农村现有的一些组织，包括党组织、自治组织、经济组织，组织之间的关系一直没有得到很好的理顺。很多时候开展工作，不知道找哪个组织，不知道以什么方式来做。发展缺少动力，这也是我们去年在佛冈做的一个非常有探讨性的一个问题，即农村发展的内生动力。这些问题就导致我们在具体工作的中，像土地集约、乡村建设、产业发展、乡村整洁等在行政村层面上难以推进。就这些问题，我们也做了一些思考，目前我们村民自治现状的局限性，这种村民自治是建立在行政村层面上，以村民委员会为主要载体的，存在问题主要包括：第一，行政抑制自治，他治替代自治，自治流于形式。第二，建立在行政村层面上的村民委员会，覆盖的面积过广，人口过多，与村民之间的关系沟通不畅，很多村民反映他们一年之间也很难看到村长。村干部没有时间下村里面去，也不了解他们的希望和诉求。另外一个，村委会承担的政府交流任务过重，忙于应付、思考村内事务，服务村民不够。第三，现在政府把我们准政府的职能给了村委会，包括计划生育、政治维稳这些都是责任大的事务。村委会靠几个负责人每天都是疲于应付。这种现象的存在导致了什么？在村民眼里，村干部是政府的代言人，在政府眼里，村干部是村民的代表人。那么实际工作中，村干部是夹在中间一个很尴尬的局面。上面不满意，村民更不满意。第四，村委会与村民的利益关联度较弱，导致村民对村委会认知程度不高，参与热情偏低。

我们也做了一些研究来解决这个问题，同时我们也从一些小村里面包括我们农村目前发展的一个脉络里面，发现了一些东西，即基于农村地缘、血缘、宗族关系形成的一种自发机制。举一个例子，大田村，大田村通过"队委"来处理它的内部综合事务，包括它内部的一些矛盾处理。我们去村里会发现，每家每户他都有一个小牌，那个小牌每天都会换一个户，这主要是做什么呢？牌子放在哪里，这家人就负责今天给祠堂去上香，并打扫祠堂卫生。这个习俗传统被保留下来了。我们考虑能不能把它的这种习俗做一个延伸，延伸到村庄未来的发展上，村庄建设的发展上。我们梳理了它这种自理机制的内在规律。官锻围村，是由四个村民小组组成的一个自然村，四个村民小组它是自发的推选出来一个村长来领导四个村民小组组长，来协调四个村的事务。另外一个是上西村村民小组，他们为了解决这个土地承包之后的一些人地不均的问题、利益分配的问题，他们做了一个内部的决定，每家每户承包的土地，按照定额缴给村委会，由村委会按照人口来做一个分配。这样就照顾到了村里面没有地的村民，包括照顾到了村里面的弱势群体，也考虑到了村里公共事务发展所需要的一些资金。这些事情是他们在内部自发形成的，所以这是一些村每年拜山的时候构成的一个环境和他们内部的一种机制。

基于现在存在的问题，即我们村委会自治性的一些问题，我们主要考虑了三个方面做法：第一个做法就是根据村民委员会的具体状况。将村民承担的计生综治工作站等平等事务剥离出去，在行政村设立综合工作站，作为乡镇派出机构，对上承接行政工作，对下承接行政服务，让村委会自治的职能得到巩固。第二个做法做实做活基层单元。以原村民小组为基本单位，在产权改革的基础上做实做活经济合作社，充实功能，完善机制，建立议事规则，使其逐渐培育成为与村民形成紧密性利益连结的新型农民合作组织。我们刚才说的大田村，就是在原来的"队委"基础上，帮他做了一些梳理。依托它的合作社，完善它的理事会和监事会的架构，以及党支部的架构，把他们原来松散性的领导核心进一步的规范化、制度化。那么为什么我们会考虑基于经济合作社这个经济组织来做实做活呢，形成基层的自治呢？原因在于第一这个合作社是产权组织，那么按照我国宪法和法律的规定，集体经济组织是集体所有制产权的主体，包括我们的很多确权，集体所有权的确权，是确给我们集体经济组织，而不是确给村委会或党支部，那么它是一个经济组织。第二，它是一个经济组织，这个思想我们是要明确的。第三，这个组织也是一个很好的自治单元。刚才说了，依托地缘关系可以更好体现一个自治形式。第四是将来可以逐步成为一个市场主体，包括我们今年的 1 号文件，新型农村经营体制的构建相关联。逐渐让农民的合作社成为一个可以与市场对接的一个新型农民合作组织，依托农民合作社这个载体，形成农民间紧密的利益联结。第三个做法是理顺各组织基层的关系。在我们的最基层的单元，党组织，组织事务，自治事务，经营组织，我们给它做一个整合，把相关的组织整合在经济组织内，党组织、理事会、监事会，在合作社的章程、框架是这样的，各自履行各自职责。改变过去党组织自治组织对上负责，而不对下负责的这种现状。改这些组织，由对上改为对下负责。所有的组织围绕的章程规定，围绕着本村的经济社会发展的建设去履行职责。在我们最近的工作过程中，恰巧，在 2012 年 11 月，我们清远市委市政府出台了《完成促进基层组织建设推进农村综合改革的意见》。同时今年我们的 1 号文也提及了以村民小组为基层单元的村民自治制度。应该说我们之前所做的是一些尝试，是符合上级的精神和中央的精神。

应该说，我们这个探索还是取得了一些成效。主要成效在这些的方面，第一，提高了村民对村内事务的参与热情。自治村的下一个村民小组更有利于激发和保持村民的参与意识，锻炼农民的参与能力，同时提高了村民的参与能力。第二，提供了村民自治的平台和载体。农村自治中心下移，为农民参与工作事务搭建了一个新的平台，实现了草根自治的制度化和规范化。第三，使自治有了基础性内容。原来我们的自治更多是履行行政事务，那么把行政剥离出去之后，它仍然要依托具体的事情，特别是依托经济发展的适应能力。我们把合作社做实做活，让这个班子围绕经济发展和村里的具体的工作事务来开展自治。使得自治有了经济基础和具体的经验方法。这个方面我们也注意到，其他地方理事会的一些方法，有解决的问题，你开展这些工作，你是需要一定的经济基础的，你是需要老百姓去增收致富的。第四，有利于政策、资源以及市场的对接。合作社的做实做活有利于承接上面的政策资源，有利于转变一家一户的小农生产方式，和促进新型农业经济体制的形成。今年的 1 号文件也说到了，财政投资形成的固定资产，包括农田水利设施，会移交给合作社来管理，也直接承接财政补助。目前这种探索还在进行中，效果还没有完全显现。成功与否还需要一些时间来检验，可以说，这种探索和尝试来源于农村业已存在的自发式民主与自治，在一定程度上，反映和契合了农村发展实际与农民民主诉求。第二就是做这样一个改革不可以完全依赖传统的方式，包括信息化、现代化。去年我们开始跟移动公司合作，开发卓越村务管理模式。第三就是我们很多事情还需要顶层设计的目的明确，目前农村现有的各种组织、各种组织之间的关系，在法律层面上没有理顺。举个例子，集体性组织在宪法里面有一个说明，但是具体的定位职能还没有，在我们很多的法律包括《物权法》，很多时候是提到农村组织的时候，仍然用"或"字来表达集体性组织或村民委员会。这种不明确也给下面的部门处理事情带来了一些矛盾，比如说，林业部门确权，它是确权了村民小组、村委会，国土部门确权就确了经营合作社和经营联社。同样集体所有的一个制度，在全省确立归属上体现出差异来，这也不利于我们产权制度改革的未来的方向。这个问题需要在上层来做一些理顺。最后借此机会对领导和专家作出诚挚的邀请，希望大家在方便的时候，莅临指导，谢谢大家。

（二）专家点评

1. 张小劲教授点评

谢谢刚才刘恩举副县长的介绍，非常有意思，很可惜没有机会去亲眼看一下，希望有机会可以去亲眼看一看。因为我们是做这个出身的，所以喜欢做一些比较。在四个经验介绍当中，非常有意思，我发现他们有一个同质化的特点。就是说刚才这个行政村的管辖范围人口，他们在实际中，行政村的政策出来之后，就是造成了一个非常不堪重负的局面。另外一个是公共服务市场的方面，这个是我们改革开放的发展给大家带来的情况。另一个情况就是旧资源枯竭与新资源的增加，旧资源、行政资源、旧政策资源等其实开始枯竭了，但是在新的地方有新的资源。面对挑战和竞争共存的局面，一个是经济发展，还要探讨新的路子。另外一个，顶层设计面对新的难题。就是说我们想的各式各样的基层组织，相互之间的关系怎么理顺。但另外我们看到的是，过去那样一种相对无人状态、倒逼的自治开始出现了，现在又出现了类似的情景，但是这种类似的情景是一种自发自治的发展。自发自治的发展，我刚才从四大案例中看到，其中有三个是一样的，原有的自治是空转的。佛冈的经验其实体现了自治开始在体制外生长了，这是一个非常有意思的现象。所有它们有共同的经验，但关键词是不同的，一个是党领民办，一个是群众自治，队为基础、三级联动，"幸福村落"村民自治或者是自治重心下移，所以我觉得共同的经验其实都是在希望村落自治能够推动现在的发展。换句话说，也许一个共同现象是在不引起经济组织大规模动荡的情况下，可以保持原有的自治制度不变的情况下，发展群众的自管、自办、自立。可能这个要从这四个案例中看出来，而且这种情景不仅是在经济稍微落后一点的地方，而且在经济发达的地方，比如像佛冈。所以我们发现，我们一直研究自然屯、自然村、村落，其实都是在考虑到现在随着人口的增长，地域的变化和区域扩大，我们行政资源压力增加的情况下，其实一系列问题都开始产生。产生的问题在哪里，有时觉得非常有意思。尝试着来看，都是在创新的程度上，对于传统的回归，这是一个很大的客观。我们想这六十年，我们可以追溯中国共产党建党以来。我们的教育始终是另由一个新的行政体系的方式来替代旧的自然村落。但是那个时候发展的自然村落，其结果我们后来就做了很多的尝试，无论农村合作社，还是到生产大队等等。尽管有时候，上级说得很清楚，但是后来到了行政村，行政体制化的恶化，或者是行政的空洞化。我倒觉得始终是胶着在这一块，我们发现，我们用一个外生型的行政体制直接嵌入进去后，带来了很多的麻烦。其实是侵犯了我们乡里乡亲，或者是农村的联系，或者是经济发展的联系，在一个旧的联系基础上所发生的问题。其实到目前为止，我们甚至无论是打工的，还是本地发展的，新的就业发展形势仍然是乡里乡亲。可是我们的行政结果在这个地方做出一种锻炼，所以这个地方可行。尽管我们在这个地方改革创新当中，我们发现新的联系，我们发现新的约束，我们找到了新的结构。比如说自然村落为基础的新形式。我们也想找到新的资源，比如我们发现新的精英了。但是所有这些创新都是农村自治的新形式。所以我觉得我们是不是能够考虑一下重大问题,有效治理可能我们走得弯弯曲曲,走到头来,发现应该作为农村社区来做。而在城市化的进程中,高度商品化的市场有很多波动,这个是市场和生活高度的统一,还是历史上,上千年经验的结果。它又是血缘相近优势的结果,又是一个相对区域文化的文明载体的一个结构。在这样一种情况下,高度政治化的时候,确实有很大的落差。而且现在我们尽管有河池经验,强调一个组织发展,我们应该也看到,我们最近以来强调党的群众路线教育工作之后,发现一种叫再进步,一种叫作强吸纳的方式。通过扩张党员队伍的方式来解决在基层当中党员队伍的组织形式。但是我们已经达到了8700 人的一个量,在一个相对时间内,我们有 1 亿人的党员数量。靠这种党组织的全面渗透或者是在吸纳来解决问题,在现在看来,恐怕也不能解决老百姓自己的这种自管、自办、自立的工作。我们今年出去参观,没看到食堂,没看到教堂,这个联系到广东省的乡村文化可能更强一些。所以说,我们在新与旧交替当中,出于一种新的形式,而且这种新的形式在某种程度上是对传统的意会。这个可能还是我们的一个能有效实现发展的一个前景。当然,我们在自然村和行政村高度分离的情况下,其实这个能比较好入镜。这个是我的一点想法,好,谢谢各位。

(三) 与会人员、记者自由提问

主持人:下面进行对佛冈经验的提问及讨论。首先,我倒是有一个问题,有个具体的数字问题,因为在会议论文集上面,吴记峰写了《清远实验重大农村体系改革》这篇文章,里面讲了一个数据,我觉得这个数据好像有点问题,我想问大家是不是有问题,在论文集的 147 页讲到,"佛冈在石脚镇进行的试点,这个镇原有 17 个村委会,有 165 个自然村,有 485 个村民小组,改革以后现在是 106 个村委会"。我就想这个改革后村委会的数字量既不是原来自然村的,也不是村民小组的,这个数字到底对不对?

回答:其实我刚才第一点就讲到这个问题,我的讲解主要涉及我们佛冈试验区的一些做法,没有讲我们在清远市推行的一些具体做法。这个数字是对的。

提问：我提一个问题，对于吴记峰老师的数字统计计算，我也有一些深刻的思考，我也很关心在村民自治重心下移以后，原来的行政村的架构基础还能不能保持，这个体制是不是合适的，这个请解答一下？

回答：曹教授，您这个提问，我原来考虑过，可能会遇到的这个问题，这个问题对于我来讲不好回答，我是按照我们市里面的要求来回答，还是按照我的理解来回答。

插话：这个是研讨会，你不代表你的地方考虑问题，你只代表一个人。

回答：如果按照我刚才所讲的，原来的行政村的层面上，仍然有村委会，只不过把行政职能剥离出来，让它专注于村民自治，在下面一层，通过做实做活集体组织来实现我们的村民的自我发展，自我管理，自我约束和监督。通过这种形式来实现基层人民自治。我理解的自治重心下移，重点是具体的事务，自治机制的下移。

提问：也就是说，不想改变这个性质。不想改变原来自治村的性质。

回答：这个架构我认为其实不需要改变。

提问：但是你本身也有代表力。

提问：我想提一个问题，您刚才提到的在（佛冈）实践中有一个很突出的问题就是强调集体的经济组织和合作社，能不能给我们介绍一下这个合作社的入社条件，他们是怎么组织的？推动这种合作的能动性是什么？在这个合作组织的运行过程中有没有遇到一些问题？

回答：我们目前推进的这个合作社，是我们符合法律规定推进建设的集体经济组织，那么这样一个组织就沿袭了原来的农村合作社和生产大队的功能，在村委会的序列里面叫村民小组，在集体经济的序列里面叫合作社。现在我们对合作社成立的资格比较明确，对于基层组织的成员问题，广东省出了一个细则。前些年，广东的南海在经济发展之后，遇到一些问题，其中就有关于合作社成员界定的问题，在佛冈的改革探索中，这方面的问题比较明显。所以我们也想借这个改革机遇抓紧完成基层组织的完善组建工作，这也是与我们现在农村体制改革相关联的。

（四）徐勇教授总结发言

一　引言

本次会议在我们的村民自治发源地召开，具有特殊的意义。我们的村民自治研究，最大的特点就是理论和实践的紧密结合，我们在不断实践中汲取营养，实践是第一老师。所以我们今天安排的第一步是参观，第二步是地方经验的介绍，最后是理论探讨，是三个阶段。对于村民自治，它的生命力在于实践，在于群众创造幸福生活的内在需要，所以大家经常把它称为草根民主。什么是草根，就是只要有合适的时机，它就会萌芽和顽强的生长。我们到宜州以后，就感到春暖花开，满目翠绿，神清气爽，生机盎然。其实村民自治的实质性也在于地方的创造，尽管我们的村民自治的主体和原创者是村民，但是如果没有地方领导者的发现、总结、提升和推广，就可能只是像星星之火一样，难以燎原。

二　"四地经验"的特点

我觉得都是当地领导善于在实践中发现有价值有生命力的做法，再加以总结提升和推广，所以就将个别的创新改造为地方型的创新行为，也为全国的创新提供了有利的经验办法。四个案例确实有各自特点，刚才张老师已经总结了。

第一个是用农村内部力量来参与解决农村社会问题。就是问题导向非常明确，解决问题的力量也是类似的。第二个是解决问题的过程当中，用的组织资源都是在建制村以下，特别是利用乡村村落来建立自己的相应的自治组织，这些自治组织就不具有我们的过去的行政职能，属于完全自治。第三个就是建制村以下的理事会组织，大家都注意到他们取的名字都差不多，都是理事会，理事会组织都不完全是农民自发建立的，而是地方领导发现农民的内在力量对村民自治活动加以组织提升后广泛的推行。就是这个和我们最开始的村民自治发源有所不同，名字都是农民自己取的，现在我们是从地方上来冠名。第四个就是这四个案例不约而同将长期的历史上的自然村作为自治单位，划小了组织单元。它确实反映了村民自治所需要支撑的经济社会文化地域传统等相关因素。所以这些因素就决定了要实现村民自治的价值必须要寻找其合适实现形式。

三 "四地经验"的普遍性价值

这四个案例我觉得它不仅是解决了地方性问题，更重要的是它具有普遍性价值，破解了我们过去村民自治过程中长期存在和难以解决的问题。

第一个有利于破解建立党组织领导下充满活力的村民自治难题。我们最近几年的党代会都讲到了，我们村民自治的目标都是要建立在党组织领导下，充满活力的村民自治机制，但是距离这个目标还有相当长远的距离。我们现在讲的两个一把手，实际上是解决不了的体制问题，这都是围绕权力来展开的。围绕权力，谁来当一把手，谁来执政？我执政我当然是一把手，党委书记是当然的一把手，村委会主任认为民选的我应该成为一把手，所以这些都是围绕权力来展开的。在体制方面，不仅是村委会这一级，就是省一级都会有这个问题。当年的政治体制改革，首先就是党政分工。这个是长期以来的体制性、结构性的一个问题。但是我觉得这次我们考虑的思路不同。我们说的理事会，现在不是围绕权力来展开的。它的思路是做事，围绕做事，它不是说我要在里面体现我多大的权力，它不是说我们党员在理事会里面，要取得绝对的权力。而且这个理事会也没有多大的权力，它主要是引导大家做事，达到模范性的作用。这恰恰是把我们的党组织工作的意义寓于到村民自治当中。

第二个就是有利于破解我们的税费改革以后，农村公益事业办理中的一事一议的难题。现在我们国家建设，给了很多的投入，投入了以后还是感觉效果不是很明显。群众生活困难还有一个"最后一公里"，就是微细血管。我记得 2006 年，我受民政部委托，到政治局讲解基层民主的时候，当时有一个中央领导提到一个问题，就是税费改革了以后，一事一议难。议不起来，为什么议不起来，很多的村一个村几千人，怎么议，召开一个村民大会，恐怕确实很难。就是一事一议难，难这是一个开会上。因为开会难，当然就要有一个人来说得了算，所以通过缩小自治组织单元，通过这个方面能够解决一些问题。

第三个就是有助于破解我们的村民自治形式单一、建制村难以让村民自治落地的难题。我们刚才讲到的建制村，我们以前叫建制村，或者叫行政村。那就一定要注意到了，当时的需要是服从于整个国家对农村统一行政管理的需要。我们原有的村委会组织法规定是自然村基础上建立村委会。那么后来为什么改了呢？就是因为这个自然村太多，各个自然村的范围不一样。所以后来改为国家统一管理以后，它体现的叫"建制"，建制就是国家统一规范。当然你这个一规范，我们这个自治的因素就没有考虑到。我刚才讲了，自治是需要一系列相关条件的，它没有考虑这些条件。我们现在的村民自治要考虑到地域因素、经济因素、文化因素，考虑到一系列的条件，自治就落到地上来了，它就"接了地气"，原来可能更多的是"接天线"，即国家管理的需要。刚才讲到的和历史接轨，看起来是往后退了，实际上行政村退到我们的自然村。这个我们是从价值的角度来看，但是实际上这个和传统联系起来了。过去我们是外部嵌入式的，现在更多的是内部生长出来的。

第四个就是有利于破解村民自治和社会经济发展、自治和官治良性互动的关系难题。我们现在的村民自治，如果和经济社会发展脱节了，可能就是一个形式。现在要通过有效实现获得实实在在的效果。这几年，村民自治的空间相对萎缩，这与我们的整个政府治理机制有关系，还是寻求强大的外在治理。但这是有限的。我们这几个案例，都是在经济社会相对落后的地方产生的，就是因为我们强大的外部力量总是有限的，还是要借助于内力。有人可能会说我们几个案例，都是落后地方，发达地区就不存在这类问题。其实发达地区也存在这类问题，但是它反映的形式不一样。发达地区的治理更多的是强大的外部治理。但是自治萎缩以后，它无法形成良性互动。这是因为我们政府不可能包下所有的问题。厦门市进入中等收入的社会阶段了。去年发生了"陈水总纵火"一案。政府对这个纵火的人，放火烧汽车的人，给了很多的关怀。从物质上帮助他，应该说关怀很充分了。但是政府有些管不了，就是管不了他这些思想上面的问题，精神问题。如果没有一个这样自我的管理，他也会有问题。我们现在刘三姐故乡开会。刘三姐，一个是喜欢唱歌，唱歌唱得好，那么唱得什么歌呢？讥讽权贵。而我们发展村民自治，形成官治与民治的良性互动，官民共治，同唱一首歌。

四 "四地经验"的进一步探索方向

我觉得四个地方确实有很大的贡献。但是刚才两位教授提了非常好的问题，问题导向带来的工具主义，怎么解决问题我就采取什么工具，这会忽略价值问题，我觉得这两位老师提的非常好。实际上，我们实践当中也在摸索，也是黄书记前几天在我们这里讲到，我们现在的自治恐怕是回到了传统这个单元里面，但是我们的理念并不是简单的传统融入。这个是要注意到，可能我们的组织形式是向传统回归的，但是我们治理理念，包括我们的自治理念不是传统的回归，不是简单的回归，就是我们要有现代民主法治的理念。传统自治重约束和秩序，但是会对个人压抑，或者甚至是用传统的力量来审判个人。包括我们习惯的群众专政，群众的力量，我不做怎么样怎么样，实际上这很容易向这个简单的传统回归，这个有可能。但是我们还在实践，还在进一步探索。所以说包括黄书记讲到的，我们这个自治不能剥夺个人的产权，个人的权益，这就已经有了现代理念了。所以说我们要把这个自治放在整个国家转型过程当中看，我们现在的威权主义向民主法治这个转型，这是一个大的趋势，但是如果这一种转型当中没有深厚的自治基础，或者是没有现在民主法治导向的基础，这个转型会非常的曲折，甚至会挫败。这个是我要放在这个框架上理解的，今天由于时间关系我不做多谈。

当然从这四个案例，有两个可供探索、可供思考的地方。

第一个是我们自治的核心价值在于群众自我治理，但自我治理又在于自觉，也就是他们的自动行为。所以如何启发激励群众的自觉自主、持续不断的行为，这个是我们下一步需要思考的，特别是建立激励机制，让群众自觉自愿地去干，积极主动地去干，这个是我们要注意的一个方向。

第二个是着眼于有效的实现形式，因为现在从国家行政管理层面来讲是统一性，但是我们自治一定是多样性的。只要把它充分体现，通过自我治理创造幸福生活这个核心价值就行了。形式是多样的，所以我们四个地方今天这里交流，我认为各有长处，同时可以相互借鉴。

我今天发言到此结束，谢谢大家！

村民自治理论研讨会纪要

一　史卫民教授发言（中国社会科学院
政治学研究所研究员）

　　谢谢主持人，我的文章已在会议的论文集里面，具体的调查结果大家可以参考。我在这就把整个这次调查的情况作一个简单的描述，这次调查是基层政权和社区建设司、中国社科院政治学研究所，加上我们院的数据研究中心一起进行的，而且是三个调查同时进行的，一个是村委会村民自治调查；一个是居委会和居民自治的调查；还有一个是村委会选举的调查。我给大家提供的这篇文章只是把村民自治的调查数据拿出来，居民自治和村委会选举的数据不在上头。我现在结合这三个调查说一些最主要的发现。

　　首先这次调查证明了六个假设，在调查之前我们就有六个假设。

　　第一个假设是在中国基层群众自治方面，客观来说城市居民的参与水平高于农村的村民自治的参与水平，这个被这次调查所证实。过去调查都是分别进行的，大家尽管对居民自治有很多意见，但是在居民参与方面，好像居民是应该共同治理的，但是这次调查结果证实了以往的调查，城市居民的自治参与水平其实高于村民自治参与水平，但是如果加上村委会的选举，因为这种选举往往是单独研究的，那么村委会的选举参与水平就高于除选举之外地村民自治选举水平，这是第一个假设。

　　第二个假设是在整个中国公民的参与中间都表现为参与意愿较高，参与的效能居中，参与的满意度在主观层面的三个维度里面是最低的，这次调查证实了村民自治、居民自治，加上村委会选举在主观层面表现一致，就是在整个参与上头，跟中国公民的所有参与，包括政策参与、选举参与等存在一致性。

　　第三个假设是中国公民的参与，不管是自治的参与还是在选举的参与具有相当强的选择性，这个具体数字都在文章里面都有了，包括村民自治大家推荐哪一种参与，选举中更偏向于哪一种参与，有相当强的选择性，这个也是这次调查中被证实。

　　第四个假设如果是跟别的调查相比，居民自治和村民自治，尤其是村民自治，对于村民自治的程序，村民自治的内容等等，了解的并不是很清楚，尤其村民自治最为理想，还不如居民自治，更不如我们政策调查中间全国公民对政策的本身的表现，这个倒是要提醒我们注意，虽然这是一个假设，但是要提醒我们注意。昨天就有教授讲了，咱们上面的大的自治怎么办，老百姓对程序和重要内容了解都有欠缺，这个是我们推进基层群众自治都这么多年了，还会出现这样一个情况，这个确确实实要引起我们的注意。

　　第五个假设尽管我们不愿意做这样的假设，但是我们还是做了这样的预设，大家对社区建设的热情不高，认知程度不强，这次调查包括对居民自治中间设的对城市社区建设的问题，和村民自治对农村建设的问题都反映了一个主要的趋势，就是基层群众对社区建设理解不够，认知程度不高，这是共同的，尽管我们不想做这样的预设。

第六个假设是在给大家的报告里面没有的这次调查反映出来的群体差异，性格的差异、年龄的差异、政治面貌的差异，跟以往的调查接近。现在因为三个数据都已经出来，确实显示出我们 20 多年以来个体调查发现的群体差异性，这次依然被证实。

这是六个被证实的假设，另外有两三个略微跟我们调查之前的想法，或者是预设和假设略有不同。

第一个是对村民委员会的满意度和基本答案的这个满意度我们没有想到会有这么高，都接近，按 5 分算，大家看那个文章都接近 4 分。但是农村村民的对村民委员会的满意度低于城市居民对居民委员会的满意度，这是第一个。

第二个对党支部的满意度，原来都认为不会很高，这次调查证实无论是村民还是居民都对党支部的满意度都比较高，甚至高于村委会和居委会。当然同样显示的是社区居民对社区党支部的满意度，比村民委员会对村级党组织的满意度高，这是第二个原来没有想到，而且都是接近 4 分的标准。

第三个我们一直以为在基层群众尤其是群体居民和农村的村民，可能会比较关注间接权利，尤其是国家机关人员的选举，尤其相关它的变革。但是对选举关注的测试显示，无论是村民还是居民最主要关注的两个选举，一是自治组织的选举；二是党内选，国家机关领导人员的选举，包括间接选举人大代表的选举，不在前三位，这个就很有意思，基层群众这个可能是我们现在选举现实对老百姓的直接影响，因为那些选举不够开放，这个选举比较开放，所以它的关注程度会比较高，那么其他一些具体问题我就不多讲了，请大家看文章，谢谢。

二　任中平教授发言（西华师范大学政治与行政学院教授）

非常感谢这次会议给我们提供这样一个交流的机会和交流的平台。第一次来到中国村民自治的发源地，昨天通过参观和研讨之后，一个是我觉得有非常深刻的现实感；再一个有着村民自治运行了 30 多年之后强烈的历史沧桑感。我为这个会议提供的材料就是我对成都市构建新型村级治理

机制写成的一个研究报告，专门花了十多天时间为这次会议赶写的这么一个材料，会议论文集里面有收录，我这里着重说明以下几点。

1. 背景和动因

有关成都市构建新型村级治理机制的背景，从总体上来讲，就是由于在 2007 年 6 月，成都市被国务院批准为统筹城乡综合改革试验区以后，根据统筹城乡发展改革的现实需要，成都市提出了要完善农村基层治理机制的总体性的要求，于是 2008 年开始就进行了一些试点的探索，当时成都市组织部准备出台一个指导意见，邀请了四川省社科院、省委党校、成都市委党校和高校的学者（我应邀参加了讨论），对这个指导意见讨论稿进行了研讨。相关文件正式出台后，2009 年在成都市全面推开。那么，从 2009 年到现在，成都市新型村级治理机制的探索已历经 5 年时间。这是一个背景和过程。

其动因我想着重谈这么几点：第一点，就是构建农村新型治理机制是农村产权制度改革的现实要求。成都市为了推进城乡一体化进程，需要对农民的承包地进行确权颁证，以方便土地的流转。而在确权过程中，下面的乡镇和村委会发现这个工作的难度太大。例如我们去调研的邛崃市油榨乡马岩村，有几百户人，但是涉及的土地纠纷就有上百起，当时乡镇政府和村委会的干部都感觉到这个工作很难搞，无论怎么样都摆不平。最后还是通过发挥民间智慧，由农民推选出自己的村民议事会代表，很快就完成了这项工作任务。于是邛崃市委组织部就把下面的经验加以总结推广。所以说，村民议事会实际上是在成都市农村产权改革过程当中逼出来的这么一个新生事物。

另外一个动因，也就是农村公共服务改革的现实要求。从 2009 年开始，成都市为了推进城乡一体化进程，启动了农村的公共服务体制改革，每年由成都市和下面的区市县财政，每年刚性保证给每个村（社区）投入 20 万元，用于农村公共服务建设。那么投入了这 20 万元该怎么使用？成都市要求这笔钱用来干什么、怎么干，都要由农民群众说了算。于是就由村民议事会对项目的决策以及项目实施过程进行决定和监督，在这个过程中村民议事会也发挥了很好的作用。

最后一个直接的动因，就是 2008 年 5 月 12 日大地震之后，灾后重建工作中有很多复杂的问题需要解决，例如，灾后重建的住房分配就是一大难题。在都江堰市向峨乡棋盘村，一开始干部们都觉得住房分配非常难，最后还是当地的农民自己选出了新村议事会，决定采取抓阄的方式，很好地解决了住房分配问题，后来他们的经验得到了进一步的推广。有的地方比如说上千户的居民，只修了 200 套房子那怎么来分配？他们采取两次抓阄的办法，第一次先抓出 200 户，确定由哪 200 户应该分房；然后这 200户又进行第二次抓阄，从而确定房号，所以村民议事会在解决这些问题的过程中也发挥了很好的作用。

2. 做法与经验

成都市的这个新型村级治理框架，其主要目标就是构建在党组织领导下，由村民议事会议决策，村委会执行，其他经济社会组织广泛参与的这么一个充满活力的村民自治机制。他们的基本思路就是，"三分离、两完善、一加强"，主要内容有以下三点：

（1）在全市范围全面推行村民议事会制度。这个议事会制度分为"村"、"组"两个层面，也是两级议事会，村民小组的议事会成员直接由村民选举产生，村级的议事会成员又从村民小组议事会成员当中选举产生。为了保证议事会成员的广泛性，要求村民议事会一般不少于 20 人，村民小组议事会一般不少于 5 人。其实这个村民议事会实际上就是作为在村民会议或村民代表会议难以召开的情况下，出现的这么一个机构，它是一个常设性机构，它在这个村民会议或者代表会议授权的范围内，行使村级事务的议事、决策和监督权。

（2）主要内容就是调整村级组织的职能地位。其中最主要一点是议事会和村委会实行了分权，议事会决策，村委会执行。

（3）优化村级组织的运行机制，完善了决策机制、监督机制，还有集体经济的经营管理机制，以及村民公共服务机制，创新了村党组织的领导方式。

那么从近五年的运行情况来看，这一模式主要有以下四个方面的经验。

第一，将村民议事会设为常设决策机构，村委会则履行执行机构的职能，实现了村民公共事务的决策权和执行权的分离。这是一个重要的经验。

第二，理顺了村党组织、村民议事会和村委会之间的关系，有效地化解了村民自治实践中长期存在的两委之间的矛盾。

第三，优化了村级公共产品的供给系统，切实体现了广大农民在村级公共服务中的主体地位和村民议事会在村级公共服务思想中的决定作用。

第四，完善了集体经济的经营管理体制。

我认为在实践中已经取得了以下五点成效：

一是村民自治得到了有效的实现，充分调动了广大村民参与、村级公共服务的热情，尤其是由财政每年向每个村庄投入 20 万元以后，那么村民就很关心 20 万元使用的问题。

二是密切了农村的干群关系，有效化解了基层社会的复杂矛盾。由于有了议事会制度，村民公共事务透明度大大增加，减少了群众和干部之间的猜忌和矛盾。

三是加强了村务管理和监督，充分调动的群众参与管理的积极性。议事会建立以后，成都市的许多村通过对村集体资产进行资产清理等等措施，加强了村集体资产的监管，也管出了效益。

四是保障了村民的农村公共服务中的主体地位，有效地推进了农村公共服务项目的实施。

五是理顺了各种村级组织机构的职能关系，加强了村党组织在农村的领导地位。

当然村民议事会制度在实践过程当中，从成都各县区市的反映来看，也存在一些问题，主要有三个方面的问题：其一，村民议事会制度的规范和完善，有时候选举形式不够规范，议事会成员的构成要求也不统一，议事过程不规范，议题的审查不够规范。其二，村民议事会持续运行的动力问题，开始的时候议事会成员都是无偿的奉献，但是运行一段时间以后，许多人都提出了报酬的问题，所以下面也在逐步解决报酬的问题。其三，村民议事会成员的议事能力问题。通过调查发现，议事会成员总体素质偏低，年龄比较高，文化水平和议事能力也有待提高。

3. 意义和价值

（1）这一实践探索是在村民会议或村民代表会议不能实际履行职权的状况下，创造了当前新形势下村民自治的有效形式。

（2）这一实践探索实际上意味着广大村民收回了原来赋予村委会的决策权，从而真正确立起村民在村庄公共事务中的主体地位。这就打破了原来由村两委干部包揽一切的那种所谓"村干部自治"的现象。

（3）这一实践探索创造了"村民议事会"这一村民自治的有效实现形式，因而是对村民自治运行机制的健全和完善。

4. 特色与亮点

昨天听了广东、广西和湖北等四个地方进行村民自治实践探索的新鲜经验之后，我觉得成都经验与之相比较而言，具有以下三个特点：

第一，时间长。成都市探索新型村级治理机制的实践过程，从2009年到现在已经历了5年时间。

第二，范围广。成都市所有各区县市广大农村都全面推行了村民议事会制度，总体效果还是非常好的。

第三，力度大。它不仅仅是通过两级村民议事会使得村民自治延伸到了下面，而且通过对村级组织的权力结构系统进行改革，理顺了关系，优化了结构，整合了资源，使村民自治真正落到实处。

三　曹国英发言（民政部基层政权和社区建设司巡视员）

　　我发言的主要观点是村民自治实现形式的任何调整都要做加法。一是在以南方山区为代表的建制村下辖多个自然村的区域，这种调整应该重在村民自治体的完善和发展。继续保持在建制村设立村委会、并在自然村层次强化村民自治组织制度建设的地方，应该逐步明晰两个层次的职能分工，完善包括决策、执行、公开和监督等方面的自然村层次的村民自治体制。将村民自治的基本单元下沉到自然村、改变了原建制村管理体制的地方，要力求在原建制村层次保持村民自治体制，防止村民自治层级的降低和空间的压缩。可考虑的选项之一，是在原建制村层次保持村民自治基本单元联合体的治理结构，不能在这一层次设置乡镇政府的派出机构，造成行政层级的向下延伸。

　　二是在以北方平原地区为代表的建制村和自然村基本一体化的区域，应该积极寻求村民自治组织与村民的更加紧密的联结方式。这些区域的自然村规模一般比较大，不足千人的村很少见。故村民自治基本单元也就是设置村委会的建制村大多是以自然村为范围的，这些地方一般不存在调整村民自治基本单元的经济社会要求。但现实中一些村委会与村民之间利益联系不紧密和社会管理方面的断层值得重视。能否在涉及土地经济关系的问题上，强化作为土地所有权主体的村民小组的作用，以利于维护农民的土地产权利益，减少土地利益冲突。在农村公益事业建设方面，在统一规划的基础上，一些可以分解的基础设施建设如街面道路硬化等，可否参照一些村庄的经验，按照受益关系分区片承担相关任务，以强化权利义务关系的一致性，减少全村范围内协调利益关系的难度。在进行社会事务管理方面，可否探索更有效地发挥区片负责人、村民代表和户代表作用的途径和方式，补足村民自治管理的断层，维护村民自治体制，抑制村委会的行政化、官僚化倾向。

三是原以减轻财政负担为导向的并村力度很大的地方，应回头看看有没有进一步调整完善建制村组成结构的必要。如果并村以后，新的建制村下辖的原有各村之间没有什么经济社会管理上的必然联系，同一建制村、不同自然村之间村民并不熟悉，还在实行自成体系的分治管理，甚至在村委会选举方面还需要各自分配成员指标，村民反映不便于实行村民自治，且原有各村也具有一定规模，已经合并的建制村组成结构是否需要重新调整，应该予以关注。如果合并后原有各村之间的经济社会活动融合度较高，得到村民认可，可以探索在现有基础上有效发挥各自然村自治功能的适当途径，不排除实行两个层次的村民自治体制。

四　唐秀玲教授发言（广西区委党校教授）

各位专家，各位领导大家好！我和我的团队本来是来学习的，因为会议在广西召开近水楼台就过来了，我们写了一个东西但不太满意，所以就没有向大会提交，这个发言就是向大家请教的。

第一，现阶段中国在从权威政治向民主法治转型的过程中，在农村培育多层次和多类型的自治组织是一个客观必然的结果。记得钱穆先生1955年在他的《中国历代政治得失》一书的序里曾说道："制度必然要与人事相结合。""政治制度必得自根自生。"我觉得这两天我们大家看到的四个地方的典型经验，一个共同点就是，村民自治从原来的行政村往自然村（或屯）延伸，实际上它是一种客观现实的需要。至少回应了几个方面要求：一个是对行政村的村民自治表现出来的一定程度上行政化倾向的

一种修正。因为在行政村村委因要完成很多"政务"而忽略了"村务"的情况下，村民自治寻找到了新空间。再一个就是回应了村民的利益诉求。随着农村经济社会发展，农业、农村、农民都需要更加多样化、专业化的服务，原有的行政村的自治组织已难以满足，特别是一些专业化的服务，而一些近年来成立的各种专业协会、基金会等就填补了这一空间。还有一个就是在农村基层作为协商民主也是一个很重要的、很实在的体现。所以，我认为在农村基层培育多样化的村民自治组织，实际上就是农村基层自治组织体系不断完善的过程。

第二，正如大家讨论到的，随着村民自治形式多样化，确实需要深入思考村民自治持续健康发展问题。

1. 要确保自治组织的自主性。无论是横向拓展还是纵向延伸，首先要保证它的自治性，特别是自然村这一个级别的自治组织，要避免原来行政村自治组织的行政化倾向。昨天我们一个专家还提出来说，自然村的自治组织成员会不会又提出一些待遇上的要求？我觉得应该给它定位为不纳入干部序列，它就是处理自身事务的组织形式。

2. 要确保自治组织的公益性。因为随着农村经济社会发展，很多经济性的自治组织会不断出现，要特别注意避免这一类组织的成员不正当牟利。

3. 要确保村民自治组织体系的开放性。因为随着基层民主政治发展，村民自治的新形式会不断出现，特别是在新型城镇化过程，即城乡一体化过程中，可能会有很多这样那样的自治组织形式出现，所以保持基层自治组织体系的开放性也是很需要的。

4. 如何处理原有的自治组织和新生的自治组织之间的关系。新的村民自治组织形式与原来行政村的自治组织形式不是矛盾的关系，而是一种现实的发展和丰富，因此要在行政村村民自治组织这个平台上，无论是纵向延伸还是横向拓展，都必须要依托行政村的制度建构，因为已经是比较成熟的制度建构和基础。刚才曹巡视员已经讲清楚了这一点，我觉得行政村的自治组织不应该被架空，二者也不应该是矛盾的，它应该在这个平台上农村基层自治组织体系更加完善。

5. 最后一点就是如何正确处理农村基层党组织和村民自治组织的关系。我觉得农村基层党组织和村民自治组织的关系，其实质是关系到基层治理的模式问题。有人担心在农村基层党的功能全能化会压缩村民自治空间，但我觉得对执政的中国共产党而言，是必须要居于领导核心的地位。

一是从宏观制度设计来讲，它是党的领导、人民当家作主、依法治国有机的统一的体现，在村民自治这样一个基层和基础层面，也必须要体现党的领导这一根本要求。

二是从现实经验来看，要保持农村基层社会的活力和有序发展，也需要党的基层组织的领导核心作用，刚才史教授说的调研结果已告诉广大农民对基层党组织是认可的。因为：一个村就是一个社会，既要有党的组织，也要有自治组织，还有经济组织和各类社团组织，要进行经济建设、政治建设、文化建设、社会建设、生态建设等等，这必然要有一个核心组织的领导。因为，我们国家政权延伸的最末端是在乡镇这一级，那么到了乡镇以下，党的领导就应该是一个重要的需要，居于核心地位。还有就是从传统的文化心理来看，从农村居民的文化心理来看，从中国的实际出发，人们往往有一种权威依赖，如果说在基层政权延伸不到的地方，又缺失党的领导的话，就有可能被宗族权威、财富权威，或者是宗教权威等都占领这个空间。建设好农村基层党组织，不仅仅是巩固党的执政地位的问题，也是农村基层社会有效的治理和有序发展的问题。

我们昨天去看的安马乡这个典型，就广西在清洁乡村活动方面的成效来看不一定是最好的，但它有一个最大的特点，就是在政府投入很少情况下，不仅做起来，而且做得很好，一个重要原因就是有村民自治这样一个优良传统，农民自发搞，而且在这项工程启动之前他们就已经做起来了。它的内生动力主要还有产业发展需要，因为这个地方主要发展蚕业，大量种桑养蚕，把清洁工程做好了，病蚕死蚕的比例大大下降了，这是村民的利益所在。同时，党组织的领导是一种融入性领导，党的领导不是外在的，而是一个融入到自治组织里面，又引导自治组织发展。

　　谢谢大家！

五　邓大才教授发言（华中师范大学中国农村研究院教授）

利益相关：村民自治有效实现形式的产权基础

一　会议及论文的背景

　　各位专家、各位领导上午好，我发言不是代表我个人发言，我是代表我们一组论文发言。所以在此之前我首先介绍一下我们写这个论文的背景。2011 年的时候我们当时在广东的云安、云浮，我们跟他们一起合作研究一直到它们的改革，当然他们提出了自然村的理事会，后面我们在此基础上与它一起商量，提出了三级理事会，三级理事会就是组民理事会、村民理事会和镇民理事会。当时我们是想上下打通自治：向下能够让自治落地，向上能够打通与乡镇之间的关联，关键如何让农民参与到政府的一些工作中去。

2012年、2013年佛冈县提出想做自治下沉的试验。当时在徐勇老师指导下我们一起设计了一个方案，可以根据广东村庄的特点，广东村庄都比较大，五六千人，建议划小自治单元。主要按照利益相关、地域相近、文化相连来划小单位，将村民自治下沉。可是清远市出台了一个基层治理的方案，我们这个方案就没有采纳。

2014年，我们到秭归县调查，发现他们的实践与我们为佛冈设计划小单元的三个原则基本一致。调研回来以后，我们在利益相关、地域相近、文化相连之间再加了两个原则，即规模适度、群众自愿，以此来选择这个自治单元。

2013年9月我们来到厦门，厦门在搞一个"共同缔造"的改革创新，请我们指导、总结和研究，在厦门我们也发现，他们也是在居委会以下的层面，在小区的巷、路、片区来进行自治。所以说我们讨论，城乡都面临着同样的问题，如何真正有效实现自治的问题，即现在以行政村、居委会为单位的自治可能要进行调整，根据经济社会发展的需要，可以形成不同的自治单元。

今年中央1号文件也提出，要探索多形式下村民自治的有效实现形式。在这个背景下我们决定召开两个会：一是村民自治的有效实现形式的高端研讨会。二是城市居民自治有效实现形式的高端研讨会，将在厦门召开。我们决定写一组文章，这组文章当时是6篇，第一篇是徐勇老师的总论，即村民自治的三波段理论。然后就是利益相关、地域相近、文化相连、规模适度和群众自愿，以此来回应各个地方的划小自治单元、村民自治下沉的现象，并对此进行解释。这是我们总体论文的背景。

二　利益相关是决定自治单元的重要依据

我的文章是《利益相关：村民自治有效实现形式的产权基础》。这篇文章主要回答三个问题：第一是什么因素决定自治？我们研究了很多，研究了这么多年的村民自治，但自治到底由什么决定的？第二是什么因素决定自治的单元？可能是经济，也可能是文化，还可能是地域空间，单元到底是在行政村、还是在乡镇或者是到组，第三是自治的类型是由什么决定的？

　　第一个问题，什么因素决定自治？马克思说，经济基础决定上层建筑，也有学者说利益决定着治理方式。乡村自治也是一种政治方式，它同样由利益决定的。我就从利益开始研究，就像马克思分析商品一样，利益构成了利益共同体，而且利益共同体的紧密程度就决定着自治或者自治的水平。在利益中间，经济利益又是核心，而经济利益的核心又是产权，产权的核心部分是所有制。所以我认为，以产权为基础的经济利益决定着自治和自治的水平。这里又有一个问题，如果全部是私有制是否需要自治？现在中国是集体所有制，因为有集体所有制，所以我们需要自治，那么我们问全部是私有制，是不是需要自治呢？

　　如果共同利益高度一致，自治是一种什么类型呢？根据这两个问题，我在这里设计了两个表格，这个表格中间我就要探讨利益的相关程度，利益的共同体与自治的程度，在这里我把整个利益相关程度分为共同消费、共同生产、共有产权和共同生活四个维度，就是说如果这四个维度都有，那就是利益高度相关的共同体；如果是有其中一项，或者两项，或者是三项，那么它的利益共同体的紧密度就会有差别。如家庭，应该说是四个维度都有的，所以利益高度相关。家庭是最紧密型的自治单元。

　　如原始公社，共同生产、共有产权，甚至共同消费，所以从这个程度上来讲，它的自治程度是较高的。对于村落，村落共有产权，像当前的农村，也有共同的村庄生活，属于熟人社会，但是它的没有共同消费，也没有共同生产，共同体的紧密程度就比原始公社要低。如传统的中国乡村，有共同生活，有族田、庙田，其利益公共体也较为紧密。如对一个地区只有共同的生活，没有共同产权，所以共同利益就可能比较少，紧密度不高。

　　这里在这个基础上，我就比较了一下中国农村的村民自治和日本的自治会、印度的潘彻亚特制，我从三个维度考察，即服务共同体、生活共同体和产权共同体，在中国农村三类共同体都存在在，在印度和日本，无法形成产权共同体。有三类共同体的中国农村是高度紧密型的集体。像印度它有共同服务，有共同生活，也是比较紧密型的共同体。日本可能只有一种共同服务的需求，紧密程度又低些。所以我得出一个结论：以产权为核心的利益相关性决定着自治。

第二个问题，什么因素决定了自治的单元。现在我们知道了利益，或者以产权为基础的利益决定了自治，那么这个自治的单元由什么决定的？我认为，产权单元决定着自治单元，像我们中国，如果产权由行政村所有，就以行政村为单元自治；如果产权是由村落所有的，实行村落自治；如果产权由自然村所有，实行自然村自治。正如曹国英老师所说，尊重所有制单元，以此来选择决定自治、选择自治单元。这里我得出一个结论：产权决定自治、产权单位决定自治单元。这里又有一个疑问，如果没有产权相关，是否可以形成自治单元？

第三个问题，自治的类型是由什么决定的。这里我把它分为五个维度考察，日本、中国台湾地区的农村自治，中国传统村庄的自治，中国现在的村民自治，以及原始公社的自治。从这里我们可以看到，从产权相关程度来讲，原始公社的相关程度最高，土地等生产资料是共同所有、共同消费、共同生产。目前的中国农村，土地等生产资料集体所有制。中国传统村庄，土地是私有的，但是有些家族有公有的土地，如庙田、学田、族田等。所以，我根据自治的内容和产权相关程度将自治分为四种类型：浅度自治、中度自治、深度自治和特殊自治。我这里有一个图，这个图从两个维度，一个是利益相关度，一个是自治内容的或者多少，两者不同的组合构成了上述四种自治的类型。

总体而言，通过研究我得出三个结论：

第一个结论，利益决定自治，利益相关程度决定自治的程度。

第二个结论，产权是利益的核心，产权单元决定着自治单元。

第三个结论，自治的内容或数量决定自治的类型。

谢谢各位！

六　王勇教授发言（西北师范大学法学院教授）

刚才金红教授说他是徐老师的华师团队派到华南的特派员，那么，我就是华师团队在西北的"野战军"的负责人，驻扎西北边疆很多年了。今天主要谈一下对徐老师和邓老师的相关理论的一些理解。有这样一个非常重要的问题，我在思考，这个问题就是：从理论上来讲，随着小农社会

化程度的提高，这个自治的单元会随之扩大，范围会随之拓展（其实从本质上，也就是从国家主权的角度来讲，"国家"实际上它就是一个最大的自治体），但是，为什么现在这个自治单元它要缩小，要下沉呢？这是我在思考的一个非常重要的问题。我觉得原因是在于村民之间人际活动的"反馈环"松动了，关系不紧密了，就是出现了"免费搭车"、"机会主义"等这样一些集体行动的问题。那么一般来讲，比如说国家这样一个最大的自治共同体——作为"民主国家"，有一个好处——那就是共同体越大，共同体内部人员之间的交易成本会越小，但是，有一个不好的地方就是增加了内部管理的成本；如果国家这样一个大共同体内同时还允许有许多小的自治共同体存在，这就有可能实现既要减少交易成本，又要降低管理成本的这样一个双重的优势，社群自治可使国家治理达到"惠而不费"或"惠而少费"的效果。所以我觉得建构这个基层自治包括村民自治，主要的或者说关键的理念就是要缩小村民之间人际互动的空间范围，扣紧村民之间的人际互动的"反馈环"，那么，这个人际互动的"反馈环"一旦扣紧，就会表现出这个村庄它会形成"实时交流"的这个舆论热线，比如说村民之间的互动行为会在第一时间内实现"内部化"——会实时地受到惩罚，实时地受到奖励。这就是我们所理解的，徐老师和邓老师所说的"利益相关、地域相近、文化相连"，它实际上就是扣紧了村民之间人际互动的"反馈环"。在这里，还有一点补充，就是这个"反馈环"是一个显性的指标，比如说从表象上来看，我们怎么能够判断这个村民之间人际互动的"反馈环"被扣紧了，可以有显性的指示，就是统计一下，从人际互动的频率，他们之间人际交往的频次和频率来统计。社会学上有一个统计社会互动的矩阵，这样在外观上就可以观察出来，通过统计人际互动的频率上来决定自治单元的规模。从这个角度上来说，我觉得有"三个比例关系"。第一，人际互动的空间范围的大小与自治单元的规模大小成正比。昨天去调研的路上，我发现，广西农村这个地方属于劳动密集型的农业，如果从全国来比较，是不是广西农民外出的空间范围或频率要比其他地方要小一些，如果是这样，那么，广西村民自治单元的下沉或缩小就有现实基础。第二，就是人际互动的频率，包括面对面这种互动，包括平时电话、网络沟通的频率，它与村民自治的效能成正比。互动的频率越高，自治的效能那就越好。第三，就是人际互动的投入总量——我指的是人情往来，特别是礼尚往来，那个人际互动投入的总量——人情往来和礼尚往来与村民自治的强度成正比。就是在这个问题上我就有一个想法，可以说"君子之交淡如水"，但是，"农民交往情义深"，如果村民相互之间没有浓厚的情义的表达的话，那么村民共同体就无法形成。

所以从这个角度来讲，我有一个新的想法：我们是要重建"村落"，还是要重建"部落"。"部落"，我觉得它是一个远传统，几百万年人类进入农业社会之前，其实它是以部落的形式存在，那么，部落它不是一定生活在一个地缘空间里头，这个部落它是超越了血缘、地缘的利益共同体，是一个关系共同体，所以我觉得如果是重建"部落"的话，跟这个城市的社区就勾连起来了，如果是重建，当然我说的是打引号的"部落"，这样的"部落"我觉得它可能是一个"远传统"，那就追溯到几万年以前，它持续人类社会发展的历史上实际上比"村落"的时间还要长，它是一个可以跨越特定的地域的，甚至能够超越地缘的这种利益的、关系共同体，它是可以流动的，所以我觉得是在重建"村落"的同时，还要考虑重建"部落"。

最后我有一个体会就是村民自治单元下沉也好，它的规模如何确定也好，讲村民自治我觉得有一个特别重要的，政治上有一个价值导向，这个价值导向就是村民自治和国家行政管理、社会发育和国家建构之间要良性互动、上下衔接，这是一个很重要的政治上的关切，就是说要实现与国家良性互动的村民自治，而不是就自治而谈自治。这么多年在西北，我就发现，其实就自治而谈自治的话，强度最大的自治体就是西北地区无数个"围寺而居"的穆斯林村落，这个穆斯林村落每个村至少有一座清真寺，在这样的村落中，村民之间的互动非常频繁，它每天要做五次礼拜，清真寺里面要念五次经，每天至少见五次面，每个村里面都有一座清真寺，所以它这个实质上的"自治"程度是相当高的。但是，现在却存在这样的问题，在这里，这些实质上自治强度很高的共同体与国家政权之间的良性互动出现一些问题了。比如说这个新疆，新疆现在有 2 万 4 千多座清真寺，每个村落里面至少有一座清真寺，新疆 2 万 4 千多座清真寺，它是中亚五国的总和了，超过了中亚五国了。所以从围寺而居的这个清真寺穆斯林村落的角度来讲，它是目前我所感受到的"自治"强度最高的村落了，但是如何使这些村落与国家政权之间实现良性互动，这是目前我们所面临的一个相当紧迫的问题了。所以我的理解，就是我们还要有一个政治上的观察的视角，就是说不能就自治谈自治，就是说谈得时候要有党的领导，要有国家建构的这个视角，然后使上下联动，这样的良性互动、互相衔接的视角去看村民自治的。这是我的理解。谢谢大家！

七　陆益龙教授发言（中国人民大学社会学理论与方法研究中心教授）

感谢会议组织方的邀请，我在发言之前有一个小小的更正，感谢院长教授帮我发现了我那个文章第 36 页 1983 年，应该改为 1987 年，这是一个学术性错误请大家多多包涵。今天我要谈的关于是新型城镇化背景下的村民自治的走向，这个文章可能主要是一些理论和理念的探索。可能这个文章在之前我们王教授的很多经验当中跟我这个有很多观点是比较接近的，我今天 10 分钟实际上讲几个观点，第一是通过农村的问卷调查来看，农民对政府的评价来看当前乡村治理的现状。第二就是城乡一体化这样的一个主角下的村民自治。那么第三个观点就是关于三个社会生活民主化与村民自治的关系，最后就走向了乡村社区的建设。也就是说我有一个观点就是探讨村民自治要走向社区建设。

我在这里首先介绍一下农民对政府的评价调查状况。2012 年，我主

持了一个叫作千人百村的调查，这是一个分层抽样，主要是9个省100个村的，大家可以看到农民对政府的村委会的评价是73分，平均分，乡镇政府是70分，县政府71分，市政府74分，然后这个逐渐递增，中央政府是最高的。但是这个可能有人认为我们这个有问题，但是最近又做了一个，这是我们2010年做的农村纠纷的调查，这个调查是在5个县，这个不是随机抽样，也有类似的发现，村民对乡镇政府的评价不是推进的，对村委会的评分要高于乡镇政府，尤其是对省政府和乡镇政府，2010年的评价是相当高的。这是我们大体上了解了一下我们这个社会调查。从这个社会调查的结果大体上得出这样一个判断，目前农民对乡镇政府的评价，他是处于最低的状态，对村民自治的组织是处于其次，但是整体上这个评价是处于中等偏良性的状态。而且农民对政府的评价，出现了整个政府级别的提高，出现这个沉积的现象。然后我们对农民对政府的评价影响因素当中，我们会发现这样几个现象，对基层政府主要是哪些因素影响比较显著，就是年龄越大，年龄越长的，对基层政府女性是显著的，然后是对医疗负担比较小的，也会有；其次就是从经历上讲，有过干群矛盾经历的，显然对基层政府的评价是非常低的。这样的地方政府评价当中，主要是有年龄因素，党员的这个评价都是很高的；其次是医疗负担对中央和省政府，省级地方政府评价也是有。另外一个发现我们看到区域类型，这个区域类型主要是指发达地区负值是比较高的，那就是说发达地区对中央和地方政府的评价是越低的，所以从这样一个分析大体上我们可以了解到，就是为什么这个性别、年龄和党风身份，以及医疗负担，对我们农民对政府的评价会产生影响，我想也许要和我们现在的现实是有关系的，因为目前我们农村的现状，它是处于流动状态，因此长期生活在农村里面，年龄越长，其实他对基层政府和政府的评价是趋于积极的，所以由此我们推测和判断，农民对乡村自治是处于中等偏良性的状态。在对中央政府的评价上面，我们没有看到性别的差异，但是我们可以看到党员在对和政府的关系，处于一个正向的影响关系，这是我们大体上从这个调查当中可以看到，农民和政府的关系和村民自治的关系。

　　第二个问题我想谈谈城乡一体化和村民自治。这个也是我这篇文章当中一个重要的视角。刚才我们王老师已经讲了新型城镇化，城镇化一个社会发展的基本走向，也是一个必然的趋势，但是我们在这里面讲到的，中国推进的城市化可能与传统意义的城镇化理解是有一些差异的。那么我认为，我曾经讲过中国的城镇化不可能是像西方一样的城镇化，而是多元的城镇化，其中就包括乡村社会的生活方式的城镇化，也就是说我们要形成这样一个新型的城镇化比较关键的一点就是推进城乡一体化。那么因此我们现在的村民自治的这样一种管理乡村社会的这样一种制度，也就必须要符合这样的趋势，而我们现有的村民自治制度，它是在城乡二元的体制、框架下设计的，所以这个制度我们需要反思，需要去不断的改革和创新，这是我想表达的一个观点。那么需要改革的方面？我们村民自治组织承担了基层的公共管理，我说的城乡一体化，也就是说有一些不该村自治组织来承担的，那么需要公共管理和公共服务，需要国家和政府统一提供的需要这个由国家政府去提供，而不是说要让村民自治来完成这个任务。其二就是在这个制度当中，实际上随着农村的改革以后，农村的土地制度和集体产权制度，使我们的村委会，村民自治实际上承担了经济的功能，我认为这个需要逐步剥离，我们现有的村民自治组织的管理集体经济、管理集体土地的经济功能，这个需要剥离的。那么有了这样的功能就必然会造成很多很多矛盾和纠纷，这也是我们通过一些经验调查得出的。

　　第三就是我们需要在城乡一体化的框架当中完成乡村基层社会生活领域的村民自治，所以我在这里强调社会生活领域的村民自治。总的来讲，我们现在的村民自治，在这里我强调一点就是，我们在很多宣传当中把村民自治当作一个我们中国的基层民主政治制度，我强调的是我们要区分好政府的公共管理和公共服务与村民自治的这个关系和边界，需要有明确的分工，需要有明确的关系，这是我想表达的第一层意思；第二层意思就是关于乡村社会生活民主化的村民自治。这也是我想表达的，在这个新型城市化的过程当中，它是社会生活方式的一种变更的过程。那么社会生活的民主化我在这里就不展开。所以我想在这一层里面我主要想强调的，我们的村民自治应该更注重生活领域的民主，而不是过多强调政治体制，或者政治形式上的民主。

最后一个观点我想，要强调的是未来中国乡村村民自治，应该要纳入社区建设，也就是说我认为未来的村民自治它的基本走向，是要走向社区建设，因为我们的社会在变迁，乡村社会也在变迁，那么我们必须要预见到未来乡村的变迁，那么这个变迁就像我们面临的城市化一样，在城市我们面临社区建设，那么同样在乡村社会也需要进行社区建设。所谓的社区建设不是我们现在很多一般意义上的，而是一种生活共同体的建设，也就是我们家园的建设。所以我认为昨天湖北秭归县提问的东西，这个经验我觉得和我倡导的这个理念比较相吻合，就是强调社会生活、强调幸福家园的建设，未来农村社区随着它的变迁它的结构一定会发生变化，而不是我们现在已有的，不是说简单回归到传统、回归到自然村，它一定是有结构的变迁，那么我们这样一种基层社会治理的体制，一定要适应这样的变迁发展的大趋势，这是我简单的谈我的几个基本观点，欢迎大家批评指正。谢谢！

八 张小劲教授发言（清华大学人文社会科学学院教授）

谢谢主持人，谢谢大会把这个机会交给我，原本没有来得及提交书面的发言，所以本来说这个会就不来了，后来陈老师关照说可以有机会来学习一下，就还是过来了。但是我今天这个发言题目其实跟刚才老师们的有所偏差，其实我觉得在一般社区管理中我们特别强调生活共同体，实际上在目前改革和转型的特定阶段上，我们可以发现在村民自治发展过程中，我们讲政治共同体、经济共同体、民主共同体的分量越来越重，为什么这

么讲？因为昨天我们都是讲正面经验的比较，那么我今天讲负面经验的比较。

第一个问题我觉得综合改革的正面经验，我们经常会提到一个成功的经验就是说它是问题倒逼的，然后它是发展牵引的，同时又是基层创新的，然后再回归到顶层设计，顶层承认的这个，所以在这个地方讲，那我们昨天讨论的四个基层的创新点、共同点和差异点，也会发现它们具有共同的指向，就是自治要下沉。我觉得这一点其实是非常有意思的，但是第二个问题又在正面的成功经验当中，它有一些特殊环节和特殊关键节点实际上过去没有被过多重视，这个重视第一个我觉得就是时间窗口和机会结构的问题。机会结构实际上是长期积累的一个结构性变迁所带来的一个潜在性的造成某种事态发展的结构。在这种情况下我们可以发现其实我们都是在解决自身面临的问题当中，所自发采取的一些具体的方法，可能是来源于传统的增援，有时候也来自外地引入的智力资源的创造，尚没有得到官方承认的这些东西，反而构成的这样一种机会结构。所以除此以外我觉得还有时间窗口，所谓时间窗口就是中央和上级的文件所开放的非常有意义的特定提法，特定的一个理念的转换实际上为基层创新开辟了一个时间窗口，那么基层也有意识地利用这些时间窗口，把以往不被承认的，或者暗自实践的一些创新尽可能的合法化、合理化，并得到正式承认的局面。在这个意义上讲，地方领导人的创新积极性，往往表现在机会窗口开放之后，我们讲 2011 年的社会管理问题，我们讲党的十八届三中全会之后我们开放社会治理的问题，实际上都可以看到这两个问题。另外一个我们平时没有太关注的点，实际上是我们经常可以见到什么是问题倒逼的具体形式，问题倒逼的具体形式其实我们讲有两类，一类叫丑闻演化型的，我说当风平浪静的表面下，仍然有一些丑闻爆发出来之后，那么马上会引发出对它的这样一个丑闻的关注，肯定会追述、批判和揭发。还有一种我们称之为危机演化型的，危机演化型往往采取一个公开的群体性事件的方式，引起人们对这一系列问题的高度关注，在这个关注的情况下，人们会进一步思考和分析引发这样一场危机背后的深层次原因，所以在这个意义上讲研究危机案例是具有关键性意义的。

那么从我们讲与村民自治有效实现形式相关的负面案例，其实我可以点到比较突出的有 2011 年 9 月的乌坎事件，2012 年 8 月的河南项城事件，2013 年的 7 月的林都事件和 2013 年 3 月的靖西事件，当然最近最有名的就是今年 3 月的平度事件，这些事件它的核心争议点，最多不过上千亩，最少只有 100 多亩土地的转让、租赁和出售，那么它里面的关键点在哪里？往往都是行政村与自然村这样方面的争议，确切地说往往是行政村出售土地、出让土地、出租土地之后，将款项截留、克扣，然后在自然村不知情的情况下引发一系列的振荡和群体性事件，我们所考量这个事件不仅仅是一个群体性事件，出动警力都在千人以上，实际事件就是三人以上，其中的乌坎和平度都酿成了死亡事件，而且都造成了国际影响。所以从这个案例来看，我们可以发现，在这个意义上讲，我们过去所提到的行政村和自然村的情形，实际上构成了一个非常有意思的观察点。我们讲这是比较案例的情况，那么从整体的途径来看，我们讲最高空的，我们讲现在整体情况来看，过去从最高峰的 90 多万个生产大队，后来现在了到目前为止 59 万个行政村，行政村的减少，或者是建制村的减少，其中减少的主要成分，除了我们讲城乡一体化，一些农村改变成居民之外，就是村改居，其实大部分的仍然是我们过去讲并村合居而来的行政村数量的大规模减少。那么我们重点调查了一些省份，其中减少的幅度都在 30% 以上，所以换句话说的话，行政村的规模相应的扩大了，大概为 1/3，30% 左右。所以从这个意义上讲，其实行政村和自然村的分离，行政村跟自然村相互这样的管辖规模距离等等出现了很大偏差，那么这种偏差反映在群体性事件上，将平度事件结合起来考虑，最后我们发现有很强的关联性，当然这个关联性的主要背景是我们讲城镇化的发展和城市的发展，但是这样发展的本身我们其实可以发现这些问题集中在了行政村和自然村相互隔离的问题上，我们现在集体性的群体性事件大概每年有十几万起，其中60%左右都是由于土地问题引发的，而在土地引发中名列前茅的原因有四个，其一是不经农民同意强制征地；其二是补偿过低；其三补偿低，仍然受到克扣，没有发到农民手中；其四是补偿款干脆被贪污挪用了。从现在情景来看，其实真正的不给补偿款的强制征用、无偿征用的情形越来越少，基本上都是有偿征用。但是有偿征用当中款项的交割和知情问题其实构成一个重大的争议，所以在这个意义上讲，我们考察的整体和比较的案例都说明，其实在自然村和行政村的交错层次上出现了很多问题，这样的问题我们可以在已经发生的重大事件中看到，而没有发生的重大事件，或者被压制下去的还有很多，比如说我们讲的克扣，政府的补贴下发、最低款、补贴金、保险款等等都会有这样的情况，还有就是加重税费的上缴，其实都会发生在我们行政村和自然村的这样一种相互分离的背景下。

所以从这里面我们引发出来值得关注的就是四个问题。

1. 带有典型控制的问题，换句话说我们强调的是利益共同体或者叫经济共同体，但是我们发现村委会作为代理人，他的向上较多，要远大于他向下的效率，它的行政官僚化，以至于我们现在官场流行的口号："村长就是打出来的；镇长是喝出来的；市长是吹出来的；省长是跟出来的；中央是斗出来的。"我们讲"村长是打出来的"口号，这个口号说出来就是打出来一个村庄的基本秩序，同时也打出来一个征地的情形。同时它们也仍然有向下的象征，但是在行政村与自然村分离的情况下，出现了利益偏差，它们倾向于自己所在的自然村，所以在这种情况下出现双重的偏离情况。

2. 信息的失衡问题。我们讲我们生活在共同体中，其实规模和距离还存在控制着一个信息的问题，在我们普通村民根本无法得到全面信息的情况下，说实在的灰色操作空间也就越来越大。所以从这个意义上讲，我们现在看到这种行政村的规模扩大带来的弊端非常明显。另外一个也是我们大家已经关注到的，就是道德约束的匮乏，我们讲它也是一个文化共同体，我们的村庄，其实文化共同体的概念，主要在于他们是一个道德共同体,但是道德共同体我们发现,在现在的条件下,正确道德约束已经很难在没有利益诉求的背景下维持了。在另一条推断我们基础约束也就相当的匮乏了,比如说我们现在众多的离婚,解放以后我们有政治离婚,打成右派时有离婚,"文革"中有离婚,我们有政治离婚,市场经济条件下,现在出现了买房离婚,也出现了上学难的离婚,换句话说家庭价值在这当中已经消失殆尽了。另外一个我们迄今为止比较麻烦的就是传统约束的匮乏,换句话说,我们在平度事件当中可以看到,同村同族同宗的这样一种情况其实很难勾结出用烧火的这样残害的方式,正是在这样的情况下,其实我们讲从个别的案例中也提示着我们,到目前为止,村组自治的这种一般困局,特别是在自然村和行政村高度分离的情况下,也出现了很多的问题,应该从这里面设想,村民自治是一个有效的实践形式。谢谢。

九 肖立辉教授发言(中共中央党校政法教研部教授)

非常高兴会议主办方给我 10 分钟的发言机会,我今天的发言题目是"微自治"有效性及其现状。这个"微自治"是我在北京的一次小型的闲谈过程中,有的学者提出的这么一个概念,"微"就是微型的"微",所以我今天的 10 分钟发言主要就是围绕着"微自治"。

　　我对这个概念的理解，有三层意思，第一就是何为"微自治"，我个人认为"微自治"是基层群众自治制度，在实践过程当中出现一种新的发展趋势，是自治主体在更小的自治单元中开展的对自治事务的这种自我管理和自我服务，应该说"微自治"它的鲜明特点就是直接性，从某种意义上讲，它基本上排除了间接民主和代议制民主的这种可能性，当前一些城市出现这种能动自治，以及农村当中以自然村村民小组为单元出现的新型的自治形式，我认为都是"微自治""的表现形式，像广西、广东、湖北、四川等地出现的理事会、议事会这种自治活动都属于"微自治"的范畴，这是第一层意思。

　　第二意思为什么要挑起"村民自治已死"这个话题。在 2011 年，在西华师范大学开会的时候，这个话题是我挑起来的。就是我们在中央党校的教学过程当中，有些领导干部认为基层民主搞早了，甚至有些学者说基层民主死了，甚至还有的学者说基层民主从来没活过，有的学者说基层民主生得伟大、死得光荣。但是徐勇教授的一句话我觉得印象非常深，他说也不能说基层民主死了活了的，没这么吓人。基层民主像这个股市一样，波峰波底，现在只是基层民主已经到了波底，然后往上回升的阶段。我认为目前无论是"微自治"，还是村民层面的自治都无法解决这种体制性的问题，这种体制性的问题简单来说就是三个问题，其一是横向上的党的领导权和自治权的关系问题。其二是纵向上的乡镇政府的行政权与村民自治权的关系问题。其三是在基层党组织建设过程当中，党的一把手与党的组织之间的关系，这三个问题不能因为"微自治"的出现而解决。我认为"微自治"出现的基于以下三个事实。

　　1. 在基层群众自治过程当中，村民委员会和居民委员会这样自治的载体，由于没有较强的讨价还价、议价能力，无法有效解决行政权和自治权的关系，所以受到行政权的这种挤压而造成自治活动的"空转"或者"悬空"。而徐勇教授讲的说村干部就是当家人和代理人的双重决策，实际上这双重决策在行政权的强力介入下，我认为是变成了应然的当家人和实然的代理人。那么在村委会或者居委会的层面上，强势的行政权力将自治空间挤压到农村公共场域的最边缘，这是一个事实。

　　2. 横向到边，纵向到底的基层党建的覆盖面还没有完成，就是它没有下沉到自然村这个程度。那么在建制村和行政村的层面，党的基层组织教育健全，但是在更小的单元内，比如说在自然村或者是村民小组层面，较弱的基层党组织和较弱的基层自治组织，为这个"微自治"的兴起提供了广阔的发展空间，或者说在国家治理教育薄弱的领域和环节，极具草根性的"微自治"内生性地发展起来，比如说广东省清远出现的这种理事会就是这种形式。

3. "微自治"出现的事实就是，以亲情为基础的血缘共同体，以及地域相近、利益相关、文化相同的小型的地缘共同体，在市场经济的冲击之下，邻里相望、和谐互助、协商理会的冲动最终促成了"微自治"的形成，这是我说的第一个问题。

第二个问题是"微自治"的必要性和价值。那么作为一种新兴的现象，"微自治"还处于一种萌芽发育期，就像土地上刚长出的那个小苗苗，需要精心呵护，它的特点至少有以下三个：其一是自治行为的直接性，在"微自治"当中，村民可以直接提出自己的利益需求，村民之间可以基于理性、本着宽容妥协的精神协商有关事宜，如果从民主的样态来看，它是一种实践民主形式。其二是自治主体的自主性，那么与直接性相关，"微自治"的主体独立地，不依赖于其他组织或者个人处置自己的主张，维护自己的权利。其三是自治事务的公共利益相关性，那么在"微自治"所讨论的事宜，大多数与本村落或者与本村民小组公共利益相关。那么"微自治"的必要性，和它的价值我觉得至少有这么三点：一是与村民委员会、居民委员会层面的自治活动形成互补，"微自治"在小型村落或者社区共同体当中发挥作用，它没有也不会对村委会和居委会为主要载体的自治体系造成冲击，那么二者在各自的领域和层面共同行使着村民的自治权。二是它有效地解决了离村民或者居民最近一公里的自治事务的处置问题，那么在"微自治"的过程当中，村民通过理事会这样的自治载体，解决了自己身边的问题，看得见摸得着，感觉实实在在真真切切，所以它打破了村委会层面自治虚幻的印象。三是与前两者直接相关，村民或者居民在"微自治"过程当中，通过直接参与积累了自治的经验，提高了自治的能力和意识，为更大范围、更高层面的自治实践打下了良好的基础。

第三层意思也就是最后一层意思，就是"微自治"的限度，就是我们不要对"微自治"，特别是村民小组或是自然村出现的新兴现象保持盲目的乐观。因为"微自治"的限度至少体现在以下三个方面，其一是合法性的问题，因为目前基层群众自治已经有了宪法、村民委员会组织法、居民委员会组织条例以及各省制定的实施办法，那么在这些法律体系当中，对村民代表会议或者村民委员会都有了明确的法律规定，但是目前推行的"微自治"，多数是在自然村、村民自治或者城市社区的门栋中进行的，在依法自治的这种大的背景下，理事会的合法性如何体现，当然我们这个政法部的主任提出过，不能提出合法性，如果是没有合法性的话，我们可以从政治正当性的角度来暂时解决这个问题，但是从"微自治"的长远发展来看，解决它的合情不合法，即法律的合法性问题，我觉得还非常必要。其二就是可持续性的问题，因为昨天王教授他说，自治重心的下移，是否摆脱了村委会层面所遇到的体制性障碍，我的看法是没有，因为它会随着这种下移，把体制性的问题下移。因为在"微自治"的过程当中，村民的自治权利，党的领导权力与政府的行政权的关系会随着自治的重心下移也一定下移，随着"微自治"的深入发展，上述体制性的问题必然会在这一层面出现，并最终影响"微自治"的绩效。其三也是最后一个限度，也就是复制性的问题，或者说可推广性的问题，那么一个新兴的具有创新性的事物，如果不具有可复制性，不具有可推广性，那么它的价值就会大打折扣，比如说像广东清远自然村落它自发形成的，保留完整的家族历史资源，但是它这种理事会在没有家族传统的地方无法复制。所以我最后的结论是，如何从诸多个性当中提炼归纳出"微自治"的这种共性，恐怕也是我们学者或者是政府所思考的问题。我的发言就到这。谢谢。

十 董江爱教授发言（山西大学 政治与公共管理学院教授）

尊敬的各位领导、各位专家大家好！非常感谢会议给我们这次机会，这个会议我觉得开得非常有价值，因为这一段说实话，我的研究出现了困境，我不知道该怎么继续往下走，这次会议我觉得在给我们找方向。对于我们探索村民自治的有效实现形式，我觉得还是非常有必要的，为什么有必要？有两个方面，第一，我觉得村民自治，它的的确确出现了

问题，首先金红教授还说了要我们谨慎研究，否则怕我们陷入自我否定的困境之中。但是我觉得问题的确是存在的，为什么现在都提下放到，也就是把这个村民自治单元下放到自然村一级，是因为我们觉得作为人来说，一般情况下，他都关注的是自己熟悉的利益事情，所以在自然村里头它是人们最熟悉的熟人社会。而我们村民自治把它推到了行政村，当然不是说在自然村就一定能够做好，我们北方一般情况下，一个行政村也就是一个自然村，但是它也没有做好，我总是有一个感觉，我们村民自治在推动的过程中，它是把传统的、习俗的、道德的、文化的那种内在的这种治理机制给忽视了。所以我觉得我们更多状态下是以他治的这种方式，就是以自治的形式在搞他治，所以就忽视了这些东西，于是就把我们原本村中内部几千年形成的那种道德的、文化的、唯理的，那种约束的内在机制给抹平了，然后外在的都不进去，事实也证明如果我们割断了传统的东西，现代的新的法制理念它是无法实施的，它也没有载体去实施。

第二，我刚才也提到那位教授在讲"微自治"，但是我觉得"微自治"如果我们下一步推动的时候，往那个组一级，那在我们北方就出问题了，因为我们北方村特别大，它得分成小队，现在的村民小组，那本来是一个自然村分成很多组的，那这样可能也会有问题。所以在不同的地方可能会不一样，不管怎么来说，我觉得现在村民自治在施行的过程中，它本身一个问题是使我们陷入了困境。比如说现在的行政化，或者是计划为干部自治等等都是这样子。所以我们现在就是针对这样的问题，我们必须探讨一种有效的实现方式。问题必须探讨。第二个我觉得现在农村状况和我们实现村民自治制度的这个实际状况，已经发生了巨大的变化，已经物是人非了。首先就北方农村来说空心化特别严重，人们都外出打工了，村中平时没有人，过年回来了，那么村里都是谁，老弱病残在村里谁来自治，这个问题就是我们以前村民自治制度所设计的那些功能，它没有办法在这里实施，它的目标当然也难以实现。现在还有一个城镇化的趋向，公路修起来，各个村都是沿着公路，因为村集体没有钱，所以就买宅基地，村中内部的人都沿着公路在买，这样公路一沿开，沿着公路几个村就连起来了，根本就没有村的界限了，没有村的界限，内部都空了，都住在公路两边。还有一个我们说实话北方这个村中，就是有一些教育问题，就是资源配置不公平的问题非常严重。所以为了小孩的教育大家都在城里去买房、租房，平时不在村里，还有一个年轻人结婚，现在的条件是，家里必须在城里给他买房，他才去结婚，这个很明显城镇化趋势非常明显，这是一种现实形势。还有一种新情况是什么，就是我们山西一些乡镇现在比较明确，我们政府在大规模搞工业化小区，一搞就是十几个甚至二十几个村子，土地全部流转到一起，那么更多的还有什么，我们的煤老板都在打造，我们徐勇教授说是在制造城镇，一个煤老板一个镇，把这一个镇所有的人迁移下来，找一个地方，盖起一个城镇来让大家住进去，然后在这个镇一般都是山区，在这个镇上搞什么，搞农业园区，现在许许多多的园区都在建。我们现在面临农村的新情况、新问题，我们的村民自治该走进哪里？前面很多教授也提出很多办法，比如说我们金红老师提出了从村中治理走向社区治理，刚才那位教授由村民自治要走向社区建设等等想了很多的办法。我想可能下一步我们村民自治有效的实现形式，我们就针对不同地方，不同的问题，根据地区的区域特色、文化特征和当地的实际情况，我们寻找一些切实有效的实现方式，但是我想形式不管怎么不一样，最终我觉得两点不能少，必须是传统的、道德的、习俗的内在机制，与现在的法制治理理念相结合，这一点不能丢。谢谢大家。

十一 孔凡义副教授发言（中南财经政法大学公共管理学院副教授）

非常感谢这次会议给我这个发言机会，刚才董教授也讲了现在农村空心化了，那么农民到哪里去了，实际上到城里去了。我的问题就是农民的流动对乡村产生了影响，对城市也形成一种巨大的冲击，具体的内容实际上在前述很多的议题上面讲得比较清楚，我简单介绍一下我的想法。我讲的主要内容是我们王教授也讲到的中山市的一个社区治理的创新。因为我这几年一直在思考一个问题，为什么我们国内的很多群体性事件，为什么很多农民工会参与到。对这些事件，我们大家都知道中山事件，还有广东的增城事件，这些都是影响非常大的。所以我一直在思考这个问题，对于这个问题西方有很多学者很早就接触到这个问题，我们大家都应该知道，亨廷顿在1968年就写了一本书叫作《变化社会中的政治秩序》在这本书里面他就提出了一个概念，游民无产阶级，这个游民无产阶级往往是城市暴力的起源，尤其是第二代游民无产阶级。所以西方和我们中国都遇到过这个问题，那么我一直在思考，我们中国的群体性事件里面，它到底有哪些特点？就我的了解，我们学术界对农民工的社会冲突，包括社会融合的研究，很多就是关注社会网络，大家应该知道我们社科院的李教授很早都关注这个问题，很多强调文化的差异，还有的比较强的是社会流动所引发的一些。那么我以前也写过一篇文章研究这个社会关系网络，这个社会关系网络确实是参与群体性事件的一个重要原因，但是我觉得这个只是它的一个凭借，实际上在农民工参与群体性事件里面有一个很重要的原因，我们有点忽略，就是治理。我们这个城市的社区，包括城市的地方政府，在对待农民工问题上存在严重的缺陷，在这个农民流入到城市以后，我们中国城市的治理并没有完全转型，我们原有的治理结构和治理方式仍然是什么，我总结的是这三个，一个是分割治理，尤其是改革开放到 21 世纪之前，基本上我觉得还是没有什么改变，还是分割治理，包括依籍治理，还是按照户籍来管理。把他们看作是城市流浪者，要么是地方政府不再提供一些基本的治理服务，大家应该知道非常著名的孙志刚事件，那么孙志刚事件实际上促使国务院废除了城市流浪的救助制度，并且到了 2003 年，在 2004 年我们中央的［一号文件］把农民工确定为产业工人阶级，实际上就是确定了农民工合法身份，到了 2005 年中央又出台了一个政策，就是为农民工提供公共服务，这实际上意味什么，我们对农民工的态度治理实行了一个转型，这个转型我把它称为是一种功能转型。就是什么，就是地方政府包括社区为农民工提供一些基本的公共服务，我把它称为一种以服务促治理，农民工容易出事，我就把你吸纳到我的治理体系里面，我为你提供一些基本的公共服务，这样使得农民工农民化变成什么，把他吸纳到我们的治理体系中来。这个就是一种改变，由排斥到吸纳，然后由依籍治理到以人治理，按照人头来进行而不是按照你的户籍来进行治理，这是它的一个变化。

这个变化，我觉得它还是存在一些问题，是不是你提供公共服务就可以解决矛盾，就可以实现农民工和本地人之间的融合，后面发生很多事件，我觉得似乎都无法证明这一点，为什么？我进行了一个思考，通过服务实现治理，相对以前分割治理是一个进步，但是它还是存在问题的。什么问题，第一，主客体关系，农民工虽然可以获得基本的公共服务，但是在整个治理过程上，农民工还是一个旁观者，还是一个被治理的对象，这是一个重要的问题，他没有参与到治理的过程之中。农民工一旦与本地人发生矛盾的时候，地方政府要么不管，要么置之不理，要么偏向于本地人，而不是采取一种比较中立的态度。尤其我印象比较深的是，我到广东去调研，农民工报警以后，他就偏向于本地人，所以引发四川人集体的暴动，这个规模并且暴力性非常强，就是说它还是一个主客体关系。第二，我们提供公共服务的确可以保障我们农民工的权利，但是我们知道权利保障依靠于什么，依靠我们地方政府的自觉性。地方的公共财政如果比较强，或者是政治意识比较强，它可以为你提供一些服务。政府公共服务还是完全依赖于什么，我们社区的领导人或者地方政府的领导人他的一个主观的想法。如果权利没有力量作为保障的话，这个似乎在当前也很难真正的能够实现，非常随意，这是一个。

还有一个以服务促治理，我觉得它还会带来一个本地人治外地人的问题，因为我们讲社区居民委员会法律上当然是一个自主的，但是实际上比较行政化。2012 年民政部出台了一个促进农民工融入城市社区的一个意见，实际上是为农民工提供政治参与的权利。总体上来讲，当前农民工在社区的治理结构里面基本上是很少见的，所以说总体上来看，就是说可以形成一个本地人治外地人。我们居民委员会它实际上是一个比较行政化的机构，在这种情况下外地人实际上就是一个被管理的对象。这种情况下很容易引发本地人与外地人之间的冲突，尤其是会引发农民工的抵抗，这实际上是推动农民工群体性事件很重要的一个原因。我觉得政府实际上做了一些改革，它也做了一些探索，包括王教授也讲了，建立了特别委员会制度，把农民工吸纳到城市社区的治理结构中。民政部也出台了意见，也在做这方面的贡献，有很大的积极意义。主要就是刚才讲的三个方面，其一，就是农民工真正能够参与到社区的决策当中，涉及农民工的利益，他是有发言权的，而不仅仅是被动接受的对象。其二，他可以通过权力，就是通过力量保障它的权利，这样就使得农民工他在参与，他拥有了决策权，这是很重要的，通过决策权实际上可以实现他享受公共服务的权利。其三，由以前的本地人治外地人，到现在协同共治，就是由本地人和外地人之间的协同共治，这个我觉得是一种进步的表现。从 2003 年"孙志刚事件"到 2012 年这个时期，我把它称为是公共服务融合，这是一种功能的转型。到 2012 年，包括民政部出台促进农民工融入城市社区的意见，和中山市的改革就是另外一个阶段，就是公共参与了融合，实际上就是改变社区的治理结构，这是一个新的阶段。

后面我还有一点思考和想法，我个人认为通过吸纳我们农民工来参与到社区的治理结构，我觉得这是非常重大的一个改革。包括我们现在村民委员会自治法，我们正在修订，我觉得是不是以后可以考虑这个方面，就是把农民工能够吸纳到社区的治理结构里面，这个可能是非常非常重要的，它可以从根本上解决我们农民工城市融入问题，我就讲到这里，谢谢。

十二　唐鸣教授发言（华中师范大学 中国农村研究院教授）

各位老师、各位领导，大家上午好。我这个也不是发言，有些问题不理解，我提出来请教各位，请教大家。这个会是探索村民自治的有效实现形式，这个是中央［一号文件］提出来的。我知道要参加这个会，我就学习了中央1号文件，我们这个会在某种意义上也是学习贯彻中央1号文件的会议。另外，我也查了一些材料，同时也认真阅读了会议的论文集，看了以后还是有一些疑惑，这里提出来请教大家，共同来商议，有五个问题。

第一，如何理解开展以社区为基本单元的村民自治试点，我们一直在谈以村民小组为基本单元村民自治试点，但是要知道这个文件是三句话，它实际上就是说探索不同情况下村民自治的有效试点，接着讲农村社区建设试点单位和集体土地所有权在村民小组的地方可以开展以社区和村民小组为基本单元的村民自治试点。我第一个问题就是谈，首先，如何理解开展以社区为基本单元的村民自治，这个我就有一些困惑。根据我了解的情况，在目前全国的304个开展农村社区建设试验的县市区里面，在村委会与社区的关系上面，实行最多的占比最大的是一村一社区，这个占了76.09%。其次，就是占比比较小的一个，事情比较少的是多村一社区，这个占比达到了15.15%。实行最少，占比最小的是所谓一村多社区，这个只有7.07%。对于大多数农村社区建设的实验县市区来讲，好像就不存在开展以社区为基本单元的村民自治，这是实践问题。因为社区范围和原来村委会的范围完全一样的，重合的，统一的，你还搞什么试点。只有在多村一社区和一村多社区的这样一些地方谈这个问题才有意义。但是这有两个方面，如果是多村一社区，那是扩大村委会的范围。如果是一村多社区，那是缩小村委会的范围，这两个方面又相反。根据我去网上查权威的解读，还有文件它讲是开展以村民小组为基本单元的试点，可能它意思是落在后面，第一个问题我是这样来理解的，不一定对。

第二，我也看到了徐勇教授的文章，文章专门引述了乡村论坛方面的，自然村设置村委会讲了一些问题。就是什么问题，我想提这样一个问题，就是开展以村民小组基本单元村民自治试点是否有全面铺开的可能，我想提这个问题。数据不一定对，也是看网上讲的陈锡文回答记者的问题，然后记者说，他说现在全国农村的耕地有90%左右所有权在村民小组，也就是说大多数农村的耕地所有权在小组，这个党英国教授等一下要讲，他是权威。我这是看网上讲的财经网的记者写的这个，我不知道对不对，如果是这样，那也就是说大多数农村都可以开展。当然陈锡文在回答记者问的时候专门做了限制，他讲开展以村民小组为基本单元的村民自治试点是针对山区、丘陵地区这样一些特定的地区而言的，试点也不叫全面铺开，这是他的解释。但是文件本身并没有做这样的限制，没有说以村民小组为单元的村民自治试点只是限制在山区、丘陵地区，这是以陈锡文做的解释，别人可以有不同的理解，这是一个。其次，从各地的县市区域情况来讲，一个县市区不单纯是山区，它可能既有山地、丘陵，也有河谷平原，如果严格限制在山区丘陵地区搞试点，同一个县市区，甚至同一个乡镇就可能出现不同的村民自治的组织形态。有的是以村民小组为基本单元，有的是现行的村委会为基本单元，这个必然会给乡村关系、政府管理、社会治理增加很多复杂的因素。我想也是明智的乡镇和县市区的领导人所不愿意看到的，因此在同一个乡镇或者同一个县市区最有可能出现的情况就是说，一旦开展这样一个试点，就不会以山区和丘陵地区为限，实际上我看了一下广东清远，当然现在我们知道它只是在三个乡镇做试点，但是我查了一下它的文件，它的文件就不是这样说的。它的文件是打算在去年的 8 月全面推开，清远当然主要是山区和丘陵，但是清远也有平原。我查了清远的介绍，在所谓北江两岸的南部地区又有平原，它就没有说我只是限制在山区丘陵，所以我觉得这也是一个问题。

第三，如何平衡便于群众自治与有利于经济发展和社会管理两方面的需求来确定村委会的规模。这个问题徐勇教授的论文也谈到了，我这里稍微补充说一下，就是便于群众自治，按照彭真原来的制定起草通过村委会组织法的这样一个设想，它是通过群众自治实行基层直接民主。所以当时也讲了，当时实际上就讲村委会一般设在自然村，我查了一下，就是在最开始的这个村委会组织法的这个稿子里面，明确不是一般，就是村委会设在自然村，或者在讨论过程中所决定的，我觉得改成了一般式的自然村。从便于群众自治，按照彭真同志设想实行基层直接民主，那怎么开会，那肯定要村民会议决定村民的大事小事，而不是一般的选举一个村委会就了事。但是后来我们知道全国的村庄规模不断扩大，特别是搞合村民主，所以在 2005 年修订村委会组织法的过程中，我说一点自我表彰的话，这一句话是我建议写进去的，就是有利于经济发展和社会管理，实际上我当时想，如果不写这个，过去搞这些合村的都是违法的，我是要使这个行为合法化，所以加上这一句。但是立法者可能有另外的考虑，我从我当时建议的角度来讲，我是从这个角度来建议的，这两方面怎么平衡，我觉得是一个问题，这是第三个问题。

第四，前面一些专家也提到了，就是统筹城乡发展，城乡一体化的背景下，如何确定基层自治组织形式的发展方向，也是一个问题。我们现在要不断破除城乡二元结构，实际上我们在农村搞村委会组织法，在城市搞居委会组织法，农村的选举和城市的选举不一样，前面教授就讲到说居民和村民在选举当中的参与情况不一样。因为城市里面是三种选举方式，农村是一种选举方式，直接选举，所以在选举角度来讲，城市的居民肯定不如农村村民。现在我们要从城乡一体化这样一个角度来构造基层群众自治的形式，我们怎么来想这个问题。

第五，这次会议大家都没有提到，就是如何本着国家治理体系和治理能力现代化的目标来探索村民自治的基本单元，我觉得这个问题更重要。因为很多老师都谈，都是讲传统如何好，亲情很重要，讲了什么乡贤这些东西。我觉得这个好像辛辛苦苦几十年，一下回到解放前。

反正我没有注意看，只是提出问题，谢谢大家。

十三 党国英教授发言（中国社会科学院 农村发展研究所研究员）

谢谢大家，非常荣幸受邀参加这个会。这两天有一个消息，茅于轼获得了人类思想家的一个头衔，我觉得确实名至实归，虽然说他有的观点我不是太赞成，比如说不要设立农地保护红线。但是茅于轼的确是在社会上普及了一些关于基本信念的知识。虽然那不是什么非常复杂高深的理论，但却是重要的社会准则。我为什么提这个事情？在我看来人类的知识，我们好多东西是不需要研究的；当然有些东西需要研究，有些不需要。知识一旦凝结成人的信念的话，就不大需要研究。在我看来在村民自治这个领域，其实有些东西已经凝结成信念，我们再要研究的话，就比较费劲麻烦。但是也有一些东西是我们确实需要分析的，特别有意思的问题是，如果认真去研究的话，会不会颠覆一些信念？我在这儿又再介绍一个人。这个人就比咱们在座的谁都对农村问题要研究得深，他是北大原来中文系的一个老师，叫牛见春。他长期在山西等地调研，已经跑坏了一台车。他从小饱读古代文献。而我们很多研究文化的人不允许别人谈中国传统文化不好，谁要跟他争论的话，他可能遇到难题不回答，他说你去看书去。就这么一句。但牛见春不是这样，他虽然饱读古籍，但结论非常具有现代性，与我们的基本信念非常一致。这说明，基本信念是具有普世的意义，越读书思考，信念越稳固。

下面我关于村民自治有效实现形式谈一点看法。多少年来，我们对"自治"本身没有挖掘。自治的形式多，如，有宗法自治，也有民主自治。宗法自治肯定不是我们的方向，我们当然是朝着民主自治的方向去走，但是这个民主自治确实需要一个大环境。目前，最为要紧的恐怕是要明确一个公权和私权相对的边界。我们现在是什么体制？至今私权的意义没有确定，而在我看来自治的基础，民主自治的基础，是自由。我想这是个信念的问题，所谓自由其实主要是人们应该在私人领域有行使财产权的自由。我们一定要有清晰的私权的边界。目前，私权的确立遇到很大的麻烦，大量的在村庄事务当中引起的纠纷，都与私权不确定的问题有关。

在公权领域才产生"自治"这种权利安排。所谓自治，我理解就是对一个社区所涉及的公共事务，如果不在社区以外引起外部性，全部自己说了算。这是基本概念。公共事务一定有意见分歧，就一定不会有共识。公共事务一定不会有共识，如果说真是有了共识，那就和解了，或者一定是有人操纵。只要不是有共识，一定要实行少数服从多数原则，只要有这个原则的存在，就一定有政治家产生，政治家就要搭班子。我们现在能走到这个程度吗，不能，原因我们非常明确。在这个情况下，你说我们讨论实现形式确实是比较困难，我们可以不说真话，但是我们不要说自己不相信的假话，我理解是这样的情况。

如果我们抛开一定的条件讲的话，就是讲村民自治实现的形式，我是这样理解：公共事务是分层次的，从中央政府到最基层，每一个层次仅仅对你那个层次上的公共事务负责；只要没有外部性，自己层次上的事务自己说了算。

我们到底是把村委会自治这个层次停下来，还是再要推下去？我个人的看法就是村委会这个层次的自治不要动它。村委会不要大权独揽，不要太专权，要在必要的情况下分权给社会组织或下级社区。在有一个行政村有多个自然村的地方，自然村也有它的公共事务，也可以自治。但是我还要补充一句，从长远看的话，无论自然村还是行政村，自治都不是方向，为什么？因为刚才讲了，我们是要针对公共事务的处置，按照少数服从多数的原则形成一个自决机制，最重要的是什么？就是公共事务要花钱，要筹集资金，然后要分配资金。如果说这儿公共事务在财力的运作上，自己说了不算，这个自治就大打折扣，那就不是真正的自治。从这个意义上讲，我们村委会现在村财乡管，有的地方干脆搞公共财产全覆盖，就是我把你的开支都包了，你都不用掏钱，就很难自治。

我在某地调查，听到一个非常有意思的信息。有相关人问我："党教授，你知道我们为什么要设一个服务中心？"答案是，你听话，我就让你当服务中心的主任，你不听话，我就不让你当，你连办公室都没有；因为钱在我手上，你没有财力。这就是我们自治的状况。

我在这提出一个叫作正式自治和非正式自治的区别，就是能和公共财政的运作结合起来的自治，就是权力比较完整，可看做正式的自治。连财权都没有，仅仅是对公共事务有发表意见的权力，本地公共事务处置权要假借公共财务来实现，可非正式自治。

长远看的话，因为我们将来趋势是公共财产全覆盖，长远看自然村是要大量的消亡，因为自然村将来要转化成专业农户居民点。自然村基本上就没了，所以自然村的自治将来没有意义，村委会的这个自治，我刚才讲了是公共财政全覆盖，再加上交通的发达，其实就是乡镇这一级，应该是我们将来是基层的自治单位。但是我们现在能推这个工作吗，我觉得不能，条件不成熟，因为这个事情太重大了。中央的政治体制改革怎么样走，我还是坚持我原来的那个看法，就是民主政治的大格局还是要从上到下。

这个问题还涉及刚才邓大才教授前面发言，我是一部分同意；一部分保留意见。确实财产要明晰。但自治的那个单位不要放到核算单位，为什么，我们的任务是要政经分开，公共事务是公共事务，与私人经济活动要分开。将来有这么一个趋势，就是经济组织可能越来越大，大到什么程度，我们现在倾向于经济组织和合作社嫁接，我后来老给农业部的同志讲，合作社这个东西，我们就要朝着又大又强的方向发展，一个国家可以有几个。欧洲的很多合作社是跨国的合作社，这个时候你说我们的自治按照经济组织跟人家走的话，那自治区域就会很大。所以产权要明晰，这个没问题，这个很好，但是核算单位不要跟自治单位的设定匹配，而且两个要分开。

主持人：谢谢党国英教授，很好地掌握了时间，我主持的这个阶段的发言全部结束了，最后一个单元由这里的主办方邓大才教授来主持。

邓大才教授主持：各位专家、各位领导，把话筒交给我了，因为在会议结束阶段，有几件事要跟各位商量。下面请徐勇教授做总结发言，这次总结发言也是对他的"三波段"理论做一个简单的阐释，大家欢迎。

徐勇教授总结发言（华中师范大学中国农村研究院教授）

一　村民自治的"三波段理论"

这一次村民自治研讨会和上次在四川南充开的会，我觉得有一点变化。上次南充开会，我感觉有一点孤鸿哀鸣的状态，大家满脸肃穆，当时对村民自治大家都感觉到非常悲观。这一次会议气氛好像有一点不同，至少看我们还丰富多彩，还面带笑容。谈的话题多了，可探讨的话题多了。实际上我觉得也是村民自治进入到一个新的阶段，所以刚才萧教授讲到了，我上次在会议上讲村民自治不可能老是往上走，可能有一个平滑期，然后又有新的一些做法。我觉得村民自治有了 30 多年，经历了"三个波段"。

第一波段就是在咱们宜州这儿发源的，以自然村为基础的自生自发的村民自治，它的主要贡献就是三个"自"：自我管理、自我教育、自我服务，这"三个自我"奠定了我们村民自治的基础。第二波段就是以建制村为基础的，规范规制的村民自治，它的主要贡献就是"四个民主"，它把民主和自治联系在一起了，就是说确立了现代自治的方向。因为"三个自我"那个时候主要是秩序导向，我们看到的"三个自我"主要是建构一个秩序，填补当时的管理真空。到了建制村这个时候是"四个民主"为导向，在咱们村委会组织法里面增加这一个内容，所以应该说这是一种导向。这就是我称之为村民自治的"2.0版"。现在我觉得我们进入到村民自治的第三波段，就是在建制村以下内生外动的村民自治。因为我们知道在2.0版的时候还是带有很强的规范、规制性，也就是更多的是外部嵌入进去。我们知道自治它一定是发生发源于社会内部，内生型，这是它一个基本的特点。我们原来的乡土社会它可以说没有现代民主法治的这个元素，但是它有自治的元素，我们说自治不一定等同民主，但是民主一定是需要自治的。这两者不同画等号，但是我们整个一套制度安排是围绕着这"四个民主"来展开的，把它纳入到基层民主的这个话语体系和制度框架，所以后来中央"两办"还有民政部一系列文件规范都是体现着这个目标。应该说这个是由一个传统的自治向现代自治转变的一个标志，所以大家说我们讨论不能退，实际上我认为进到这一波不能往后退。刚才唐老师讲"辛辛苦苦三十年，一夜回到解放前"。有些该退的要退，不该退的不能退，就是说我们在这个导向上面还是不适宜退。但是为什么到了我说的第三波，就是在建制村之下内生外动的村民自治，就是因为我们有了民主导向，但是自治的内生的内源的这个力量没有了，或者比较缺乏。

进入到第三波段实际上就是带有找回自治的目的，我认为这个是一个3.0版，就是把民主和自治再连接起来。第三波的主要贡献就是有效的实现形式，这个有效实现形式它虽然没有"三个自我、四个民主"那么明确，但是我觉得随着我们村民自治的探索，它可能会总结几条出来，但是我觉得至少这个提法它是具有开放性的。这一次也谈到试点，这个试点它实际上就是给咱们发了牌照，给各个地方的探索发了牌照。同时使我们思路开放了，我们过去更多是自上而下的统一的规制，现在各个地方和基层的这种自主的探索是允许的，这就反映了我们自治的多样性，所以我觉得它是进入到第三波段，是我的这么一个观点。第三波段最重要的是跟我们村民自治研究提供了巨大的想象空间，也就是开放我们思维，过去我们的研究之所以说走入了死胡同，就是我们始终把着眼点、着力点放在村委会。现在看来，我们在村委会之下，或者不涉及现有的体制，（因为现有的村委会体制，它已经不简单是一个体制了，它和整个国家的治理体制是联系在一起的）在这一块，我们有很大的突破，我想至少暂时，为什么大家不约而同地在建制村之下去寻找发展的空间，它有它的合理性。

二　村民自治有效实现形式的理论研究方向

当然我们将实现形式多样化，但是思路要清晰，我觉得我们在理论研究上，一定要至少要搞清楚这么几个问题。

第一，村民自治的生命力到底如何。也就是随着现代国家建设，国家拥有越来越多的资源，所以说加上我们传统的国家治理父爱主义无所不包，现在的无所不能，自治的空间到底有多大，这涉及我们对村民自治它的一个基本走向的估价问题。

第二，村民自治所依赖的社会土壤。就是我们说自治它是内生的，但是内生在什么社会土壤当中，它可能长出什么样的果实，这就是我们要研究它的土壤。应该说我们这些年，我们村民自治赖以生存成长的经济社会条件正在发生一系列的变化，各个地方都不同。发展的不平衡性跟我们村民自治的发展，也提供了不同的条件。大家看到，我们现在自治在这一块，在经济相对落后地区，或者传统保留比较完整的地区发育得比较成熟，但是在经济发达地区或者是传统已经失去了的地方，这个自治它的形式如何，这是我们需要研究的。我觉得这方面研究使我们大大开拓我们研究的视野，就是我们建立是一个自治的话语体系，如果是民主的话语体系可能我们更多是关注公共权力，自治的话语体系使我们把民主的社会土壤，我们关注得更多一些，就是为我们村民自治之根。大家会注意到现在国际上在讨论一个话题，就是亚洲不适合于民主，这是最近几年的亚洲国家的民主失败、民主挫折带来的一个话题。原来想台湾地区不错，结果现在台湾把议会都占领了，连美国都看不惯。这就引起大家的反思，就是亚洲这种社会土壤它能否生长出来民主果实。也就是在什么条件下，自治才能发生，什么条件下自治才能成长，这是我们更多的去关注社会土壤，这样使我们研究的视野、研究的领域更加开阔。我们第二波段，我们的研究总是制度主义研究，我们从国家法律、国家制度，我们现在可能更多的要从人的行为，经济社会文化条件研究。

第三，我们村民自治的运行机制。它的内在机理，村民自治运行机制的内在机理，它这个作用的机理是什么，这是我们过去研究比较少的，比较欠缺的，就是使我们由外向内，我们研究的视角由外向内，过去我们主要还是外部性的。用制度来对照实践，所以我觉得我们现在研究路向要更多的由内向外，看它自治的内在发生机理是什么，这是我觉得第三个问题。

第四，村民自治的探索走向如何。昨天几位教授都谈到这个问题，它的走向如何，这是我们在地方上不断总结出的经验基础上，需要我们理论上加以指引的。我觉得我们探索村民自治有效实现形式确实给我们村民自治研究带来了很多课题，上次我在会上说，村民自治研究不仅没有结束，才刚刚开始，它更多的是研究它的自身发生的机理。我觉得我们村民自治从实践还需要补课，也就是那一种外部式的嵌入，没有内部的支撑，所以说走不远，我觉得需要补课。同时我们还在某种程度上也需要回路，就是回到由自治的民主，从这个方面讲，我觉得我们召开这次会议在理论研究上面给我们提供了一些新的空间。

三 国家治理背景下村民自治有效实现形式的考察方向

当然村民自治研究始终它和国家政策、国家治理联系在一起，这次的会议请了汤司长，他们也有他们的一些想法。就是我们作为研究的也要为政策立法，给他们能够做出一些参考性意见。我认为至少三个方面，我觉得可以提供参考。

第一，农村的基层治理架构。我们把村民自治要放在这一个背景下去考察，就是说我们历史上中国的农村基层治理架构它是双轨制，官治和民治，但是民治多官治少，所以它双轨治理。但是到了人民公社时期，人民公社结束以后，就是我们现阶段实行的是乡镇村治，这种板块式的治理。乡一级实行政府，村下面实行群众自治，但是真正的乡镇村治这种板块式结构事实上已经无法抗拒这种行政下沉的趋势。特别是伴随税制改革以后，我们服务下乡，它是把国家越来越深入的带入到农民生活里面，这一个是我们的农村治理架构事实上在突破现有的乡镇村治，所以清远的试验它作为试点，它实际上想突破这种现有的板块式的治理结构。它这个试点有可能成，有可能不成，我觉得我们可以去观察。同时也要注意到我们治理体系可能也会越来越多样化，应该它是随着市场发展，政府、社会、市场这种多元治理可能是越来越多地进入到乡镇社会。我觉得我们农村的基层治理架构还需要去探讨。

第二，国家治理的统一性与社会治理的多样性。从国家治理的统一性来讲，我觉得我们目前的这种架构还是不宜轻易动，但是我们要鼓励多样性。过去为什么我们统一性就很容易带来"一刀切"，没有活力，这是我们多年来治理当中出现的一个问题，只要是规范、规制的，它就没有活力了。这一次我为什么说"3.0版"，它最大的长处就是搞活了自治，把自治从村委会这么一个主体下，让它多层次、多形式、多类型的去发展，我觉得这一块完全可以多样化的去发展。给我们有足够的空间，我觉得原来的村委会组织法最开始讲得还是很不错的，说"便于自治，群众自愿"，它实际上留足了足够的空间，但是后来我们越来越强势的推行"一刀切"，所以中国只要"一刀切"就没有活力了，没有活力自然也就死了。公社体制怎么死的，就是这样死的，所以说后来大家注意到，包产到户开始开口子的时候，它就有几个很灵活的语言，叫作"可以"、"也可以"，党教授你是知道的，它是用了"可以"、"又可以"、"也可以"，它用了这种灵活的词，就是要因地制宜，而且是宜统则统，宜分则分，它也运用的这种灵活的词。所以说我觉得我们这个实践形式尽可能多样化，目的是一个，怎么样能农民自己创造自己幸福生活，达到这个目的就可以了。

第三，体制性。刚才谈到我们体制涉及的争议比较大的是体制的建构，就是体制到底是行政村，到底是自然村，我觉得我们可以跳出来，不一定围绕这个自治体做文章，我们尽可能跳出这个自治体。我用的一个自治体系，用这个自治体系这个词，就是我们不一定围绕我们做体制就很容易动组织、动机构、动人员、动资源，这个事情很复杂。中国很多事情改革发展它是由易到难，从做得到的事情做起，而后再逐渐地去突破它，它是这么一个路径。当然从整个路径来想，我们说国家治理要下沉，我们也注意到公民参与要上升，这是两个路向，我们当然要注意到。一个是国家治理要下沉，特别是服务型；第二个是公民参与要上升，这个参与不仅是到组，到村，可能还往更多更高的地方参与，而且这也有一种趋势，也有这种趋势，我们在这方面，我们也需要更多的关注。

最后，我想表达这么一个意思，这次会议主要是聚集能量，贡献智慧，也谢谢大家。

邓大才教授主持：谢谢徐勇教授，下面请汤司长做总结发言，大家欢迎。

汤晋苏副司长总结发言（民政部基层政权和社区建设司 副司长）

这次研讨会开得很成功。中央提出农村基层社会治理，大到国家，小到个人，怎么治理，都要落实到基层，体现在每个人。从农村基层来说，需要一个平台来调节人与人之间的关系，需要有载体，通过活动，把大家的关系联系起来。

这次研讨会，体现了大家有求索的精神，有求实的态度，有求变的勇气，有求精的境界。4个地方的探索实践，专家都点评了，很准确，我都同意。在新的发展阶段进一步前进，必然要与新的机遇、新的困难交织在一起。在大好的形势下，一定还会有新的困难和问题。任何工作，无论取得了多大的成绩，形势多好，都要看到现实的和潜在的困难和问题。一定要一手抓推进，一手抓研究；一手抓宣传，一手抓规范；一手抓创制，一手抓落实。同时，要认真研究政府的行政管理与群众自治的有效衔接和良性互动。政府的行政管理和群众自治怎样有效衔接？公共行政的民主化，公共服务的市场化、社会化，公共运行的信息化，农村的现代化、城镇化，以及城乡统筹发展等，都要思索。

农村改革中的好多东西，都是基层创造出来的，我们把它拿来加工提高，作为全国的指导。这个方法，就是从群众中来到群众中去的方法，就是个别指导与一般号召相结合的方法，就是实事求是的方法。

4个地方的村民自治探索实践工作，都有特点，但也都需要进一步的完善。在全国探索学习，条件还不成熟。我的意思是，对这4个地方的要求是坚持改革，照顾现实，尊重实践。也有几点建议：

（一）村党组织、村委会和村民小组是依法依章建立起来的组织，必须做好组织的完善工作。要两手抓，一手抓村委会建设，一手抓村民小组建设，不要人为地重构基层组织的架构，要尽量精简层次。

（二）农村的乡政村治的大框架不能变。

（三）眼光不但要往下看，能否往上走走。乡、村互动。抬头看一看，怎么往上看，乡长直选，还不行；乡镇自治，更不行。那怎么办，让老百姓参政，浙江温岭的民主恳谈会，温州乐清的人民听证等，还有协商民主，农民对乡里、县里的工作都应该参与。

（四）乡村之间，今后不能再增加层级。

（五）这次主题是村民自治，将来应对城乡结合部、城乡村居民自治，也要一并研讨。

总之，要进一步完善和落实各项制度，要进一步扩大群众的有序参与，要进一步发挥基层各类组织的协同作用，要进一步加强和创新基层社会管理，要进一步加强理论研究。

这里，在研究指导工作上，再谈三点想法供参考：一是怎样充分利用现有的手段，从宏观上，从发展趋势上，深入去认识、去思考基层社会治理。研究，是认识我们所从事的工作，推进我们所从事的工作。二是抓住一些牵一发而动全身的工作。新生事物，要保证健康、茁壮成长，一定要抓住工作的牛鼻子。三是要有一个平静的心态。大事容易引起各方的注意，大家会七嘴八舌。在这种情况下推进工作，要实实在在地拿出我们的典型，要用实践来回答、来检验。

我相信，有党政的坚强领导，有广大农民群众的共同努力，有社会各界包括专家学者的鼎力相助，农村基层社会治理，一定会开拓新局面。

主持人邓大才教授：

谢谢汤司长，下面有一个共识，刚才有关专家建议，因为共识大家都谈了，所以不念了，大家还有没有意见，有意见提出来，没有意见，我们就鼓掌通过，怎么样。会议到了最后，我就要常规化，一个是这个会议组织起来确实不容易，首先是感谢各位专家不辞辛劳，有的是转车转飞机来到了宜州，招待不周，请各位谅解。其次，感谢河池宜州市政府为我们的会议提供了不少帮助和协调，特别在这里我要介绍的就是所有的用车都是我们河池和宜州市政府提供，昨天的晚宴也是他们提供，另外做了不少协调工作，所以我们也表示感谢。最后，我们会务组的同学们也非常辛苦，筹备这次会议经过了两个月的努力，总体来谈，刚才我们徐老师和汤司长都还比较满意，应该说是很成功，所以感谢大家的辛苦努力。会议就到此结束，祝各位一路顺风！

后　记

　　中国的村民自治从产生到发展已有 30 多年。以村民自治为主要内容的基层群众自治已经成为中我国的四大基本政治制度之一，是我国民主政治发展的重要体现。但是，近几年以来，村民自治实践遇到了一些瓶颈，学界对于村民自治这一基层基层民主重要形式的运行成效也表达出担忧甚至质疑，村民自治的相关研究也相对冷落。

　　2014 年中央一号文件明确提出，"探索不同情况下村民自治的有效实现形式"。这一新的提法引发了学界的热议。但不可忽视的是，这一新的政策提法为我国村民自治的相关研究提供了新的视角、新的主题。正是在这一背景下，华中师范大学中国农村研究院于 2014 年 4 月在中国村民自治的发源地广西宜州召开了"探索村民自治的有效实现形式高端研讨会"。本论文集即为此次研讨会的成果之一。

　　本论文集主要由"学术论文"、"调研报告"和"理论研讨"三部分组成，其中学术论文主要收录了徐勇、史卫民、陆益龙、卢福营、任中平、韦少雄、邓大才等与会专家提供的参会论文。调研报告部分收录自华中师范大学中国农村研究院对广西河池市、广东省云浮市、广东省佛冈县、湖北省秭归县四个市县进行的经验总结。此四个市县也是国内最早开始探索"村民自治有效实现形式"的地方之一。理论研讨部分主要是全程纪录此次高端研讨会的会议研讨过程，以此对会议进行全景展示。

　　此次探索村民自治的有效实现形式高端研讨会以及本论文集的出版，源于华中师范大学中国农村研究院徐勇教授的指导与策划，会议的组织召开和会议论文集的编辑出版主要由邓大才教授组织操办。本论文集的内容则是与会专家、各改革实践地方代表集体智慧的结晶。我们之所以出版本论文集，主要是让更多的村民自治研究者和实践者了解村民自治发展的最新动向和最新成果，以此为村民自治的发展提供更有效的理论指导和经验参考。

编者

2014 年 5 月 28 日